Asegúrese
de que
la estrategia
funcione

Regalo de Reyes '08

Jerry Porras, Stewart Emery y Mark Thompson
EL ÉXITO QUE PERDURA
Cómo crear una vida con sentido

C. K. Prahalad
LA OPORTUNIDAD DE NEGOCIOS EN LA BASE DE LA PIRÁMIDE
Un modelo de negocio rentable, que sirve a las comunidades más pobres

Oded Shenkar
EL SIGLO DE CHINA
*La floreciente economía de China y su impacto en la economía global,
en el equilibro del poder y en los empleos*

Kenichi Omahe
EL PRÓXIMO ESCENARIO GLOBAL
Desafíos y oportunidades en un mundo sin fronteras

Arthur Rubinfeld
CREADO PARA CRECER
Cómo expandir su negocio a la vuelta de la esquina o por todo el mundo

Alfred A. Marcus
EMPRESAS GANADORAS Y EMPRESAS PERDEDORAS
*Los 4 secretos del éxito empresarial sostenible y por qué algunas
compañías fracasan*

Eamonn Kelly
LA DÉCADA DECISIVA
Tres escenarios para el futuro del mundo

Asegúrese de que la estrategia funcione

Cómo liderar la ejecución y el cambio eficaces

LAWRENCE G. HREBINIAK

Traducción de
Efraín Sánchez

GRUPO
EDITORIAL
norma

Bogotá, Barcelona, Buenos Aires, Caracas, Guatemala,
Lima, México, Panamá, Quito, San José,
San Juan, Santiago de Chile, Santo Domingo

Hrebiniak, Lawrence G.
    Asegúrese de que la estrategia funcione / Lawrence G.
Hrebiniak ; traductor Efraín Sánchez. -- Bogotá :
Grupo Editorial Norma, 2007.
    504 p. ; 23 cm.
    Título original : Making strategy work.
ISBN 978-958-45-0307-7
    1. Planificación estratégica 2. Liderazgo
3. Administración de negocios 4. Cambio organizacional
I. Sánchez, Efraín, tr. II. Tít.
658.4012 cd 21 ed.
A1126978

    CEP-Banco de la República-Biblioteca Luis Ángel Arango

Título original:
MAKING STRATEGY WORK
Leading Effective Execution and Change
de Lawrence G. Hrebiniak
Una publicación de Wharton School Publishing
Upper Saddle River, New Jersey 07458
Copyright © 2005 por Pearson Education, Inc.

Edición, Fabián Bonnett Vélez y María del Mar Ravassa Garcés
Diseño de cubierta, Felipe Ruiz Echeverri
Diagramación, Andrea Rincón Granados

Este libro se compuso en caracteres Adobe Garamond

ISBN: 978-958-45-0307-7

CONTENIDO

DEDICATORIA

A la memoria de Donna, quien nos dejó demasiado pronto

INTRODUCCIÓN

Este libro se concentra en un problema de administración crítico: cómo hacer funcionar las estrategias o ejecutarlas con eficacia.

En la literatura administrativa abundan las teorías y las recomendaciones sobre los requisitos del buen planeamiento y la buena formulación estratégica. A lo largo de los años ha desfilado ante los gerentes un vasto despliegue de modelos y técnicas de planeamiento. En su mayor parte, los gerentes los entienden y saben cómo utilizar unos y otras con eficacia.

El problema del bajo desempeño por lo general no tiene que ver con el planeamiento sino con la realización. Es decir, con frecuencia las estrategias no se llevan a cabo con éxito. Hacer que las estrategias funcionen es más difícil que diseñarlas. Los planes sólidos se tambalean o mueren debido a la falta de pericia en la ejecución. Este libro presta atención a la ejecución: a los procesos, las decisiones y las acciones que se necesitan para hacer que las estrategias funcionen.

¿Qué diferencia a este libro de otros, aparte del énfasis puesto en una crucial necesidad de la gerencia? Me entusiasma nuestro enfoque sobre ejecución por las siguientes seis razones:

APRENDIZAJE A PARTIR DE LA EXPERIENCIA

Este libro está basado en datos. Se deriva de la experiencia de centenares de gerentes que realmente toman parte en la ejecución de estrategias. Las fuentes de datos son múltiples, lo cual garantiza un cubrimiento completo de los asuntos relativos a la ejecución. El libro no depende de las cavilaciones de escritorio de unas pocas personas que relatan anécdotas inconexas; se basa en experiencias de ejecución, problemas y soluciones del mundo real, incluidos los míos en las pasadas dos décadas.

QUÉ SE NECESITA PARA LIDERAR

El foco de atención del libro son los conocimientos, las habilidades y las capacidades que necesitan los gerentes para liderar los esfuerzos de ejecución. Su contenido se orienta por la acción y los resultados.

La mayoría de las organizaciones contratan, capacitan y retienen a buenos gerentes; su personal está compuesto por personas capaces, incluso excelentes. La mayoría de gerentes son individuos motivados y calificados que desean desempeñarse bien.

No obstante, incluso las personas capaces pueden encontrar obstáculos en los bajos incentivos, los controles, las estructuras organizacionales, las políticas empresariales y los procedimientos operativos, pues todo esto puede inhibir su capacidad de ejecutar y hacer las cosas. Incluso quienes ejercen los cargos de alta gerencia fracasan si no están versados en las condiciones que afectan el éxito de la ejecución. Los gerentes deben entender qué hace que las estrategias funcionen. La intuición y la personalidad sencillamente son insuficientes, si se tiene en cuenta la complejidad de la tarea. Este libro se concentra en dicho conocimiento y las capacidades y la comprensión que necesitan los líderes para llegar al éxito en la ejecución.

EL PANORAMA GENERAL

En este libro desarrollo un enfoque unificado e integrado sobre la ejecución. Me concentro en el panorama general, así como en la esencia de los procesos y métodos de ejecución. Explico en detalle un método lógico de ejecución y las relaciones entre decisiones de ejecución cruciales.

El libro no sólo identifica los factores cruciales señalados y sus relaciones sino que también entra en detalle sobre los elementos necesarios para el éxito en la ejecución. Proporciona un método significativo e integrado para la ejecución y examina de manera minuciosa el método para concentrarse en sus elementos, acciones o decisiones primordiales. El libro, pues, proporciona un panorama general del proceso de ejecución y es a la vez un manual de referencia en profundidad sobre los aspectos esenciales de este proceso.

MANEJO EFICAZ DEL CAMBIO

Liderar esfuerzos de ejecución exitosos suele exigir un manejo eficaz del cambio, y este libro incorpora importantes problemas a este respecto en su tratamiento de la ejecución.

El libro examina el poder, la influencia y la resistencia al cambio. Enfoca aspectos reales y prácticos asociados con el cambio, como el interrogante de si los cambios relacionados con la ejecución deben llevarse a cabo rápidamente, todos a la vez, o más deliberada y secuencialmente a lo largo del tiempo. Explico por qué "la velocidad mata" y cómo los cambios complejos y de grandes proporciones pueden perjudicar los resultados de la ejecución. Me concentro en los detalles del cambio cultural y la estructura de poder organizacional, y en el modo como pueden utilizarse para hacer que las estrategias funcionen.

APLICACIÓN DE LO APRENDIDO

Este libro practica lo que predica. El último capítulo muestra cómo aplicar la lógica, las ideas y las recomendaciones prácticas de los capítulos precedentes a un problema real, enorme y omnipresente: hacer que las fusiones y las adquisiciones funcionen.

Las estrategias de fusión y adquisición suelen tambalearse o fracasar; mi último capítulo explica por qué esto sucede y cómo mejorar el éxito de los esfuerzos de fusión y adquisición mediante la aplicación de los métodos que ofrece el libro. Así mismo, subrayo la utilidad de las recomendaciones y pautas que presenta el libro cuando se trata de hacer que los esfuerzos de fusión y adquisición tengan éxito. Considero debido y adecuado finalizar un libro sobre ejecución con una nota positiva y útil que muestre cuán práctica puede ser la ejecución al hacer frente a problemas del mundo real importantes y ubicuos, y cómo puede ahorrar a la gerencia mucho tiempo, esfuerzo y dinero.

LO ESENCIAL

En sexto y último lugar, las anteriores razones, en su conjunto, distinguen de manera significativa a este libro de otras obras recientes, como *Execution*, de Larry Bossidy y Ram Charan (Crown Business, 2002). Este libro cubre un mayor número de factores y decisiones importantes relacionados con la ejecución exitosa. Ofrece un método con base empírica, integrador y completo para hacer que las estrategias funcionen, y enfoca de manera más extensa el manejo del cambio que otras publicaciones que tratan sobre la ejecución.

Lo esencial es que mi libro amplía considerablemente y sigue lógicamente a *Execution* de Bossidy y Charan. Es una adición importante y necesaria a la caja de herramientas de los gerentes que buscan ejecutar de manera eficaz las estrategias y el cambio.

UNA NOTA FINAL

Liderar la ejecución y el cambio para hacer que las estrategias funcionen es tarea difícil y monumental. Por las seis razones que he mencionado, pienso que dicha tarea puede hacerse más lógica, manejable y exitosa con el enfoque y las ideas de este libro.

ALGUNOS AGRADECIMIENTOS

Una empresa como la presente es desafiante y difícil debido a su complejidad. Yo solo asumo la responsabilidad por el contenido del libro, su interpretación de los datos y los hechos, y sus conclusiones. Incluso así, aunque la responsabilidad última es mía, varias personas me ayudaron en la tarea y me gustaría manifestarles mi gratitud por sus contribuciones. Brian Smith, del Gartner Research Group, me ayudó inmensamente con la creación de la encuesta de investigación en línea y proporcionó considerable apoyo técnico. Cecilia Atoo, de Wharton, fue verdaderamente incondicional, pues mecanografió el manuscrito, creó las figuras y las tablas, y además ayudó a satisfacer mis exigencias y las de los correctores de estilo. Debo mi gratitud a mi editor, Tim Moore, así como a Russ Hall, Christy Hackerd y otros de Pearson Prentice Hall, quienes me ayudaron a desarrollar el manuscrito hasta darle su forma presente. Los anónimos reseñadores que proporcionaron valiosa retroalimentación y sugerencias para mejorar el manuscrito también merecen reconocimiento por sus esfuerzos. Finalmente, debo mis agradecimientos especiales a mi hijo Justin, y a mi musa, Laura, cuyo estímulo, amistad y apoyo fueron para mí fuentes permanentes de motivación.

CAPÍTULO 1

La clave es la ejecución de la estrategia

Introducción

Hace dos décadas, trabajaba en el grupo de eficacia organizacional de la división de nuevos productos de consumo de AT&T, empresa creada como consecuencia del desmembramiento y la reorganización de la compañía ordenados por los jueces en 1984. Recuerdo un día en particular que dejó en mí una impresión que perduraría años.

Hablaba con Randy Tobias, el jefe de la división. Había conocido a Randy cuando, en medio de un trabajo para Illinois Bell, conversamos sobre los problemas y desafíos estratégicos de su división. Randy pasó después a la oficina del presidente de la junta directiva de AT&T y luego se convirtió en el exitoso director ejecutivo de Eli Lilly, pero sus comentarios ese día, hace muchos años, fueron los que produjeron en mí el impacto más profundo[1].

He aquí que había una nueva empresa lanzada de manera precipitada en la arena competitiva. La competencia era entonces nueva para AT&T. La estrategia competitiva era inexistente para la firma, y Tobias luchaba de modo incansable para crear ese plan original tan esquivo. Se concentraba en los productos, los competidores, las fuerzas del sector y la manera de posicionar a la nueva división en el mercado. Manejaba expectativas y exigencias corporativas mientras forjaba un plan para la empresa y ayudaba a posicionarla en el portafolio de AT&T. Creó un plan estratégico donde antes no existía, tarea hercúlea, bien realizada en su momento.

Recuerdo que ese día pregunté a Randy cuál era el mayor desafío estratégico que enfrentaba la empresa. Esperaba que su respuesta tuviera que ver con el problema de la formulación de estrategias o con alguna amenaza competitiva que tuviera la división. Su respuesta me sorprendió: señaló que la formulación de estrategias, si bien era en extremo desafiante y difícil, no era lo que más le preocupaba. No era el planeamiento lo que le inquietaba. Era algo aun mayor y más problemático. Lo que le preocupaba por encima de todo era la ejecución de las estrategias. Hacer que el plan funcionara era un reto mucho mayor que crearlo. La ejecución era la clave para el éxito competitivo, pero exigía algo de trabajo.

Yo, por supuesto, busqué mayor aclaración y mayores detalles. No puedo recordar todo lo que dijo en respuesta a mis muchas preguntas, pero enseguida se presentan algunos de los desafíos de ejecución que planteó ese día, refiriéndose a su propia organización. Mencionó los siguientes:

- La cultura de la organización, que no era adecuada para los retos futuros

- Los incentivos y cómo se había premiado a los empleados por su antigüedad o por "hacerse mayores" y no por su desempeño o sus logros competitivos

- La necesidad de solucionar problemas con los "silos" funcionales tradicionales en la estructura de la organización

■ Los retos inherentes al manejo del cambio al adaptarse la división a nuevas condiciones competitivas

Eran los primeros detalles sobre problemas relacionados
con la ejecución que había yo escuchado, y el mensaje ha
permanecido conmigo en el curso de los años. Ese día se
hizo claro para mí que:

LA EJECUCIÓN ES CLAVE PARA EL ÉXITO

En esos primeros días en AT&T también descubrí que
aunque la ejecución es clave para el éxito, no es tarea fácil. Era una compañía con una cultura y una estructura
arraigadas, con una forma establecida de hacer las cosas.
Para que la compañía se adaptara a su nuevo ambiente
competitivo tendría que enfrentar grandes desafíos, y tales
desafíos no iban a ser pan comido. Obviamente, no sería
fácil desarrollar una estrategia competitiva, pero los enormes retos que enfrentaba la compañía pronto dejaron en
claro para mí que:

HACER QUE LA ESTRATEGIA FUNCIONE
ES MÁS DIFÍCIL QUE LA TAREA DE CREAR
LA ESTRATEGIA

La ejecución es crucial para el éxito. La ejecución constituye un proceso disciplinado, un conjunto lógico de actividades interconectadas que hacen posible que una organización adopte una estrategia y la haga funcionar. Sin
un método cuidadoso y planificado de ejecución, no es
posible alcanzar las metas estratégicas. El desarrollo de tal
enfoque lógico, sin embargo, constituye un formidable reto para la gerencia.

Aun si se desarrolla cuidadosamente un plan de ejecución en el nivel empresarial, el éxito de la ejecución no
queda garantizado. Los planes estratégicos y de ejecución

de Tobias para la división de productos de consumo estaban bien meditados. No obstante, el avance de la división estaba plagado de dificultades. ¿Por qué? El problema estaba en el conjunto de la corporación AT&T. La compañía estaba a punto de pasar por una enorme metamorfosis para la cual no estaba lista. Los planes de ejecución en el nivel empresarial se hunden si no reciben apoyo corporativo. En ese momento AT&T era un monstruo de movimiento lento en el cual el cambio se rechazaba con vehemencia. Los planes, bien preparados y lógicos, se veían obstaculizados por una cultura corporativa deficiente en el nivel empresarial de la división de productos de consumo. La perspicacia de Tobias y las acciones de ejecución, potencialmente eficaces, eran aminoradas por la inercia y la incompetencia corporativas.

Si bien la ejecución es crucial para el éxito estratégico, hacer que las estrategias funcionen presenta un desafío formidable. Muchos factores, entre ellos la política, la inercia y la resistencia al cambio, se interponen de manera rutinaria en la senda hacia el éxito en la ejecución.

Pasando de un salto al presente, acabo de finalizar algunas semanas de trabajo con gerentes de Deutsche Post, Aventis Pharmaceutical y Microsoft, durante las cuales he hablado con ellos sobre problemas de ejecución. También acabo de tomar parte en un programa ejecutivo de Wharton sobre administración estratégica y estuve conversando sobre esto con varios de los participantes.

El asunto principal que aparece en todas las conversaciones es la importancia y la dificultad de ejecutar las estrategias. Dos décadas después de mi conversación con Randy Tobias, los gerentes siguen poniendo énfasis en que la ejecución es clave para el éxito. Argumentan que hacer funcionar las estrategias es algo importante y más difícil que elaborarlas. Los planes siguen fracasando o quedando desfasados debido a una ejecución deficiente.

El aspecto notable de todo esto es que aparentemente los gerentes todavía no saben mucho con respecto a la ejecución de las estrategias. Aún se le ve como un gran problema y un desafío.

La literatura sobre administración se ha concentrado principalmente en los últimos años en hacer desfilar nuevas ideas sobre planeamiento y formulación de estrategias frente a lectores ansiosos, pero ha descuidado notablemente la ejecución. De acuerdo, el planeamiento es importante. De acuerdo, las personas están despertando al desafío y comienzan a tomar la ejecución con seriedad.

Aun así, es obvio que la ejecución de las estrategias no es en modo alguno tan clara ni está tan entendida como su formulación. Se sabe mucho más sobre planificar que sobre hacer, sobre la elaboración de las estrategias que sobre cómo hacer que funcionen.

¿Vale la pena realmente el esfuerzo de la ejecución? ¿Es en verdad clave la ejecución o implementación para el éxito estratégico?

Pongamos por caso un estudio exhaustivo y relativamente reciente sobre aquello que contribuye al éxito empresarial[2]. En dicho estudio, realizado en 160 compañías durante un período de cinco años, el éxito tuvo una fuerte correlación, entre otras cosas, con la capacidad de ejecutar de manera impecable. Factores como la cultura, la estructura organizacional y aspectos de ejecución operativa fueron vitales para el éxito de las compañías, medido éste por la rentabilidad total para los accionistas. Otras obras recientes han dado su apoyo al hallazgo de este estudio de que la ejecución es importante para el éxito estratégico, si bien sus enfoques y análisis son menos rigurosos y completos[3]. Tales obras, entonces, apoyan en general el punto de vista que he sostenido durante años:

UNA SÓLIDA EJECUCIÓN ES CRUCIAL: CONCENTRARSE EN HACER QUE LA ESTRATEGIA FUNCIONE DA GRANDES DIVIDENDOS

No obstante su importancia, la ejecución suele manejarse de manera deficiente por parte de muchas organizaciones. Aún hay incontables casos de buenos planes que fracasan lastimosamente debido a esfuerzos de ejecución raquíticos. Esto suscita algunas preguntas importantes.

Si la ejecución es capital para el éxito, ¿por qué más organizaciones no desarrollan un enfoque disciplinado con respecto a ella? ¿Por qué no invierten tiempo las compañías en desarrollar y perfeccionar procesos que les ayuden a lograr resultados estratégicos significativos? ¿Por qué no puede un mayor número de compañías ejecutar o implementar estrategias adecuadamente y cosechar los beneficios de tales esfuerzos?

La respuesta simple, de nuevo, es que la ejecución es en extremo difícil. Existen barreras o vallas formidables que se interponen en el camino del proceso de ejecución y perjudican seriamente la implementación de las estrategias. La vía a la ejecución exitosa está llena de baches que deben sortearse para lograrla. Éste fue el mensaje hace dos décadas y aún hoy sigue siendo cierto.

Identifiquemos algunos de los problemas o barreras que afectan la implementación. Concentrémonos luego en enfrentar los obstáculos y solucionar los problemas en los capítulos subsiguientes de este libro.

LOS GERENTES ESTÁN CAPACITADOS PARA PLANIFICAR, NO PARA EJECUTAR

Un problema básico es que los gerentes saben más sobre la formulación de estrategias que sobre su implementación. Están capacitados para planificar, no para ejecutar los planes.

En la mayoría de programas de maestría en administración de empresas que he visto, los estudiantes aprenden mucho sobre formulación de estrategias y planeamiento funcional. Los cursos básicos, por lo general, afinan los conocimientos sobre estrategia competitiva, estrategia de marketing, estrategia financiera, etc. ¿Cuáles son los cursos de la mayoría de programas básicos que tratan exclusivamente sobre la ejecución o la implementación? Usualmente ninguno. Es muy cierto que la ejecución se toca en un par de cursos, pero no de modo exclusivo, minucioso y decidido. Claramente, el énfasis se pone en el trabajo conceptual, particularmente el planeamiento, pero no en cómo hacer. En Wharton hay al menos un curso electivo de implementación de estrategias, pero esto no es lo usual en muchos otros programas de maestría en administración de empresas. Aunque las cosas están comenzando a cambiar, el énfasis se sigue poniendo de lleno en el planeamiento, no en la ejecución.

A la falta de capacitación en ejecución se agrega el hecho de que en la mayoría de escuelas de negocios la estrategia y el planeamiento se enseñan en "silos", por departamentos o disciplinas, y la ejecución sufre aun más. El punto de vista de que la estrategia de marketing, la estrategia financiera, la estrategia de recursos humanos, etc., es el único enfoque "correcto" es nocivo para la visión integradora que exige la ejecución.

Parece, entonces, que la mayoría de programas de maestría en administración de empresas (y si se quiere, también los de pregrado) están señalados por el énfasis puesto en el desarrollo de estrategias, no en su ejecución. Los brillantes estudiantes graduados están bien versados en estrategia y planeamiento, pero sólo han tenido una exposición pasajera a la ejecución. La extrapolación de lo anterior al mundo real sugiere que existen muchos gerentes con generosos antecedentes conceptuales y capacitación en planeamiento, pero no en realización. La falta de atención formal a la ejecución de las estrategias en el salón de clase, obviamente, tiene continuidad en la falta de atención y el consecuente desempeño deficiente en el campo de la ejecución en el mundo real.

Si lo anterior es cierto —que los gerentes están capacitados para planificar, no para ejecutar—, entonces la implementación exitosa de las estrategias se hace menos probable y más problemática. La ejecución se aprende en la "escuela de los grandes golpes" y las sendas hacia los resultados exitosos probablemente estén erizadas de errores y frustraciones.

Asimismo, se desprende lógicamente que los gerentes que saben algo sobre ejecución de estrategias muy probablemente tienen ventaja sobre sus contrapartes que no saben nada. Si los gerentes de una compañía están más versados en las formas de ejecución que los gerentes de una organización competidora, ¿no es lógico suponer, si todo lo demás es igual, que la primera compañía puede disfrutar de una ventaja competitiva sobre la segunda, teniendo en cuenta las diferencias en cuanto a conocimientos y capacidades? Entre los beneficios de la ejecución eficaz se incluyen la ventaja competitiva y mayor rentabilidad para los accionistas, de modo que disponer de conocimientos en este campo claramente parece valer la pena y ser beneficioso para la organización.

DEJAR QUE LOS "SEGUNDOS" MANEJEN LA EJECUCIÓN

Otro problema es que algunos gerentes de alto nivel realmente creen que la ejecución o implementación de las estrategias es algo que está "por debajo de ellos", algo que es mejor dejar a los empleados de menor categoría. En verdad, el título de esta sección proviene de una cita real de un gerente de alto nivel.

Trabajaba yo en programas de implementación en GM, bajo los auspicios de la sección de planeamiento corporativo estratégico. En el curso de mi trabajo hallé muchos gerentes competentes y dedicados. Sin embargo, también me topé con algunos que tenían una visión negativa de la ejecución. Como explicó uno de tales gerentes:

"A la alta gerencia le corresponde preocuparse por el planeamiento y la formulación de estrategias. Debe tenerse gran cuidado en el desarrollo de planes sólidos. Si el planeamiento se hace bien, puede entonces la gerencia entregar los planes a los 'segundos', cuyo trabajo es asegurarse de que se hagan las cosas y no se pierda el trabajo de los planificadores".

¡Qué visión del proceso de planeamiento y ejecución! Los planificadores (las personas "inteligentes") desarrollan planes que los "segundos" (no tan inteligentes) sencillamente tienen que llevar a cabo y hacer que funcionen. "Hacer" obviamente supone menos capacidad e inteligencia que "planificar", percepción del trabajo administrativo que claramente demerita el proceso de ejecución.

La visión prevaleciente aquí es que un grupo de gerentes hace un trabajo innovador y desafiante (planeamiento), y luego "pasa el balón" a niveles inferiores para la ejecución. Si las cosas salen mal y los planes estratégicos no tienen éxito (lo cual sucede con frecuencia), el problema se sitúa de lleno a los pies de los "realizadores", a quienes de alguna manera se les acusa de haber metido la pata y no lograr implementar un plan perfectamente sólido y viable. Los realizadores dejan caer la bola, no obstante las jugadas bien diseñadas de los planificadores.

Toda organización, desde luego, presenta alguna separación entre el planeamiento y la realización, la formulación y la ejecución. No obstante, cuando dicha separación se torna disfuncional —cuando los planificadores se ven a sí mismos como los individuos inteligentes y tratan a los realizadores como "segundos"— claramente se presentan problemas de ejecución. Cuando la "elite" planifica y mira la ejecución como algo que está por debajo de ella, que desmerece de su dignidad de alta gerencia, la implementación exitosa de la estrategia obviamente se pone en riesgo.

La verdad es que todos los gerentes son "segundos" cuando se trata de la ejecución de las estrategias. Del director ejecutivo hacia abajo, la sólida ejecución exige que los gerentes se arremanguen y pongan el hombro para hacer la diferencia. El contenido y el centro de atención de lo que hacen puede variar entre las gerencias alta y media. Sin embargo, la ejecución exige compromiso y pasión con respecto a los resultados, independientemente del nivel gerencial en el cual se hallen.

Otra forma de decir lo anterior es que la ejecución exige *apropiación* en todos los niveles de gerencia. Desde los gerentes de primera línea hacia abajo, los individuos deben comprometerse con los procesos y las acciones capitales de la ejecución eficaz y apropiarse de ellos. La apropiación de la ejecución y de los procesos de cambio vitales para ella es indispensable para el éxito. El cambio es imposible sin el compromiso con las decisiones y acciones que definen la ejecución de las estrategias. Ésta no es parte trivial del trabajo de los gerentes: define su esencia. La ejecución es una responsabilidad crucial de todos los gerentes, no algo que los demás "hacen" o por lo cual se preocupan.

EL PLANEAMIENTO Y LA EJECUCIÓN SON INTERDEPENDIENTES

Si bien, en realidad, puede haber una separación entre las tareas de planeamiento y ejecución, las dos son interdependientes. El planeamiento afecta la ejecución. La ejecución de las estrategias, a su vez, afecta con el tiempo los cambios en la estrategia y el planeamiento. Tal relación entre el planeamiento y la realización sugiere dos aspectos críticos para tener en mente.

Los resultados estratégicos exitosos pueden lograrse mejor cuando quienes son responsables de la ejecución forman también parte del proceso de planeamiento o formulación. Mientras mayor sea la interacción entre los "realizadores" y los "planificadores", o mayor la coincidencia de los dos procesos o tareas, mayor será la probabilidad de éxito en la ejecución.

Un aspecto relacionado es que el éxito estratégico exige una visión "simultánea" del planeamiento y la realización. Los gerentes deben pensar en la ejecución incluso cuando están formulando los planes. La ejecución no es algo para "preocuparse más tarde". Desde luego, todas las decisiones y acciones de la ejecución no pueden adoptarse a la vez. Sin embargo, deben preverse los dilemas o campos problemáticos de la ejecución como parte del "cuadro general" del planeamiento y la realización. La formulación y la ejecución son partes de un enfoque administrativo integrado y estratégico. Esta visión dual o simultánea es importante pero difícil de lograr y presenta un desafío para la ejecución eficaz.

Randy Tobias tuvo esta visión simultánea de planeamiento y realización. Incluso al formular su nueva estrategia competitiva para su división de AT&T estaba previendo los retos de la ejecución. La formulación de la estrategia competitiva no se veía como si ocurriera en un vacío de planeamiento, aislada de los problemas de la ejecución. Vital para el éxito de la estrategia fue su propia identificación y su reconocimiento de los factores relativos a la ejecución cuyo impacto sobre el éxito estratégico juzgaba como formidable. Las preocupaciones con respecto a la ejecución no podían aplazarse; eran parte esencial de la función de planeamiento.

Por contraste, la alta gerencia de la tambaleante Lucent Technologies jamás tuvo tal visión simultánea del planeamiento y la ejecución.

Cuando se desprendió de AT&T, el gigante de las comunicaciones, el software y las redes de datos parecían constituir una apuesta segura para el triunfo. Tenía en su redil a la legendaria Bell Labs. Estaba lista a arrancar de inmediato y formular estrategias competitivas decisivas. Sin embargo, aunque el vertiginoso mercado tecnológico de fines de los años 90 pudo haber ayudado a Lucent y a otras compañías, no pudo ocultar o eliminar por entero las dificultades de la empresa.

Uno de los mayores problemas fue que la gerencia no previó los obstáculos cruciales de la ejecución al formular la estrategia. Su empresa matriz, Ma Bell, se había tornado burocrática y paquidérmica, y Lucent llevó consigo esta cultura al escindirse. La cultura no prestaba buen servicio a la compañía en el ambiente muy competitivo y en acelerado cambio de las telecomunicaciones, problema que no se previó.

En los primeros intentos de Lucent de desarrollar una estrategia también se hizo caso omiso de la rígida estructura organizacional, y ésta pronto se convirtió en lastre cuando se hizo frente a asuntos tales como el desarrollo de productos y el tiempo de ubicación en el mercado. Competidores más ágiles como Nortel vencieron a Lucent, lo cual permitió ver los problemas relacionados con la incapacidad de la empresa de llevar a cabo sus estrategias recién desarrolladas.

Una de las cosas que hacían falta en Lucent era que la alta gerencia tuviera una visión simultánea del planeamiento y la realización. La fase de planeamiento desconoció problemas críticos de ejecución relacionados con la cultura, la estructura y el personal. Los resultados de tal descuido fueron en extremo negativos, y se vieron magnificados por los bajones del mercado en el 2000 y más adelante.

LA EJECUCIÓN TOMA MÁS TIEMPO QUE LA FORMULACIÓN

La ejecución de la estrategia suele tomar más tiempo que su formulación. Mientras que el planeamiento puede durar semanas o meses, la implementación de la estrategia usualmente se lleva a cabo en un período de tiempo mucho mayor. Un cronograma más prolongado puede hacer más difícil para los gerentes concentrarse en el proceso de ejecución y controlarlo, pues muchas cosas, algunas imprevistas, pueden materializarse y plantear un desafío a la atención del gerente.

Los pasos que se dan en la ejecución de la estrategia tienen lugar a lo largo del tiempo y entran en juego muchos factores, incluso algunos no previstos. Las tasas de interés pueden cambiar, los competidores pueden no comportarse del modo esperado (¡la competencia puede ser a veces visiblemente "injusta" y no guiarse por las "reglas"!), las necesidades de los clientes pueden cambiar, y empleados clave pueden salir de la compañía. Los resultados de los cambios en las estrategias y los métodos de ejecución no pueden siempre determinarse con facilidad debido al "ruido" o a los sucesos fuera de control. Esto, obviamente, aumenta la dificultad de los esfuerzos de ejecución.

El tiempo más prolongado impone presiones sobre los gerentes que hacen frente a la ejecución. Las necesidades de largo plazo deben convertirse en objetivos de corto plazo. Es necesario establecer controles que proporcionen retroalimentación y mantengan a la gerencia al corriente de los "choques" y cambios externos. El proceso de ejecución debe ser dinámico y adaptable y, en consecuencia, responder a los sucesos imprevistos y compensarlos. Esto presenta un desafío real a los gerentes y aumenta la dificultad de la ejecución de las estrategias.

Al consumarse la fusión de DaimlerChrysler en 1998, muchos creyeron que la histórica negociación crearía el principal fabricante de automóviles del mundo. No obstante, desde entonces la ejecución ha sido en extremo difícil, y los seis años transcurridos desde la fusión han visto el despliegue de muchos problemas. La compañía ha enfrentado una crisis tras otra, incluidas dos rachas de grandes pérdidas en la división Chrysler, una serie de pérdidas en los vehículos comerciales y enormes problemas con inversiones fracasadas en intentos de recuperación en la endeudada Mitsubishi Motors[4]. Asimismo, se materializaron serios conflictos culturales entre la vertical y formal cultura alemana y la más informal y descentralizada empresa estadounidense. Enojados accionistas en la reunión del 2004 crearon y reflejaron disensiones internas y dieron a Jurgen Scrempp un ultimátum para que cambiara las cosas de inmediato.

Los seis años transcurridos desde de la fusión presentaron problemas que no se previeron en su momento. La ejecución siempre toma tiempo y ejerce presión sobre la gerencia para que se obtengan resultados, pero el tiempo más prolongado necesario para la ejecución también aumenta la probabilidad de que afloren problemas o desafíos imprevistos *adicionales*, lo cual aumenta aun más la presión sobre los gerentes responsables de los resultados de la ejecución. El proceso de ejecución es siempre difícil y a veces turbulento, y los problemas se exacerban por la mayor duración de los tiempos usualmente asociados con la ejecución.

LA EJECUCIÓN ES UN PROCESO, NO UNA ACCIÓN O UN PASO

Lo que acaba de señalarse es crucial y debe repetirse: La ejecución es un proceso. No es el resultado de una decisión o una acción aislada. Es el resultado de una serie de decisiones o acciones integradas a lo largo del tiempo.

Lo anterior ayuda a explicar por qué una ejecución sólida confiere una ventaja competitiva. Las firmas tratan de establecer parámetros para la ejecución exitosa de las estrategias. Sin embargo, si la ejecución supone una serie de actividades, sistemas de actividad o procesos integrados e internamente coherentes, la imitación es en extremo difícil, si no imposible[5].

Southwest Airlines, por ejemplo, hace muchas cosas de modo distinto de la mayoría de las grandes aerolíneas. No ofrece transferencia de equipaje, no sirve comidas, no expide pases de embarque, utiliza un solo tipo de avión (lo cual reduce los costos de capacitación y mantenimiento) y acelera las operaciones de embarque y desembarque en las entradas. Ha desarrollado capacidades y creado gran cantidad de actividades en apoyo de su estrategia de costos bajos. Otras aerolíneas están bajo presión para copiarla, pues ya hacen todo lo que Southwest no hace. Están comprometidas con rutinas y métodos distintos. En suma, copiar las actividades de ejecución de Southwest supondría realizar sacrificios difíciles, tareas sensiblemente diferentes y grandes cambios, lo cual complica el problema de desarrollar e integrar nuevos procesos o actividades de ejecución. Esto no es lo mismo que decir que los competidores no pueden en absoluto copiar a Southwest; en verdad otros principiantes y aerolíneas tradicionales de bajo costo están poniendo una presión competitiva cada vez mayor sobre Southwest. Sencillamente se argumenta que tal imitación es en extremo difícil de llevar a cabo.

La ejecución es un proceso que exige gran atención para hacerlo funcionar. La ejecución no es una decisión o una acción aislada. Los gerentes que buscan soluciones rápidas a los problemas de ejecución fracasan con seguridad en sus intentos de hacer que las estrategias funcionen. ¡Más rápido no siempre significa mejor!

LA EJECUCIÓN INVOLUCRA A MÁS PERSONAS QUE EL PLANEAMIENTO DE LA ESTRATEGIA

Además de ponerse en práctica en períodos de tiempo más prolongados, la implementación de las estrategias siempre compromete a más personas que su formulación. Esto presenta problemas adicionales. La comunicación hacia abajo dentro de la organización o entre distintas funciones se convierte en un reto. Asegurarse de que los incentivos en toda la organización apoyen los esfuerzos de ejecución de las estrategias se convierte en necesidad y, potencialmente, en problema. Vincular los objetivos estratégicos con los objetivos y las preocupaciones diarios del personal en los distintos niveles y localizaciones organizacionales se torna en tarea legítima pero desafiante. Mientras mayor sea el número de personas comprometidas, mayor será el reto de la ejecución eficaz de las estrategias.

Alguna vez participé en un proyecto de planeamiento estratégico en un banco bien conocido. Otro proyecto en el cual yo no había estado comprometido directamente había recomendado antes un nuevo programa para aumentar el número de clientes miristas que utilizaban ciertos productos y servicios rentables. Se puso de manifiesto una estrategia y se desarrolló un plan de ejecución para educar a miembros clave del personal y fijar metas coherentes con la nueva ofensiva. Se llevaron a la sede corporativa a los gerentes de sucursal y a otros que trataban con los clientes para capacitarlos y difundir el entusiasmo con respecto al programa.

Luego de algunos meses, los datos revelaron que poco había cambiado. Era claro que las cosas seguían igual, sin que se produjeran los cambios que el nuevo programa tenía como objetivo. El banco decidió hacer una breve encuesta para sondear a los clientes y al personal de las sucursales que estaba en comunicación con ellos, con el fin de establecer las reacciones al programa y ver dónde se podían hacer modificaciones.

Los resultados fueron aterradores, como el lector probablemente ha llegado a suponer. Pocos sabían sobre el programa. Algunos cajeros y otros miembros del personal de las sucursales dijeron que en efecto habían oído sobre "algo nuevo", pero en sus rutinas diarias no se había introducido nada distinto. Unos pocos señalaron que el nuevo programa posiblemente era sólo un rumor, pues no se había puesto en práctica nada importante. Otros insinuaron que siempre había rumores en circulación y que nunca sabían qué era real y qué era falso.

La comunicación en torno al programa y su realización eran obviamente insuficientes, pero el banco reconocía que estaba frente a una tarea de enormes proporciones. Se trataba de un gran banco, con muchos empleados en el nivel de las sucursales. Educarlos y cambiar sus comportamientos era algo que el tamaño del banco hacía en extremo difícil. Las operaciones descentralizadas de las sucursales aseguraban que siempre estuvieran "apareciendo" problemas en campo, poniendo desafíos a la atención de los empleados y complicando la introducción de nuevas ideas corporativas entre un grupo grande de empleados.

En este ejemplo, el número de personas que debían participar en la implementación del nuevo programa presentaba un importante reto a la gerencia del banco. Es fácil imaginar los problemas de comunicación en compañías aun más grandes y geográficamente dispersas como General Motors, la IBM, el Deutsche Post, General Electric, Exxon, Nestlé, Citicorp y ABB. El número de personas comprometidas, sumado a los tiempos más prolongados generalmente asociados con la ejecución de las estrategias, crea claros problemas al tratar de hacer que ésta funcione.

DESAFÍOS Y OBSTÁCULOS ADICIONALES PARA UNA EJECUCIÓN EXITOSA

Los problemas ya anotados son graves y potencialmente impiden la ejecución. Sin embargo, existen aún otros desafíos y obstáculos para la implementación exitosa de las estrategias. Es necesario identificarlos y hacerles frente para que la ejecución sea exitosa.

Para descubrir los problemas que los gerentes encuentran de manera rutinaria en la ejecución de las estrategias, desarrollé dos proyectos de investigación que buscaban ofrecer algunas respuestas. Mi meta era aprender sobre ejecución de parte de los individuos más calificados para proporcionarme los datos más actualizados: los gerentes que realmente hacen frente a la ejecución de estrategias. Podría haber confiado exclusivamente en mis propias experiencias como consultor. Sin embargo, sentí que un método más amplio —encuestas dirigidas a muchos gerentes practicantes— iba a producir resultados positivos adicionales e ideas útiles con respecto a los problemas de ejecución.

LA ENCUESTA WHARTON-GARTNER

Éste fue un proyecto conjunto en el cual participamos Gartner Group Inc., una organización de investigaciones bastante conocida, y yo, profesor de Wharton. El proyecto es relativamente reciente, pues la recolección y el análisis de datos se llevaron a cabo en el 2003.

El propósito de la investigación, tomado de la presentación de Gartner, era "entender con claridad los desafíos que enfrentan los gerentes al tomar decisiones y realizar acciones para ejecutar las estrategias de sus compañías para obtener ventajas competitivas".

El instrumento de investigación fue una breve encuesta "en línea" enviada a 1 000 individuos de la base de datos

E-Panel, de Gartner. La muestra objetivo estaba integrada por gerentes que informaban estar comprometidos en la formulación y ejecución de estrategias. Se recibieron respuestas completas y utilizables de una muestra de 243 individuos, "tasa de retorno" más que suficiente para este tipo de investigación. Además, la encuesta recogió respuestas a preguntas abiertas que proporcionaron datos adicionales, incluidas explicaciones sobre puntos cubiertos por el instrumento de la encuesta.

Doce puntos de la encuesta trataban sobre los obstáculos para el proceso de ejecución de estrategias y se desarrollaron originalmente en colaboración con el programa de desarrollo ejecutivo de Wharton sobre implementación de estrategias. Examinemos brevemente este programa y la encuesta que generó, y luego veamos los puntos en cuestión.

LA ENCUESTA WHARTON DE EDUCACIÓN EJECUTIVA

Varias veces al año, durante cerca de veinte años, he desarrollado en Wharton un programa ejecutivo sobre implementación de estrategias. He conocido a centenares de gerentes con responsabilidades en cuanto a la ejecución de estrategias, muchos de los cuales han enfrentado importantes obstáculos en sus intentos de ejecutarlas de manera exitosa. Como parte del programa formal, los gerentes llevaban consigo sus problemas reales. En el curso del programa se asignó tiempo a ventilar los problemas y concentrarse en sus soluciones.

Con base en tales presentaciones y en mis discusiones con los gerentes, desarrollé una lista de obstáculos o desafíos para el proceso de ejecución. Examiné dicha lista con los gerentes, pidiéndoles ordenar los problemas u obstáculos por orden de importancia. Con el tiempo se modificaron puntos, se agregaron o eliminaron otros de la lista, hasta que llegué a doce que tenían sentido y validez "nominal". Tales puntos, según los gerentes, tenían clara relación con la ejecución de estrategias.

El uso de los doce puntos para reunir opiniones a partir de un elevado número de programas de educación ejecutiva, me proporcionó respuestas de una muestra de 200 gerentes. Éstos suministraron una clasificación del impacto de los puntos sobre la ejecución estratégica. También se recogieron con el tiempo respuestas abiertas a las preguntas sobre los dilemas, los problemas y las oportunidades de ejecución, lo cual proporcionó valiosos datos adicionales. En conjunto con los datos recolectados en la encuesta Wharton-Gartner, que utilizaba los mismos doce puntos, obtuve respuestas completas de más de 400 gerentes comprometidos en la ejecución de estrategias, quienes me refirieron sus problemas de implementación y las respectivas soluciones.

DISCUSIONES EN PANEL

Luego de la recolección de los datos, en posteriores programas ejecutivos de Wharton, llevé a cabo paneles informales de discusión para reunir ideas adicionales sobre lo que realmente querían decir los datos. Pregunté a los gerentes por qué, en su opinión, las personas respondieron de la manera como lo hicieron. "¿Qué nos dicen las encuestas sobre los problemas o dificultades de ejecución?" fue la pregunta predominante.

Las mencionadas discusiones forzaron a los gerentes a leer entre líneas e interpretar los datos formales. También me dieron la posibilidad de sondear en cuanto a lo que podría haberse hecho para superar los obstáculos y obtener resultados exitosos de la ejecución. Entonces, se reunieron ideas no sólo sobre las fuentes de los problemas de ejecución sino también sobre sus *soluciones*.

Las encuestas y las discusiones subsiguientes proporcionaron datos de primera mano. No se trataba de datos idiosincrásicos, opiniones y observaciones de algunos gerentes o directores ejecutivos quienes, contra todo, "lo habían hecho a su modo". El número de gerentes que proporcionaron respuestas, unido al énfasis puesto en los problemas y las soluciones reales, imprimieron un fuerte tono de pertinencia a las opiniones reunidas sobre ejecución estratégica.

LOS RESULTADOS: OPINIONES SOBRE LA EJECUCIÓN EXITOSA DE LAS ESTRATEGIAS

La tabla 1.1 muestra los resultados de las encuestas. Los doce puntos se muestran con sus respectivos ordenamientos por rango en la encuesta Wharton-Gartner y la encuesta Wharton de educación ejecutiva (el cuestionario real, para los interesados, aparece en el apéndice de este libro).

Es evidente que existe sólido acuerdo en torno a algunos de estos puntos. La importancia de manejar bien el cambio, incluido el cambio cultural, está en primer lugar en ambas encuestas. La incapacidad de manejar el cambio con eficiencia se ve con claridad como perjudicial para los esfuerzos de ejecución estratégica. Aunque la cultura no se mencionó explícitamente en el punto, las preguntas abiertas y las discusiones en panel situaron a la cultura en el centro de muchos problemas relacionados con el cambio. Para muchos de los encuestados, "cambio" y "cambio cultural" eran sinónimos.

Tratar de ejecutar una estrategia que esté en conflicto con la estructura de poder prevaleciente es algo condenado al fracaso, según los gerentes encuestados. Hacer frente a quienes tienen influencia en distintos niveles organizacionales y no están de acuerdo con un plan de ejecución tiene con seguridad resultados poco felices en la mayoría de los casos.

El intercambio insuficiente de información o la transferencia escasa de conocimiento, así como la falta de claridad en la responsabilidad y la rendición de cuentas, también pueden condenar los intentos de ejecución de estrategias. Estos dos puntos señalan que los intentos de coordinación o integración entre unidades organizacionales pueden sufrir si la regla es la falta de claridad en cuanto a las responsabilidades y un deficiente intercambio de información vital para la ejecución. Nuevamente, esto tiene sentido porque las estrategias complejas suelen exigir cooperación y coordinación eficaces, así como intercambio de información. No lograr la transferencia de conocimientos y la integración requeridas es algo que ciertamente no ayuda a la ejecución de las estrategias.

También existe acuerdo sobre la escasa importancia de algunos de los puntos. Los dos grupos encuestados estuvieron claramente de acuerdo en que la falta de apoyo de la alta gerencia y la insuficiencia de recursos financieros no eran problemas significativos para la ejecución de estrategias en sus organizaciones. Tales resultados fueron en extremo sorprendentes, de modo que los exploré un poco más.

La presentación de estos resultados a los gerentes en las discusiones en panel ayudó a aclarar los hallazgos. Básicamente, la historia es que el apoyo de la alta gerencia y la suficiencia de recursos financieros son absolutamente cruciales, pero que el apoyo se manifiesta primordialmente durante la etapa de planeamiento, al decidir sobre los planes y métodos de ejecución. El compromiso con los planes de acción y la asignación de recursos tienen lugar como parte del planeamiento, de modo que se tienen como "dados", aportes predeterminados al proceso de ejecución. Los planes y las actividades de ejecución ya cuentan con la bendición y la aprobación de la alta gerencia, y ya se ha hecho

Tabla 1.1 Obstáculos para la ejecución de estrategias

	Clasificaciones por rango		
Obstáculos	Encuesta Wharton-Gartner (n = 243)	Encuesta Wharton de educación ejecutiva (n = 200)	Cinco mayores categorías en cualquiera de las dos encuestas
1. Incapacidad de manejar el cambio eficazmente o de superar la resistencia interna al cambio	1	1	✔
2. Intento de ejecución de una estrategia que está en conflicto con la estructura de poder existente	2	5	✔
3. Intercambio de información deficiente o inadecuado entre individuos o unidades empresariales responsables de la ejecución de la estrategia	2	4	✔
4. Comunicación poco clara de la responsabilidad y/o la rendición de cuentas sobre las decisiones o acciones de ejecución	4	5	✔
5. Estrategia deficiente o vaga	5	2	✔
6. Falta de sentido de "apropiación" de una estrategia o de los planes de ejecución entre empleados clave	5	8	✔
7. Carencia de directrices o de un modelo que guíe los esfuerzos de ejecución de las estrategias	7	2	✔
8. Falta de comprensión del papel desempeñado por la estructura y el diseño organizacionales en el proceso de ejecución	9	5	✔

	Clasificaciones por rango		
Obstáculos	Encuesta Wharton-Gartner (n = 243)	Encuesta Wharton de educación ejecutiva (n = 200)	Cinco mayores categorías en alguna de las dos encuestas
9. Incapacidad de generar aceptación o acuerdo sobre pasos o acciones cruciales de la ejecución	7	10	
10. Falta o insuficiencia de incentivos que apoyen los objetivos de la ejecución	9	8	
11. Insuficiencia de recursos financieros para ejecutar la estrategia	11	12	
12. Falta de apoyo de la alta gerencia hacia la ejecución de la estrategia	12	11	

la asignación de los recursos necesarios. Ocasionalmente la alta gerencia puede faltar a su promesa de apoyo durante la ejecución, pero para los gerentes ésta era la excepción, no la regla.

Esto explica, entonces, por qué los puntos que tienen que ver con el apoyo financiero y la aceptación por parte de la alta gerencia se calificaron sólo como problemas menores de ejecución, no como obstáculos graves. Los problemas relacionados con el apoyo y el compromiso ya han sido enfrentados y resueltos, de acuerdo con los gerentes entrevistados. Con todo, definitivamente indican que, de no haberse logrado la bendición de la alta gerencia, el éxito de la ejecución sería mucho menos probable, si no imposible, de alcanzar. Puesto que la aceptación y el apoyo financiero eran una realidad aprobada, la atención podía dirigirse ahora a otras tareas y actividades de ejecución.

Es importante anotar, además, que la alta gerencia y el apoyo financiero son vistos por parte de los gerentes como asuntos distintos del tema del poder, señalado anteriormente como significativo para la ejecución. El poder tiene una influencia más amplia y generalizada que las asignaciones financieras, aunque es claro que existe alguna relación. Incluso después de la aprobación de un proyecto de ejecución y de las asignaciones presupuestales correspondientes, entran en juego el poder y la influencia social, y pueden afectar la ejecución. Los gerentes fueron categóricos en su opinión de que, si bien el poder ciertamente incluye elementos de jerarquía y presupuesto, las diferencias de poder son más profundas, más complejas e impregnan a la organización entera, independientemente del nivel jerárquico.

Existen algunas diferencias entre los gerentes participantes en las dos encuestas con respecto a algunos de los puntos. Por ejemplo, tener una "estrategia deficiente o vaga" se calificó como el segundo mayor obstáculo por parte del grupo de la encuesta Wharton de educación ejecutiva, mientras que los gerentes del grupo Wharton-Gartner lo clasificaron en quinto lugar. "No tener directrices o un modelo que guíe los esfuerzos de ejecución de las estrategias" fue clasificado como el segundo mayor obstáculo por el grupo de educación ejecutiva, en tanto que en la encuesta Wharton-Gartner fue el séptimo. También hubo pequeñas diferencias percibidas en torno a la importancia de la estructura o el diseño organizacional en el proceso de ejecución.

¿Por qué las diferencias? Pueden deberse en parte a la composición de las muestras de las dos encuestas. La encuesta Wharton-Gartner averiguó las opiniones de algunos gerentes que, como podemos inferir, tenían éxito en la ejecución y de otros que no. Con seguridad, algunos de los individuos de la muestra eran exitosos en sus esfuerzos de implementación, es decir, no tenían problemas.

Por contraste, muchos de los gerentes de la encuesta de educación ejecutiva asistían al programa de Wharton porque tenían verdaderos problemas de ejecución. Llegaron al programa para ayudarse a resolverlos y superar obstáculos reales de implementación. Su centro de atención claramente estaba en corregir o evitar errores de ejecución. Podían ver problemas, por ejemplo, en torno a la estructura organizacional o a la carencia de un modelo que guiara los esfuerzos de ejecución, mientras que los gerentes de la encuesta Wharton-Gartner podían haber superado ya tales problemas y, por consiguiente, los calificaron como de menor importancia. Cualquiera que sea la razón, hubo algunas diferencias entre los dos grupos.

MALOS RESULTADOS DE LA EJECUCIÓN

Hubo claro acuerdo entre los grupos investigados con respecto al impacto de los problemas de ejecución sobre los resultados de desempeño. Además de "no lograr los resultados u objetivos deseados de la ejecución", los gerentes de las dos encuestas calificaron algunos resultados adicionales de los métodos de ejecución inadecuados como sumamente problemáticos. Entre éstos se incluyen los siguientes:

- Los empleados no entienden cómo contribuyen sus trabajos a la obtención de resultados importantes de la ejecución.

- Se desperdicia tiempo o dinero debido a la ineficiencia o a la burocracia en el proceso de ejecución.

- Las decisiones sobre ejecución toman demasiado tiempo.

- La compañía reacciona con lentitud o de modo inadecuado a las presiones competitivas.

Éstos no son problemas triviales. Los problemas de ejecución pueden costar caro a la organización. Se desperdician tiempo y dinero, y una compañía puede enfrentar serios reveses competitivos debido a la incapacidad de responder a las exigencias del mercado o de los clientes. Los problemas de ejecución deben abordarse, ¿pero cuáles y en qué orden?

COMPRENSIÓN DE LOS DATOS Y AVANCE

Teniendo en cuenta las respuestas de los gerentes que acaban de anotarse, ¿qué sentido tiene todo esto? ¿Qué afecta realmente la ejecución? ¿En qué nos debemos concentrar en los siguientes capítulos de este libro?

Lo primero que hice para dar respuesta a estas preguntas fue incluir todos los puntos que fueron clasificados en el quinto lugar o más alto en una o ambas muestras de gerentes. Si uno o ambos grupos tenían sentimientos tan fuertes con respecto a un obstáculo de ejecución, me pareció que el punto merecía considerarse. En la última columna de la derecha de la tabla 1.1 aparecen marcas al lado de tales puntos.

En segundo lugar, miré las respuestas abiertas, las discusiones en panel y mis propias notas, tomadas durante los programas de Wharton y las discusiones en panel, para dar cuerpo a los puntos de la tabla 1.1. Esto fue esclarecedor. Establecí con facilidad que "manejar el cambio" incluía manejar el cambio cultural para muchas personas, aspecto en el cual se puso énfasis anteriormente. Con frecuencia se subrayó el impacto de la cultura misma sobre la ejecución y el desempeño empresarial, si bien aquélla no estuvo entre los doce puntos de la encuesta. Los gerentes básicamente dijeron que la cultura era un elemento explicativo subyacente en respuestas que tenían que ver con los incentivos, el poder y el cambio, puntos que sí estaban incluidos en la encuesta. Algunos argumentaron con vigor en favor de la importancia de la cultura como factor distinguible que afecta el éxito de la ejecución.

A partir de estos análisis y de las respuestas abiertas, entendí por qué había muchos comentarios muy favorables a ciertos puntos, como la necesidad de un plan o modelo de ejecución. Si en sus compañías existía un plan que guiara los esfuerzos de ejecución, los gerentes no lo calificaban como problema significativo. Si no existía tal plan, se le consideraba como una gran deficiencia que daba lugar a otros problemas en el proceso de ejecución.

Leí y escuché las lamentaciones de muchos sobre los problemas de ejecución que surgen de una mala estrategia o de un planeamiento inadecuado. Las estrategias vagas no pueden traducirse con facilidad en objetivos o indicadores mensurables, tan vitales para la ejecución. Los planes corporativos y empresariales poco claros inhiben la integración de objetivos, actividades y estrategias entre los niveles corporativo y empresarial. Las estrategias deficientes ocasionan planes de ejecución deficientes. Puntos como los anteriores, derivados de las discusiones en panel y las respuestas abiertas, proporcionaron ideas útiles en cuanto al significado de los puntos de la encuesta y los factores que afectan la ejecución.

Finalmente, los gerentes me señalaron la importancia de los controles y la retroalimentación en el proceso de ejecución. Lo que subrayaban era la importancia de las evaluaciones de las estrategias, que proporcionan retroalimentación en cuanto al desempeño y hacen posibles los cambios en los métodos de ejecución. Tales puntos son coherentes con la importancia del manejo del cambio y la adaptación organizacionales, aspectos ya analizados, pero se tomó debida nota del énfasis adicional puesto por los gerentes en la significación de los controles, la retroalimentación y el cambio.

Luego de examinar cuidadosamente todos los datos, traté de "agrupar" los puntos de manera lógica, para ver qué obstáculos para la ejecución exitosa parecían "juntarse". He aquí mi concepción sobre aquello que los datos parecen querer decir.

EL DESAFÍO DE LA EJECUCIÓN

Existen ocho tipos de obstáculos o desafíos para la ejecución de estrategias. O, para ponerlo positivamente, existen ocho tipos de oportunidades: manejarlos bien garantiza el éxito de la ejecución. Los tipos relacionados con el éxito de la ejecución son los siguientes:

1. Desarrollo de un modelo que guíe las decisiones o acciones en torno a la ejecución.

2. Comprensión de cómo la creación de una estrategia afecta su ejecución.

3. Manejo eficaz del cambio, incluido el cambio cultural.

4. Comprensión del poder y la influencia, y su uso para el éxito de la ejecución.

5. Desarrollo de estructuras organizacionales que fomenten el intercambio de información, la coordinación y la clara rendición de cuentas.

6. Desarrollo de controles y mecanismos de retroalimentación eficaces.

7. Conocimiento de cómo crear una cultura de apoyo a la ejecución.

8. Ejercicio de un liderazgo predispuesto hacia la ejecución.

TENER UN MODELO O DIRECTRICES PARA LA EJECUCIÓN

Los gerentes necesitan un modelo lógico que guíe las acciones de ejecución.

Sin directrices, la ejecución se convierte en un asunto caótico. Sin guía, los individuos hacen las cosas que creen importantes, lo cual suele dar como resultado decisiones y acciones descoordinadas, divergentes e incluso conflictivas. Sin el beneficio de un enfoque lógico, la ejecución sufre o fracasa, pues los gerentes no saben qué pasos dar ni cuándo darlos. Tener un modelo o mapa de ruta afecta de manera positiva el éxito en la ejecución.

LA ESTRATEGIA ES EL IMPULSOR PRIMARIO

Todo comienza con la estrategia. La ejecución no puede tener lugar hasta cuando se tenga algo para ejecutar. Una mala estrategia engendra una mala ejecución y deficientes resultados, de manera que es importante concentrarse primero en una estrategia sólida.

Para la ejecución es importante contar con buenos empleados. Es vital hacer que "las personas adecuadas se monten al autobús y las no adecuadas se bajen de él", por así decirlo. Sin embargo, también es importante saber hacia dónde va el autobús y por qué. La estrategia es crucial. Impulsa el desarrollo de capacidades y determina qué personas con qué habilidades se sientan en qué sillas del autobús. Si se sustituye el "autobús" señalado aquí por un *jet* —teniendo en cuenta los mercados competitivos y de alto vuelo de la actualidad— la importancia de la estrategia, la dirección y las habilidades y capacidades críticas requeridas para el éxito quedan subrayadas aun más.

La estrategia define el escenario (clientes, mercados, tecnologías, productos, logística) en el cual se lleva a cabo el juego de la ejecución. La ejecución es un juego vacío sin la guía de la estrategia y de los objetivos de corto plazo relacionados con la estrategia. Qué aspectos de la estrategia y el planeamiento tienen mayor impacto sobre los resultados de la ejecución es una pregunta crucial que debe responderse. Otra pregunta esencial tiene que ver con la relación entre las estrategias de nivel corporativo y empresarial y cómo su interacción afecta los resultados de la ejecución.

EL MANEJO DEL CAMBIO

La ejecución o implementación de la estrategia suele suponer cambio. El manejo inadecuado del cambio lleva los esfuerzos de ejecución al desastre.

Manejar el cambio significa mucho más que mantener contentas a las personas y reducir la resistencia a las nuevas ideas y los nuevos métodos. También significa conocer las tácticas o los pasos necesarios para manejar el proceso de ejecución a lo largo del tiempo. ¿Los gerentes implementan el cambio de modo secuencial, parte por parte, o lo hacen todo a la vez, lanzándose al vacío e implementando el cambio de un solo golpe? La respuesta incorrecta puede obstaculizar gravemente o matar los esfuerzos de ejecución. Saber cómo manejar el proceso de ejecución y los cambios relacionados a lo largo del tiempo es importante para el éxito de la ejecución.

LA ESTRUCTURA DE PODER

Los programas de ejecución que contradicen la estructura de poder o influencia de una organización están condenados al fracaso. ¿Qué afecta el poder o la influencia? El poder es más que la personalidad individual o la posición. El poder refleja estrategia, estructura y dominio crítico sobre capacidades y recursos escasos. Saber qué es el poder y cómo crear y utilizar la influencia puede señalar la diferencia entre el éxito o el fracaso de la ejecución.

COORDINACIÓN E INTERCAMBIO DE INFORMACIÓN

Estos factores son vitales para la ejecución eficaz. Saber cómo lograr la coordinación y el intercambio de información en organizaciones complejas y geográficamente dispersas es importante para el éxito de la ejecución. Con todo, los gerentes suelen estar motivados a *no* compartir información ni trabajar con sus colegas para coordinar actividades y lograr metas estratégicas y de corto plazo. ¿Por qué? La respuesta a esta pregunta es vital para la ejecución exitosa de las estrategias.

CLARIDAD EN LA RESPONSABILIDAD Y LA RENDICIÓN DE CUENTAS

Éste es uno de los prerrequisitos más importantes para la ejecución exitosa, tan básico como suena. Los gerentes deben saber quién hace qué, cuándo y por qué, así como quién debe rendir cuentas por los pasos cruciales del proceso de ejecución. Sin claridad en la responsabilidad y la rendición de cuentas, los programas de ejecución no van para ninguna parte. Saber cómo lograr dicha claridad es capital para el éxito de la ejecución.

LA CULTURA ADECUADA

Las organizaciones deben desarrollar culturas de apoyo a la ejecución. La ejecución exige una cultura de logro, disciplina y apropiación, pero desarrollar o cambiar una cultura no es tarea fácil. Es divertido escalar rocas, ir en balsa por aguas rápidas, hacer batallas con rifles de pintura y llevar a cabo otras actividades con el equipo de gerencia. Sin embargo, éstas rara vez producen un cambio cultural perdurable. Saber qué afecta el cambio cultural es esencial para el éxito de la ejecución.

LIDERAZGO

El liderazgo debe estar inclinado hacia la ejecución. Debe impulsar a la organización hacia el éxito. Debe motivar la apropiación y el compromiso con el proceso de ejecución.

El liderazgo afecta la manera como las organizaciones responden a todos los desafíos de ejecución mencionados. El liderazgo siempre está implicado, al menos como supuesto, al examinar qué acciones o decisiones se necesitan para lograr que las estrategias funcionen. Un completo análisis de los pasos y las decisiones de la ejecución usualmente define qué es el buen liderazgo y cómo afecta el éxito de la ejecución, directa o indirectamente.

CONTROLES, RETROALIMENTACIÓN Y ADAPTACIÓN

Los procesos de ejecución de estrategias apoyan el cambio y la adaptación organizacionales. Hacer que las estrategias funcionen requiere retroalimentación sobre el desempeño organizacional y el uso posterior de dicha información para poner a punto la estrategia, los objetivos y el proceso mismo de ejecución. Hay un aspecto que surge en la estrategia y la ejecución cuando las organizaciones aprenden a adaptarse a los cambios ambientales a lo largo del tiempo. La adaptación y el cambio dependen de la eficacia de los métodos de ejecución.

Aunque son casi siempre considerados muy importantes, los controles y la retroalimentación con frecuencia no funcionan. Los procesos de control fallan. No identifican o no hacen frente a los hechos crueles que subyacen tras el bajo desempeño. La adaptación es caprichosa o incompleta. Entender cómo manejar la retroalimentación, las evaluaciones de la estrategia y el cambio es vital para el éxito de la ejecución de estrategias.

Éstos son asuntos que tienen impacto sobre el éxito o el fracaso de los esfuerzos de ejecución de estrategias.

En conjunto con los aspectos mencionados anteriormente (tiempos más prolongados, participación de muchas personas, etc.), son campos que presentan obstáculos formidables a la ejecución exitosa si no se conducen de manera adecuada. También ofrecen oportunidades de obtener una ventaja competitiva si se comprenden y se manejan bien.

Las dos últimas palabras ("manejan bien") contienen la clave para el éxito. Conocer los obstáculos o las oportunidades potenciales es necesario pero no suficiente. El problema real es cómo hacerles frente para generar resultados positivos de la ejecución. El punto de mayor significación o idea central de este capítulo es que la ejecución no se maneja bien en la mayoría de organizaciones. El resto del libro está dedicado a corregir esta deplorable situación.

EL SIGUIENTE PASO: DESARROLLO DE UN MÉTODO LÓGICO PARA LA EJECUCIÓN DE DECISIONES Y ACCIONES

¿Entonces dónde y cómo comenzar a enfrentar los asuntos que acaban de anotarse? ¿Qué problemas u oportunidades de ejecución deben considerar primero los gerentes? ¿Qué decisiones o acciones vienen después? ¿Por qué? ¿Puede desarrollarse un enfoque para la ejecución de estrategias que guíe a los gerentes por el laberinto de obstáculos y temas problemáticos que acaban de identificarse?

El siguiente capítulo comienza a abordar tales preguntas. Presenta una visión general, un marco de referencia conceptual para guiar las decisiones y acciones de ejecución. Los gerentes necesitan tal modelo porque encaran rutinariamente un desconcertante conjunto de decisiones sobre una multitud de problemas estratégicos y operativos, incluidos aquéllos que tienen que ver con la ejecución. Necesitan directrices, un "mapa de ruta" para sortearlos de manera lógica para el éxito de la ejecución.

También se necesitan prioridades. Abordar al mismo tiempo demasiadas decisiones o acciones de ejecución crea con seguridad problemas. "Cuando todo es importante, nada lo es", es una forma clara y sencilla de expresar el asunto. Deben establecerse prioridades y debe definirse adecuadamente un orden lógico de las acciones de ejecución para que ésta tenga éxito.

Tener un modelo, finalmente, también facilita una visión "simultánea" del planeamiento y la realización. No se pueden llevar a cabo todas las acciones de ejecución al mismo tiempo; unas deben preceder a otras de manera lógica. Una buena perspectiva global o un buen modelo, sin embargo, proporciona el "cuadro general" que permite a los gerentes ver y prever los problemas de ejecución. La ejecución no es algo sobre lo cual deban preocuparse otros más adelante. El planeamiento exige la pronta previsión de lo que debe hacerse para lograr que las estrategias funcionen.

El desarrollo de una perspectiva global lógica ha sido pasado por alto por igual por profesionales, académicos y consultores en administración. Los problemas o dilemas de ejecución por lo general se han manejado de modo separado y a medida que van surgiendo, con el apoyo de algunas anécdotas o estudios de caso. Esto no es suficiente. La ejecución es demasiado compleja como para abordarla sin directrices o sin mapa de ruta.

Los gerentes no pueden actuar de manera atropellada al ejecutar una estrategia. No pueden concentrarse un día en la estructura organizacional, al día siguiente en la cultura y luego en los "buenos empleados", para encontrar finalmente que la estrategia es vaga o está gravemente viciada. Necesitan pautas, una manera de ver y abordar la ejecución y el orden lógico de las variables claves pertinentes. Se necesita un mapa de ruta que los oriente por los campos minados de las decisiones y acciones de ejecución inadecuadas. Los gerentes deben ver el "panorama general" y tener así mismo una buena comprensión del "meollo" de las cosas; de los elementos cruciales que componen el cuadro global.

El siguiente capítulo aborda la tarea esencial de proporcionar el mencionado panorama general, y muestra el orden y la lógica de las decisiones cruciales de ejecución. Comienza por hacer frente a los obstáculos identificados en este capítulo al hacer el trazado de dicha secuencia de decisiones y acciones. Ambas definen simultáneamente los campos que requieren atención adicional en capítulos posteriores del libro. Tener un modelo de ejecución es vital para hacer que las estrategias funcionen, de modo que demos este paso importante y necesario.

RESUMEN

- La ejecución es la clave del éxito estratégico. La mayoría de gerentes, sin embargo, saben mucho más sobre la formulación de las estrategias que sobre su ejecución. Conocen más sobre "planeamiento" que sobre "realización", lo cual ocasiona grandes problemas para hacer que las estrategias funcionen.

- La ejecución de estrategias es difícil pero digna de la atención de la gerencia en todos los niveles de una organización. Todos los gerentes son responsables del éxito de la ejecución. No es sólo una tarea para los niveles inferiores.

- Parte de la dificultad de la ejecución radica en los obstáculos o impedimentos que se le oponen. Entre éstos se encuentran los tiempos más prolongados necesarios para la ejecución; la necesidad de participación de muchas personas en el proceso de ejecución;

la deficiencia o vaguedad de la estrategia; conflictos con la estructura de poder organizacional; intercambio de información deficiente o insuficiente; falta de comprensión de la estructura organizacional, incluidos los métodos de intercambio de información y coordinación; falta de claridad en cuanto a las responsabilidades o en la rendición de cuentas en el proceso de ejecución; e incapacidad de manejar el cambio, incluido el cambio cultural.

- Conocer los peligros (u oportunidades) de la ejecución es algo necesario pero no suficiente. Para que la ejecución pueda llevarse a cabo con éxito, los gerentes necesitan un modelo o una serie de directrices que esbocen el proceso en su conjunto y las relaciones entre las decisiones y acciones clave. Los gerentes necesitan un "mapa de ruta" que indique el orden de las decisiones de ejecución para enfrentar los obstáculos y aprovechar las oportunidades.

- Dicha perspectiva global de la ejecución es vital para el éxito y se examina en detalle en el siguiente capítulo. Los capítulos posteriores se nutren de este modelo y se concentran de manera más específica en aspectos del mismo para el logro de resultados positivos en la ejecución.

NOTAS

1. Para los interesados en una memoria informativa sobre la carrera de Randy Tobias, sus muchas experiencias (especialmente como director ejecutivo de Eli Lilly) y sus puntos de vista sobre liderazgo eficaz, sugiero leer *Put the Moose on the Table*, de Randall Tobias y Todd Tobias, Indiana Press, 2003.

2. William Joyce, Nitin Nohria y Bruce Roberson, *What (Really) Works*, Harper Business, 2003.

3. Ver Jim Collins, *Empresas que sobresalen: Por qué unas sí pueden mejorar la rentabilidad y otras no*, Editorial Norma, 2002; Larry Bossidy y Ram Charan, *Execution*, Crown Business, 2002; y Amir Hartman, *Ruthless Execution*, Prentice Hall, 2004.

4. "Daimler CEO Defends Strategy, Reign", *The Wall Street Journal*, 6 de mayo del 2004.

5. Un buen análisis de la manera como una serie de actividades, sistemas de actividades o procesos integrados coarta la imitación y conduce a la ventaja competitiva se encuentra en "What is Strategy", de Michael Porter, en *Harvard Business Review*, noviembre-diciembre de 1996.

CAPÍTULO 2

Perspectiva general y modelo: Asegúrese de que la estrategia funcione

Introducción

En el capítulo 1 puse énfasis en el hecho de que la ejecución de la estrategia es en extremo difícil. También argumenté que la mayoría de gerentes saben mucho más sobre el planeamiento o la elaboración de las estrategias que sobre cómo ponerlas en práctica o hacerlas funcionar.

Existen muchos obstáculos para la ejecución que, en su conjunto, representan un desafío formidable y contribuyen a una mala ejecución, como lo indiqué en ese capítulo. Uno de tales obstáculos es que los gerentes con frecuencia carecen de un marco de referencia conceptual o de un modelo que guíe los esfuerzos de ejecución.

La falta de un modelo, proyecto o plantilla que dé forma a las decisiones o acciones de ejecución es un importante obstáculo para hacer que las estrategias funcionen. Los gerentes necesitan un mapa de ruta que los guíe en la ejecución. El pedido es éste: "Díganos qué hacer, cuándo y en qué orden". Cuando se carece de una guía o un modelo, los esfuerzos de ejecución simplemente no pueden avanzar de manera lógica y es difícil desarrollar un plan de ejecución sólido.

Los gerentes me señalan con frecuencia su ansia de un buen proyecto para la ejecución. También me dicen que las anécdotas o los llamados "relatos de guerra" no son suficientes. Las historias reales y las anécdotas sobre ejecución son siempre interesantes y a veces guardan implicaciones para la práctica de la gerencia. Con todo, por sí solas simplemente no pueden explicar los complejos problemas que afectan la ejecución de las estrategias, identificados en el capítulo anterior. Hacer que las estrategias funcionen exige más que un puñado de citas gerenciales ingeniosas. Requiere una plantilla que guíe el pensamiento y el esfuerzo de manera lógica y sistemática.

El propósito de este capítulo es proporcionar un marco de referencia o modelo conceptual del proceso de ejecución estratégica. La meta del capítulo es doble. Primero, ofrece una guía para la ejecución, la visión del "panorama general", que muestra cómo se relacionan entre sí las decisiones y acciones clave de manera lógica. El capítulo 1 identificó los ocho problemas o desafíos cruciales que afectan la ejecución. En vez de manejar de manera inmediata y por separado cada uno de los problemas, como si fueran totalmente independientes entre sí, la intención aquí es mostrar primero de qué manera los problemas son *interdependientes* —cómo se relacionan entre sí— y cómo se conjugan para definir un enfoque coordinado en torno a la ejecución. Éste es un primer paso importante al hacer frente a las complejidades implícitas en hacer que las estrategias funcionen.

En segundo lugar, este capítulo identifica los temas o factores críticos que habrán de considerarse en detalle en los capítulos posteriores. La meta aquí es presentar un panorama general lógico de la ejecución; los detalles necesarios vendrán más tarde.

Antes de presentar dicho proyecto o modelo, es indispensable poner énfasis en dos aspectos relacionados con su uso.

SOLUCIONES DE EJECUCIÓN COMUNES Y ÚNICAS

El primer aspecto es que la guía para ejecución que se presenta enseguida puede aplicarse sin excepciones en virtualmente todas las organizaciones y todos los entornos sectoriales. Intenta ofrecer una perspectiva global útil de las decisiones y acciones de ejecución, que ayude a la administración de una empresa industrial o de productos de consumo, o de una firma de servicios. Puede suministrar orientación al rector de una gran universidad o al jefe de una organización sin ánimo de lucro. La visión global puede ayudar al director ejecutivo de una compañía grande o pequeña.

El modelo presenta un enfoque que identifica problemas críticos comunes de ejecución que, si se hace caso omiso de ellos, conducen a dificultades para ponerla en efecto. Tal cosa es valiosa por sí sola. Esta "visión de gran altura" ofrece una significativa perspectiva integradora que ayuda al lector a entender la lógica del proceso de ejecución en su conjunto, tal como se desarrolla en su totalidad y sistemáticamente en distintas organizaciones.

También es necesario anotar, sin embargo, que la importancia de las decisiones o acciones específicas dentro del modelo puede variar de una organización a otra. Cada estrategia y sus exigencias son de alguna manera únicas, y deben tener en cuenta factores como la cultura, la historia, la competencia, las pautas de crecimiento, las capacidades y los éxitos y fracasos anteriores de la compañía. En consecuencia, distintas organizaciones pueden tener que poner énfasis en distintas partes de un mapa de ruta común en un momento dado. Los problemas y las soluciones de ejecución pueden variar, incluso entre organizaciones que utilizan el mismo modelo o conjunto de directrices.

Tales diferencias no niegan en modo alguno el valor del modelo general y sus directrices de ejecución. El modelo proporciona la estructura, el "menú" que identifica las decisiones o acciones de ejecución cruciales que toda organización debe enfrentar y manejar. Que la importancia de ciertas decisiones y acciones varíe entre las organizaciones en un momento dado de manera alguna resta importancia al menú y a su panorama general de necesidades de ejecución. Dicho menú señala las opciones que los gerentes deben analizar al encarar y solucionar sus problemas de ejecución.

NECESIDAD DE ACCIÓN

La ejecución de estrategias tiene lugar en el mundo real de la administración. Tiene que ver con preguntas relativas no sólo al "porqué" sino también al "cómo". Los gerentes se ven recompensados por "realizar" tanto como por "saber"; por "lanzar bolas de nieve" tanto como por "hacer bolas de nieve"[1]. Esto impone la restricción de la "acción" en cualquier enfoque de ejecución de estrategias, si ha de ser útil.

Para que un enfoque esté orientado hacia la acción, debe poner énfasis en variables que puedan manipularse o cambiarse. La acción gerencial eficaz supone que ciertas variables cruciales estén bajo el control del gerente; sin esto, no hay nada que administrar. Es importante diseñar un enfoque con respecto a la ejecución que se concentre tanto como sea posible en factores mensurables y manipulables y que tenga relación directa con la acción y la toma de decisiones administrativas.

Para estar orientado hacia la acción, un modelo debe también ser normativo. Debe decirnos qué debe hacerse, cuándo, por qué y en qué orden. Un modelo está orientado hacia la acción y es útil si identifica cómo deben tomarse las decisiones de ejecución de manera lógica.

En el mundo real siempre pueden hallarse anomalías con respecto a un modelo lógico. Así por ejemplo, como se subraya en el capítulo 4, la estrategia debe afectar de manera lógica la estructura organizacional elegida. Es decir, la estructura debe reflejar y ser coherente con la estrategia que sigue una organización.

¿La estructura siempre sigue la estrategia de manera lógica en el mundo real? ¿Ciertas unidades o divisiones estructurales se hacen ocasionalmente tan poderosas que invierten el modelo y orientan la estrategia elegida? Las respuestas, desde luego, son "no" y "sí", respectivamente.

Sin embargo, las anomalías con respecto a un modelo no lo niegan ni niegan su utilidad. Aun así, es importante saber qué debe hacerse, cuándo y en qué orden.

Un buen modelo nos ayuda a entender por qué y dónde ocurren realmente las anomalías, de modo que puedan hacerse correcciones o cambios. En el ejemplo anterior, la estructura afectó la estrategia debido a la influencia de una unidad "poderosa". Es decir, el poder puede afectar la ejecución, con resultados buenos o malos. Es vital, entonces, entender el poder y tener en cuenta sus efectos al utilizar el modelo. La existencia de poder no niega la validez o utilidad del modelo. Las anomalías con respecto a la plantilla deben explicarse, pero ciertamente no destruyen su lógica básica o su utilidad.

Este capítulo puede ahora dirigir su atención a la ejecución de estrategias. Aborda muchos de los obstáculos y de las preocupaciones anotados en el capítulo 1, y desarrolla un enfoque lógico y orientado hacia la acción en cuanto a la ejecución. Tales obstáculos y preocupaciones se analizarán de manera separada y en profundidad en capítulos posteriores. El propósito aquí es mostrar cómo se relacionan entre sí en el proceso de ejecución.

UN MODELO PARA LA EJECUCIÓN DE ESTRATEGIAS

La figura 2.1 presenta un modelo del proceso de ejecución de estrategias[2]. Es conveniente hacer algunas observaciones generales antes de entrar en sus detalles.

En primer lugar, la estrategia es importante. En las encuestas mencionadas en el capítulo 1, los gerentes identificaron una "estrategia deficiente o vaga" como importante impedimento para una ejecución sólida[3]. No es posible hablar de ejecución sin concentrarse antes en la formulación de una estrategia sólida. La formulación de estrategias y su ejecución son actividades o procesos separados e identificables. Sin embargo, tienen una alta interdependencia. El buen planeamiento ayuda al proceso de ejecución. Asimismo, un planeamiento deficiente da lugar a una implementación deficiente.

Algunos gerentes pueden no estar de acuerdo y argumentar que una buena ejecución puede compensar una mala estrategia o un planeamiento deficiente. Mi experiencia, sin embargo, por lo general prueba lo contrario. Ejecutar una mala estrategia suele ser una pro-

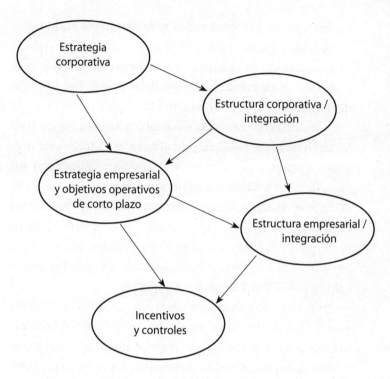

Figura 2.1   Ejecución de estrategias: Decisiones y acciones cruciales

puesta perdedora. El planeamiento deficiente usualmente conduce el proceso de ejecución hacia aguas turbulentas que se hacen cada vez más difíciles de navegar. No debe sorprender, entonces, que la figura 2.1 incluya la formulación de estrategias corporativas y empresariales en la visión general de la ejecución estratégica.

En segundo lugar, la misma figura muestra que existe un flujo lógico de decisiones o acciones de ejecución. Las flechas de la figura muestran dicho flujo. Los incentivos, por ejemplo, se encuentran en el último lugar del modelo porque es allí donde deben estar. No pueden establecerse incentivos sin tomar antes decisiones sobre estrategia, objetivos de corto plazo y estructura. Lógicamente, los incentivos deben premiar y reforzar las decisiones correctas, lo cual debe claramente preceder al desarrollo de tales incentivos. De igual manera, la estrategia corporativa es de importancia capital. Si la estrategia de una unidad empresarial no es coherente (o es contradictoria) con la estrategia corporativa, la última debe prevalecer. El perro debe menear la cola y no al revés.

Las flechas, entonces, muestran un orden lógico para las decisiones de ejecución. Muestran qué decisiones preceden a otras al ejecutar una estrategia. *No* sugieren un flujo de comunicación unilateral y hacia abajo o una falta de participación. Como se subrayará con frecuencia en capítulos posteriores, la ejecución supone participación y comunicación hacia arriba y hacia abajo dentro de la organización, así como flujos laterales de información y coordinación entre unidades operativas.

En tercer lugar, en el modelo hay circuitos de retroalimentación, aunque no sean obvios. La parte de "controles" del modelo comprende retroalimentación y cambio. La ejecución es un proceso dinámico y de adaptación, que conduce al aprendizaje organizacional. Para que tengan lugar el aprendizaje y el cambio, es necesaria la retroalimentación sobre el desempeño con respecto a objetivos estratégicos y de corto plazo. Debe provenir de gerentes de todos los niveles: de las salas del primer nivel, de las oficinas regionales o de distrito y de las personas que tienen que ver con los clientes o que supervisan la planta de producción.

Un modelo eficaz de ejecución pone énfasis tanto en la acción como en la reacción. Debe ser dinámico y hacer posible la retroalimentación y la adaptación. El modelo que aquí se presenta no es en modo alguno estático, idea que deseo subrayar con claridad desde el principio.

ESTRATEGIA CORPORATIVA

El modelo de la figura 2.1 comienza por la estrategia corporativa. General Electric, ABB, Citicorp y Becton Dickinson tienen estrategias corporativas, y sus muchas empresas también formulan estrategias en busca de ventajas competitivas en sus respectivos sectores. La Universidad de Pennsylvania tiene una función de planeamiento "corporativo", mientras que sus facultades o "empresas" crean planes para hacer frente a sus propios entornos competitivos.

La estrategia corporativa hace referencia a la organización en su conjunto, y se concentra en áreas tales como la gestión del portafolio, la diversificación y la asignación de recursos entre las compañías o las unidades operativas que componen la empresa en su totalidad. En una corporación, los niveles de estrategia y las tareas asociadas serían como sigue:

Nivel	Ejemplos de temas o tareas
Estrategia corporativa	• Gestión del portafolio • Diversificaciones, incluida la integración vertical • Asignación de recursos entre empresas
Estrategia empresarial, divisional o de unidad estratégica de negocios	• Qué productos y servicios ofrecer • Cómo competir • Logro de ventaja competitiva en un sector • Cómo diferenciar a la firma en un mercado dado
Estrategia dentro de las empresas	• Planes funcionales

En este libro se utilizarán sencillamente los términos estrategia "corporativa" y "empresarial". El primero se refiere o refleja decisiones para la empresa total, decisiones o acciones que trascienden las empresas (divisiones, facultades, unidades empresariales estratégicas), mientras que el segundo representa las estrategias para las divisiones y las grandes unidades operativas dentro de ellas.

De nuevo, el presente modelo comienza lógicamente con la estrategia corporativa. En este nivel se toman las decisiones en cuanto a qué empresas o sectores deben componer el portafolio corporativo. La diversificación por vía de las adquisiciones agrega organizaciones al portafolio, y las enajenaciones las eliminan. La integración vertical por lo general aumenta no sólo el número de compañías que forman parte del portafolio, sino también el número de sectores en los cuales compite la corporación. Las elecciones que haga la corporación afectan claramente el número de compañías o unidades operativas de la organización.

Los estrategas corporativos deben también decidir cómo asignar recursos entre las empresas o unidades operativas, teniendo en cuenta las diferencias en las condiciones competitivas y las posibilidades de crecimiento entre los sectores. Dicha asignación de recursos o proceso de inversión es crucial, pues afecta la ejecución de la estrategia tanto en el nivel corporativo como en el empresarial.

¿Qué decisiones o acciones afectan la ejecución de la estrategia corporativa? La figura 2.1 y el análisis precedente señalan la existencia de dos campos cruciales en los cuales concentrarse al ejecutar una estrategia corporativa: la estructura corporativa y la estrategia empresarial. Examinemos cada una de ellas por aparte.

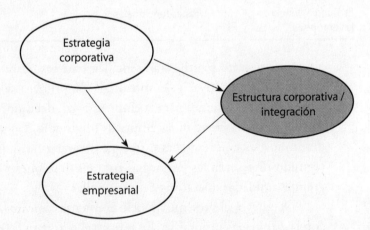

ESTRUCTURA CORPORATIVA

La estructura corporativa, segundo elemento del modelo, hace referencia a las unidades organizacionales creadas como respuesta a las exigencias de la estrategia corporativa. La estructura organizacional representa las grandes piezas o unidades operativas que componen la empresa total. La figura 2.1 señala que la creación de una estructura organizacional es importante para la ejecución de la estrategia corporativa. ¿Cuál es la lógica aquí?

Para responder a la pregunta, piense en el caso de la diversificación como estrategia corporativa de crecimiento. Las fusiones y las adquisiciones son negocios grandes. En el 2003, en los Estados Unidos se consumaron fusiones por valor de 1,2 trillones de dólares* por parte de los bancos de inversión. Esta cifra es inferior a la alcanzada en el año récord del 2000, cuando se efectuaron fusiones por cerca de 3 trillones de dólares, pero aun así es significativa. La triste verdad, sin embargo, es que las fusiones corporativas con frecuencia no funcionan. Entre 1985 y el año 2000, el 64% estuvo marcado por una caída en el valor para los accionistas. ¿Qué explica esta deficiente actuación?

Examínese un solo ejemplo: la diversificación relacionada en el sector bancario, en el cual se producen adquisiciones y consolidación de manera rutinaria. El banco A compra el banco B, con la meta usual del aumento de tamaño, la penetración en el mercado y los beneficios derivados de manera lógica de la escala, como las sinergias o las economías generalmente asociadas con aquélla. Por ejemplo, el anuncio de la intención de fusionar el Bank of America y el Fleet Bank el 18 de marzo del 2004, para crear el tercer banco más grande de los Estados Unidos, definía las metas de la megafusión. Como era de esperarse,

---

* Un trillón de dólares equivale a un millón de millones de dólares. *(Nota del editor.)*

se incluían reducciones de costos, eliminación de redundancias, economías de escala relacionadas con el tamaño y un mejor servicio al cliente.

Sin embargo, para lograr sinergias y economías de escala, los bancos deben convertirse en una sola organización. Las duplicidades deben eliminarse. Un grupo de marketing, más pequeño que los grupos combinados de los bancos disgregados, puede cumplir la misma función de manera más eficiente. De modo similar, la eliminación de algunas sucursales bancarias puede hacer la estructura más "esbelta" y menos costosa, pero mantener la misma capacidad para atender el mercado. Finalmente, un conjunto de operaciones tras bambalinas puede reemplazar a las dos operaciones separadas, llevando a cabo la misma labor en mayor escala y con la eficiencia resultante.

Para ejecutar la estrategia de diversificación del banco, entonces, es necesario el cambio estructural. La ejecución de la estrategia corporativa depende en parte de una estructura adecuada que la apoye. El fracaso de muchas fusiones en el sector bancario y en otros sectores en materia de producción de los resultados prometidos sugiere que tales cambios estructurales sencillamente no se han hecho bien[4]. Otros factores seguramente entran en juego al explicar el bajo desempeño, como los elevados precios que se pagan por las adquisiciones. Con todo, dada la naturaleza de esta forma de diversificación, es vital la integración estructural. La integración defectuosa conduce a un desempeño deficiente. La estructura ciertamente afecta la ejecución de la estrategia corporativa.

Consideremos enseguida una estrategia de integración vertical. Una compañía compra otra que ha demostrado su valor en un sector competitivo. La compañía se compra debido a sus capacidades o a su historial para producir dinero, fundamento sólido para la decisión estratégica corporativa.

Un caso real que sigue recibiendo gran atención después de varios años es la adquisición de la ABC por parte de Disney. Fue éste un caso de integración previsiva, pues una productora de contenido (cine, películas animadas) compró una estación de televisión para controlar la distribución de sus productos. La adquisición parecía tener sentido: El contenido, sin distribución, carece virtualmente de valor, pero la capacidad de distribución no es nada si hace falta el acceso a un contenido sólido. La adquisición de la ABC por parte de Disney pareció así un buen maridaje entre contenido y distribución.

¿Pero qué viene enseguida? ¿Qué se necesita para ejecutar la estrategia de integración vertical? Una decisión importante tiene que ver con la estructura organizacional. La corporación puede dejar su adquisición como centro de utilidades separado e independiente, o puede también fundirla con una división o función existente. La primera opción permite a la compañía adquirida continuar funcionando como lo hacía anteriormente, como fuerza viable dentro de su propio sector. La segunda la convierte en unidad cautiva, en parte de un área funcional o empresa ya existente.

Disney enfrentaba una difícil decisión estructural luego de su compra de la ABC. ¿Debía fundirla firmemente dentro de su propia estructura, ejercer control y aumentar su ascendiente sobre la forma en la cual la ABC operaba? Si así lo hacía, la ABC podía ser vista como un peón de Disney. Esto disgustaría a la gerencia de la ABC y tal vez ahuyentaría a otros productores de contenido (como Dreamworks), que percibirían que entregar negocios a la ABC sólo iría a alimentar el amplio tesoro de un poderoso competidor.

Por otra parte, dejar que la ABC funcionara como centro de utilidades independiente podría significar que esta empresa pudiera rechazar el contenido de Disney, especialmente los "ladrillos", es decir, aquellas películas que Disney trataría de endilgarle a la ABC porque no interesarían a ninguna otra red o estación de televisión por cable. Asimismo, como entidad independiente, la ABC podría presentar programas "de vanguardia" o para adultos que estarían en conflicto con la orientación sana y familiar de Disney, perjudicando así su imagen corporativa.

¿Qué debía hacer Disney o cualquier otra corporación? ¿Qué forma debía adoptar la estructura? La respuesta depende de la estrategia corporativa y las metas que implica. Aquello que quien adquiere espera lograr de la integración vertical orienta la posición estructural de la compañía adquirida. El deseo de contar con controles de costo o sinergias conduce a un mayor control y a la integración estructural de una adquisición. La necesidad de una presencia y un crecimiento efectivos en un mercado competitivo distinto llevaría a optar por la descentralización y un centro de utilidades independiente.

Los críticos de Disney y Michael Eisner argumentan que la compañía jamás obtuvo las sinergias esperadas de la adquisición de la ABC. De acuerdo con tales críticos, se dio a ésta demasiada rienda suelta, y la combinación nunca satisfizo las expectativas. Sencillamente, jamás se materializó el ajuste estrategia-estructura. Asimismo, otros factores seguramente afectaron el éxito del proceso de ejecución —como el precio pagado y las diferencias culturales—, pero claramente se vio la falta de integración estructural como uno de los puntos flacos de Eisner y de la fusión.

El ejemplo de Disney hace surgir el inveterado problema de la centralización o la descentralización de la estructura organizacional. A lo largo del tiempo, la corporación crea o adquiere las empresas que componen y definen a la organización. Algunas adquisiciones corporativas se convierten en unidades relativamente independientes y descentralizadas que compiten en sectores distintos. Sin embargo, puede haber actividades o funciones que trasciendan una diversidad de empresas y permitan la descentralización, la reducción de la duplicación de recursos y las economías de escala que con tanta frecuencia buscan los estrategas corporativos. Las distintas empresas deben ser lo suficientemente independientes como para responder con rapidez a las exigencias del mercado, a las acciones de los competidores y a las necesidades de los clientes. Aun así, no pueden ser tan independientes como para crear una innecesaria duplicación de recursos y destruir todas las posibilidades de obtener sinergias o economías de escala entre las empresas. La corporación, entonces, debe crear el equilibrio adecuado entre centralización y descentralización para ejecutar su estrategia y lograr sus metas estratégicas.

Una mirada al mundo real proporciona incontables ejemplos de cómo tratar de llegar a dicho equilibrio estructural. General Electric, Philip Morris, General Motors, Johnson y Johnson, Microsoft, Citicorp, Merck, Glaxo-Smithkline y otras se caracterizan por los recursos compartidos a nivel corporativo que definen el "centro corporativo". Simultáneamente, están descentralizadas en unidades empresariales que compiten en distintos sectores, mercados de producto o áreas geográficas, usualmente con gran autonomía y gran control local dentro de una estructura descentralizada. De modo similar, las universidades estadounidenses se distinguen por sus unidades descentralizadas (*colleges*), pero cuentan con funciones de personal centralizadas, como las oficinas de recursos humanos, que prestan servicio a todos ellas para evitar la duplicación y generar ahorros en costos.

La forma como una compañía está organizada depende claramente de la estrategia corporativa y está relacionada con ella. La estructura es importante para la ejecución de la estrategia corporativa, aspecto que se desarrolla con mayor detalle en el capítulo 4.

NECESIDAD DE INTEGRACIÓN

El componente de integración de la estructura corporativa señalado en la figura 2.1 se refiere a los métodos utilizados para lograr la coordinación entre las unidades que comprenden la estructura organizacional.

Las decisiones sobre estructura dan como resultado que distintas unidades se concentren en distintas tareas o especialidades. Para lograr unidad de esfuerzo y combinar las actividades de estas unidades diversas, es necesaria la atención formal a los métodos o mecanismos integradores. Los procesos empresariales que coordinan actividades corporativas y empresariales o se enfocan en la coordinación de funciones del centro corporativo con operaciones empresariales quedan comprendidos bajo el concepto de integración estructural.

Piense, de nuevo, en el caso de la integración vertical. Para hacer que la estrategia de la integración vertical funcione, se necesitan procesos y métodos que coordinen los flujos de trabajo y materiales entre las divisiones correspondientes a proveedores y usuarios dentro de la compañía. Deben desarrollarse mecanismos de transferencia de precios para facilitar las transacciones internas de compra y venta. Así mismo, es necesario desarrollar métodos que faciliten el intercambio de información y la transferencia de conocimiento, con el fin de facilitar la coordinación y la cooperación. Tales procesos y mecanismos son parte de la función de integración que se observa en la figura 2.1.

Piense, igualmente, en el caso de la organización global. Vital para el éxito de muchas estrategias globales es la integración o coordinación eficaces. El Citibank debe coordinar programas y servicios para sus clientes multinacionales en todo el mundo. El trabajo dirigido hacia estos grandes actores globales debe coordinarse entre países o regiones. No obstante, los servicios ejecutados globalmente no pueden violar las reglamentaciones o normas globales o pasar por alto los problemas económicos y las oportunidades locales. Se necesitan procesos de integración a nivel mundial para hacer frente a tal complejidad y lograr una posición competitiva fuerte.

Asea Brown Boveri (ABB) compite a nivel global en 65 tipos de negocios distintos y con aproximadamente 1 300 compañías que componen la corporación. Una tarea crítica que desafía su enfoque global es la integración de una estrategia para muchas regiones o países. Para ejecutar la estrategia se hacen grandes inversiones en su sistema de informática (ABACUS), en gerentes globales y en una organización matricial mundial, en un intento por facilitar la necesaria integración. La integración entre unidades estructurales y en la geografía es vital para que la estrategia de ABB funcione.

Un último aspecto crucial aquí es que la integración o coordinación eficaces sencillamente no pueden tener lugar si las responsabilidades y la rendición de cuentas con respecto a las tareas no son claras. Los datos señalados en el capítulo 1 muestran de manera clara e inequívoca que los programas, los procesos y las actividades de ejecución se van a pique o fracasan si las responsabilidades relacionadas con ellos son confusas u oscuras. Se trata de un prerrequisito básico pero fundamental para hacer que la estrategia funcione.

En el capítulo 4 se hablará mucho más sobre la estructura organizacional y el papel que desempeña en la ejecución estratégica. Los métodos para lograr la integración o coordinación estructurales se examinan en el capítulo 5. Estos temas son importantes y necesitan exposición adicional. Recuérdese, como se dijo en el capítulo 1, que los gerentes encuestados mencionaron la falta de entendimiento de la estructura organizacional como un obstáculo para la ejecución estratégica exitosa. También señalaron la importancia de compartir información y los mecanismos de coordinación para el éxito de la ejecución. En verdad, los gerentes afirmaron de manera enfática que la integración estructural requerida para una ejecución sólida es una preocupación vital y un obstáculo mayúsculo para la ejecución si no se lleva a cabo adecuadamente. En consecuencia, estos y otros problemas estructurales relacionados recibirán atención detallada en los capítulos 4 y 5. Por ahora, el objeto central de los ejemplos de esta perspectiva general de la ejecución es poner énfasis en que:

> *La estrategia corporativa afecta la estructura organizacional elegida. De modo alternativo, la estructura organizacional es importante para la ejecución de la estrategia corporativa. Para ejecutar la estrategia con eficacia, los gerentes deben tomar decisiones sensatas sobre la estructura y desarrollar métodos o procesos para lograr la integración necesaria de las unidades estructurales.*

Estrategia empresarial y ejecución de la estrategia corporativa

La figura 2.1 muestra que las empresas deben crear estrategias propias, y esto constituye el siguiente elemento del modelo. En el nivel empresarial, la estrategia se concentra en los productos y servicios, y en cómo competir en un sector dado. El énfasis se encuentra puesto en el análisis sectorial y en las fuerzas sectoriales externas a la organización, al intentar la empresa ganar posición y una ventaja competitiva. También se presta atención a los recursos internos y las capacidades al tratar la empresa de crear habilidades que la diferencien de sus competidores. En esencia, la estrategia empresarial hace frente al modo de competir y ganar ventaja en un mercado dado, y ya se ha escrito mucho sobre el tema.

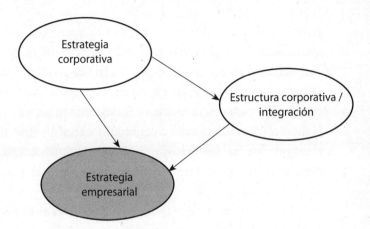

En nuestro modelo de ejecución de estrategias deseo subrayar la importancia de la estrategia empresarial en la ejecución de la estrategia corporativa.

La estrategia empresarial es importante por derecho propio por cuanto ayuda a lograr ventaja competitiva y rentabilidad para la unidad empresarial y, en última instancia, para la organización en su conjunto. Sin embargo, la estrategia empresarial es también importante para la ejecución de la estrategia corporativa, función que no se le asigna con frecuencia por parte de los interesados en la ejecución. En verdad, la estrategia empresarial y la estrategia corporativa son interdependientes.

Consideremos las estrategias de portafolio corporativo desarrolladas por el Boston Consulting Group (BCG), General Electric, Novartis y otras, y en las expresiones coloquiales que se han generado en torno a estos enfoques: "vacas lecheras", "estrellas", "pilares", "fiascos", etc. Son modismos que se dan a las unidades empresariales en un portafolio corporativo, pero también describen el papel que desempeñan las empresas en la ejecución de la estrategia corporativa.

Así por ejemplo, las "vacas lecheras" en la matriz del BCG, generan dinero. La corporación las "ordeña" y utiliza su dinero para alimentar y cultivar otras unidades empresariales, tales como las "estrellas", las cuales tienen potencial de crecimiento. La corporación necesita las "vacas lecheras" para cultivar partes de su portafolio, en coherencia con su estrategia. ¿Qué sucede cuando las "vacas lecheras" no satisfacen las expectativas corporativas? ¿Qué pasa si no producen la nutrición monetaria requerida para la financiación interna del crecimiento y la adquisición? Es claro que los fondos deben provenir de alguna otra parte; de lo contrario, la estrategia corporativa no se podrá ejecutar de manera exitosa.

El argumento es que la estrategia de nivel empresarial es vital para el éxito de la estrategia corporativa. Las estrategias empresariales son importantes para la ejecución exitosa de los planes corporativos y el logro de las metas de la corporación. De modo semejante, las estrategias corporativa y empresarial deben estar integradas de manera eficaz para que se alcancen los niveles deseados de desempeño por parte de las compañías. El capítulo 3 amplía y aclara estos importantes aspectos. Por ahora, sea suficiente decir, teniendo en cuenta el propósito de la perspectiva general que ofrece este capítulo, que:

> *La estrategia empresarial es esencial para la ejecución exitosa de la estrategia corporativa. El planeamiento corporativo asigna funciones y metas a las unidades empresariales, y el desempeño de éstas afecta la ejecución de la estrategia corporativa. El desempeño estratégico deficiente a nivel empresarial menoscaba la capacidad corporativa de lograr sus objetivos estratégicos, mientras que un buen desempeño ayuda a que la estrategia corporativa funcione.*

EJECUCIÓN DE LA ESTRATEGIA EMPRESARIAL

El centro de atención del modelo hasta ahora ha estado en la implementación de la estrategia corporativa por vía de las decisiones sobre la estructura organizacional y la contribución de las estrategias de nivel empresarial. Podemos comenzar ahora a dar una mirada más cercana a la ejecución de las estrategias empresariales.

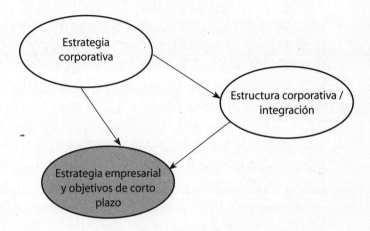

Como muestra la figura 2.1, la estrategia empresarial se ve afectada o constreñida por la estrategia y la estructura corporativas. Incluso las empresas independientes y autónomas pueden quedar limitadas en alguna medida por decisiones previas en cuanto a estrategia y estructura corporativas. El desarrollo de la estrategia empresarial, si bien depende primordialmente de fuerzas sectoriales y de las capacidades empresariales, va a reflejar estas restricciones.

En primer lugar, la estrategia empresarial se ve restringida y afectada por la asignación de recursos y las exigencias de la estrategia corporativa. Los recursos se asignan a las empresas en función del papel que desempeñan en el portafolio corporativo, como se subrayó antes. Si las empresas no satisfacen las expectativas corporativas en cuanto a desempeño, se deduce de manera lógica que su asignación de recursos va a sufrir. Tales asignaciones (o la falta de ellas) van a afectar de manera evidente la capacidad de una empresa de ejecutar sus futuras estrategias. Incluso las empresas relativamente independientes están restringidas por las exigencias corporativas en cuanto a rentabilidad y a su contribución a la compañía en su conjunto.

La estrategia empresarial también queda limitada por decisiones corporativas anteriores con respecto a la estructura organizacional, como muestra la figura 2.1. La centralización de las unidades estructurales (por ejemplo, investigación y desarrollo), restringe a una empresa por cuanto ésta no controla localmente los recursos necesarios sino que debe depender de una función corporativa situada en un lugar distinto de la organización. La empresa es dependiente de los recursos centralizados y no tiene control sobre ellos, lo cual afecta la toma de decisiones. Sin embargo, incluso enfrentadas a dicha restricción estructural, las empresas deben formular y ejecutar estrategias que contribuyan al desempeño organizacional.

Existen muchos ejemplos de las restricciones que la estrategia y la estructura corporativas imponen sobre la estrategia empresarial. En la antigua AT&T las unidades operativas dependían en gran medida de los procesos y resultados de Bell Labs, unidad corporativa de investigación y desarrollo. Las divisiones o compañías de General Electric son bastante independientes, pero aun así, las actividades del centro corporativo o el área funcional central restringen a las empresas.

Deutsche Post se ha ampliado considerablemente en tiempos recientes y ha agregado compañías como DHL a su lista de nuevas adquisiciones. Aunque DHL es un centro de utilidades separado, ciertamente está atada y constreñida por la estrategia y la estructura corporativas, incluidas funciones centrales que atienden a todas las unidades empresariales. Incluso en Johnson & Johnson, una de las compañías más descentralizadas del mundo, ciertas funciones descentralizadas imponen algunas restricciones sobre la autonomía en la toma de decisiones de las unidades empresariales estratégicas.

Aparte de las limitaciones que dicta el nivel corporativo, existen dos aspectos de la estrategia empresarial que afectan su ejecución: (1) El tipo de estrategia y las "exigencias" que impone sobre la organización y (2) la necesidad de traducir la estrategia en objetivos de corto plazo y mensurables. Manejar bien estos asuntos impulsa el éxito de la ejecución.

"EXIGENCIAS" DE LA ESTRATEGIA EMPRESARIAL

La estrategia empresarial crea "exigencias" que deben satisfacerse para garantizar la ejecución exitosa. Así, por ejemplo, el liderazgo de costos o las estrategias de bajo costo crean exigencias sobre las inversiones, los recursos y las capacidades organizacionales, vitales para lograr una posición de bajo costo. Se requieren inversiones de capital en tecnología e industria para hacer descender el costo variable de los bienes vendidos. Deben satisfacerse las exigencias de productos estandarizados y un alto volumen de producción para lograr economías de escala y alcance. Es necesario desarrollar incentivos que premien las reducciones de costos; de lo contrario, los individuos no van a rendir de manera coherente con las exigencias de la estrategia de bajo costo.

Piense por un momento en el notable recorrido que ha tenido Wal-Mart durante años (y que aún continúa) en el campo de la reducción de costos. El énfasis se puso en el volumen y en la rotación rápida, con poca inversión en inventario. La inversión en informática aseguró un gran control del inventario. Tales inversiones también crearon dependencias entre proveedores en cuanto a ventas actualizadas e información sobre los clientes, lo cual aumentó el poder de Wal-Mart sobre ellos. Los sistemas de compensación se concentraron en reducir las "pérdidas" y disminuir otros costos. Los gastos de ventas y publicidad del sector minorista se fijaron como referencia, dando como resultado que los costos siempre estén por debajo del promedio sectorial. El desarrollo de un sistema de "eje y rayos" para las entregas y las inversiones en almacenaje disminuyó los costos logísticos. Wal-Mart, en realidad, invirtió dinero y energía en la creación de capacidades y actividades que sirvieran de apoyo a su estrategia de bajo costo y que, en suma, eran difíciles de imitar por parte de los competidores.

Nucor proporciona otro buen ejemplo, esta vez proveniente del muy poco atractivo sector metalúrgico. Las inversiones de Nucor evidentemente apoyaron su estrategia. Invirtió en nuevas tecnologías para la fabricación de acero con el fin de controlar los costos y la calidad. También hizo considerables inversiones en sus empleados, desarrolló políticas de recursos humanos y planes de incentivos que la diferenciaron en un sector difícil e hicieron que la imitación por parte de competidores más grandes y lentos fuera bastante improbable.

El aspecto clave aquí es que las estrategias exigen ciertas inversiones y el desarrollo de capacidades y recursos organizacionales para obtener como resultado una ejecución exitosa. Estrategias distintas exigen inversiones distintas y el desarrollo de capacidades distintas. El capítulo 3 examina con mayor detalle estos aspectos. Sea por ahora suficiente decir que:

> *La estrategia empresarial crea exigencias en cuanto a las inversiones organizacionales en tecnología, empleados y capacidades. Deben hacerse tales inversiones y desarrollarse las habilidades adecuadas para ejecutar con éxito una estrategia empresarial.*

INTEGRACIÓN DE LA ESTRATEGIA Y LOS OBJETIVOS OPERATIVOS DE CORTO PLAZO

La figura 2.1 también muestra que para ejecutar la estrategia empresarial, los planes y objetivos estratégicos deben traducirse en objetivos operativos de corto plazo. Las metas de largo plazo deben generar indicadores de corto plazo, medidas de desempeño relacionadas de manera lógica con el plan empresarial.

En las organizaciones complejas, la mayoría de gerentes encara y debe resolver problemas locales y de corto plazo. El centro de atención es aquello que se necesita diaria, semanal, mensual o trimestralmente, pues los gerentes confrontan las oportunidades y los problemas usuales asociados con los clientes, los competidores y los empleados. Es imposible, incluso en los niveles más elevados de una empresa, administrar con eficacia si se tiene sólo un plan estratégico. Los asuntos, los elementos y las necesidades clave de la estrategia empresarial deben traducirse en objetivos y planes de acción de menor plazo, y dicho proceso de traducción es parte integral y vital de la ejecución de la estrategia. El pensamiento de corto plazo está bien si está atado a un pensamiento estratégico de largo plazo.

Debido a que la traducción de la estrategia a objetivos operativos de corto plazo es tan importante para la ejecución de la estrategia empresarial, debe estar controlada y organizada. Sin dicho control, los gerentes y trabajadores de cargos medios y bajos pueden concentrar la atención en algo equivocado. Una estrategia de diferenciación basada, en parte, en el mejoramiento del servicio al cliente fracasa si las preocupaciones de corto plazo se concentran primordialmente en los costos y en evitar gastos adicionales, incluidos los relacionados con el servicio al cliente. De manera similar, si las estrategias empresariales cambian y se adaptan a lo largo del tiempo a las fuerzas sectoriales, la ejecución de las nuevas estrategias sufre si los objetivos de corto plazo y los indicadores de desempeño no cambian y continúan poniendo el énfasis en decisiones, acciones y medidas "que siempre hemos tenido y en las cuales siempre hemos confiado en el pasado". Una empresa sencillamente debe asegurarse de que los objetivos cotidianos y los indicadores de desempeño sean coherentes con sus metas y planes estratégicos.

A pesar de lo básico que es que la estrategia deba traducirse en indicadores de corto plazo, este proceso suele ser incompleto o defectuoso. Los objetivos o los indicadores de corto plazo que se utilizan suelen no estar relacionados de manera lógica con la estrategia empresarial.

Como ejercicio de seguimiento luego de culminar el programa que dicto en Wharton sobre la ejecución de estrategias, los altos ejecutivos, en respuesta a un desafío de mi parte, ocasionalmente regresan a sus compañías y hacen que los gerentes bajo sus órdenes hagan a sus subalternos dos preguntas sencillas y relacionadas: "¿Qué actividades y objetivos realiza o persigue de manera rutinaria (en su departamento, unidad, etc.) y qué estrategia empresarial apoya tales actividades y objetivos?" Las respuestas son con frecuencia sorprendentes, según se me ha dicho, pues los empleados de toda la organización no son conscientes de la manera como los objetivos, las actividades o los indicadores cotidianos de desempeño se relacionan con la estrategia empresarial. Hay incluso casos en los cuales las actividades y los esfuerzos cotidianos son *incoherentes* con la estrategia empresarial y ponen en peligro la ejecución exitosa.

¿Cómo logra una empresa la necesaria coherencia? Existen varias metodologías relacionadas con los programas de administración por objetivos o sus retoños, como *la tarjeta de puntaje balanceado* o *los sistemas de administración de desempeño empresarial,* para ayudar a los gerentes a integrar los objetivos empresariales de largo y de corto plazo[5]. La manera como contribuyen tales programas a la mencionada integración se presenta con mayor detalle en el capítulo 3. Por el momento, la posición actual y el énfasis puesto pueden resumirse como sigue:

La estrategia empresarial debe traducirse en objetivos operativos e indicadores de corto plazo para ejecutar la estrategia. Para lograr los objetivos estratégicos, una organización debe desarrollar objetivos mensurables de corto plazo que se relacionen de manera lógica y sean coherentes con la estrategia empresarial y con la forma como la organización planea competir.

Estructura empresarial

La figura 2.1 muestra además que la estructura empresarial es también importante para la ejecución de la estrategia empresarial.

Gran parte de la teoría y la práctica en el campo del diseño organizacional se ha dedicado a la estructura empresarial, el siguiente componente de nuestra perspectiva general. El trabajo de diseño se ha concentrado primor-

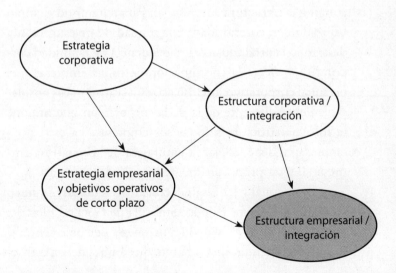

dialmente en la estructura de las empresas y la coordinación del trabajo entre unidades dentro de la empresa. Tal corriente de actividad nos ha proporcionado valiosas ideas en relación con estos aspectos del diseño organizacional y no necesita evaluarse aquí de manera exhaustiva.

La figura 2.1 muestra el lugar de la estructura empresarial en la ejecución de la estrategia. En primer lugar, de modo similar a la situación en el nivel corporativo, la estrategia también impulsa la elección de la estructura. La estrategia de nivel empresarial y sus proyecciones lógicas —objetivos operativos de corto plazo— afecta la elección de la estructura empresarial.

En cierto sentido, es necesario ahora hablar sobre los "diseños" o "estructuras" organizacionales. Distintas empresas dentro de la misma compañía pueden enfrentar situaciones competitivas muy distintas y por consiguiente necesitar distintas estructuras. Imponer la misma estructura a todas las empresas o divisiones sencillamente porque son parte de la misma organización no es una forma lógica ni adecuada de decidir la estructura. La corporación debe evitar a toda costa este error de ejecución. La figura 2.1 muestra en efecto que la estructura corporativa puede restringir a la estructura empresarial. Para reiterar un ejemplo utilizado con anterioridad, una unidad de investigación y desarrollo centralizada crea dependencia de la unidad corporativa y afecta la coordinación entre las empresas y el personal corporativo. Incluso así, esta situación es considerablemente diferente de la de la corporación que impone la misma estructura a todas sus empresas. La estructura empresarial debe reflejar la naturaleza de la estrategia empresarial y ser primordialmente impulsada por ésta.

GE Capital y Jet Engines constituyen dos divisiones o compañías distintas bajo la sombrilla de General Electric. Ambas dependen en algo de funciones y personal centralizados. Argumentar, sin embargo, que ambas deben estructurarse de la misma manera por cuanto ambas, después de todo, son compañías de General Electric, sería un grave error. Las dos compañías se encuentran en sectores totalmente distintos y ambas enfrentan fuerzas sectoriales y competitivas distintas. Cada una tiene una estrategia para hacer frente a su propia situación competitiva. La estrategia empresarial y las distintas fuerzas sectoriales que encara cada compañía deben dirigir la elección de la estructura empresarial, y no alguna regla arbitraria de coherencia establecida por el nivel corporativo.

Los problemas que surgen bajo la estructura en el nivel empresarial incluyen, de nuevo, el grado de centralización o descentralización, pues una empresa debe adaptar su estructura a su estrategia, de la misma manera como lo hace la corporación. La estructura efectivamente marca cierta diferencia en cuanto al desempeño empresarial. Afecta los costos y otros resultados. En consecuencia, la relación estrategia-estructura, junto con los costos y beneficios de dicha relación, se analizarán en detalle en el capítulo 4.

En empresas geográficamente dispersas, administrar las unidades organizacionales mediante la superación de sus fronteras adquiere importancia capital. Coordinar los flujos de trabajo, transferir conocimiento pertinente de manera eficaz de una parte de la empresa a otra y lograr la integración de manera que satisfaga los objetivos empresariales son ingredientes necesarios para el buen desempeño. La atención a la transferencia de conocimiento, el intercambio de información y la integración o coordinación eficaces son de vital importancia, como mostraron de manera bastante convincente los datos de la encuesta mencionada en el capítulo 1.

Considere una compañía consultora de gran tamaño como McKinsey. Evidentemente, una de las necesidades para lograr una eficacia continua es la transferencia de conocimiento y el intercambio de información entre sus oficinas en todo el mundo. Ayudar a los clientes en un determinado sitio o sector exige el intercambio de información sobre procesos y métodos desarrollados con anterioridad en otros sitios o sectores. Administrar entre áreas especializadas de saber y transferir conocimiento de manera eficaz es absolutamente esencial para la ejecución de la estrategia de McKinsey.

El tamaño y la dispersión geográfica no son los únicos desafíos para la comunicación y la coordinación eficaces. Las distintas unidades y áreas funcionales dentro de una empresa suelen caracterizarse por diferencias en cuanto a metas, percepciones y cronogramas de acción. Tienen, con frecuencia, culturas muy distintas, y también con frecuencia hay conflictos entre funciones como marketing, producción e investigación y desarrollo, debido a tales diferencias en metas y percepciones, como sabe todo gerente en ejercicio. La integración de unidades tan diversas y diferenciadas ("silos") para el logro de metas superiores ciertamente es una tarea desafiante, pero es capital para la ejecución exitosa de la estrategia empresarial. Estos temas se tratan en detalle en el capítulo 5. Por ahora, baste decir que:

> *La comunicación lateral* y la administración que supere las fronteras organizacionales son importantes para la ejecución exitosa de las estrategias. Transferir conocimiento y lograr la coordinación entre las unidades operativas de una empresa son vitales para el éxito estratégico. El intercambio de información y los métodos de integración pueden aumentar la flexibilidad de la estructura y la capacidad de la organización de responder a los problemas relacionados con la ejecución.*

---

* La comunicación lateral se da entre personas de un grupo de trabajo o pertenecientes a unidades de un mismo nivel administrativo. *(Nota del editor.)*

INCENTIVOS Y CONTROLES

El cuadro de la ejecución de estrategias no está completo aún por cuanto la creación de estrategias, objetivos, estructura y mecanismos de coordinación no es suficiente para asegurar que los individuos adapten sus propias metas a las de la organización. Se necesita algún método que permita obtener congruencia entre las metas individuales y organizacionales. Las decisiones y acciones previas pueden quedar negadas por la falta de compromiso de los individuos encargados de la ejecución. Ésta resulta perjudicada si se premia a las personas por hacer lo "incorrecto". Fracasa cuando nadie toma cartas en el asunto.

También se necesita retroalimentación sobre el desempeño, de modo que la organización pueda evaluar si en verdad se está logrando lo "correcto" en el proceso de ejecución estratégica. Es absolutamente esencial la retroa-

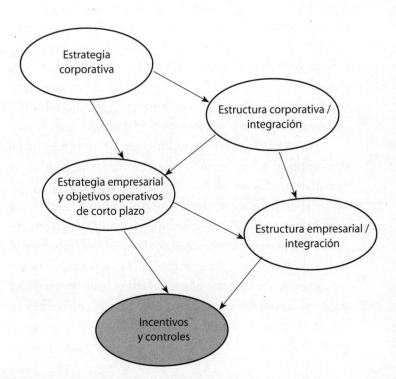

limentación para el cambio organizacional o la adaptación a lo largo del tiempo.

En esencia, se necesita el desarrollo cuidadoso de incentivos y controles, el último componente del modelo de la figura 2.1.

Los incentivos y controles están juntos en la figura 2.1 porque representan la "otra cara" de las decisiones y acciones relacionadas con el desempeño. Por una parte, los incentivos motivan o guían el desempeño; por otra, los controles proporcionan retroalimentación en cuanto a si se están logrando los resultados de desempeño deseados. Los controles hacen posible la evaluación de los incentivos y otros factores relacionados con la ejecución si las metas deseadas no se están cumpliendo.

INCENTIVOS

Los incentivos deben reforzar los objetivos estratégicos y de corto plazo. Las compensaciones individuales y grupales son un aspecto importante de la ejecución estratégica por cuanto controlan el desempeño con respecto a resultados deseados, estratégicos y de corto plazo. Es en verdad crucial que la organización premie lo "correcto", incluidos los objetivos estratégicos y de corto plazo definidos previamente.

Las organizaciones parecen estar en continua lucha con respecto a los incentivos adecuados para facilitar la ejecución de las estrategias. Así por ejemplo, cada vez se ven más directores ejecutivos que conciertan acuerdos que atan la remuneración al desempeño. Paul Anderson, director ejecutivo de Duke Energy, tiene un contrato bajo el cual se le paga sólo con acciones de la compañía. El director ejecutivo de General Electric, Jeffrey Immelt, recibe su pago en "unidades de desempeño", que se convierten en acciones efectivas si se satisfacen medidas de desempeño relacionadas con el flujo de caja y el valor para el accionista. La intención, desde luego, es forjar un interés por el desempeño estratégico de largo plazo que conduzca a un mayor valor para el accionista.

Muchas compañías están comenzando a cuestionar las "transacciones de parte relacionada" que presentan el riesgo de conflictos entre las dos funciones de los directivos de una compañía: como representantes de los accionistas y como individuos que buscan obtener lo mejor para sí mismos[6]. Se trata de un regreso al problema del "agenciamiento", y la preocupación consiste en que las compensaciones de los gerentes deben estar atadas a los elementos adecuados, incluidos el valor para los accionistas y otros objetivos estratégicos y de corto plazo.

Aparte de reforzar la atención hacia los objetivos deseados, el modelo de la figura 2.1 también indica que los incentivos deben apoyar elementos clave de la estructura empresarial. En una organización matricial, por ejemplo, los incentivos deben apoyar la estructura de doble jefe. Si sólo un jefe controla las compensaciones, se ve comprometida, e incluso destruida, la naturaleza doble o de "parrilla" de la estructura matricial. Así mismo, los incentivos que sólo premian el desempeño individual tienen efectos deletéreos sobre la eficacia de los enfoques de integración o coordinación propios del trabajo en grupo o en equipo.

Los incentivos, pues, son capitales en todo plan de ejecución. Señalan a los individuos qué es importante y en qué debe ponerse énfasis. La antigua ley del efecto de Thorndike definitivamente sigue siendo pertinente: El comportamiento que se refuerza tiende a repetirse[7]. La ejecución exitosa exige que los incentivos premien lo correcto.

CONTROLES

Los controles redondean el elemento final de nuestro modelo de la figura 2.1. Los controles constituyen un circuito de retroalimentación. Proporcionan información sobre el logro de objetivos que se derivan de la estrategia y otros aspectos de nuestro modelo de ejecución. Dicha retroalimentación es importante por cuanto la ejecución de estrategias es un proceso de adaptación. Los gerentes rara vez aciertan en todo; el refinamiento de planes, objetivos y métodos de implementación suele ser más la regla que la excepción.

La vigilancia ineficaz del mercado y del cliente, la información deficiente sobre el desempeño organizacional y la incapacidad o renuencia de una compañía de actuar sobre la retroalimentación recibida del mercado significan el desastre para los esfuerzos de ejecución de estrategias. Sin la existencia de buenos controles, el cambio y la adaptación eficaces no son posibles. Recuérdese que los datos de la encuesta presentados en el capítulo 1 mostraron de manera enfática que la capacidad de manejar el cambio es una necesidad en extremo crítica de la ejecución. Sin embargo, no es posible el cambio si no hay mecanismos de retroalimentación. La vigilancia del mercado y los flujos de información que vuelven a la organización en los procesos de medición del desempeño son cruciales para el cambio y la adaptación. Por consiguiente, el elemento final del presente modelo, tratado en detalle en el capítulo 6, subraya que:

> *Los incentivos deben apoyar los aspectos clave del modelo de ejecución de estrategias. Deben reforzar lo "correcto" si la ejecución ha de tener éxito. Los controles, a su vez, deben proporcionar retroalimentación oportuna y válida sobre el desempeño organizacional, de modo que el cambio y la adaptación se conviertan en parte integrante del esfuerzo de ejecución.*

CONTEXTO DE LAS DECISIONES DE EJECUCIÓN

El modelo de la ejecución de estrategias que acaba de presentarse esboza los grandes elementos o etapas del proceso y se concentra en las conexiones y el orden lógico entre ellos. Identifica los campos amplios que reclaman la atención y las decisiones de la gerencia si la ejecución ha de tener éxito. La tarea en los capítulos siguientes es dar cuerpo a los elementos o decisiones clave inherentes a cada uno de los elementos o etapas del modelo.

Sin embargo, el panorama general no está completo aún. Las opiniones de los gerentes sobre los problemas de ejecución anotados en el capítulo 1 sugieren que debe considerarse un conjunto adicional de factores al tratar de hacer funcionar la estrategia, a saber, el contexto en el cual tienen lugar las decisiones y acciones de ejecución.

EL CONTEXTO DE LA EJECUCIÓN

Las decisiones o acciones de ejecución anotadas en la figura 2.1 tienen lugar dentro de un contexto organizacional o ambiental. Dicho contexto es importante porque puede afectar los procesos y los resultados de la ejecución. En correspondencia con los puntos de vista señalados por los gerentes en el capítulo 1, hay cuatro factores contextuales que llaman la atención al explicar el éxito de las decisiones y acciones de ejecución que acaban de considerarse en el modelo: (1) el contexto del manejo del cambio, (2) la cultura de la organización, (3) la estructura de poder organizacional y (4) el contexto de liderazgo (ver figura 2.2).

Los cuatro aspectos no son independientes: se relacionan entre sí de muchas maneras. Cada uno de los cuatro campos —poder, cultura, cambio y liderazgo— claramente afecta y se ve afectado por los demás. Podría argumentarse con certeza que, cuando los cuatro están en sincronía, el

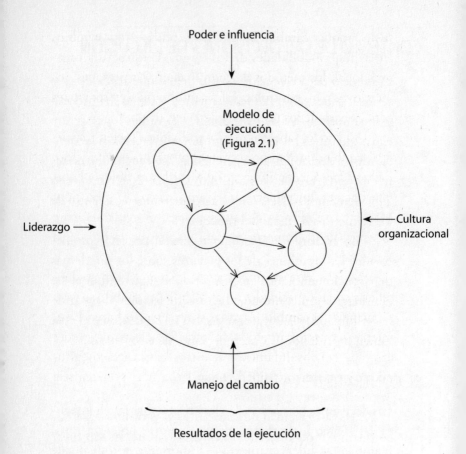

Figura 2.2   Contexto de las decisiones de ejecución

pronóstico de éxito de la ejecución es muy positivo. Aun así, para efectos de análisis y comprensión, cada uno es lo suficientemente importante como para merecer atención por separado.

Los gerentes deben comprender bien cada uno de los cuatro aspectos antes de poder entender su interdependencia y sus efectos interactivos.

MANEJO DEL CAMBIO

Se ha dedicado gran atención al manejo del cambio en las organizaciones. La ejecución estratégica, desde luego, suele suponer cambio. La ejecución puede exigir cambios en las responsabilidades de los cargos, la estructura organizacional, los métodos de coordinación, las personas, los incentivos o los controles. Tales cambios pueden ser vitales para el éxito de los resultados de la ejecución.

Así y todo, sabemos que los individuos suelen resistirse al cambio. Pueden no aceptar el programa de ejecución. En realidad pueden intentar sabotear los cambios y hacer que fracasen los esfuerzos relacionados con la ejecución. Manejar con eficacia el cambio, pues, es evidentemente un ingrediente importante para hacer que la estrategia funcione.

No obstante su importancia, existen enormes diferencias en las capacidades organizacionales cuando se trata de manejar el cambio. Algunas compañías lo hacen bien, mientras que los intentos de otras de efectuar grandes cambios son absolutamente desastrosos. El cambio cultural es especialmente difícil, y con frecuencia pone en tela de juicio o niega los esfuerzos de ejecución.

Que la capacidad de manejar bien el cambio es el sello distintivo de la ejecución exitosa se ve reforzado fuertemente por los datos. En las encuestas y entrevistas examinadas en el capítulo 1, los gerentes señalaron que los problemas del manejo del cambio constituyen la mayor amenaza a la ejecución estratégica exitosa. Éste, claramente, es un asunto en extremo importante y será tratado en profundidad en el capítulo 7.

CULTURA

Mucho se ha escrito sobre la cultura organizacional y con razón, pues la cultura afecta una gran proporción de lo que sucede (y lo que no sucede) en las organizaciones. La cultura puede afectar los problemas o las oportunidades que los gerentes realmente observan o en los cuales se concentran. La cultura ayuda a definir los resultados de desempeño caros a los miembros de las organizaciones. La cultura define cómo se lleva a cabo el trabajo, qué compensaciones se valoran, qué tratamiento se da a los errores o equivocaciones y cuáles son los estilos de liderazgo adecuados. Las subculturas dentro de las organizaciones o entre las unidades operativas ciertamente afectan los intentos de comunicación y coordinación laterales. La figura 2.2 muestra el impacto de la cultura, importante factor de contexto que afecta la ejecución.

Algo quizá más importante es que la cultura refleja y afecta el impulso y el sentido de pertenencia que sienten los individuos en cuanto a las metas y actividades relacionadas con la ejecución. Cuando los gerentes se comprometen con el éxito de la ejecución y se apropian de los medios para lograr los resultados esperados, el pronóstico de funcionamiento de la estrategia es sumamente positivo.

Cuando Edward Zander asumió como director ejecutivo de Motorola, en reemplazo de Christopher Galvin, una de sus mayores dificultades fue enfrentar la cultura de lentitud de la compañía, caracterizada por cierta autocomplacencia y un escaso sentido de urgencia. La prolongada tradición de Motorola de excelencia en su ingeniería y liderazgo en el mercado habían creado una cultura despreocupada en la cual todo estaba siempre bien y debidamente encarrilado.

Según Zander, sin embargo, las cosas no están bien. Motorola yo no es la líder del mercado que alguna vez fuera. El sentimiento de autocomplacencia y la cultura de la despreocupación ya no son adecuados y no pueden tolerarse más. Se necesita una nueva cultura que facilite la ejecución de renovadas estrategias, y esto constituye un enorme reto para Zander[8].

La cultura, debe reconocerse, es una variable "blanda", difícil de medir y aprehender. Aun así, siempre la reconocemos al verla. He trabajado en empresas del mismo sector cuyas culturas estaban a años luz de distancia entre sí. Aunque se concentraban en los mismos mercados y clientes, los métodos, los estilos de gerencia, las compensaciones y los procesos de control de las compañías eran muy distintos. Las empresas tenían "sentimientos distintos" hacia esos factores. Los gerentes actuaban de modos diferentes, las culturas divergían considerablemente y afectaban la manera de llevar a cabo el trabajo, e incluso la manera como se ejecutaba la estrategia.

Algunas compañías sencillamente tienen una "carga" cultural que se puede discernir de inmediato. Cuando trabajé en Microsoft, General Electric, Johnson & Johnson y Centocor, pude sentir la cultura en breve tiempo. Con facilidad pude ver el impulso, la orientación hacia los resultados, la apropiación y el compromiso con la tarea y con los compañeros de trabajo, y observé de qué modo los empleados tenían miras elevadas y trataban de mejorar el desempeño y lograr la innovación.

La cultura organizacional afecta la ejecución de la estrategia. Las culturas inadecuadas deben cambiarse pues no apoyan los esfuerzos de ejecución. Sin embargo, como acaba de señalarse, el cambio es difícil de lograr. Por lo tanto, dedicaremos el capítulo 8 al tema crucial del manejo de la cultura y el cambio.

LA ESTRUCTURA DEL PODER ORGANIZACIONAL

El poder es la influencia social, la capacidad de inducir a otros a hacer algo. Usualmente puede describirse en cuanto a la dependencia que causa.

Si un individuo o una unidad dentro de una organización resuelven los problemas críticos que enfrenta la organización o logran controlar recursos importantes y escasos, la dependencia de otros da como resultado diferencias de poder. El individuo o la unidad de los cuales se depende pueden ejercer influencia social. Un ejercicio de este tipo en la alta gerencia es la formulación de la estrategia. Quienes detentan el poder identifican necesidades u oportunidades externas, definen nuevos mercados y clientes, y determinan la dirección de la compañía. El poder, entonces, afecta la creación de las metas y los planes estratégicos.

Las diferencias de poder no sólo afectan la formulación de las estrategias; también afectan las decisiones y los resultados de la ejecución. Quienes tienen el poder deciden sobre la asignación de recursos a los individuos y las unidades organizacionales, lo cual incide sobre los esfuerzos de ejecución. Si quienes tienen el poder se oponen o no apoyan un plan de ejecución, es claro que el éxito del plan se pone en riesgo.

El poder es influencia social, y dicha influencia puede materializarse de distintas maneras. Los gerentes pueden influir sobre otros de modo directo al "persuadirlos", con base en los conocimientos o la lógica, de actuar de cierta manera. Como quiera que se pongan en práctica, el poder y el ejercicio de la influencia pueden evidentemente afectar la ejecución.

El poder, por lo tanto, es un importante factor de contexto en la ejecución estratégica, como indica la figura 2.2. En el capítulo 1 se tomó nota de que entender la estructura de poder fue calificado por los gerentes como ingrediente importante del proceso de ejecución. Tanto los datos de la encuesta como los de las entrevistas señalan con claridad lo absurdo de tratar de ejecutar una estrategia que esté en conflicto con la estructura de poder existente. Por lo tanto, dedicaremos el capítulo 9 a este importante aspecto.

EL CLIMA DEL LIDERAZGO

Las personas son vitales en el proceso de ejecución. Es evidente que sus motivaciones, habilidades, compromiso y capacidad de crear y seguir planes de acción hasta el final van a afectar el éxito de los esfuerzos de ejecución.

El liderazgo es una característica o cualidad de las personas que han recibido gran cantidad de atención. En libros populares recientes se ha resaltado la importancia del liderazgo en la ejecución estratégica[9] y sistemáticamente se han puesto de relieve las características de los grandes líderes, incluyendo los rasgos de su personalidad (tranquilo, retraído o exigente) y su capacidad de elegir y motivar a sus seguidores.

También yo afirmo que el liderazgo es crucial para el éxito de la ejecución de una estrategia (ver figura 2.2). Mi atención, sin embargo, se concentra más en el contexto del liderazgo que en las acciones de algunos grandes individuos. Me ocupo del clima creado por los líderes en todos los niveles de una organización (no sólo los más elevados), clima que afecta la ejecución estratégica. Cómo los líderes crean dicho clima o contexto es un tema crucial.

Es importante prestar atención al clima que crean los líderes. Las respuestas dadas por los gerentes a las encuestas examinadas en el capítulo 1 pusieron énfasis en el papel capital desempeñado por el clima del liderazgo. Mis propias experiencias refuerzan la idea de que es importante concentrarse en las reacciones de los seguidores frente al contexto o clima que creen los líderes. La mayoría de los gerentes a lo largo y ancho de la organización son, después de todo, tanto líderes como seguidores. Crean el clima y reaccionan ante él, lo cual indica, nuevamente, el papel que desempeñan en la ejecución.

El liderazgo, desde luego, es omnipresente. Afecta o refleja gran cantidad de cosas, entre ellas el manejo del cambio, la cultura y el ejercicio del poder o la influencia. Debido a esta preponderancia, en varios capítulos examino los efectos del liderazgo y, en relación con él, de las "personas" sobre la ejecución. Aunque no se dedica al tema un capítulo aparte, se ampliará y subrayará debidamente el importante papel que el liderazgo desempeña en la ejecución.

NECESIDAD DE UN ENFOQUE DISCIPLINADO

Mi argumento central en este capítulo ha sido que es necesario un enfoque disciplinado con respecto a la ejecución para hacer que las estrategias funcionen. Depender de unas pocas citas, anécdotas o relatos no es suficiente. El capítulo 1 reveló la complejidad y la dificultad del proceso de ejecución estratégica y los obstáculos que enfrenta. Sólo un enfoque disciplinado e integrado puede abrirse camino por entre dicha complejidad y alcanzar el éxito en la ejecución.

Los gerentes deben ver el "panorama general" de las decisiones o acciones cruciales que, en conjunto, constituyen una plantilla, un modelo o una guía para la ejecución eficaz. Deben comprender las fuerzas contextuales que afectan el funcionamiento de dicho modelo. Las decisiones sobre la estructura, los incentivos, la coordinación y los controles, después de todo, no se toman en el vacío. Se toman dentro de un entorno o clima que por sí mismo puede afectar los resultados de la ejecución.

Los gerentes responsables de hacer que la estrategia funcione deben tener firme en su mente un modelo como el que se ha examinado en este capítulo. Disponer de tal modelo permite adoptar una metodología disciplinada para la tarea de la ejecución. Establece el orden y la lógica de las decisiones y la acción relativas a la ejecución. Con tal metodología, pueden verse las variables esenciales para el desarrollo de un sólido plan de ejecución.

El panorama general de este capítulo ha identificado las decisiones y acciones que requieren atención y análisis adicionales, pues cada una de ellas es vital para el éxito de la ejecución. Comencemos entonces a dar una mirada más específica y en mayor detalle a los temas señalados en este capítulo.

RESUMEN

En este capítulo se ha presentado un panorama general del proceso de ejecución estratégica. Se ha puesto énfasis en lo siguiente:

- La ejecución de estrategias es difícil y no se explica fácilmente mediante citas gerenciales o por la idiosincrasia de algunos gerentes exitosos.

- Es necesario contar con un modelo lógico y un método disciplinado para entender el proceso de ejecución de las estrategias. El énfasis debe ponerse en qué hacer, cuándo, por qué y en qué orden. Con este capítulo se inicia este panorama lógico de la ejecución estratégica. Desde luego, ningún modelo es perfecto ni exhaustivo. Aun así, los gerentes interesados en la ejecución deben comenzar por algo. Necesitan un proyecto inicial para el análisis y la acción. Las razones por las cuales la ejecución triunfa o fracasa sólo pueden entenderse si se cuenta con un patrón de medida con respecto al cual analizar las acciones y decisiones de ejecución.

- Los ingredientes esenciales que definen la ejecución estratégica comprenden las decisiones sobre estrategia, estructura, coordinación, intercambio de información, incentivos y controles. Tales decisiones tienen lugar dentro de un contexto organizacional, entre cuyos aspectos se cuentan el poder, la cultura, el liderazgo y la capacidad de manejar el cambio. Es necesaria una buena comprensión de las interacciones entre las decisiones clave de ejecución y las fuerzas contextuales para entender cómo hacer que la estrategia funcione.

■ Los capítulos subsiguientes estudiarán los elementos del modelo de ejecución y el contexto organizacional con mayor detenimiento. Luego de proporcionar el panorama general o visión de conjunto en este capítulo, podemos ahora dedicar mayor atención a temas o factores específicos y a la manera como afectan la ejecución.

NOTAS

1. Los términos "hacer bolas de nieve" y "lanzar bolas de nieve" se utilizan en McKinsey & Co. para denotar el planeamiento conceptual y la creación de conocimiento ("hacer bolas de nieve") y la aplicación del conocimiento a la solución de los problemas de los clientes y la generación de ingresos ("lanzar bolas de nieve"). Personalmente no sé si estos términos todavía se usan, pero mis informantes de McKinsey me aseguran que eran términos descriptivos reales utilizados durante años en el gigante de la consultoría.

2. Una versión anterior de este modelo puede hallarse en L. G. Hrebiniak y W. F. Joyce, *Implementing Strategy*, Macmillan, 1984.

3. Ver, por ejemplo, William Joyce, Nitin Nohria y Bruce Robertson, *What (Really) Works*, Harper Business, 2003.

4. Ver "The Case Against Mergers", *Business Week*, 20 de octubre de 1995. Numerosos artículos recientes de *The Wall Street Journal* y otras publicaciones también señalan los problemas de fusiones específicas.

5. Ver por ejemplo, Robert Kaplan y David Norton, *The Balanced Scorecard*, Harvard Business School Press, 1996.

6. "Many Companies Report Transactions with Top Officers", *The Wall Street Journal*, 29 de diciembre del 2003.

7. Edward Thorndike, *The Elements of Psychology*, A. G. Seiler, 1905.

8. "Ed Zander Faces a Go-Slow Culture at Motorola", *The Wall Street Journal*, 17 de diciembre del 2003.

9. Jim Collins, *Empresas que sobresalen: Por qué unas sí pueden mejorar la rentabilidad y otras no*, Editorial Norma, 2002; M. Useem, *Leading Up*, Crown Business, 2001; M. Useem, *The Leadership Moment*, Three Rivers Press, 1998; E. Locke, *The Essence of Leadership*, Lexington Books, 1991.

3

Camino a la ejecución exitosa: Primero, una buena estrategia

Introducción

Todo comienza con la estrategia.

No es posible examinar la ejecución hasta tanto se tenga algo por ejecutar. La estrategia es central en el modelo de ejecución presentado en el capítulo 2, tanto en el nivel corporativo como en el empresarial. La estrategia es la fuerza impulsora, el primer ingrediente esencial del proceso de ejecución.

Poco debe sorprender que la estrategia sea tan importante y fundamental para los esfuerzos de ejecución. Por lógica, es claro que a aportes mediocres al proceso de ejecución siguen resultados mediocres. Los resultados de la ejecución pueden quedar gravemente perjudicados por problemas que surgen de una formulación defectuosa de la estrategia o de una estrategia deficiente. Es vital eliminar tantos problemas como sea posible en la etapa de formulación de las estrategias, pues con seguridad van a surgir para rondar, poner a prueba o incluso destruir el proceso de ejecución.

Existe una conexión entre el planeamiento y la realización. El propósito de este capítulo es aclarar dicho vínculo y mostrar cómo la creación de estrategias afecta la respectiva ejecución.

¿ESTÁ SOBREVALORADO EL IMPACTO DE LA ESTRATEGIA?

Entre los grandes obstáculos para la ejecución anotados en el capítulo 1 se incluía la deficiencia o vaguedad de las estrategias como barrera significativa para la ejecución eficaz. Los gerentes señalaron que la falta de una estrategia sólida suele ocasionar enormes dificultades. Argumentaron que una mala estrategia engendra una ejecución deficiente. Por supuesto, incluso las buenas estrategias pueden adolecer de planes y procesos de ejecución deficientes, pero las estrategias malas o mal concebidas garantizan virtualmente malos resultados, pese a los esfuerzos de ejecución.

Las estrategias son claramente importantes para los gerentes que ofrecieron sus puntos de vista sobre ejecución en esta investigación. Aun así, hay algunos que argumentan que las estrategias pueden no ser el primer paso crucial para el éxito competitivo. Jim Collins, por ejemplo, en un libro muy popular, nos dice que en su investigación las estrategias "no distinguieron las compañías sobresalientes de las demás"[1]. Ambos tipos de organizaciones tenían estrategias bien definidas, afirma, de modo que la estrategia no explicaba lo extraordinario de la naturaleza de algunas de ellas.

No obstante, sus propios ejemplos parecen contradecir su argumento. La estrategia de Nucor, por ejemplo, no pudo haber sido más distinta de la de Bethlehem Steel. Nucor fue la primera en actuar, la empresa que adoptó inicialmente el proceso de fundición en placa delgada para la producción de acero enrollado desarrollada por SMS en Alemania. Nucor tenía capacidades tecnológicas muy avanzadas, que incluían la capacidad de construir nuevas acerías y manejarlas con eficiencia. Tenía espíritu emprendedor y estaba dispuesta a asumir riesgos técnicos y financieros. Sus políticas de recursos humanos, su estructura organizacional plana, su meritocracia basada en el desempeño y su amplia estructura de compensaciones de riesgo apoyaban tal estrategia y la diferenciaban con claridad en la industria del acero.

¿Tenía también Bethlehem, la empresa contraparte de Nucor en la obra de Collins, una estrategia sólida y bien definida? Difícilmente, en mi opinión. Durante años se movió con lentitud, como una tortuga, en la adopción de las nuevas tecnologías de los fabricantes de acero integrados del Japón y Europa. Sus políticas de recursos humanos, una estructura organizacional vertical y burocrática y las relaciones entre los trabajadores y la gerencia no apoyaban en absoluto una estrategia de bajo costo. La inercia estratégica y la abolición del riesgo permitieron a un competidor ágil como Nucor sobrepasarla y convertirse en la productora más rentable y de bajo costo del sector. La estrategia y las capacidades de Nucor marcaron una diferencia clara.

De igual modo, Gillette desarrolló una estrategia de diferenciación al invertir en tecnología nueva y radical para apoyar la innovación de productos, mientras que sus competidores no lo hicieron. Philip Morris se recuperó mejor que sus competidores de un período de diversificaciones erradas, incluido el desastre de la adquisición de Seven-Up. Su concentración estratégica en los alimentos (Kraft/ General Foods), así como las economías de envergadura en la gestión de marca y en otras áreas funcionales, le dieron ventaja competitiva. Pitney Bowes siguió una disciplinada estrategia de diversificación relacionada, algo que no hizo su contraparte y que avivó su exitoso desempeño.

Los ejemplos de Collins parecen apoyar claramente el argumento *en favor* de la importancia de la estrategia para ayudar a llevar a las compañías a la grandeza, y no muestran que carezca de importancia. Unidos a las opiniones de los gerentes en las encuestas descritas en el capítulo 1, en el sentido de que una mala estrategia es un obstáculo significativo para la ejecución, refuerzan plenamente la idea del impacto de la estrategia como variable crucial para el desempeño organizacional. La importancia de una estrategia sólida no puede sobrevalorarse.

Para regresar al impacto de la estrategia sobre la ejecución, centro principal de atención aquí, puede decirse de manera inequívoca que:

Una mala estrategia engendra una ejecución deficiente. Las estrategias mal concebidas virtualmente garantizan resultados de ejecución deficientes. La ejecución realmente comienza con una buena estrategia.

¿Pero qué son estrategias "buenas" y "malas"? ¿Qué caracteriza el "buen" planeamiento y lo diferencia del "mal" planeamiento? La mayoría de gerentes sabe bastante sobre estrategia y planeamiento, pero mucho menos sobre ejecución, aspecto en el cual se puso énfasis anteriormente. En consecuencia, mi propósito no es enseñar buen planeamiento o repetir aquello que la mayoría de gerentes ya sabe sobre una estrategia competitiva.

La meta aquí es dar una mirada a aquellos elementos o aspectos del planeamiento y de la estrategia que ocasionan la mayoría de problemas de ejecución. Con esto en mente, pongamos énfasis en cuatro aspectos críticos o propiedades de la estrategia y el planeamiento que afectan el éxito de los esfuerzos subsiguientes de ejecución. Los cuatro puntos son los siguientes:

1. La necesidad de un planeamiento sólido y de estrategias claras y enfocadas tanto en el nivel corporativo como en el empresarial.

2. La importancia vital de integrar las estrategias corporativa y empresarial y llevar a cabo evaluaciones de la estrategia.

3. La necesidad de definir y comunicar con claridad los componentes operativos clave de la estrategia y la forma de medición de los resultados de la ejecución.

4. La importancia de entender las "exigencias" de la estrategia, sus efectos sobre el desarrollo de los recursos y las capacidades organizacionales, y el impacto de los recursos y las capacidades sobre la ejecución.

ASUNTO # 1: LA NECESIDAD DE UN PLANEAMIENTO SÓLIDO Y UNA ESTRATEGIA CLARA Y ENFOCADA

No es éste un libro sobre formulación de estrategias; el centro de atención es la ejecución estratégica y cómo hacer que los planes estratégicos funcionen. No obstante, es necesario prestar atención a la formulación y el desarrollo de estrategias claras debido a su impacto sobre los resultados de la ejecución. Esto se aplica tanto al planeamiento corporativo como al empresarial, en especial en el último caso, en el cual la estrategia empresarial es tan esencial para el desarrollo y mantenimiento de la ventaja competitiva.

PLANEAMIENTO EN EL NIVEL CORPORATIVO

El planeamiento estratégico en el nivel corporativo tiene que ver primordialmente con las decisiones de portafolio y la asignación de recursos entre empresas. Lo primero incluye las decisiones sobre diversificación y el conjunto de sectores dentro de los cuales la corporación se siente cómoda compitiendo. Tales elementos de la estrategia corporativa, junto con algunos de sus asuntos o interrogantes cruciales, se anotan en la tabla 3.1.

Tabla 3.1 Estrategia del nivel corporativo

Elementos clave	Decisiones o asuntos importantes
Análisis del portafolio	"Mezcla" adecuada de empresas Generadoras de efectivo y usuarias de efectivo Posicionamiento de la empresa para el crecimiento Rendimientos estables o rendimientos altos y de elevado riesgo Eliminación de las "ramas secas"
Diversificación	Análisis de atractivos del sector Rentabilidad sobre el capital invertido Integración de adquisiciones
Asignación de recursos a empresas	Fuentes internas o externas de capital de inversión Expectativas de desempeño de las distintas empresas Evaluación del desempeño empresarial y la asignación futura de recursos

Lo esencial de la tabla 3.1 es que los encargados del planeamiento corporativo deben tomar decisiones estratégicas y financieras sensatas para hacer crecer la compañía. Las inversiones en nuevas empresas deben estar precedidas por un exhaustivo análisis del portafolio corporativo, incluida la mezcla de empresas generadoras y usuarias de efectivo. Las decisiones sobre diversificación deben tomarse sólo luego de un cuidadoso análisis de los atractivos o el potencial de desempeño de los sectores de que se trate. La asignación de recursos debe tener en cuenta los niveles de riesgo que los líderes corporativos y los interesados puedan asumir con comodidad. Es vital un planeamiento estratégico corporativo sólido para el desempeño organizacional de conjunto.

La estrategia corporativa debe ser clara y sólida. Si el planeamiento corporativo es deficiente o está mal concebido, son muchos y potencialmente fatales los efectos sobre la ejecución de la estrategia y el desempeño corporativo y empresarial. No estarán disponibles o no serán suficientes los recursos para sostener el crecimiento. Los errores corporativos pueden frustrar o comprometer decisiones empresariales "correctas". No llegarán los recursos necesarios para empresas con el potencial de tornarse en estrellas del portafolio corporativo. Las empresas generadoras de efectivo pueden quedar gravadas en exceso u "ordeñarse" de manera demasiado intensa por parte de la corporación, obstaculizando seriamente sus futuras capacidades de generación de efectivo. La diversificación puede fracasar debido a un planeamiento corporativo deficiente, afectándose así la organización entera.

AT&T: ¿UNA MALA ESTRATEGIA CORPORATIVA?

En el capítulo 1 presenté a la AT&T de hace dos décadas como un gigante pesado y torpe cuya estrategia corporativa afectaba de manera negativa en ese entonces el desarrollo de nuevas empresas. En mayo del 2004, con ocasión de la jubilación de C. Michael Armstrong luego de 40 años como líder empresarial, surgió una nueva controversia con respecto a decisiones estratégicas más recientes, tomadas por Armstrong en AT&T en 1977[2].

En ese año, Armstrong invirtió 100 000 millones de dólares en el mercado del cable de fibra óptica, imaginando que podía utilizar este instrumento tecnológico para empaquetar una serie de nuevos productos para los consumidores. Sin embargo, la apuesta fracasó. ¿Por qué? ¿Por qué tuvo que vender AT&T sus empresas de cable a Comcast y hacer parecer a Armstrong como un director ejecutivo fracasado?

El argumento de Armstrong en mayo del 2004 fue que AT&T había quedado eliminado del mercado de larga distancia por los fraudes en WorldCom y otros actores. Tales competidores, señalaba, inflaban sus cifras de manera fraudulenta, mostrando mayor demanda y menores costos que AT&T, lo cual hacía quedar mal a la empresa. Wall Street pensaba que AT&T estaba perdiendo su posición en el mercado, y en consecuencia no dio a la compañía tiempo para ejecutar su estrategia sobre larga distancia y cable. Armstrong se vio forzado a dividir a AT&T, decisión por la cual un sinnúmero de accionistas lo castigó sin misericordia.

¿Fue ésta una mala estrategia y/o una deficiente ejecución? En su libro, Larry Bossidy y Ram Charan dicen que sí, que lo fue. Aducen que AT&T no pudo mantenerse al paso de rivales más veloces y hábiles, que Armstrong eligió mal a algunas personas cruciales, que la estrategia de AT&T "estaba desconectada tanto de las realidades externas como internas", y que su cultura "no logró ejecutar con suficiente eficiencia o rapidez" para así lograr que la estrategia de AT&T funcionara[3].

¿Quién tiene la razón? ¿Fue Armstrong engañado por competidores mentirosos? ¿En realidad realizó un análisis sólido del sector y de los competidores para llegar a sus conclusiones estratégicas pero fue embaucado por la información errónea y fraudulenta divulgada por los competidores? ¿Estaba viciado su plan de ejecución? ¿Sencillamente cometió una serie de errores estratégicos en los campos del planeamiento y la ejecución de la estrategia?

El caso es interesante y atrayente por cuanto ofrece datos que permiten interpretaciones y explicaciones contradictorias. Por una parte, Ralph Larson, ex miembro de la junta directiva de AT&T y director ejecutivo de Johnson & Johnson, afirma que Armstrong hizo una excelente labor cuando fijó la dirección estratégica de la compañía.

Por otra, críticos como Bossidy y Charan señalan grandes errores, incluidos los relacionados con la ejecución de la estrategia.

¿Quién tiene la razón? El lector puede decidir por sí mismo, pero la baraja parece estar dispuesta contra una organización tan lenta como AT&T, que incluso para un ejecutivo capaz como Armstrong fue difícil de cambiar. Para nuestros fines actuales, digamos que el caso ilustra una serie de aspectos cruciales:

- La estrategia corporativa debe ser clara y sólida. El planeamiento deficiente hace desperdiciar recursos y mata los planes y procesos de ejecución. Una mala estrategia engendra una mala ejecución.

- La formulación y la ejecución de la estrategia corporativa son difíciles. Dependen de datos sobre las fuerzas sectoriales, los competidores y las capacidades de la compañía. La obtención de datos erróneos puede perjudicar los esfuerzos de planeamiento y ejecución.

- Existe la desinformación de mercado, y la gerencia debe tamizar las mentiras y la hojarasca informativa para obtener los frutos de verdad que impulsen las decisiones estratégicas. La vida en la cima no es fácil. Las malas decisiones estratégicas basadas en información deficiente son señal de las debilidades gerenciales.

Otro aspecto se hace obvio con el ejemplo de AT&T y las decisiones anotadas en la tabla 3.1, a saber, que la estrategia corporativa afecta el modo como operan las empresas. La asignación de recursos por parte de la corporación afecta la ejecución de las estrategias empresariales. Las evaluaciones del desempeño hechas por el personal corporativo son señal de una significativa función de control que afecta la dirección de la compañía. Un planeamiento corporativo sólido es esencial para la integración de los planes corporativo y empresarial. Dicha integración de planes es vital para el éxito de la ejecución de las estrategias tanto en el nivel corporativo como en el empresarial.

En la siguiente sección regreso a la integración de las estrategias corporativa y empresarial, debido a su impacto sobre la ejecución exitosa, pero antes veamos la significación del planeamiento y la estrategia empresariales para los posteriores esfuerzos de ejecución.

ESTRATEGIA EMPRESARIAL

Un buen planeamiento y una estrategia sólida son también vitales en el nivel empresarial. Así mismo, la estrategia empresarial debe estar enfocada y ser clara. La meta es desarrollar una estrategia que conduzca a una ventaja competitiva en un sector o segmento del mercado. Aquí la formulación de la estrategia depende de la capacidad de una compañía de entender su sector y a sus competidores y desarrollar recursos y habilidades que desemboquen en una posición competitiva favorable.

La figura 3.1 muestra los análisis externos e internos necesarios para desarrollar una estrategia empresarial sólida y lograr la ventaja competitiva. En el nivel empresarial, es absolutamente esencial que la gerencia lleve a cabo un análisis profundizado de lo siguiente:

- Las fuerzas sectoriales y/o del mercado

- Los competidores reales y potenciales, incluidas sus estrategias y capacidades

- Los recursos y las capacidades de la compañía, incluso los que constituyen una competencia distintiva o medular

	Aspectos cruciales
Análisis sectorial	• Tamaño y/o concentración del sector • Número de grupos estratégicos (segmentos de mercado) dentro del sector • Poder de los compradores o clientes • Poder de los proveedores del sector • Número de productos sustitutos • Rivalidad en el sector
Análisis de competencia	• Recursos y capacidades de los competidores • Tamaño y poder de mercado de los competidores • Estrategias de los competidores • Movimientos ofensivos y defensivos anteriores de los competidores
Recursos y capacidades	• Nuestros propios recursos, tangibles e intangibles • Nuestras capacidades competitivas • ¿Se cuenta con una competencia central? • Recursos y capacidades de los competidores

Figura 3.1   Formulación de la estrategia empresarial

Estos análisis señalan a la gerencia lo que es posible o factible de hacer en materia de desarrollo estratégico. La formulación de la estrategia no tiene lugar en el vacío. Una organización debe ajustar sus capacidades a las oportunidades externas y posicionarse en concordancia para maximizar sus posibilidades de obtener una ventaja competitiva.

Los aspectos y análisis de la figura 3.1 se han presentado y examinado de manera más que adecuada en la literatura administrativa, de manera particularmente notable por parte de Michael Porter[4]. El tema por subrayar aquí es que el planeamiento y la estrategia empresariales, así como las condiciones que afectan la posición sectorial y la ventaja competitiva, pueden también afectar el éxito de la ejecución de la estrategia. He aquí algunos ejemplos que he observado a lo largo de los años.

■ **Tener participación en el mercado suele facilitar la ejecución.** La participación o el tamaño del mercado pueden llevar a adquirir poder sobre los proveedores o compradores si estos últimos grupos se hacen cada vez más dependientes de una compañía. La participación en el mercado puede compensar la ineficiencia de otras partes de la organización, por ejemplo en la integración de sistemas o el apoyo de canales por el lado de las ventas. Tener participación en el mercado ciertamente no es una panacea, pero por lo general es más fácil ejecutar las estrategias al contar con participación y poder en el mercado como apoyo para los esfuerzos de ejecución.

Así lo atestigua el éxito de Wal-Mart —su poder sobre los proveedores le ha permitido ejecutar su cacareada estrategia de bajo costo durante años— o el éxito en sus tiempos de apogeo de la IBM, Dell, General Motors y AT&T, cuando disfrutaban de similar poder en el mercado. Sencillamente es más fácil hacer que una estrategia funcione cuando el poder del mercado está de nuestra parte. Presionar a un proveedor para obtener concesiones de precio funciona si aquél es en extremo dependiente de nuestra empresa. La misma táctica lleva al desastre si está ausente el poder del comprador. Tener participación y poder en el mercado obviamente puede apoyar la ejecución de una estrategia empresarial.

■ **Las barreras de acceso apoyan la ejecución de la estrategia.** La participación en el mercado es una formidable barrera de ingreso, pero existen otras: requerimientos de capital, marca o prestigio, canales de distribución, tecnologías o procesos patentados, capacidades de servicio, relaciones con los clientes... Las barreras de acceso o movilidad altas evitan que otros entren al espacio de la compañía y compitan con su estrategia y operaciones. Así mismo, facilitan a la organización protegida la ejecución de su estrategia. Es más fácil ejecutar un plan cuando otros no pueden copiar fácilmente lo que se está haciendo. Como la participación en el mercado, las barreras de acceso no garantizan el éxito de la ejecución. Pueden, sin embargo, aislar de desafíos los esfuerzos de ejecución, y proporcionar así apoyo a las actividades que le corresponden.

■ **Poner en práctica una estrategia de diferenciación en un sector competitivo, caracterizado por una tendencia creciente a que los productos se vuelvan genéricos y, por tanto, similares a los ofrecidos por los distintos competidores, es en extremo difícil de llevar a cabo.** La competencia global, por ejemplo, suele dar como resultado la proliferación de productos sustitutos y pone un mayor énfasis en el precio como factor competitivo. La ejecución de una estrategia de diferenciación que tenga en cuenta la existencia de muchos productos sustitutos de bajo precio se hace sumamente difícil en el mejor de los casos. Puede llevarse a cabo, como lo demostró Nucor en la industria del acero, o Porsche en una industria automovilística cada vez más competitiva, pero normalmente es difícil lograrlo. La ejecución, sencillamente se convierte en un reto formidable.

■ **Malinterpretar las capacidades tecnológicas de los principales competidores puede condenar una estrategia basada en la diferenciación tecnológica en el mercado.** Microsoft, Sony e Intel son profundamente conscientes de los efectos de la imitación sobre la capacidad de ejecutar una estrategia empresarial de manera exitosa a lo largo del tiempo. Cuanto más difícil sea la imitación, mayor será la probabilidad de éxito en la ejecución.

Un gerente de Intel me dijo una vez que la imitación es algo inevitable, sin importar cuán avanzado sea un nuevo producto desde el punto de vista tecnológico. Tan pronto como llegó al mercado el Pentium 2 se inició el trabajo en el Pentium 3. Cuando se lanzó éste, ya había comenzado el trabajo en el Pentium 4 e incluso en el 5. La meta es el liderazgo tecnológico, e incluso el autoplagio es preferible a las incursiones competitivas por parte de compañías imitadoras. Todos los esfuerzos deben invertirse en mantener la diferenciación.

■ **La imitación fácil perjudica o destruye los esfuerzos de ejecución.** El valor de una estrategia competitiva en el nivel empresarial queda socavado por la imitación fácil. Ya mencioné este aspecto en los ejemplos precedentes, pero vale la pena repetirlo. Una medida del valor de una estrategia es la dificultad que tengan los competidores para copiarla. Mientras mayor sea esa dificultad, mayor será la facilidad de la ejecución.

Recuérdese por un momento el caso de Southwest Airlines. No hace una gran cantidad de cosas (como comidas, transferencia de equipaje, etc.) que otras aerolíneas sí hacen y no pueden dejar de hacer fácilmente. En su conjunto, no es sencillo imitar sus actividades. La ejecución de su singular estrategia se simplifica por la capacidad que tiene de entorpecer la imitación. Aunque la estrategia de bajo costo y sin arandelas de Southwest se ha visto hoy desafiada por otras aerolíneas de bajo costo, la imitación no ha sido fácil ni barata para los principiantes.

■ **La suposición de una competencia importante al formular la estrategia puede conducir a un desastre de ejecución si es errada.** Con toda franqueza, me asombra el número de compañías en las cuales he trabajado que suponen tener una competencia importante y una ventaja sobre los competidores. Recientemente pregunté a un equipo de alta gerencia si su compañía poseía una competencia básica o distintiva y se me dijo que "al menos tenemos siete y ocho, tal vez más". La verdad sea dicha, dadas las condiciones que definen una competencia básica o distintiva[5], ¡la compañía no tenía ninguna!

Si la ejecución de estrategias y el éxito dependieran de estas capacidades inexistentes, la compañía ciertamente se hallaría en una posición competitiva problemática. La falta de capacidades centrales claras puede convertirse en fuente de confusión para los empleados que tratan de ejecutar una estrategia viciada. También puede ser frustrante cuando la estrategia produce poco o ningún beneficio para la organización.

Puede ser de inmensa ayuda para la ejecución de estrategias contar con capacidades distintivas que los competidores no puedan desarrollar con facilidad. Una ventaja tecnológica (como en el caso de Microsoft e Intel) o una serie de actividades o procesos empresariales interconectados que sean difíciles de duplicar (como en el caso de Wal-Mart y Southwest Airlines) pueden ciertamente proporcionar una fuerte posición competitiva, pero suponer el impacto y la importancia de tales capacidades *cuando no existen,* sólo conduce a problemas y decepciones al tratar de ejecutar una estrategia viciada.

■ Suponer erróneamente que los clientes enfrentan elevados "costos de cambio de proveedores" y que, en consecuencia, no están en capacidad o les falta el deseo de reemplazar un producto o servicio en particular por otro de un competidor puede conducir al desastre. La ejecución de la estrategia definitivamente se ve perjudicada si existe esta suposición errada.

Cuando Dell comenzó a utilizar su modelo "directo", mediante el cual vendía directamente computadores personales de segmento alto a clientes corporativos conocedores, evitando así a revendedores y minoristas, algunos gerentes de la IBM me dijeron que dicha estrategia no iba a funcionar. La suposición era que los clientes de la IBM enfrentaban elevados costos de cambio. Éste, sencillamente, no era el caso. Los clientes conocedores podían pasar con facilidad a Dell.

Los reducidos costos de cambio permitieron a Dell apoderarse de cierta participación en el mercado. La incapacidad de la IBM, HP y Compaq de hacer ventas directas e imitar a Dell debido a su compromiso con un modelo empresarial que suponía la existencia de minoristas e intermediarios claramente facilitó a Dell utilizar su capacidad para ejecutar su estrategia. Las concesiones y los conflictos de canales de distribución redujeron la capacidad de imitar a Dell y abrieron el camino al éxito de su ejecución. Dell era, entonces, la compañía que aprovechaba los costos del cambio, lo cual le ayudó a facilitar la ejecución y lograr resultados de desempeño positivos.

■ **Depender de una situación de bajos costos para apoyar las reducciones de precios puede ser igualmente desastroso si los competidores tienen situaciones de costos más favorables y están en mejor posición para sostener una guerra de precios.** Un conocimiento deficiente de los competidores puede llevar a tomar decisiones inadecuadas sobre las capacidades de aquéllos y hacer que una estrategia fundada en información errónea sea imposible de ejecutar con éxito. Suponer una situación de bajos costos que no existe puede conducir a la compañía que ejecuta al desastre estratégico.

Cuando Ryanair ingresó al lucrativo mercado de la ruta Londres-Dublín, llegó como aerolínea atascada entre dos estrategias: la de bajo costo y la de los proveedores de servicios diferenciados como Aer Lingus y British Air. Recortó los precios, bajo la suposición de que las otras aerolíneas no se embarcarían en una guerra de precios. Ryanair estaba equivocada. British Air y especialmente Aer Lingus bajaron sus precios. Ryanair había calculado mal las capacidades de sus competidores y resolvió no entregar una ruta lucrativa. Atrapada entre dos estrategias y sin desempeñar ninguna de ellas particularmente bien, prácticamente llegó al borde del desastre y la quiebra.

Ryanair no sólo se las arregló para sobrevivir, sino que también prosperó. ¿Cómo? Creó una estrategia más clara y enfocada. Se concentró en ser una aerolínea de bajo costo y emuló de varias formas a Southwest Airlines y el modo de hacer negocios que las aerolíneas de servicios completos no podían copiar con facilidad. Su estrategia enfocada y sus capacidades complementarias le permitieron ejecutar con una eficiencia y una eficacia mayores que las que había logrado cuando se hallaba acaballada entre dos estrategias.

Existen muchos otros ejemplos, pero el argumento debe quedar claro: Los aspectos clave anotados en la figura 3.1 deben analizarse de manera cuidadosa como parte del desarrollo de la estrategia. Un planeamiento empresarial sólido supone que todos los datos pertinentes deben analizarse en el proceso de formulación de la estrategia. Un análisis poco reflexivo o exhaustivo puede conducir a una "estrategia deficiente o vaga", o a un planeamiento estratégico inadecuado, que puede obstaculizar o hacer inútiles los esfuerzos de ejecución estratégica, como señalaron con énfasis los gerentes en las encuestas de Wharton. La ejecución es más fácil si, para citar el clásico análisis de hace años de Chester Barnard, la organización persigue "lo debido"[6]. La ejecución es más difícil, si no imposible, si la estrategia empresarial no es clara, no está enfocada ni fundamentada, persigue "lo indebido" o lee de manera incorrecta el ambiente competitivo.

En resumen, un planeamiento sólido y una buena estrategia son ingredientes necesarios para la ejecución exitosa de la estrategia. Cualquiera que sea dicha estrategia —bajos costos, diferenciación de productos, servicios innovadores—, sólo funciona si es "definida con precisión, comunicada con claridad y bien entendida por los empleados, los clientes, los socios y los inversionistas"[7]. Una expresión popular en los círculos informáticos dice que "de la basura sale basura", y lo mismo es en esencia cierto con respecto a las estrategias. Los planes deficientes y mal concebidos producen resultados deficientes. Los gerentes no pueden ejecutar un plan oscuro, desenfocado o creado deficientemente. La estrategia impulsa o afecta en gran manera, y debe desarrollarse con todo cuidado.

ASUNTO # 2: LA IMPORTANCIA DE INTEGRAR LAS ESTRATEGIAS CORPORATIVA Y EMPRESARIAL

Las estrategias corporativa y empresarial deben ser coherentes entre sí y apoyarse mutuamente. Deben trabajar juntas y no estar en conflicto. El logro de tal integración o coherencia tiene efectos positivos en la ejecución de las estrategias, tanto en el nivel corporativo como en el empresarial.

La necesidad de coherencia y equilibrio entre la estrategia corporativa y la empresarial es una clara condición sugerida por el análisis precedente en cuanto al planeamiento sólido y el modelo presentado en el capítulo 2. Sin embargo, mi experiencia y la de muchos gerentes que tuvieron que ver con esta investigación indican que dicha coherencia suele ser esquiva y difícil de encontrar, y que la incoherencia y los conflictos en la estrategia engendran problemas de ejecución. Piense simplemente en uno de los ejemplos mencionados anteriormente —el del análisis de portafolio— para ver qué puede salir mal y afectar negativamente la ejecución de una estrategia.

La tabla 3.2 indica algunos propósitos o metas de los modelos de portafolio en el planeamiento estratégico. Entre ellos se encuentra la asignación de recursos por parte de la corporación a sus empresas o grandes unidades operativas. La búsqueda del equilibrio en el portafolio indica que una mezcla adecuada de empresas —generadoras y usuarias de efectivo— ayudan a lograr la financiación interna y el crecimiento a largo plazo. Los métodos de análisis de portafolio utilizados por compañías como General Electric o por firmas consultoras como BCG y McKinsey & Co. subrayan dicha búsqueda del equilibrio y de una buena mezcla de empresas.

Tabla 3.2   Coherencia entre las estrategias corporativa y
empresarial: El caso del análisis de portafolio

Propósitos / Metas

Asignación de recursos o financiación interna

Equilibrio del portafolio

Logro de crecimiento y rentabilidad futura

Orientación de la formulación de la estrategia empresarial

Fijación de los objetivos de desempeño empresarial

Desarrollo de criterios para la evaluación del desempeño empresarial

Necesidades o condiciones del éxito

Comunicación adecuada entre la corporación y las empresas

Papel inequívoco desempeñado por las empresas en el portafolio
corporativo

Estrategias empresariales claras y bien definidas

Equilibrio adecuado entre la centralización y la descentralización de
la estructura

Incentivos adecuados en el nivel empresarial con base en indicadores
de desempeño mensurables

El análisis de portafolio también busca guiar la formulación de la estrategia en el nivel empresarial. Las "vacas lecheras" o generadoras de efectivo probablemente utilicen estrategias de liderazgo de costos para aprovechar plenamente su participación en el mercado y su poder para aumentar el flujo de fondos disponibles para distribución interna o inversión. Las empresas señaladas como de alto crecimiento potencial por la corporación quizás intenten diferenciarse de algún modo inimitable, como por ejemplo mediante tecnología, marca o desempeño del producto. Pueden desarrollarse entonces indicadores de desempeño coherentes con la estrategia en el nivel empresarial, y la corporación puede emplear dichos criterios para medir y evaluar el desempeño empresarial. Las "vacas lecheras" pueden evaluarse por sus ahorros en costos, y las que busquen la diferenciación de acuerdo con indicadores que reflejen de manera lógica las bases de su diferenciación, como el desempeño del producto.

Entonces ¿qué puede salir mal? La tabla 3.2 señala varios problemas potenciales.

NO ES CLARO EL PAPEL DESEMPEÑADO POR LA EMPRESA

La corporación desempeña un papel y la empresa otro. Aquélla trata a ésta como una "vaca lechera", pero la empresa se ve a sí misma como una estrella potencial que debe recibir una inyección de capital y no ser "ordeñada" hasta secarse. Un planeamiento deficiente en el nivel empresarial no traza un cuadro claro de la estrategia de la empresa y no convence a la corporación sobre el papel que ésta desempeña en el portafolio.

La diferencia de percepciones o suposiciones crea conflicto. Por ejemplo, una empresa desea hacer crecer su capital, agregar productos y aumentar la investigación y el desarrollo, pero la corporación la ve como algo distinto y la trata como generadora de efectivo o simple centro de costos, negándole los recursos que la empresa cree necesitar con urgencia. Las tensiones crecen y la incoherencia entre las percepciones corporativa y empresarial alimenta el conflicto y afecta negativamente el desempeño. La ejecución de la estrategia tanto en el nivel corporativo como en el empresarial se ve seriamente comprometida.

Antes de que Ciba-Geigy se fusionara con Sandoz para formar a Novartis, tenía un problema de planeamiento de portafolio con su división de pigmentos. Dicha división estaba clasificada como "medular" o vaca lechera, lo cual afectaba a una multitud de decisiones corporativas como los niveles de inversión, la rentabilidad requerida sobre las inversiones y el tiempo de recuperación del capital invertido.

Sin embargo, los pigmentos, productos de alto desempeño dentro de la división, no se comportaban como productos básicos y medulares. Actuaban más como productos "pilar" o de elevado crecimiento, capaces de generar una elevada rentabilidad sobre la inversión. Los gerentes a cargo de los pigmentos, de elevado desempeño, se molestaban al verse tratados como una división de productos básicos. Veían que su empresa desempeñaba dentro del portafolio de Ciba-Geigy un papel distinto del que exigía la corporación, lo cual produjo dificultades tanto de planeamiento como de ejecución. Los gerentes del nivel corporativo y del nivel empresarial evaluaban el portafolio de distinta manera, y se creó así una situación incoherente y problemática.

INDICADORES DE DESEMPEÑO INADECUADOS

Debido a la diferencia de suposiciones en cuanto al papel desempeñado por la empresa, la corporación puede esperar niveles de desempeño (tales como flujos de caja y rentabilidad sobre activos) que la empresa no puede lograr. Una comunicación deficiente y procesos de planeamiento inadecuados garantizan que las personas de la corporación y las de la empresa no vean las mismas cosas en cuanto a indicadores de desempeño se refiere. La corporación desea un mejor desempeño, pero la empresa siente que tal solicitud no es realista. De nuevo, las posibilidades de conflicto son altas, y las consecuencias negativas para la ejecución de la estrategia son evidentes.

Un problema relacionado se presenta cuando la corporación hace a todas las empresas responsables de los mismos indicadores de desempeño, aunque éstas se encuentren en sectores distintos y en diferentes condiciones competitivas.

Un buen ejemplo proviene de una compañía grande y muy conocida, principalmente productora de bienes de alta tecnología. La corporación buscaba en todas sus empresas el mismo crecimiento en las utilidades y la misma rentabilidad sobre activos, pese a la diversidad de condiciones competitivas entre los sectores. En las empresas que fabricaban condensadores y resistencias, sin embargo, los productos eran básicos y la competencia se basaba primordialmente en el precio. La mayoría de las demás empresas hacían frente a condiciones competitivas más favorables, y, en consecuencia, la meta de las utilidades era más realista. Aun así, a la división "distinta" se le hacía responsable de metas no realistas. Es fácil ver cómo esto ocasionó grandes problemas entre la corporación y la empresa, y afectó la ejecución de la estrategia en los dos ámbitos.

BATALLAS POR LA ASIGNACIÓN DE RECURSOS

En los casos mencionados anteriormente hay diferencias claras en cuanto a asignación de recursos en el conjunto del portafolio corporativo. Algunas empresas se sienten olvidadas en el proceso de asignación y perciben que otras empresas reciben un tratamiento favorable pero inadecuado por parte de la corporación. Las empresas pueden incluso sentir que la estructura organizacional está equivocada, que tiene demasiado control centralizado sobre recursos escasos e insuficiente control descentralizado con mayores recursos confiados a las empresas.

En el ejemplo que acaba de mencionarse, la empresa de los condensadores y las resistencias fracasaba de manera sistemática en alcanzar su meta de utilidades y, por tanto, la respectiva asignación de recursos se veía afectada negativamente. Se sentía engañada por la corporación. También advertía que un control corporativo demasiado intenso afectaba de modo negativo su capacidad de responder a sus condiciones competitivas y de mercado. La estrategia y las metas corporativas eran incoherentes con la estrategia de la empresa y las condiciones del sector. Las tensiones crecieron entre los líderes empresariales y el personal corporativo.

LAS EVALUACIONES DEL DESEMPEÑO EMPRESARIAL CREAN PROBLEMAS ADICIONALES

Si una empresa siente que se le asigna una estrategia o una función inadecuada en el portafolio corporativo, es obvio que dicha empresa va a ver la asignación que se le hace de objetivos de desempeño como inválida o poco realista. Desde el punto de vista de la corporación, la calificación del desempeño de la empresa será baja. La empresa, a su turno, sentirá que se le trata mal. Si los incentivos, entre ellos el salario, las primas o los futuros ascensos, se basan en estos indicadores "exagerados" o "inválidos", los gerentes del nivel empresarial se sentirán maltratados y asaltados, y se ocasionará mayor tensión. El pronóstico en cuanto al planeamiento futuro es sombrío, pues los empleados de la empresa pueden sentir la necesidad de "apuntar bajo", "hacer jugadas", "cambiar las expectativas corporativas" o "demostrar que estaban equivocados", de acuerdo con algunos gerentes en esta situación que conseguí entrevistar.

El argumento es que debe haber coherencia lógica entre la estrategia corporativa y la estrategia empresarial. La última es vital para la ejecución exitosa de la primera. La corporación espera cierto nivel o tipo de desempeño por parte de las empresas de su portafolio. Si las empresas perciben distintas funciones estratégicas y distintos criterios de desempeño, la ejecución de la estrategia corporativa estará en peligro. Si las empresas no rinden de acuerdo con las expectativas corporativas, se verá afectada la asignación de recursos, y se perjudicará de este modo la capacidad de las empresas de ejecutar una estrategia competitiva.

El argumento puede resumirse en las dos afirmaciones siguientes:

■ La estrategia corporativa puede afectar la capacidad de las empresas de ejecutar la estrategia y lograr una ventaja competitiva.

■ El desempeño de las empresas en el portafolio puede afectar la ejecución de la estrategia corporativa y menoscabar así el desempeño en toda la firma.

Las estrategias corporativa y empresarial son interactivas e interdependientes. Los recursos proporcionados (o negados) a las empresas afectan su capacidad de ejecutar la estrategia y lograr la ventaja competitiva. El desempeño de las empresas, a su vez, afecta la implementación de la estrategia corporativa. Que las empresas desempeñen (o no) los papeles que se les asignan en el portafolio produce un impacto sobre la ejecución de los planes corporativos y el logro de las metas de la compañía en su conjunto.

Para evitar problemas, es absolutamente esencial una comunicación y una interacción adecuadas entre la corporación y las empresas. Para ejecutar con éxito la estrategia, deben lograrse acuerdos en torno a los elementos cruciales señalados en la tabla 3.2. Deben identificarse las incoherencias o los conflictos entre las estrategias corporativa y empresarial y los papeles desempeñados por las empresas en el portafolio corporativo. La incapacidad de hacerlo conducirá con seguridad a contratiempos de ejecución que afectarán el desempeño tanto de la unidad empresarial como de la compañía en su conjunto. ¿Cómo pueden evitarse tales problemas?

LA REVISIÓN DE LA ESTRATEGIA

Una forma de mejorar la comunicación requerida entre la corporación y la empresa es la revisión de la estrategia. Si bien la revisión se examina de nuevo en el capítulo 6, que trata sobre el proceso de control, en el contexto presente debe mencionarse.

La figura 3.2 muestra un gráfico sencillo de la revisión de la estrategia. Se trata de una herramienta utilizada con éxito en diversas formas por General Electric, Crown

Holdings, Allied Signal y otras compañías muy conocidas. El propósito de la evaluación es cuádruple:

1. Examinar el desarrollo de las estrategias corporativa y empresarial.

2. Integrar la estrategia a ambos niveles y aclarar funciones, responsabilidades y metas para la corporación y las empresas.

3. Proporcionar un foro para la revisión y la evaluación del desempeño empresarial.

4. Hacer posible el cambio y la adaptación a lo largo del tiempo para conservar la estrategia y los indicadores de desempeño actualizados y significativos.

¿Qué muestra básicamente la figura 3.2? Muestra, en primer lugar, un alto grado de comunicación entre los niveles corporativo y empresarial. Se analiza la posición de

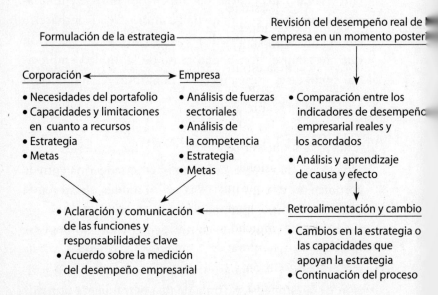

Figura 3.2   Revisión de la estrategia

una empresa dentro del portafolio corporativo, incluido el papel o función que desempeña en el plan de juego corporativo. Se examina el apoyo o la contribución de valor agregado que puede proporcionar a la empresa el centro corporativo. También se comunican las condiciones y limitaciones en cuanto a recursos bajo las cuales debe desempeñarse la empresa.

En segundo lugar, la figura 3.2 muestra que se llega a un acuerdo sobre la estrategia empresarial y las metas operativas. Entre las responsabilidades de una empresa se incluyen el análisis del sector y de la competencia, y la justificación de su estrategia, teniendo en cuenta el estado de las condiciones competitivas del sector. Los pasos 1 y 2 comprenden, necesariamente, un análisis del desempeño pasado, así como la previsión de las futuras tendencias competitivas, tecnológicas y económicas. El debate entre los líderes corporativos y empresariales se concentra en el análisis de las fuerzas sectoriales por parte de la empresa y las condiciones competitivas futuras, para llegar a un acuerdo sobre la estrategia y las metas de la empresa.

El aspecto importante aquí es la concentración en las condiciones competitivas, tecnológicas y económicas clave que afectan la estrategia de la empresa. Con demasiada frecuencia, el centro de atención del debate entre la corporación y la empresa se reduce sólo a las cifras. Éstas son importantes, pero sólo hasta cierto punto. Los problemas reales tienen que ver con lo que se encuentra detrás de las cifras. Las discusiones y controversias sobre las condiciones o los factores que impulsan las cifras por lo general dan como resultado el aprendizaje y el acuerdo.

Me gusta mucho lo que hacen en sus sesiones de planeamiento corporativo-empresarial compañías como Johnson & Johnson y Crown Holdings. Parte del proceso de planeamiento se dedica a propósito a examinar los factores cualitativos que subyacen tras las proyecciones cuantitativas. Los debates están orientados por preguntas sencillas, como las siguientes:

- ¿Dónde se encuentra la empresa actualmente y dónde quiere estar dentro de cinco años? Explique cómo va a llegar allí.

- ¿Cuáles son las tendencias previstas en el sector (en cuanto a tecnología o condiciones competitivas) y cómo se puede sacar ventaja de ellas para mejorar la empresa?

Los debates sobre temas cualitativos como los anteriores no necesariamente son una panacea, pero en verdad contribuyen al proceso de acuerdo. Ayudan a los gerentes corporativos y empresariales a ir más allá de las cifras, o de la subestimación de los costos o las poses que suelen acompañar a una concentración exclusiva en ellas. Tales debates mejoran la comunicación y la capacidad, tanto corporativa como empresarial, de ver las limitaciones, las oportunidades y el punto de vista del otro. ¿El valor de tales discusiones para el planeamiento y la ejecución? Invaluable.

La figura muestra, en tercer lugar, que los indicadores de desempeño empresarial acordados se utilizan en las evaluaciones del verdadero desempeño de la empresa. No puede haber sorpresas. La corporación se ve forzada a reconocer diferencias en el paisaje competitivo en los distintos sectores y a permitir la posibilidad de que haya distintos indicadores de desempeño para las empresas. Tales indicadores, a su vez, se convierten en los criterios con respecto a los cuales se juzga más adelante el desempeño empresarial.

Finalmente, la figura 3.2 muestra que el proceso de planeamiento y evaluación no sólo es interactivo sino también de adaptación. Las estrategias corporativa y empresarial se evalúan para determinar su pertinencia y factibilidad continuas, teniendo en cuenta los cambios en las condiciones externas y las capacidades internas. La revisión de la estrategia se concentra en los papeles desempeñados por el nivel corporativo y por las diversas empresas, y en la manera como tales papeles deben cambiar a lo largo del tiempo.

La revisión de la estrategia es un paso importante en la integración de las estrategias de los niveles corporativo y empresarial. Ayuda a fomentar el análisis, la comunicación y el debate entre los niveles, y garantiza que la organización ejecute planes "buenos". Sin esta aclaración de la relación corporación-empresa, los esfuerzos de ejecución se ven perjudicados. Mis intercambios con los gerentes responsables de la ejecución han reforzado permanentemente la idea de la necesidad de la revisión de la estrategia y del proceso de comunicación e interacción que aquélla exige.

ASUNTO # 3: LA NECESIDAD DE DEFINIR Y COMUNICAR LOS COMPONENTES OPERATIVOS DE LA ESTRATEGIA

El primer ingrediente crítico de un plan de ejecución es la estrategia, pero en su mayoría, las personas en una organización no pueden arreglárselas armadas sólo con una estrategia. Se necesita algo más que guíe el desempeño diario, mensual o trimestral, por cuanto muchos gerentes actúan en el corto plazo con base en la necesidad. ¿Cómo conciliar e integrar los objetivos estratégicos de largo plazo con los planes operativos y los objetivos de corto plazo?

Para ejecutar una estrategia de manera exitosa, debe traducirse en indicadores operativos de corto plazo que (a) se relacionen con las necesidades de largo plazo, (b) puedan utilizarse para evaluar el desempeño estratégico y (c) ayuden a la organización a lograr las metas estratégicas de largo plazo. La figura 3.3 presenta un cuadro simplificado de dicho proceso de traducción.

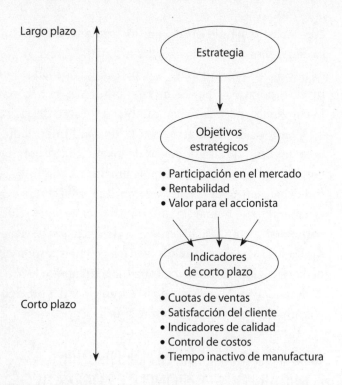

Figura 3.3 Traducción de la estrategia en objetivos operativos de corto plazo

Los objetivos operativos de corto plazo constituyen el grano del molino estratégico. Los planes estratégicos se "muelen" o refinan para convertirlos en trozos más pequeños y manejables, que se convierten en los criterios operativos que guían el comportamiento de corto plazo. Dichas metas de corto plazo son "estratégicas" en el sentido de que se producen a partir de las necesidades estratégicas de largo plazo de la organización y se relacionan con ellas. Para alcanzar las metas de largo plazo, es necesario manejar el corto plazo.

La última afirmación es valiosa porque resalta una idea errónea importante. Los gerentes suelen creer que el pensamiento de corto plazo es malo. El énfasis puesto en objetivos de corto plazo con seguridad da lugar a problemas estratégicos de largo plazo. El mantra popular es que los gerentes deben convertirse en "pensadores estratégicos" y evitar potencialmente los indicadores de desempeño de corto plazo.

Nada puede estar más alejado de la verdad. Los objetivos operativos de corto plazo son vitales para el pensamiento estratégico si reflejan los objetivos estratégicos de largo plazo y están integrados con ellos. La ejecución se ve perjudicada si las necesidades estratégicas no se traducen adecuadamente en indicadores de corto plazo ni se comunican a toda la organización. Si los objetivos de corto plazo no se relacionan de manera lógica con los planes estratégicos ni son coherentes con ellos, la fisura entre las necesidades de corto y largo plazo genera problemas.

INTEGRACIÓN DE LOS OBJETIVOS ESTRATÉGICOS Y LOS DE CORTO PLAZO

Mucho se ha escrito a lo largo de los años sobre la integración del largo y el corto plazo. Inicialmente los autores se concentraron en los programas de administración por objetivos. Hablaban sobre la traducción de las necesidades estratégicas en objetivos de corto plazo y la comunicación que se requería, pero dicho vínculo integrador nunca parecía impulsar los esfuerzos de ejecución o implementación[8]. Con frecuencia, los programas de administración por objetivos llegaron a verse como cargas burocráticas generadoras de papeleo y no como instrumentos para facilitar la ejecución eficaz. Bill Joyce y yo nos concentramos en la importancia de "manejar la miopía" en dos publicaciones distintas, en las cuales subrayamos la necesidad de integrar los objetivos de largo y corto plazo[9]. Aunque he tenido algún éxito al forjar este eslabón integrador en compañías en las cuales he trabajado, muchas otras organizaciones que conozco no han alcanzado de manera eficaz la integración de los indicadores de largo y corto plazo.

Intentos más recientes de lograr esta traducción y este proceso de comunicación pueden haber tenido mayor éxito. El tablero de mando integral *(balanced score card)*, por ejemplo, proporciona un marco de referencia para traducir la estrategia operativamente[10]. Ayuda a desarrollar y comunicar objetivos de corto plazo en los campos financiero y de servicio al cliente, en los procesos empresariales internos, y en el aprendizaje y el crecimiento, e igualmente procura vincular dichos objetivos con las metas estratégicas y de largo plazo de la compañía. El éxito del método del tablero de mando integral señalado por Robert Kaplan y David Norton en gran número de compañías indica claramente su impacto sobre la ejecución de la estrategia y cómo hacer que ésta funcione.

En verdad, el tablero de mando integral reitera gran parte de lo que sostenía y analizaba en detalle el trabajo previo sobre la integración de las necesidades de largo y corto plazo. No es, en modo alguno, un nuevo avance o invento en el campo del pensamiento gerencial, pero es muy útil pues es muy persuasivo en cuanto a la importancia de manejar debidamente el corto plazo. Ofrece una clara visión de la necesaria integración de los objetivos de largo y corto plazo, lo cual sirve para reforzar el mensaje que ahora se examina, a saber, la necesidad de definir y comunicar los elementos operativos de la estrategia si ha de lograrse una ejecución exitosa. Para alcanzar las metas de largo plazo es necesario manejar de manera adecuada el corto plazo.

NECESIDAD DE OBJETIVOS MENSURABLES

Es importante poner énfasis en un último punto: Los aspectos operativos de los objetivos estratégicos y de corto plazo indican que tales objetivos son mensurables. Son útiles para la ejecución de la estrategia si miden resultados importantes. La estrategia debe traducirse en indicadores que sean coherentes con la estrategia y mensurables. Sólo entonces pueden evaluarse de manera adecuada los resultados de la ejecución. Sin tales indicadores útiles, no es posible la evaluación exitosa de los resultados de la ejecución.

En verdad, algunos gerentes reniegan de la exigencia de mensurabilidad y se oponen a ella. En especial los asesores de más alto nivel afirman con vehemencia que lo que hacen no es mensurable. He oído a abogados en varias compañías que insisten en que "no es posible medir lo que hacen los abogados". He trabajado con empleados de informática que argumentan que sus servicios de apoyo no son cuantificables. He observado algo cercano a rebeliones en organizaciones gubernamentales de los Estados Unidos, como la Comisión Federal de Comercio y la Administración de Seguridad Social, cuando los gerentes intentaron introducir presupuestos de base cero* y el uso de objetivos claros y mensurables en los procesos de planeamiento y ejecución.

¿Qué puede hacerse al enfrentar este tipo de resistencia por parte de gerentes de personal o de los empleados de actividades no operativas? He aquí algunas preguntas que pueden utilizarse para facilitar la mensurabilidad del trabajo de los empleados. Dichas preguntas provienen de diversas compañías en las cuales he trabajado, y de su formulación he visto producir fructíferos debates de valor agregado y útiles indicadores de desempeño.

■ Si esta unidad o departamento fueran eliminados, ¿qué cambiaría? ¿Cuál sería el impacto sobre otras unidades o departamentos de la compañía y cómo, específicamente, se sentiría o mediría dicho impacto?

---

* El presupuesto de base cero, también conocido por sus iniciales en inglés (ZBB), es un sistema en el cual las solicitudes de presupuesto parten de cero, sin importar las asignaciones previas. (*Nota del editor.*)

■ Si hubiera dos departamentos como el mío, supóngase que uno es muy eficaz y el otro muy ineficaz. ¿Cómo pueden diferenciarse los dos? Sin nadie que diga quién fue eficaz y quién no, ¿cómo pueden identificarse y diferenciarse los dos departamentos?

■ ¿Cómo puede usted, en su calidad de cliente interno de los servicios de mi personal, evaluar lo que hacemos? ¿Qué criterios utilizaría para juzgar o evaluar nuestro desempeño?

Evidentemente, algunos empleos o funciones son más difíciles de medir que otros. También puede suceder que los empleados se opongan a la medición y a la rendición de cuentas que ésta implica. Aun así, preguntas sencillas como las anteriores pueden "romper el hielo" y ayudar a los individuos a ver que en verdad hacen contribuciones valiosas y mensurables a las metas estratégicas y de corto plazo. También puede lograrse que las personas vean que sólo las cosas mensurables pueden mejorarse o cambiarse. Sin mediciones, no puede haber una evaluación útil del valor o la contribución de un empleo o departamento a la ejecución de una estrategia dada.

ASUNTO # 4: COMPRENSIÓN DE LAS "EXIGENCIAS" DE LA ESTRATEGIA Y LA EJECUCIÓN EXITOSA

El último punto por resaltar es que la estrategia hace "exigencias" en cuanto al desarrollo de habilidades organizacionales, recursos y capacidades. Hacer caso omiso de tales exigencias con seguridad lleva a una ejecución estratégica deficiente y a un desempeño desfavorable.

Durante mucho tiempo he defendido que la estrategia exige el desarrollo de capacidades específicas si ha de tener éxito. En un estudio, Charles Snow y yo examinamos la relación entre la estrategia y la competencia distintiva y su efecto sobre el desempeño organizacional en 88 compañías de cuatro sectores distintos[11]. La hipótesis primaria era simple y directa: Las compañías que desarrollan capacidades o competencias coherentes con una estrategia dada se desempeñan mejor que las compañías que no han logrado tal ajuste entre la estrategia y las capacidades. Dicho de otro modo, pusimos a prueba dos aspectos relacionados:

1. La estrategia exige inversión en capacidades o competencias específicas y en su desarrollo.

2. Las firmas que hacen tal inversión rinden más que aquéllas en las cuales no se desarrollan las capacidades requeridas.

Los resultados de los estudios fueron sólidos y coherentes con las expectativas. Los dos aspectos quedaron plenamente validados.

Las compañías que crearon capacidades que se ajustaran a sus estrategias rindieron más que sus competidoras, si se mira la rentabilidad sobre activos. Cuando no se desarrollaron las capacidades o competencias adecuadas para apoyar la estrategia, la ejecución se vio perjudicada y los resultados en cuanto a desempeño fueron deficientes. Las exigencias de la estrategia debían satisfacerse para lograr una ejecución exitosa.

¿Qué ejemplos pueden mencionarse de tales exigencias y cómo afectan éstas la ejecución? La tabla 3.3 menciona algunas de las exigencias de dos estrategias genéricas muy utilizadas: la de la producción de bajo costo y la de la diferenciación. Me concentro en éstas en primer lugar porque son enfoques muy conocidos en cuanto a la estrategia competitiva. También he logrado estudiar compañías con diversos niveles de éxito en la ejecución de tales estrategias y así he desarrollado algunas ideas a lo largo de los años en torno a los factores que afectan la ejecución. Las compañías que aplican estas dos estrategias genéricas no siempre desarrollan todos y cada uno de los puntos mencionados en la tabla 3.3. Aun así, la tendencia hacia el desarrollo y la "empaquetadura" de recursos y capacidades coherentes con las estrategias ha sido obvia y sorprendente para mí a lo largo del tiempo.

Tabla 3.3   Las "exigencias" de la estrategia

Producción de bajo costo	Diferenciación
Inversión de capital en equipos y tecnología	Ingeniería eficaz de producto
Necesidad de volumen, estandarización y repetición	Investigación y desarrollo sólidos (énfasis en el desarrollo)
Concentración en las economías de escala y alcance	Fuerte énfasis en marketing y publicidad
Desarrollo y uso de controles y métodos contables adecuados	Preocupación con la calidad y la garantía de calidad
Sistemas y procesos eficaces de manejo de información o informáticos	Estructuras organizacionales que favorezcan la eficacia
Estructuras organizacionales que favorezcan la eficiencia	Cercanía a los clientes
Incentivos y controles que apoyen la reducción de costos	Incentivos que apoyen la diferenciación de productos o servicios

LA PRODUCCIÓN DE BAJO COSTO

Para lograr esta posición en un sector o segmento del mercado, las compañías suelen hacer grandes inversiones en equipos o tecnologías para reducir costos. Los controles de producción computarizados y la robótica, por ejemplo, reducen costos variables de producción al reemplazar la mano de obra, factor de producción más costoso. Esto se observa de inmediato en la industria automovilística y en otras situaciones de producción en masa. La misma tendencia puede verse en los sectores de servicios. Las aerolíneas buscan aviones más grandes con menor número de motores, más eficientes en el consumo de combustible, para reducir el costo de operación por pasajero-milla. Incluso las salas de cine invierten en máquinas de palomitas de maíz grandes y con localización central para atender a todas las salas de su modelo *multiplex*.

La necesidad dentro de la estrategia de bajo costo —en verdad una suerte de Santo Grial— es lograr altos volúmenes, estandarización y repetición del trabajo, pues estos factores producen invariablemente economías de escala y alcance, base de la posición de bajo costo.

La estandarización puede conducir a otras decisiones más —como por ejemplo una línea de producción más pequeña o estrecha— para ayudar a fomentar el volumen y las rondas de producción de gran tamaño, en la búsqueda de economías de escala. Algunas grandes compañías de seguros se especializan en seguros a término, y evitan las pólizas financieras o de planeamiento de bienes raíces y otras más elaboradas, para reducir y estandarizar los productos ofrecidos y desempeñar las mismas tareas una y otra vez.

En la tabla 3.3 también se señalan otras inversiones en la prosecución de una estrategia de bajo costo por parte de las compañías. Se necesitan sistemas informáticos o de manejo de información eficaces y eficientes para proporcionar información actualizada en cuanto a costos, producción, envíos e inventario. Se desarrollan controles y métodos contables que suministren información válida y oportuna en cuanto a los costos variables. Los sistemas informáticos contribuyen a la transferencia de información, de modo que los avances en reducción de costos en una parte de la organización puedan entenderse y utilizarse en partes más distantes de la compañía. Nuevamente, mírese el éxito de compañías que han realizado tales inversiones en informática, como Wal-Mart.

Otros cambios apoyan también las exigencias de la estrategia de bajo costo. La estructura organizacional, por ejemplo, debe ser coherente con la estrategia. La estructura elegida usualmente se concentra en estructuras funcionales para maximizar la repetición, el volumen y las economías relacionadas con la escala y el alcance (ver capítulo 4). Los incentivos están ligados a la reducción de costos para apoyar la estrategia y "premiar lo adecuado" (ver capítulo 6). Nuevamente, para lograr una posición de bajo costo, las decisiones sobre inversiones, capacidades y operaciones deben apoyar y ser coherentes con dicha estrategia.

LAS ESTRATEGIAS DE DIFERENCIACIÓN

La tabla 3.3 anota las capacidades o decisiones necesarias para apoyar la estrategia de diferenciación. En cuanto a las empresas de producto, con frecuencia he encontrado que las compañías hacen importantes inversiones en investigación y desarrollo (con énfasis en el desarrollo) y en ingeniería, con el fin de responder a las necesidades o exigencias de los clientes y reconfigurar productos y servicios. El énfasis suele ponerse en la calidad, con programas y acciones dirigidos hacia la garantía de calidad.

Los gerentes de las compañías que siguen estrategias de diferenciación suelen hablar de "cercanía a los clientes", lo cual se manifiesta de muchas maneras. "Acercarse" puede sencillamente significar entrevistar ocasionalmente a los clientes o llevar a cabo encuestas, o bien puede referirse a hacer de los clientes parte de procesos empresariales internos como el desarrollo de nuevos productos o los programas de garantía de calidad.

Virtualmente todas las compañías que siguen estrategias de diferenciación en el mercado dependen en gran medida de los esfuerzos de marketing. Las capacidades de marketing usualmente se desarrollan internamente, pero aun si proceden de fuentes externas, se desarrollan controles internos para asegurar la ejecución eficaz de un plan general de marketing. Una intensa publicidad en segmentos seleccionados del mercado es con frecuencia parte integral de los esfuerzos de marketing.

En las firmas diferenciadoras, la estructura organizacional está diseñada en torno a metas de eficacia y desempeño, antes que de eficiencia. Aunque los costos claramente entran en juego en algún momento en toda organización, el impulso primario se dirige hacia la satisfacción del cliente, el desempeño del producto, el servicio, la participación en el mercado, los márgenes brutos y la respuesta rápida a las exigencias de los clientes o del mercado, antes que hacia los asuntos puramente relacionados con los costos. Lógicamente, en las compañías que siguen las estrategias de diferenciación se desarrollan incentivos que apoyen y refuercen estos resultados deseados.

DESARROLLO DE LAS CAPACIDADES ADECUADAS

La tabla 3.3 muestra sólo una lista parcial de los recursos y las capacidades desarrollados como respuesta a las exigencias de la estrategia. Así y todo, esperamos que por lo menos quede muy claro un punto: Los recursos y las capacidades necesarios para apoyar y ejecutar una estrategia varían según la estrategia que se emple.

Lo que se invierte en cuanto a competencias organizacionales claramente varía de acuerdo con la manera como se compite. El liderazgo de costos exige un conjunto de habilidades o capacidades funcionales distintos de las que demanda una estrategia de diferenciación. Dos unidades empresariales que sigan las dos estrategias anotadas en la tabla 3.3 deben parecer y actuar de maneras muy distintas debido al desarrollo requerido de diferentes recursos y capacidades.

Para ejecutar eficazmente una estrategia deben desarrollarse las capacidades adecuadas. Dichas capacidades, sin embargo, varían en función del tipo de estrategia que se siga.

Este análisis también indica que debe tenerse cuidado al cambiar de estrategia. Imagine el lector una compañía que durante años ha seguido una estrategia de diferenciación. Las variables condiciones económicas y competitivas a lo largo del tiempo (globalización, conversión a productos genéricos y afluencia de nuevos y grandes competidores) determinan que la compañía deba competir cada vez más en precio y poner énfasis en la necesidad de una estrategia basada en costos.

Sin embargo, la compañía no puede sencilla o automáticamente pasar a la modalidad de liderazgo en costos: cuenta con recursos y capacidades que no se prestan para la ejecución de una estrategia de costos bajos. Durante años ha nutrido e invertido en habilidades o competencias que apoyan la diferenciación, y tales competencias no son las que apoyan una estrategia competitiva basada en el liderazgo de costos. La compañía simplemente no puede esperar o exigir un cambio de estrategia por decreto, pues no tiene el conjunto adecuado de habilidades para hacerlo.

Consideremos el caso de Sun Microsystems. Hace 16 años, dicho fabricante de computadores de Silicon Valley se decidió por una estrategia de diferenciación para distinguirse del resto. Eligió desconocer los *chips* y el software normales que utilizaban cotidianamente otros fabricantes. En su lugar, prefirió concentrarse en sus propios elementos de alta potencia y hechos a propósito. Sus aparatos, entonces, serían mucho más potentes —y costosos— que los de sus competidores.

La jugada funcionó de manera notable durante años. Sun se convirtió en el proveedor elegido en ciertos segmentos del mercado, como los servidores que soportan sitios de Internet y poderosos computadores corporativos. Los clientes pagaban más, pero evidentemente estaban contentos con los productos mejorados de Sun. El esfuerzo de diferenciación y de obtención de márgenes más elevados ciertamente pagaba dividendos.

Sin embargo, los cambios en el mercado y en las capacidades de otros proveedores a lo largo del tiempo agriaron las perspectivas de Sun. Los *chips* "estándar" que hacía Intel y el software "estándar" de Microsoft igualaron el desempeño de las versiones mejoradas y más costosas de Sun. Los fabricantes rivales de computadores podían entregar las mismas aplicaciones y soluciones potentes de Sun, pero a precios mucho más bajos. La estandarización y la conversión en genéricos de los que habían sido componentes y computadores potentes y diferenciadores, en efecto eliminaron la ventaja de Sun y la pusieron en desventaja competitiva en comparación con los productos competitivos de menor precio.

Las ventas de Sun cayeron de manera drástica pues los clientes escaparon hacia los productos que ofrecían los rivales. En octubre del 2003, el precio accionario de Sun había caído a aproximadamente 3,50 dólares de un tope ajustado de cerca de 65 dólares en el otoño del 2000[12]. El director ejecutivo de Sun, Scott McNealy, finalmente abandonó su persistente adherencia a la estrategia de precios más altos y de diferenciación, y decidió que Sun tenía que cambiar. Debía enfocarse en productos estandarizados y en el segmento bajo de su mercado, paso que evidentemente ponía en tela de juicio su modelo empresarial de larga data, basado en productos diferenciados para el segmento alto.

Los desafíos que enfrentaban McNealy y Sun eran obvios y no auguraban nada bueno. ¿Podía Sun convertirse en un productor de bajo costo de productos estandarizados y aun así hacer dinero? ¿Podía su nueva estrategia permitirle suficientes utilidades para concentrarse en la investigación y el desarrollo y en la tecnología que hasta ahora le habían ayudado a diferenciarse de la competencia? Competir en un nuevo segmento del mercado, el bajo, con respecto al cual faltan la experiencia y las capacidades adecuadas con seguridad presenta muchos problemas y pocas oportunidades.

En verdad, Sun o cualquier otra compañía pueden satisfacer las exigencias de un nuevo mercado con conciencia de precio. Pueden adquirir las habilidades de un competidor versado en el liderazgo de costos y agregar una nueva división o unidad empresarial para el segmento bajo del mercado. Pueden crear y desarrollar internamente una nueva unidad estructural con las competencias requeridas para la competencia basada en el precio o en el bajo costo. Pueden adquirir o agregar las capacidades adecuadas.

Lo que no deben hacer es tratar de seguir una nueva estrategia con las capacidades antiguas. Durante años, la compañía desarrolló las habilidades y capacidades anotadas en la columna derecha de la tabla 3.3. La mayoría de las competencias desarrolladas para la antigua estrategia de diferenciación no son fungibles ni se aplican con facilidad a una nueva situación de liderazgo de costos. Debe tenerse cuidado de evitar establecer una situación de "pérdida-pérdida" en la cual el fracaso de una nueva estrategia queda virtualmente garantizado por el fracaso en desarrollar las capacidades requeridas para el éxito. Diferentes estrategias exigen diferentes capacidades; tratar de ejecutar una nueva estrategia con capacidades antiguas sólo conduce a grandes problemas.

¿Pueden las funciones *en el interior de* una empresa perseguir metas o estrategias funcionales distintas, como por ejemplo el bajo costo en la fabricación y la diferenciación en el marketing? Por supuesto. La sección de fabricación, en efecto, busca por lo general una posición de bajo costo, una situación normal de eficiencia y bajos costos variables. Sin embargo, ése no es el problema aquí.

Estamos hablando de estrategia empresarial y de cómo el conjunto de la compañía se posiciona para competir. La sección de fabricación puede buscar bajos costos, pero si el conjunto de la compañía intenta diferenciar sus productos y servicios, deben desarrollarse las capacidades adecuadas que apoyen la estrategia de diferenciación para que se de cómo resultado la ejecución exitosa. Si las tácticas de bajo costo en la sección de fabricación perjudican la capacidad de la compañía de atender las necesidades o exigencias de los clientes en cuanto a la calidad del producto, la ejecución se verá afectada y deberán aplicarse correctivos. Si la sección de fabricación se opone a los desarrollos o ampliaciones del producto que desean los clientes por cuanto hacerlo es costoso (se debe detener la línea, reequipar, experimentar), debe eliminarse la interferencia con la estrategia de diferenciación. Las metas y operaciones de un área funcional no pueden ser incoherentes con la estrategia empresarial o perjudicarla. Deben satisfacerse las exigencias de la estrategia de diferenciación.

LAS EXIGENCIAS DE LA ESTRATEGIA GLOBAL

Pensemos en un ejemplo más, las exigencias de la estrategia global. Se trata de una especie de híbrido, pues la estrategia global ciertamente puede incluir los ejemplos de bajo costo y diferenciación ya examinados. La estrategia global, sin embargo, hace en verdad exigencias adicionales a la gerencia en cuanto al desarrollo de los recursos y las capacidades adecuados para facilitar la competencia eficaz en los mercados mundiales.

El centro de atención del presente ejemplo es la estrategia global coordinada. La palabra clave aquí es "coordinada". En contraste con la simple presencia internacional de las firmas multidomésticas con operaciones independientes en varios países, la estrategia global coordinada es más compleja.

La ventaja competitiva dentro de una estrategia global coordinada se deriva, en gran parte, de la distribución y el apalancamiento de habilidades o capacidades a través de las fronteras entre los países. Los países o regiones pueden disfrutar de ventajas comparativas como los costos laborales o de otro orden. El truco consiste en apalancar la posición de bajo costo para convertirla en ventaja competitiva en otras partes. Asimismo, una compañía puede poseer una capacidad tecnológica en una parte del mundo, que constituya una capacidad medular. De nuevo, la necesidad es distribuir e integrar esa capacidad entre líneas de producto y fronteras nacionales. Una compañía también puede tener una compleja red de interdependencias, como cuando el trabajo básico o preliminar se efectúa en un país, se envía a otro para su terminación o desarrollo avanzado, y luego a otros países más para su integración a un producto final que se envía a todas partes. Lo necesario aquí es la capacidad de administrar bien tales interdependencias.

Una compañía como Asea Brown Boveri exhibe tal complejidad y tal necesidad de coordinación en muchas de sus empresas. El trabajo en fábricas o empresas en el interior de los países lo coordinan cabezas empresariales mundiales y gerentes de país o regionales para determinar dónde van a llegar los productos terminados y semiterminados. Algunas empresas de ABB son verdaderamente globales, mientras que otras son superlocales, y las primeras reciben aportes de unidades de ABB en todo el globo. Se necesitan capacidades en las empresas globales para asegurar la coordinación mundial de esfuerzos.

El Citibank nos recuerda que la complejidad global y la necesidad de coordinación no son simples características de organizaciones de productos, sino también de las empresas de servicios. Al atender a grandes corporaciones multinacionales en todo el mundo, el énfasis evidentemente debe recaer en la coordinación de actividades y servicios para las multinacionales atravesando fronteras regionales o nacionales. El truco para obtener negocios de una multinacional en Tokio o São Paulo puede estar en los servicios ofrecidos o en los programas financieros globales desarrollados en Nueva York o en otros sitios. Aunque el Citibank debe tener conciencia de las diferencias en cuanto a reglamentaciones o procesos bancarios por país, su centro de atención principal al atender a las multinacionales es claramente global y refleja interdependencias y coordinación entre países.

En estos casos, los métodos de coordinación, distribución e integración son exigencias importantes de la estrategia global. La comunicación y el control entre fronteras de división y nacionales son esenciales para la ejecución de la estrategia.

La tabla 3.4 muestra algunas de las medidas que puede adoptar una compañía para satisfacer las exigencias de la estrategia global coordinada. La lista sólo es parcial, por necesidad, pero proporciona ejemplos de cómo las organizaciones deben desarrollar capacidades humanas, tecnológicas y estructurales para lograr la coordinación exigida por la estrategia global[13].

En resumen, los gerentes que aplican estrategias de bajo costo, de diferenciación o globales, deben hacer una lista de las exigencias de tales estrategias, semejante a la que aparece en las tablas 3.3 y 3.4. Tales listas identificarán las necesidades o capacidades esenciales para la ejecución exitosa. Si no se desarrollan adecuadamente las exigencias de la estrategia, su ejecución con seguridad se perjudica o fracasa.

Tabla 3.4 Satisfacción de las exigencias de una estrategia global
coordinada

■ Concéntrese en la coordinación, la distribución de la competencia
central y el desarrollo de economías de escala y alcance entre
países o regiones mundiales.

■ Concéntrese en los recursos humanos y en el desarrollo de un
cuadro de gerentes globales eficientes.

■ Rote gerentes clave por diferentes países para que logren una
perspectiva global; asegúrese de que los ascensos y otras compensaciones dependan de esta experiencia.

■ Ponga énfasis en un lenguaje central para facilitar la comunicación y cree un equipo viajero central que ayude a garantizar la
comunicación y el control.

■ Implemente una organización matricial para asegurar la concentración simultánea en empresas mundiales y en una región geográfica o país. Ofrezca incentivos que apoyen esta concentración
dual de la matriz, en vez de privilegiar un aspecto sobre el otro.

■ Desarrolle incentivos y mecanismos de retroalimentación que
apoyen la cooperación y las metas corporativas y eviten la su-
butilización de empresas y áreas geográficas que trabajen con
propósitos distintos.

UN ASPECTO FINAL

No es posible exagerar el valor de una estrategia bien con-
cebida para la ejecución exitosa. El cuidado que se tenga
en el desarrollo de la estrategia en los niveles corporativo
y empresarial, así como en la integración de los dos planes
estratégicos, arroja con seguridad dividendos positivos para la organización.

Un mantra popular entre un puñado de gerentes que
he conocido es que "una buena ejecución puede superar
una mala estrategia". En mi experiencia, esto pocas veces
sucede. La situación típica es que una mala estrategia genera malos resultados. Una mala estrategia puede crear grandes frustraciones, pues los gerentes prolongan su tiempo

de intenso trabajo en un fútil intento de ejecutar aquello que no es ejecutable. El trabajo duro que no produce beneficios es exasperante. Una estrategia vaga y los cambios constantes en la estrategia tienen los mismos frustrantes resultados.

Los gerentes participantes en las encuestas de Wharton tenían toda la razón al argumentar que "una estrategia deficiente o vaga" conduce a problemas de ejecución. Prestar atención a los cuatro problemas relacionados con la estrategia que se anotaron en este capítulo reduce tales problemas, si no los elimina por completo.

RESUMEN

Varios aspectos de este capítulo se relacionan con el éxito de los esfuerzos de ejecución o implementación de una compañía:

- La estrategia es el ingrediente esencial, la fuerza impulsora tras los esfuerzos de ejecución. Un planeamiento sólido es, por consiguiente, esencial, tanto a nivel corporativo como al de la unidad empresarial.

- Integrar las estrategias corporativa y empresarial tiene importancia vital. Esto supone la necesidad de una comunicación eficaz entre niveles, así como de procesos que hagan posible a quienes toman las decisiones lograr acuerdos sobre estrategias, metas e indicadores de desempeño. La revisión de la estrategia es un método para lograr dicha integración de las estrategias corporativa y empresarial.

- Las necesidades estratégicas de largo plazo de la organización deben traducirse en objetivos operativos de corto plazo para ejecutar con éxito la estrategia.

El corto plazo es clave para la ejecución exitosa; los gerentes emplean en ello cotidianamente gran cantidad de tiempo. Es necesario contar con objetivos operativos de corto plazo que proporcionen medidas o indicadores que puedan utilizarse para evaluar los planes y esfuerzos de ejecución.

- Finalmente, la estrategia hace exigencias sobre los recursos y las capacidades organizacionales. El desarrollo de habilidades y competencias adecuadas es vital para el éxito de la ejecución de la estrategia. Debe tenerse cuidado al cambiar de estrategia o poner en ejecución distintas estrategias de manera simultánea, pues las habilidades y las competencias necesarias varían en función de la estrategia que se aplique.

El centro de atención de este libro es hacer que la estrategia funcione. Para este fin, hemos considerado en el capítulo 1 los principales obstáculos para la ejecución exitosa. También hemos comenzado a hacer frente a tales obstáculos. En el capítulo 2 se puso énfasis en la importancia capital de un modelo o plantilla que guíe las decisiones y acciones relativas a la ejecución. En el presente capítulo se examinaron los primeros elementos clave del modelo —las estrategias corporativa y empresarial— para mostrar cómo las características de la estrategia y un planeamiento sólido afectan los resultados de la ejecución. En el capítulo 4 examinaremos el siguiente elemento crucial de nuestro modelo o plantilla, la estructura organizacional y su impacto sobre la ejecución de la estrategia.

NOTAS

1. Jim Collins, *Empresas que sobresalen: Por qué unas sí pueden mejorar la rentabilidad y otras no*, Editorial Norma, 2002, capítulo 1.

2. "Former Chief Tries to Redeem the Calls He Made at AT&T", *The Wall Street Journal*, 26 de mayo del 2004.

3. Larry Bossidy y Ram Charan, *Execution*, Crown Business, 2002, especialmente páginas 179-182.

4. Michael Porter, *Competitive Strategy*, Free Press, 1980; "What is Strategy?" *Harvard Business Review*, noviembre-diciembre de 1996.

5. Ver, por ejemplo, C. K. Prahalad y Gary Hamel, "The Core Competence in the Corporation", *Harvard Business Review*, mayo-junio de 1990.

6. Chester Barnard, *The Functions of the Executive*, Harvard University Press, 1938.

7. William Joyce, Nitin Nohria y Bruce Robertson, *What (Really) Works*, Harper Business, 2004, p. 16.

8. Ver, por ejemplo, Steve Carroll y Henry Tosi, *Management by Objectives*, Macmillan, 1973.

9. L. G. Hrebiniak y W. Joyce, *Implementing Strategy*, Macmillan, 1984; "The Strategic Importance of Managing Myopia", *Sloan Management Review*, otoño de 1984.

10. Robert Kaplan y David Norton, *The Balanced Scorecard*, Harvard Business School Press, 1996.

11. Charles Snow y L. G. Hrebiniak, "Strategy, Distinctive Competence, and Organizational Performance", *Administrative Science Quarterly*, junio de 1980.

12. "Cloud Over Sun Microsystems: Plummeting Computer Prices", *The Wall Street Journal*, 16 de octubre del 2003.

13. Análisis adicionales de los problemas y aspectos relacionados con la ejecución de distintos tipos de estrategias globales se encuentran en L. G. Hrebiniak, "Implementing Global Strategies", *European Journal of Management*, diciembre de 1992.

4

Estructura organizacional y ejecución

Introducción

El modelo de ejecución esbozado en el capítulo 2 muestra el papel fundamental que desempeña la estructura organizacional. La estrategia afecta la estructura o, de modo alternativo, la estructura es importante para la ejecución de la estrategia, tanto en el nivel corporativo como en el empresarial.

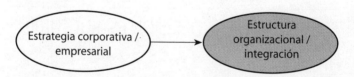

No obstante su carácter central, el papel desempeñado por la estructura en la ejecución de las estrategias a veces es problemático. Los gerentes que participaron en la encuesta Wharton de educación ejecutiva y en los paneles de discusión informaron sobre problemas con la estructura en la ejecución de las estrategias. Argumentaron que con frecuencia se erige o cambia la estructura por razones equivocadas. Los esfuerzos de diseño o rediseño se manejan de manera deficiente y, con no poca frecuencia, son frustrantes o están condenados al fracaso. La integración o la coordinación de diversas unidades estructurales son inadecuadas o incompletas. No es claro el vínculo con la estrategia al cambiar la estructura, o con frecuencia simplemente falta. Los gerentes participantes en la encuesta Wharton-Gartner pusieron énfasis en que el intercambio deficiente de información entre unidades y la falta de claridad en cuanto a responsabilidades constituyen enormes problemas de ejecución.

El propósito de este capítulo es aclarar el papel desempeñado por la estructura y su impacto en la ejecución de las estrategias. No se trata de intentar resumir el gigantesco volumen de trabajos ya efectuados sobre diseño organizacional. En su lugar, la meta es considerar y aclarar el puñado de aspectos estructurales que revisten mayor importancia para hacer que las estrategias funcionen.

¿Cuáles son estos aspectos? ¿Cuáles son los mayores problemas, desafíos o errores relacionados con las estructuras al ejecutar una estrategia? Identifiquémoslos mediante algunos ejemplos.

EL DESAFÍO DE LA DECISIÓN ESTRUCTURAL

GENERAL MOTORS

Permítaseme primero subrayar cuán difíciles y complejas pueden ser las decisiones estructurales. Tomemos el caso de General Motors (GM), cuyas tribulaciones competitivas y cuya pérdida de participación en el mercado son bien conocidas y están bien documentadas. Los fabricantes extranjeros de automóviles perjudicaron gravemente a GM. Los clientes abandonaron en tropel a la empresa estadounidense debido a la baja calidad. Los años 80 y los primeros 90 vieron a GM como un gigante tambaleante, una compañía en dificultades.

La empresa necesitaba cambiar con urgencia. Era esencial hacer significativas mejoras en la calidad de los productos, en las relaciones con los clientes y en la reducción de costos. Otra necesidad percibida era la de hacer una revisión general de la estructura organizacional. En consecuencia, se reestructuró la división de operaciones norteamericanas para que comprendiera dos grupos: BOC (Buick, Oldsmobile y Cadillac) y CPC (Chevrolet, Pontiac y el Canadá). La antigua estructura, con sus divisiones de automóviles, manufactura, etc., había pasado a la historia. Cada grupo era relativamente independiente, con sus propios componentes funcionales.

La reestructuración, sin embargo, fue un desastre ¿Por qué? Muchos empleados y gerentes no tenían idea de que estaba en perspectiva un cambio a tan gran escala y quedaron atónitos cuando sucedió. ¿Iban a cambiar sus empleos? ¿Se producirían despidos? La incertidumbre era insoportable. Por otra parte, no era clara la lógica de la nueva estructura. ¿Qué representaban los grupos? No se trataba de una división nítida entre automóviles grandes y automóviles pequeños. (¡Algunos gerentes me dijeron en tono burlón que BOC significaba "grandes autos viejos" [por las iniciales de *big old cars*]!) ¿Por qué agregar al Canadá, o el componente geográfico, a grupos concentrados en líneas de productos o en la marca? (Algunos gerentes decían en broma que algún día CPC iba a ser CPSiSí, pues México podría incorporarse al grupo. ¿Humor negro?). La alta gerencia se mantenía en silencio con respecto a la conexión entre estrategia y estructura. ¿Cómo se iba a relacionar la nueva estructura con la estrategia de GM? ¿Cómo contribuiría el cambio a la solución de los problemas de calidad del producto, costos y eficacia organizacional? La lógica de la reestructuración hacía falta, no era clara o no se había comunicado.

El cambio estructural fue un fracaso. La alta gerencia tuvo un desempeño deficiente. Sin embargo, en su defensa, debe pensarse en el tamaño y la complejidad de los problemas que enfrentaba. GM era en ese momento una compañía enorme, ligeramente mayor que la Armada de los Estados Unidos, según creo. Había sido exitosa durante años, y había generado considerable inercia. ("Algo debemos estar haciendo bien".) La relativa independencia de las divisiones de automóviles (denominada Body by Fisher) y de manufactura estaba arraigada en la cultura. Esto hacía que los intentos de coordinación y de creación de metas de nivel superior fuera, en el mejor de los casos, difícil.

Las funciones y las responsabilidades se habían hecho difusas y confusas, en parte, nuevamente, debido al tamaño de la compañía. Al observar, por ejemplo, la calidad del producto, hallé numerosos grupos o funciones en los niveles corporativo, grupal, de división y de planta, "responsables de la calidad". Sin embargo, ¿quién era responsable o debía rendir cuentas en última instancia? Esto no era claro ni para mí ni para la mayoría de los observadores. ¿Dónde debía estar la responsabilidad y quién debía rendir cuentas por la calidad? ¿Debía ser una responsabilidad corporativa, de grupo o funcional en la nueva estructura? Éstas eran preguntas difíciles que necesitaban respuesta.

No estoy defendiendo a GM, pero admito que crear o cambiar la estructura de una organización de tal tamaño es una tarea difícil. Muchas compañías han cometido gigantescos errores en este campo, no sólo GM, y tales compañías están dirigidas por personas brillantes y experimentadas. Quizá parte del deficiente desempeño pueda atribuirse a la dificultad de la tarea misma y no simplemente a la incompetencia de los gerentes.

JOHNSON & JOHNSON

Tomemos enseguida el caso de Johnson & Johnson (J&J), que siempre ha sido una compañía descentralizada, con un número enorme de empresas o unidades empresariales estratégicas independientes. Durante largo tiempo se pensó que la descentralización fomentaba el espíritu empresarial, motivaba a los gerentes a rendir más en sus propias y pequeñas "compañías", y permitía una cercanía con el mercado y los clientes, difícil de lograr en estructuras más centralizadas. El personal de la casa matriz era bastante pequeño, prueba adicional de la preferencia de una cultura de descentralización y autonomía de las unidades empresariales estratégicas por parte de la compañía. Además, el sobresaliente desempeño de J&J a lo largo de los años parecía reforzar su creencia en los beneficios de la descentralización y la pequeñez de las compañías de su portafolio.

Hubo (todavía hay) retos a la estructura de J&J. Uno de ellos era la necesidad de aumentar la coordinación entre unidades empresariales independientes. El aumento del poder de la base de clientes (como el surgimiento de grandes organizaciones de atención en salud en el sector de las ventas hospitalarias) amenazó la tradicional autonomía e independencia de las unidades empresariales estratégicas que atendían tales mercados. Mientras que en el modelo tradicional numerosas compañías de J&J vendían diferentes productos (Tylenol, vendajes, equipos de diagnóstico, etc.) al mismo hospital, las organizaciones de atención en salud que comprendían muchos hospitales se negaban a tratar con 10 o 20 compañías distintas de J&J al hacer sus adquisiciones. Deseaban entenderse con una sola fuente que representara a todas las compañías de J&J. Querían que J&J realizara la integración o coordinación de las adquisiciones que los hospitales individuales se veían forzados anteriormente a llevar a cabo. Tales compradores, más grandes y poderosos, podían obligar a J&J a adoptar una estructura operativa distinta.

Hacer frente a estas nuevas exigencias fue un verdadero desafío para J&J. La tarea era coordinar el trabajo en áreas que tradicionalmente eran dominio de empresas separadas e independientes. Era necesaria una mayor centralización o un mayor control corporativo para afectar la venta y entrega coordinada de productos entre unidades que tradicionalmente tenían autonomía para hacer las cosas a su modo. Se necesitaba cuidado para no enfrentar y violentar la cultura y la estructura operativa de una compañía, basada en la descentralización, la independencia y el control local.

Que J&J hubiera resuelto tal desafío mediante reingeniería y reestructuración (por ejemplo, un grupo nacional de ventas), dice mucho sobre sus capacidades gerenciales. La tarea, sin embargo, no era fácil. Persuadir a gerentes de unidades empresariales estratégicas independientes de la necesidad de una mayor centralización, si así se le puede llamar, con mayores controles sobre unidades autónomas, era una tarea importante pero delicada. Cambiar la estructura sin amenazar la "institución" estructural de la descentralización y la autonomía en la toma de decisiones, evidentemente era un desafío formidable y una tarea difícil.

CITIBANK Y ABB

Piense, finalmente, en las necesidades y los problemas estructurales de grandes actores globales como el Citibank y Asea Brown Boveri (ABB). De nuevo entra en juego el problema de la centralización y la descentralización. El control global exige centralización, pues existe la necesidad de concentrarse en empresas en todo el mundo y coordinar flujos de información y distribución de conocimiento entre unidades geográficamente dispersas. Hay la necesidad relacionada de crear sinergias o lograr economías de escala y alcance, lo cual, de nuevo, invita a la centralización y al control corporativo sobre ciertos recursos.

Sin embargo, las compañías globales también necesitan descentralización. Las empresas deben estar en capacidad de responder a las necesidades locales y a las exigencias de los clientes en una compañía grande y geográficamente dispersa. Es necesaria la autonomía local para hacer frente a las diferencias en cuanto a condiciones económicas, legislación, reglamentaciones o aspectos de la cultura que afectan la manera de hacer negocios en distintas partes del mundo.

Compañías como el Citibank y ABB se ven forzadas a manejar estos problemas y otros similares. Deben crear estructuras que comprendan al personal corporativo central y a unidades empresariales descentralizadas para manejar simultáneamente necesidades globales y locales. En ambas compañías existe una organización geográfica al lado de una organización mundial basada en productos o servicios. Deben manejarse las tensiones entre los controles global y local, y debe ponerse en operación un foro para resolver los conflictos entre el conjunto de la compañía y las necesidades locales. Estos y otros aspectos han sido y están siendo manejados por el Citibank y ABB, utilizando organizaciones basadas en productos, componentes geográficos y estructuras matriciales, con el fin de lograr una coordinación eficaz e integrar las necesidades globales y locales.

ASUNTOS ESTRUCTURALES CRÍTICOS

¿Qué nos dicen estos ejemplos sobre los problemas estructurales que afectan la ejecución de la estrategia? Sugieren al menos cinco problemas que merecen consideración adicional. Son los siguientes:

1. **Medición del impacto de la estrategia.** ¿Cuáles son los costos, frente a los beneficios, de las distintas formas estructurales? ¿Cómo se miden los costos y los beneficios?

2. **Centralización o descentralización.** ¿Cuál es el equilibrio adecuado y qué lo determina? Aquí se incluyen el tamaño y el papel desempeñados por el centro corporativo en organizaciones con unidades tanto centralizadas como descentralizadas.

3. **Relación entre estrategia y estructura.** ¿Qué aspectos o elementos de la estrategia impulsan la elección de la estructura? ¿Cómo afecta la estructura la ejecución de una estrategia?

4. **Logro de la coordinación y el intercambio de información entre unidades organizacionales.** La integración y la distribución de conocimiento son importantes para la ejecución, ya sea entre el personal del centro corporativo y las empresas, o entre unidades geográficas descentralizadas de una compañía.

5. **Aclaración de las responsabilidades y la rendición de cuentas.** Estas definiciones estructurales básicas son necesarias para la ejecución eficaz. Las personas deben saber quién es responsable de qué, cuándo y por qué, para que la ejecución funcione.

El presente modelo de ejecución utiliza dos términos estructurales: *estructura* organizacional (corporación y empresa) e *integración*. El primero se define mediante casillas y líneas. Muestra la anatomía de una organización y la manera como agrupa recursos especializados, como las funciones o divisiones. El resto de este capítulo examinará los tres primeros problemas de la lista anterior como elementos de la estructura organizacional y el modo en que la selección de la estructura depende de la estrategia.

La integración estructural tiene que ver con la aclaración de responsabilidades y los mecanismos o procesos gerenciales utilizados para hacer que las casillas y las líneas funcionen. Los procesos de coordinación y la integración de los flujos de trabajo entre áreas funcionales son ejemplos de estos mecanismos operativos. Los procesos de transferencia de conocimiento entre fronteras o unidades organizacionales constituyen otro ejemplo de integración estructural. Los dos últimos problemas estructurales de la lista anterior, los aspectos de integración, se cubrirán en el capítulo 5. Otros aspectos de la ejecución señalados en los ejemplos anteriores, tales como el manejo del cambio y la cultura, se analizarán en capítulos posteriores.

Consideremos ahora los tres primeros problemas estructurales de la lista anterior. La lógica aquí es que, para entender el papel desempeñado por la estructura en la ejecución de la estrategia, es necesario hacer lo siguiente:

1. Entender primero lo esencial de la estructura, incluidos sus costos y beneficios.

2. Aplicar lo esencial para tomar mejores decisiones sobre centralización y descentralización.

3. Vincularlo todo, mirando la relación entre la estrategia y la estructura en el proceso de ejecución.

El tercer problema (relacionar la estrategia y la estructura) es el más crucial para la ejecución. Sin embargo, para explicar y aclarar este problema, son absolutamente esenciales los elementos básicos de la estructura definidos y examinados en los primeros dos puntos. Los dos primeros problemas constituyen elementos fundamentales para entender el tercero.

Los gerentes entrevistados en las discusiones en panel y en el programa de educación ejecutiva de Wharton manifestaron que con frecuencia se malentienden aspectos

básicos de la estructura. Con todo, subrayaron, los gerentes son a veces renuentes a buscar asesoría sobre problemas
fundamentales. En consecuencia, examinaré los dos primeros problemas como precursores para el análisis crítico
del tercero y dejaré al lector escoger entre los hechos o las
ideas presentados, según se necesite.

ASUNTO ESTRUCTURAL # 1: MEDICIÓN DE LOS COSTOS Y LOS BENEFICIOS DE LA ESTRUCTURA

¿Cómo afecta la estructura los costos reales y los beneficios
mensurables? ¿Qué resultados pueden esperarse razonablemente de distintas formas organizacionales?

Para responder estas preguntas, regresemos a lo básico. Imagine el lector una organización de la forma más
simple indicada en el siguiente diagrama:

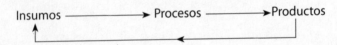

Todas las organizaciones tienen insumos: materias primas, personal de empleados, pacientes, recursos financieros,
etc. Todas tienen procesos o tecnologías que transforman
los insumos en productos. Las firmas manufactureras tienen
equipos de producción en masa y robots. Los hospitales emplean distintos conjuntos de habilidades o técnicas (cirugía,
pruebas de laboratorio, dietas) al trabajar con los pacientes.
Las universidades tienen "tecnologías" (diálogos socráticos,
métodos de enseñanza a través de estudios de casos) para
educar a los estudiantes. Finalmente, todas las organizaciones tienen productos (automóviles, pacientes curados, estudiantes de administración de empresas educados).

Si se utiliza esta sencilla figura es posible argumentar,
primero, que las organizaciones pueden estructurarse en
torno a sus procesos de producción — las tecnologías o los
conjuntos de habilidades ("los medios") empleados para

convertir los insumos en productos ("los fines"). El término "especialización en procesos" puede utilizarse para poner énfasis en esta concentración en los procesos comunes empleados para generar productos o resultados organizacionales[1].

La figura 4.1 muestra el ejemplo más conocido de especialización en procesos, la organización funcional común. La organización por procesos divide a la compañía

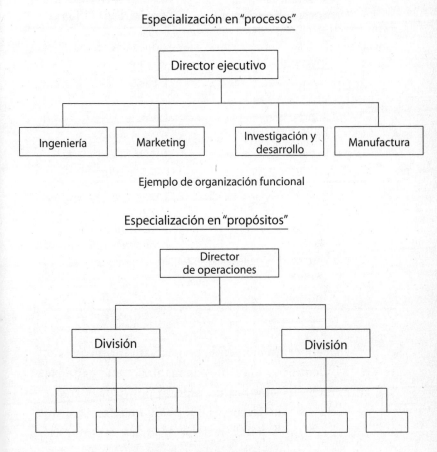

Figura 4.1 Estructura organizacional: Especializaciones en procesos y en propósitos

en funciones (manufactura, investigación y desarrollo, marketing). Como muestra la tabla 4.1, la estructura funcional tiene costos y beneficios asociados.

Tabla 4.1 Costos y beneficios de las especializaciones en procesos y en propósitos

	Especialización en procesos/Funciones	Especialización en propósitos/Divisiones
Beneficios	• Pericia en el conocimiento / "masa crítica"	• Concentración en clientes, productos, mercados
	• Economías de escala y alcance / eficiencia	• Eficacia
	• Supresión de duplicaciones de recursos escasos	• Disminución de problemas de coordinación
	• Beneficios "de carrera"	• Respuesta rápida a cambios en el sector
Costos	• Costos de coordinación	• Duplicación de recursos escasos
	• Miopía funcional	• Pérdida potencial de economías y de eficiencia
	• Pérdida del "panorama general"	
	• Burocracia	

La concentración en la pericia, con ingenieros calificados, científicos o gerentes de manufactura que trabajan en estrecha relación, es un aspecto positivo. Los grupos de expertos con frecuencia forman una "masa crítica" necesaria para la solución de problemas y la innovación. Un grupo de científicos que trabajan juntos en estrecha proximidad, con altos niveles de interacción y debate, tiene mayores probabilidades de descubrir algo nuevo que el mismo grupo dividido en gran número de divisiones separadas.

La repetición y estandarización del trabajo (como la realización de pruebas de laboratorio en los hospitales, las líneas de ensamblaje en la manufactura, los ingenieros que trabajan en problemas comunes) con frecuencia genera economías de escala y alcance. Se evita la duplicación de recursos, pues el personal de una función puede atender a muchos clientes de la compañía.

Finalmente, puede haber algunos beneficios "de carrera" cuando, por ejemplo, los ingenieros trabajan con ingenieros y saben que su carrera está dentro de la ingeniería. Un puñado de ingenieros que responden ante un gerente de empresa en una pequeña división en Tierra del Fuego puede no ver de manera tan clara tal escala profesional.

La organización funcional tiene sus costos, como muestra la tabla 4.1. Los más obvios son los de coordinación. Para atender a un cliente o hacer un producto es necesario coordinar muchas y diversas funciones. Las diferencias en cuanto a metas y percepciones que caracterizan a las visiones sobre el trabajo de las distintas funciones pueden agravar los problemas de coordinación y restar valor a una meta común, como el servicio al cliente o la alta calidad del producto. Sencillamente es difícil coordinar el trabajo entre grupos que poseen visiones disímiles sobre lo que es importante y lo que necesita atención. De la misma manera, mientras mayor sea el número de funciones diversas que necesitan coordinación, más difícil será la tarea y mayor la probabilidad de que se presenten problemas.

Otra forma de ver lo anterior es hablar de la "miopía funcional"[2]. Los empleados funcionales se encierran de tal manera en sus tecnologías y visiones del mundo que pierden de vista el "panorama general". El personal de investigación y desarrollo está tan absorto en la investigación, las nuevas tecnologías y el largo plazo que pasa por alto totalmente las solicitudes "mundanas" de mejoramiento de las líneas de producto en el cercano plazo. La ciencia es más emocionante y cautivadora que la revisión de los productos o las exigencias de los clientes. La miopía funcional evidentemente complica los problemas de coordinación y unidad de esfuerzo.

Finalmente, con frecuencia he oído la expresión "burocracia" pronunciada por personas que tienen problemas al enfrentar la resistencia funcional a las nuevas ideas o a la aceleración del trabajo. Cada función tiene sus propias reglas y las sigue, según la acusación, aun si se detiene el trabajo organizacional.

La tabla 4.1 también muestra los beneficios y los costos de lo que se ha llamado "especialización en propósitos", expresión con la cual sencillamente se entiende la organización en torno a "fines" o resultados, en contraste con la concentración en "medios" o procesos, es decir, las funciones comunes de la especialización en procesos. Para nuestros fines, piense en "divisiones" dentro de las organizaciones (ver figura 4.1). Las unidades empresariales estratégicas u organizaciones de línea de producto también pueden describirse como ejemplos de este tipo de especialización, pero concentrémonos en las divisiones para facilitar la discusión. Las estructuras de división que se enfocan en los clientes (división de productos de consumo), las líneas de producto (división de computadores centrales) o la geografía (división asiática o estadounidense) son ejemplos corrientes de esta forma de organización.

Como se ve en la tabla 4.1, los costos y beneficios de la especialización en propósitos, u organización en divisiones, son por lo general los opuestos a los que aparecen bajo la especialización en procesos. Las divisiones pueden concentrarse en clientes, productos o áreas geográficas, y aumentan así la eficiencia. Una estructura organizacional especializada permite rápidas respuestas a las necesidades de los clientes o los cambios sectoriales. Hay menos problemas de coordinación. Incluso si las divisiones se organizan funcionalmente, la concentración derivada de la atención a un cliente (la división de productos gubernamentales), a un producto (la división de computadores centrales) o a una región geográfica (la división asiática) facilita y hace posible la coordinación en torno a una meta común, un cliente o un producto.

Entre los costos de las estructuras divisionales queda comprendida la duplicación de recursos escasos. Cada jefe de división defiende el control sobre sus propios recursos, su personal o sus grupos funcionales, lo cual conduce potencialmente a una gran duplicación de costos. De modo similar, aunque la estructura funcional refuerza la eficiencia y las economías de escala, las divisiones menores pueden no lograr o sostener tal eficiencia.

Es claro que la forma de propósito o "divisional" contribuye a la eficacia, a "hacer las cosas debidas" (tener los productos o servicios adecuados, satisfacer con rapidez las necesidades de los clientes), mientras que a veces puede sacrificar la eficiencia: "hacer las cosas bien" (con bajo costo o economías de escala)[3]. Por su parte, la forma de procesos o "funcional" contribuye considerablemente a "hacer las cosas bien", pero potencialmente a costa de "hacer las cosas debidas" debido a los problemas anotados en la tabla 4.1.

Eficiencia	Eficacia
• Costo por unidad, paciente, estudiante • Economías de escala • Duplicación de recursos (costos fijos, costos laborales) • Costos de coordinación (número de personas y tiempo invertido)	• Participación en el mercado • Satisfacción del cliente • Crecimiento de ingresos • Tiempo en el mercado • Introducción de productos
↓	↓
Estructura funcional ("Hacer las cosas bien")	Estructura divisional ("Hacer las cosas debidas")

Los indicadores reales que pueden emplearse para medir el impacto de la estructura pueden resumirse bajo los títulos de eficiencia y eficacia.

Estas formas y estos indicadores organizacionales prototípicos son básicos. Aun así, conservar estas ideas básicas en mente, junto con sus costos y beneficios, es de inmensa ayuda cuando se enfrentan decisiones estructurales difíciles como las correspondientes a la centralización o la descentralización de la estructura organizacional, o a la relación entre la estructura y la estrategia. Apliquemos estas ideas básicas en la siguiente sección de este capítulo, donde estudiaremos la elección entre las estructuras centralizada y descentralizada.

ASUNTO ESTRUCTURAL # 2: CENTRALIZACIÓN Y DESCENTRALIZACIÓN

"Palo porque bogas y palo porque no bogas", se lamentaba un director ejecutivo cuya corporación ayudé a reestructurar. "Si pregunto a las personas del centro corporativo dónde deberían estar los recursos, responden: 'Aquí, naturalmente'. Haga la misma pregunta a los gerentes de mis empresas y, por supuesto, la respuesta será muy distinta. Ellos quieren todos los recursos en sus empresas o divisiones, no en la corporación. Como centros de utilidades, desean el control total de todo el personal funcional. La corporación se ve como un estorbo, no como una ayuda".

Esta cita refleja un problema común en muchas organizaciones: dónde poner recursos o activos escasos. ¿Deben las unidades de investigación y desarrollo o de manufactura centralizarse y atender a todas las divisiones o empresas, o deben descentralizarse y ponerse bajo el control de los gerentes que necesitan y utilizan de manera más directa sus capacidades? La cita muestra que aún hoy hay evidentemente repuestas diversas a esta pregunta.

El desarrollo del anterior análisis de los costos y beneficios estructurales puede ayudar en las decisiones sobre la localización de los recursos escasos. ¿Debe la alta gerencia optar por la eficiencia de la estructura funcional, no obstante sus costos, entre ellos los de coordinación? O bien, ¿debe elegir descentralizar en torno a líneas de producto, clientes o regiones geográficas para atender los mercados con mayor eficacia?

La respuesta sencilla es que la elección de la estructura depende de lo que, de la tabla 4.1, sea importante para la gerencia estratégica u operativamente. La elección entre las distintas formas estructurales anotadas en la tabla 4.1 se lleva a cabo teniendo en cuenta las condiciones competitivas, las fuerzas sectoriales y la estrategia de la compañía (ver el asunto No. 3, más adelante en este capítulo).

La complejidad surge porque la mayoría de compañías necesita y utiliza tanto estructuras centralizadas como descentralizadas. El asunto es cómo crear la mezcla adecuada.

Un proceso de decisión secuencial

Para ver el juego entre las necesidades de eficiencia y de eficacia en la elección de la estructura y entender mejor la mezcla de centralización y descentralización, debe pensarse en el proceso de decisión señalado en la figura 4.2. En el nivel corporativo, el personal central responde ante el director ejecutivo, así como ante el director de operaciones. El personal del centro corporativo cumple funciones que atienden a la compañía entera, como un servicio a todas las unidades empresariales, como la legal, la laboral, la informática. El énfasis está puesto en la pericia, la eficiencia y la eliminación de la duplicación de miembros clave del personal. El personal del centro corporativo representa así la especialización en procesos y el apoyo funcional centralizado a toda la compañía.

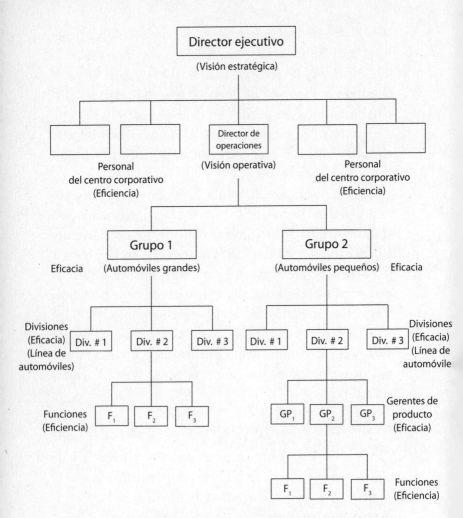

Figura 4.2   Enfoque secuencial para las decisiones estructurales

Hay dos grupos que responden ante el director de operaciones, unidades estructurales que constituyen conjuntos o grupos de divisiones como "automóviles grandes" y "automóviles pequeños". El impulsor aquí es la eficacia, con la suposición de que cada grupo tiene sus propias y particulares necesidades estratégicas u operativas que deben satisfacerse. Cada grupo puede tener clientes con distintas características demográficas, distintas estrategias (por ejemplo, diferenciación frente a bajo costo) y distintos enfoques de mercado, y la separación estructural hace posible el reconocimiento de estas importantes diferencias. La división en grupos puede también reflejar un problema de tamaño. Los grupos diferenciados pueden constituir una manera de separar las líneas de producto y formar piezas más pequeñas y manejables para facilitar la atención de la gerencia y la toma de decisiones.

Ambos grupos se fraccionan luego en divisiones, que representan un énfasis aun mayor puesto en la eficacia. Cada división (por ejemplo, una línea de automóviles) tiene sus propios clientes que manifiestan lealtad a la marca y cuyas necesidades peculiares las satisfacen las funciones y el personal de las divisiones. Cadillac, parte de GM, por ejemplo, ha tratado de diferenciarse como división que atiende a clientes adinerados que podrían de otro modo pensar en los automóviles Lexus o Mercedes Benz como productos sustitutos. La división Cadillac tiene su propio gerente general, que se concentra en las necesidades estratégicas y operativas propias de esa marca de automóviles. El énfasis se pone primordialmente en la eficacia, en atender bien la base de clientes deseada.

El siguiente nivel de análisis muestra algunas diferencias entre las divisiones de los dos grupos. La división 2 del grupo 1 muestra una estructura funcional, que refleja una preocupación primaria por la eficiencia. Por contraste, la división 2 del grupo 2 muestra una estructura de producto-gerencia, que refleja una preocupación gerencial continuada por la eficacia. Cada unidad producto-gerencia del grupo 2 se separa entonces en funciones y muestra finalmente alguna preocupación por la eficiencia.

¿Por qué las diferencias? Porque cada división tiene necesidades estratégicas y operativas distintas. Una división de Weyerhaeuser que fabrica papel periódico, producto básico para la prensa, necesita eficiencia y una producción de bajo costo para seguir siendo competitiva y mantenerse en el negocio. Una división hermana que fabrica y vende productos de papel de alto grado, alta calidad o alto desempeño puede concentrarse menos en la eficiencia que en la eficacia y emplear representantes de producto que se acerquen a los clientes y adapten los productos a sus necesidades. La división que vende un producto básico se concentra más pronto en la eficiencia que la otra división, cuyo centro de atención es la calidad y la personalización de los productos. La división del producto básico tiene márgenes parcos, lo cual hace que la eficiencia sea vital para la supervivencia. Los márgenes de la segunda división probablemente sean mucho mayores debido a sus productos diferenciados y personalizados, lo cual le otorga un poco más de libertad por el lado de los costos.

Grandes compañías como J&J, ABB y GE tienen así mismo numerosas divisiones o unidades empresariales estratégicas, con diversas necesidades estratégicas y operativas. Algunas están organizadas primordialmente en torno a la eficiencia, mientras que otras se concentran fundamentalmente en la eficacia, acercándose a los clientes y a los mercados. Otras divisiones de las mismas compañías sencillamente hacen frente y resuelven distintos problemas estratégicos y operativos que suscitan variadas preocupaciones en cuanto a la eficiencia y la eficacia.

Las decisiones sobre la estructura, entonces, pueden verse como un proceso secuencial, un orden lógico de decisiones que examina las necesidades de eficiencia y eficacia en cada nivel descendente de la organización. La corporación decide qué personal debe atender a todas las empresas (eficiencia, centralización), qué grupos o divisiones deben crearse para reflejar diversas necesidades del mercado (eficacia, descentralización), y qué grupos de apoyo funcional deben estar en tales conjuntos o divisiones antes que en la corporación (descentralización). El personal de grupo y división, a su turno, decide qué funciones van a servir a todas las líneas de producto (centralización) y cuáles son exclusivas de cada línea de producto (descentralización). Y así sucesivamente. Las decisiones sobre centralización y descentralización se toman entre los niveles corporativo y empresarial y dentro de las empresas, y reflejan la preocupación por la eficiencia y la eficacia y los indicadores de desempeño señalados anteriormente.

Organizaciones verticales y organizaciones planas

El proceso secuencial de decisiones no quiere decir que las organizaciones tengan que ser verticales, con muchas capas dedicadas a distintas necesidades o problemas. El ejemplo de la figura 4.2 se usó simplemente para mostrar cómo las decisiones sobre estructura se toman de manera lógica, mirando a cada nivel adyacente de la organización. No pretende señalar que todas las organizaciones necesiten una estructura vertical y compleja. El proceso secuencial puede ciertamente generar también estructuras planas, lo cual, para muchos gerentes, significa una toma de decisiones más rápida, menos burocracia, cercanía a los clientes o al mercado, y una mayor flexibilidad en la estructura.

GE Capital

Piense por un momento en el caso de GE Capital. GE es una organización grande y compleja, caracterizada por distintos sectores (alta tecnología, servicio) y empresas que pertenecen a distintos sectores. Tradicionalmente, los gerentes respondían directamente ante el director ejecutivo. El gerente de GE Capital respondió ante Jack Welch durante años y era responsable de todos los segmentos de la empresa en esa unidad de servicios financieros. La estructura, vista de la manera más básica, era así:

Todas las comunicaciones sobre las áreas empresariales de GE Capital, estrategia, funcionamiento, ganancias,

Áreas empresariales

etc., pasaban por el jefe de la división o unidad empresarial. Había tres niveles organizacionales, hasta el empresarial, con niveles adicionales dentro de cada empresa. El director ejecutivo sólo tenía acceso directo a las áreas empresariales de GE Capital, que comprendían financiación de consumo, seguros, financiación comercial y gestión de equipos.

Con el tiempo, tal estructura creó algunos problemas. GE Capital creció inmensamente y, al tiempo de escribir este libro, tenía cerca de 460 000 millones de dólares en activos y era una de las instituciones financieras no bancarias más grandes del mundo. Los críticos, entre ellos Jeffrey Immelt, director ejecutivo de GE en reemplazo de Jack Welch, pensaban que en las empresas de GE Capital estaban pasando demasiadas cosas que ni la gerencia ni los analistas financieros externos entendían con facilidad. Un artículo describió a GE Capital como una "caja negra" financiera que actuaba como un enorme banco privado que no proporcionaba información financiera adecuada[4]. Immelt pensaba que no tenía suficiente contacto ni control sobre lo que acontecía en dicha caja negra, y deseaba mayor comunicación directa y sin filtros con los elementos empresariales.

Actuando en concordancia, cambió la estructura y la aplanó. GE Capital se dividió en cuatro empresas distintas: GE Comercial Finance, GE Consumer Finance, GE Equipment Management y GE Insurance. Las empresas responden ahora directamente ante Immelt. Se aplanó así la estructura y se buscó al mismo tiempo mejorar la supervisión, aumentar la transparencia y hacer más eficientes las decisiones en una empresa muy compleja. La eliminación de un nivel de gerencia acerca más la eficacia en el desempeño de las cuatro empresas al escrutinio de la alta gerencia que en la situación anterior.

No todo cambió con el audaz paso de Immelt. Todavía existen funciones corporativas comunes en GE Capital que prestan servicio a todas las empresas, entre ellas la gestión de riesgo, los mercados de capital y el manejo de los impuestos y el fisco. La dependencia de las funciones centrales todavía representa la búsqueda de la eficiencia, la coherencia y el conocimiento experimentado, que todas las empresas pueden aprovechar y utilizar. Sin embargo, el paso estructural que aplanó la organización claramente estuvo impulsado primordialmente por la necesidad que percibió el director ejecutivo de seguir más de cerca el desempeño empresarial y al mismo tiempo mejorar la transparencia, la comunicación y la supervisión. En otras palabras, la nueva estructura de GE Capital hace frente tanto a la eficiencia como a la eficacia, pero evidentemente se concentra en la última. La nueva estructura, que elimina un nivel, se ve así:

Director ejecutivo

Cuatro empresas de GE Capital

Las estructuras más planas señalan claros beneficios para las organizaciones y la gerencia. Usualmente eliminan o reducen los problemas asociados con la lenta comunicación vertical. Producen una mayor descentralización y una "ampliación del trabajo", pues los gerentes, más cercanos a los mercados y a los clientes, asumen una mayor responsabilidad y toman más decisiones. Con frecuencia se les describe como más "flexibles", más capaces de responder con mayor rapidez a los cambios en el mercado que sus contrapartes verticales. Aumentan el control y mejoran la transparencia y la rendición de cuentas.

Con todo, debe ponerse énfasis en el hecho de que las estructuras planas pueden no cumplir con lo que ofrecen. No son una panacea automática para los males estructurales. En efecto, las estructuras organizacionales planas tienen la potencialidad de crear cuatro problemas muy relacionados que deben afrontarse para que produzcan resultados positivos. Dichos problemas son: (a) inercia, (b) conocimientos insuficientes, (c) rechazo de la responsabilidad de la toma de decisiones y (d) creación de problemas de comunicación lateral.

Inercia

Hacer plana una organización puede atemorizar a algunos gerentes o perturbar sus rutinas. Anteriormente, los problemas desagradables podían remitirse de manera vertical dentro de la jerarquía, al jefe. Las estructuras planas usualmente tienen mayores espacios de control, hacen más difíciles tales remisiones y obligan a los individuos a actuar o decidir. Algunos pueden ser renuentes a hacer las cosas de manera diferente y cambian con lentitud, si es que cambian, con lo cual se afecta de manera negativa la solución de problemas y la toma de decisiones.

Conocimientos insuficientes

Para que los individuos tomen las decisiones adicionales que se requieren de ellos en las organizaciones planas suele ser necesario un aumento de los conocimientos. Los espacios más amplios de control hacen difícil aprovechar los conocimientos de un superior. Esto significa que los gerentes de menor nivel deben desarrollar gran parte de la pericia y los conocimientos que en un momento tenían los jefes. Les son necesarios mayores conocimientos para tomar decisiones y solucionar problemas en un escenario más descentralizado.

Si faltan la capacitación y los procesos de educación gerencial, se perjudica la creación de nuevos conocimientos, así como la capacidad de solucionar problemas en la organización plana. Las estructuras planas exigen mayores conocimientos y un mayor entendimiento por parte de los gerentes y otros responsables de un número de decisiones cada vez mayor a lo largo del tiempo. Sin tales conocimientos, en realidad pueden crearse cuellos de botella en las decisiones y, por ende, producirse resultados deficientes.

Rechazo de la responsabilidad

La inercia y los conocimientos insuficientes que acaban de examinarse pueden evidentemente hacer que las personas sean renuentes a aceptar la responsabilidad con respecto a decisiones nuevas y más complejas. La mayor cercanía al mercado y a los clientes, sumada a la "necesidad de rapidez" y de reacción veloz a las amenazas y oportunidades externas, exige que los niveles más bajos de las estructuras planas asuman una mayor responsabilidad. No contar con las herramientas necesarias y tener temor al fracaso o una sensación de insuficiencia impiden la aceptación de nuevas responsabilidades, lo cual causa a la organización innumerables problemas.

Problemas de comunicación lateral

Finalmente, hacer plana una estructura organizacional puede crear problemas nuevos de comunicación lateral. Permítaseme utilizar un ejemplo real de una compañía que conozco bien y que atravesó una fase en la cual trató de "desjerarquizar" su estructura, para emplear sus términos. En su caso, los resultados estuvieron lejos de ser felices o útiles. En palabras de un gerente funcional:

> *Los espacios de control aumentaron extraordinariamente debido a la virtual eliminación de un nivel completo. Por necesidad, la compañía tuvo que hacerse más descentralizada. Es posible recibir ayuda del jefe cuando el espacio de control es de uno a siete; es virtualmente imposible cuando el espacio es de uno a 49 o algún otro número absurdo.*

> *La descentralización significó que nosotros, ese "grupo de 49", debíamos comunicarnos entre nosotros, en vez de acudir a nuestros jefes, como lo hacíamos en el pasado. Sólo entonces nos dimos cuenta de que muchas cosas eran distintas en las unidades, anteriormente separadas. Las creencias, los valores y los principios operativos sencillamente no eran los mismos, debido a las pasadas diferencias en cuanto a metas, competencia e historia de las unidades. Un grupo hablaba de márgenes, contribución, costos reales y mediciones de valor agregado que eran extraños para las personas de otras unidades. Las percepciones sobre utilidades variaban, pues los distintos grupos veían distintos gastos para llegar a distintas cifras netas. Un grupo señalaba con frecuencia las necesidades de los clientes, mientras que otro nunca había visto ni hablado con ellos y, por consiguiente, no podían importarle menos. Prácticamente no había nada en común que vinculara a personas que anteriormente habían tenido distintos jefes y visiones del mundo. No existía una perspectiva común que ayudara a la reestructuración.*

Con tan poco en común, era en extremo difícil comunicarse. Sé que suena increíble, por ser la misma compañía y todo eso, pero es cierto. ¡No podíamos hablar entre nosotros!

Éste puede ser obviamente un caso extremo, pero ayuda a plantear el argumento: Las estructuras organizacionales planas tienen mucho y muy amplios beneficios si los gerentes manejan el problema de la inercia, la insuficiencia de conocimientos, la renuencia a aceptar responsabilidades y las nuevas exigencias de comunicación lateral. Las estructuras planas no son una cura universal automática. Funcionan, pero necesitan atención gerencial adecuada.

El centro corporativo

La mezcla de centralización y descentralización hace surgir otro problema estructural que actualmente recibe gran atención: el tamaño y el papel desempeñado por el centro corporativo.

Entre las funciones primarias del personal corporativo examinadas hasta ahora se incluyen la eficiencia, las economías de escala y alcance, la coherencia de los servicios de apoyo centralizados en todas las empresas o divisiones operativas, y el impedimento de la duplicación de recursos. Así por ejemplo, el personal legal o el de recursos humanos se ve como proveedor de los mismos servicios coherentes a todas las empresas, independientemente de sus sectores, sus tecnologías o sus bases de clientes.

Los anteriores obviamente constituyen servicios importantes con un valor agregado definido. Un grupo de expertos ayuda a todas las empresas o divisiones, y comparte de esta suerte conocimientos y evita la duplicación de esfuerzos. Recientemente, sin embargo, los gerentes me han dicho que ven un papel más amplio para que el centro corporativo desempeñe. Ven tareas o servicios adicionales que pueden contribuir a la ejecución de la estrategia tanto en el nivel corporativo como en el empresarial. ¿Qué aspectos importantes se incluyen en este papel ampliado del centro corporativo?

Se han señalado varias tareas para el centro corporativo. En este momento mencionaré sólo tres:

1. Una función de gestión estratégica

2. Una función de educación ejecutiva

3. Una función de "centros de excelencia"

Función de gestión estratégica

Este grupo asesoraría al director ejecutivo y a los líderes empresariales en una serie de campos. Se evalúan las estrategias de portafolio para maximizar las metas estratégicas y financieras. Este grupo puede ayudar a establecer parámetros y a desarrollar mejores prácticas en el planeamiento estratégico, el manejo de información y los flujos de información, así como en los métodos de ejecución estratégica.

Hechos recientes en Crown Hòldings sugiere la existencia de este tipo de función centralizada en un grupo de gestión estratégica. Un grupo de estrategia corporativa se concentra no sólo en los problemas corporativos sino también en la integración de las estrategias corporativa y empresarial. Un objetivo importante es crear un proceso de planeamiento interactivo, que integre tanto los planes corporativos como los de las unidades empresariales. Los procesos también se concentran en la integración entre regiones geográficas, así como entre empresas. Además, el grupo tiene a su cargo la tarea de identificar y entender las futuras tendencias del sector que puedan afectar el desempeño empresarial o el de las distintas áreas geográficas. Es evidente que esta unidad se preocupa por mucho más que la simple eficiencia o los servicios centrales de apoyo. Como grupo del centro corporativo, desempeña un papel estratégico, educativo e integrador que afecta el desempeño de la compañía.

Otra tarea importante de este grupo es facilitar la revisión de la estrategia examinada en el capítulo 3 y nuevamente en el capítulo 6. Dicha evaluación es importante para las interacciones corporación-empresa, para la integridad de los modelos de portafolio corporativo y para los indicadores empleados para evaluar el desempeño empresarial, todo lo cual afecta la ejecución de la estrategia.

Función de educación ejecutiva

Este grupo se encargaría de la educación continuada de la gerencia. Los conocimientos y las capacidades de la alta gerencia son vitales para el éxito de la formulación y la ejecución de la estrategia y, en última instancia, para la capacidad de una compañía de lograr una ventaja competitiva. Este grupo del centro corporativo se concentraría en el desarrollo ejecutivo en campos genéricos —planeamiento, sistemas de incentivos, marketing, liderazgo, manejo del cambio—, así como en áreas específicamente relacionadas con el éxito en un sector dado: desarrollo de nuevos productos, servicio al cliente y seguimiento de la competencia. La meta es crear un recurso educativo que afecte de manera profunda la ejecución estratégica y el desempeño organizacional a lo largo del tiempo.

Tendencias recientes en Microsoft indican el desarrollo de una importante función de educación ejecutiva. El crecimiento, el tamaño y la complejidad cada vez mayor de Microsoft señalan la necesidad de dicha función centralizada. Mi trabajo con muchos de sus gerentes generales y empleados de nivel directivo ha recibido la influencia y el apoyo de un grupo central concentrado en el liderazgo y el desarrollo gerencial. La división del gigante global en siete empresas ha hecho posible que la compañía se concentre en distintos sectores, en la competencia y en las necesidades de los clientes. Sin embargo, Steve Ballmer, el director ejecutivo, y otros altos gerentes también reconocen de manera correcta que existen otras capacidades gerenciales y de liderazgo cruciales, que trascienden las distintas empresas y afectan el desempeño de modo sistemático. Las tareas de una nueva función del centro corporativo en materia de educación y desarrollo ejecutivos están siendo orientadas hacia dichas habilidades fundamentales de liderazgo y gerencia.

Un número cada vez mayor de compañías está creando "universidades" internas, grupos en el centro corporativo comprometidos en tareas cruciales de educación. En verdad, en mayo del 2004 había cerca de 1 600 de tales "universidades" empresariales en los Estados Unidos, número superior a las cerca de 1 300 universidades tradicionales que ofrecían títulos en administración de empresas a estudiantes de pregrado[5]. Evidentemente, la función de educación ejecutiva se está convirtiendo en una tarea cada vez más importante dentro del concepto de centro corporativo.

Centros de excelencia

En un proyecto reciente que ejecuté en Aventis Behring, la gerencia hablaba con frecuencia de "centros de excelencia". Dentro de este concepto el énfasis se ponía en grupos responsables de estándares de desempeño para el conjunto de la compañía en campos tales como los sistemas médicos y regulatorios, la investigación preclínica, el control de calidad clínico y los servicios de biometría y estadística.

La meta de los centros de formación de Aventis y de los de todas partes es desarrollar grupos que creen conocimientos y procesos de vanguardia que mejoren el desempeño empresarial y generen liderazgo sectorial. Una meta relacionada es la atracción de personal científico y administrativo altamente calificado que pueda ayudar a la compañía a innovar y lograr la ventaja competitiva. La atención a la tecnología de vanguardia y la atracción de un personal científico y administrativo "mejor y más brillante" es otro paso para garantizar que la organización tenga las capacidades y los recursos requeridos para apoyar la ejecución de la estrategia.

El "nuevo" centro corporativo, entonces, contendría las funciones típicas que se encuentran en una estructura descentralizada, como la parte legal, los recursos humanos, la informática y las finanzas. Sin embargo, también tendría servicios adicionales de valor agregado como los que se muestran en la figura 4.3. Evidentemente, dicha función ampliada puede tener gran impacto sobre las actividades relacionadas con la ejecución de la estrategia.

Aquí es necesaria una advertencia final. El concepto de nuevo centro corporativo ciertamente parece ser atractivo y ofrecer servicios cruciales de valor agregado que contribuyen a que la empresa entera ejecute su estrategia de manera más eficaz. Con todo, debe tenerse cuidado al definir el papel desempeñado por el centro corporativo en la ejecución de la estrategia. Dicho centro en verdad representa un mayor énfasis en la centralización de recursos y capacidades. Si la ejecución exitosa depende más de la descentralización de las empresas y de la capacidad de reaccionar con rapidez y su-

Figura 4.3 El centro corporativo

ficiencia a las necesidades de los clientes o del mercado, el concepto de centro corporativo puede convertirse en obstáculo para la aplicación eficaz de la estrategia.

La idea importante de tener en mente es que tanto la centralización como la descentralización tienen costos y beneficios. Es necesario equilibrar el énfasis puesto en las dos formas estructurales con el fin de lograr los resultados estratégicos y operativos deseados para la organización.

ASUNTO ESTRUCTURAL # 3: LA RELACIÓN ENTRE LA ESTRATEGIA, LA ESTRUCTURA Y EL DESEMPEÑO

En muchos aspectos, este aspecto ya se ha señalado al examinar los dos primeros problemas en páginas anteriores de este capítulo. Aun así, seamos más precisos y proporcionemos algunas pautas específicas en cuanto al modo como la estrategia afecta la estructura en el proceso de ejecución.

Las exigencias de la estrategia

En el capítulo 3 se examinaron las "exigencias" de la estrategia y su impacto sobre los recursos y las capacidades. El argumento entonces era que la estrategia exigía el desarrollo de ciertas habilidades, recursos o capacidades para que tuviera lugar la ejecución exitosa. Entre estos últimos recursos se incluía la estructura, que debe reflejar y responder a las demandas estratégicas. Si la estructura no refleja las demandas de la estrategia, la ejecución se ve perjudicada. Veamos algunos ejemplos.

Estrategia de bajo costo

La reducción y la contención de costos son obviamente capitales para una estrategia de liderazgo en costos o de bajo costo. Los sectores de productos básicos o muy competitivos suelen caracterizarse por la competencia de precios, y el precio es una constante o "elemento dado". El precio fijo connatural a estos sectores señala que no es posible obtener ingresos adicionales si se elevan los precios, sino que éstos deben provenir de la reducción de costos.

En estos casos, la estructura organizacional favorecería la eficiencia y las economías de escala de las formas centralizadas y funcionales. Tales formas se caracterizan por la estandarización, el volumen y la repetición, que fomentan la eficiencia a partir de las economías de escala y alcance. También reducen la duplicación innecesaria de recursos y rebajan aun más los costos. Así, para la estrategia de bajo costo:

Estrategia de bajo costo ⟶	Estructuras funcionales centralizadas
• Productos básicos • Competencia por precios	• Eficiencia, economías de escala y alcance • Estandarización, volumen y repetición del trabajo • Eliminación de la duplicación de recursos escasos

Estrategias de concentración

Tales estrategias suelen concentrarse en el cliente, la geografía o las líneas de producto. La estructura organizacional, a su vez, refleja el centro crucial de atención, usualmente con el énfasis puesto en la forma divisional o en un tipo semejante de estructura descentralizada.

Estrategia de concentración ⟶	Estructura divisional, descentralizada
• Concentración en el cliente, la geografía o el producto	• División y personal especializados • Concentración en el objeto de la estrategia (por ejemplo, divisiones de productos de consumo y productos gubernamentales, divisiones de computadores centrales y computadores personales, división asiática) • Personal centralizado mínimo necesario para apoyar las operaciones descentralizadas

Incluso en la estructura divisional, predominantemente descentralizada, puede haber algún personal centralizado para lograr la eficiencia en las unidades descentralizadas. El énfasis primario, sin embargo, está claramente puesto en la descentralización.

Estrategias de diferenciación

La pregunta clave aquí tiene que ver con el tipo de diferenciación que se intente o las características del producto o el cliente importantes para la diferenciación, como productos de segmento alto del mercado frente a productos de segmento bajo, productos de "desempeño" dirigidos a compradores adinerados, etc.

Así por ejemplo, al usar productos de segmento alto (más costosos, de mayor calidad, de alto desempeño) en vez de productos de segmento bajo, la firma optaría por una estructura divisional con dos empresas o divisiones. La división del segmento bajo probablemente seguiría una estrategia de bajo costo, mientras que la empresa del segmento alto se ocuparía de satisfacer las necesidades de los clientes en cuanto a desempeño, calidad e "imagen". Cada empresa sería relativamente independiente, pues las capacidades o los recursos necesarios para seguir una estrategia de bajo costo serían diferentes de los que se necesitan para la estrategia de segmento alto (ver capítulo 3).

Estrategia de diferenciación ⟶	Estructura divisional, descentralizada
(Productos de segmento alto frente a productos de segmento bajo)	• Dos divisiones (segmento alto y segmento bajo)
	• Independientes, con distintos recursos y capacidades
	• Personal centralizado mínimo necesario para apoyar a las distintas empresas

Seguimiento simultáneo de dos estrategias

El último ejemplo presenta un caso común: una compañía que sigue dos o más estrategias al mismo tiempo en un sector dado. Debe tenerse cuidado de desarrollar una estructura y un conjunto de recursos adecuados para cada estrategia, con el fin de hacer posible la ejecución exitosa. La estructura divisional es ideal a este respecto, pues permite a cada empresa concentrarse en las necesidades de su propio sector o mercado, así como en el desarrollo de sus propias habilidades y sus propios recursos. Utilizando de nuevo el sencillo caso de los productos de segmento alto y bajo, tendríamos dos divisiones separadas:

Tener dos unidades descentralizadas distintas y separadas, sin embargo, no descarta automáticamente la centralización y las economías y otros beneficios relacionados que esto implica. Como muestra la figura anterior, las dos divisiones, pese a atender a dos mercados diferentes con gustos de los clientes muy diversos y características de producto muy variadas, todavía puede beneficiarse de las compras centralizadas. Pueden lograrse economías con la compra centralizada y de una sola fuente, no obstante las grandes diferencias estratégicas entre las dos divisiones. Puede señalarse un argumento similar en favor de las funciones centralizadas en áreas como los recursos humanos o los asuntos legales, si el trabajo que se hace es idéntico en las distintas divisiones, con base en los clientes o en el mercado.

Rara vez es total el énfasis puesto en la descentralización; dicho énfasis suele ser relativo. Incluso en organizaciones muy descentralizadas puede existir alguna descentralización, coherente con la estrategia que se siga y los recursos requeridos.

Estrategia global

La competencia global proporciona otro ejemplo de seguimiento simultáneo de dos estrategias. En la competencia global, las compañías suelen tener preocupaciones al concentrase al mismo tiempo en las líneas de producto mundiales y en las diferencias geográficas entre los mercados. Promueven productos a nivel mundial pero también deben adaptarlos, o adaptar su marketing y distribución, a las necesidades y los gustos locales, y a las características demográficas de sus clientes. Una respuesta común a este respecto es la estructura matricial, que ayuda a ejecutar la estrategia global coordinada. Una estructura "simultánea", con productos mundiales y componentes geográficos locales, se convierte en el diseño elegido.

Estrategia global ⟶ Estructura matricial

- Necesidad de coordinación
- Visión dual: producto y geografía

- Combina el enfoque dual en producto y geografía
- Integra dos divisiones o unidades especializadas en "propósitos"
- Combina la eficiencia y la eficacia

Debido a que la estructura matricial se interesa primordialmente en la integración o coordinación de funciones o unidades diversas, se hará un análisis más profundo de ella en el capítulo 5.

"Impulsores" estratégicos de la elección estructural

Tratemos de sintetizar este análisis del impacto de la estrategia en la elección de la estructura. La tabla 4.2 señala los cuatro impulsores estratégicos principales de la elección estructural que se examinaron o dejaron implícitos en este capítulo. Cada uno se estudiará y resumirá brevemente.

Tabla 4.2   "Impulsores" estratégicos de la elección estructural

---

1. Tipo de estrategia
   - a. Bajo costo ⟶ Centralización, estructura funcional
   - b. Concentración/ diferenciación ⟶ Descentralización, estructura divisional
   - c. Global coordinada ⟶ Organización matricial

---

2. Necesidad de eficiencia y eficacia
   - d. Eficiencia ⟶ Centralización
   - e. Eficacia ⟶ Descentralización

---

3. Parentesco entre el mercado y la tecnología
   - f. Si ambos son altos ⟶ Mayor centralización
   - g. Si ambos son bajos ⟶ Mayor descentralización
   - h. Si uno es alto y el otro bajo ⟶ Mezcla de descentralización y centralización

---

4. Tamaño y crecimiento organizacionales
   - Crecimiento/gran tamaño ⟶ Mayor descentralización (reducción de una organización grande a partes más pequeñas y manejables)

---

1. Tipo de estrategia. La estructura varía con la estrategia. El liderazgo de costos suele requerir cierta dependencia de una estructura funcional (especialización en procesos) debido a su capacidad de disminuir los costos y lograr diversas economías. El énfasis puesto en la estandarización, la repetición y el volumen dentro de esta forma de organización es totalmente coherente con la necesidad de la eficiencia y las economías de escala y alcance que apoyan la estrategia de bajo costo.

Por contraste, una estrategia de concentración o diferenciación usualmente requiere alguna forma de especialización en propósitos (divisiones basadas en líneas de productos, geografía o clientes; organizaciones de gestión de producto o proyecto) que proporcione la necesaria concentración y atención al cliente, a la región geográfica o a la línea de producto.

Una estrategia global coordinada suele requerir la concentración simultánea en empresas o líneas de productos mundiales y en distintas regiones geográficas o culturas. Esto por lo general produce una estructura matricial que se concentra a la vez en ambas dimensiones (empresas, geografía) al ejecutar la estrategia.

El aspecto principal en estos ejemplos es que la estructura responda a las exigencias de la estrategia. El capítulo 3 señaló algunas de las exigencias de las estrategias de bajo costo, de diferenciación y global coordinada. Para ejecutar las estrategias deben satisfacerse tales exigencias. La discusión actual se ha concentrado en cómo la estructura, con sus costos y beneficios, responde a la estrategia y la apoya, y conduce al éxito en la ejecución. El tipo de estrategia impulsa la elección de la estructura y los beneficios deseados que implica.

2. **Necesidad de eficiencia y eficacia.** Las estrategias pueden concentrarse en la eficiencia o la eficacia en la búsqueda de la ventaja competitiva. Mientras mayor sea la necesidad de eficiencia, mayor será por lo general la dependencia de la centralización de la estructura y los controles de costo que le son inherentes. Mientras mayor sea la necesidad de eficacia, más probable será que la organización opte por una estructura descentralizada.

Las estrategias de liderazgo de costos obviamente necesitan y dependen de la eficiencia de costos, lo cual explica de nuevo por qué las estructuras funcionales centralizadas son cruciales para la ejecución de estrategias y el éxito organizacional. Cuando la estrategia se concentra en la eficacia en el servicio a distintos clientes o regiones geográficas con una diversidad de productos y servicios, el énfasis lógicamente estará puesto en la descentralización, con diferentes estructuras de tipo divisional basadas en los clientes, la geografía o las líneas de productos.

3. **Parentesco entre el mercado y la tecnología.** El grado de "parentesco" es un importante impulsor estratégico de la estructura. Sólo se dejó implícito en los análisis anteriores y por lo tanto es importante dedicar algún tiempo a aclarar el papel que desempeña en la elección estructural.

Una compañía puede atender a una diversidad de mercados relacionados o no relacionados. Las estrategias de diversificación pueden concentrarse en la expansión hacia sectores relacionados o no relacionados. Un alto parentesco de mercado simplemente significa los mismos o similares clientes, canales de distribución, precios y elasticidades de la demanda. Los mercados no emparentados denotan diferencias en estas mismas dimensiones. La relación o falta de parentesco tecnológico hace referencia al uso de las mismas u otras tecnologías o los mismos u otros profesos fabriles, o de proceso, que traducen los insumos en productos. El parentesco es importante por cuanto mientras mayor sea el grado de relación del mercado o la tecnología con la estrategia, mayor será la probabilidad de centralización en la estructura organizacional. Mientras menor sea la relación, mayor será la probabilidad de descentralización.

Si una compañía hace distintos productos con el mismo proceso y los mismos equipos de manufactura, muy probablemente la fabricación será una función centralizada que atiende a todas las líneas de productos. Si los mercados para los productos varían, y se necesitan cambios en estos últimos debido a las diferencias entre los clientes, las culturas o la geografía en cuanto al gusto, las funciones de marketing y distribución, e incluso quizás la de fabricación, serán descentralizadas como reflejo de la necesidad de adaptar o modificar los productos para los distintos mercados.

Debe tenerse gran cuidado al definir el grado de parentesco antes de elegir una estructura adecuada. Una definición deficiente o descuidada puede producir elecciones estructurales que conduzcan a problemas de ejecución.

Esta lección la aprendí hace años. Un empresario llamado Howard Head había fundado una compañía de esquí que había tenido sorprendente éxito. Su producto era un esquí metálico — segmento alto, precio alto, hecho a mano. Se le apodó "el engañador", debido a que convertía a las personas en mejores esquiadoras. En un momento dado se sugirió a Head que ingresara al segmento bajo del mercado para capitalizar su marca y ampliar su línea de producto. Después de todo, un esquí es un esquí, de modo que bien podría saturar el mercado entero.

Head declinó el ingreso al mercado del segmento bajo. Para justificar su decisión, consideró aquello en lo cual se centra actualmente esta discusión: el grado de parentesco entre la tecnología y el mercado. Señaló que los esquís metálicos se hacen de manera muy diferente a la de los esquís plásticos, más baratos. La tecnología es distinta: el uno es un producto hecho a mano y el otro moldeado por inyección, tecnología sobre la cual Head no sabía nada.

Los mercados también eran distintos o "no emparentados", teniendo en cuenta las competencias y el enfoque de mercado de Head: un producto caro para el segmento alto, frente a un producto barato para el segmento bajo; diferentes elasticidades de la demanda y márgenes de utilidades; distintos canales de distribución (tiendas especializadas en esquí frente a distribución para el mercado masivo en grandes tiendas minoristas de descuento); y distintas capacidades de servicio (el profesional del esquí frente al empleado de tienda de descuento que vende aparejos de pesca y bolas de boliche, así como equipos de esquí).

Había otras diferencias, pero el punto es claro: aunque son parte del mismo sector, los mercados de los segmentos alto y bajo tienen diferencias enormes en cuanto a clientes y tecnología. Entrar a un mercado no relacionado exigiría una organización distinta, con distintas habilidades y capacidades. Una estrategia de diversificación no relacionada, incluso dentro del mismo sector, requeriría una tecnología diferente y sistemas de ventas, distribución y marketing muy diferentes. Head, desde luego, podía haber comprado una compañía existente y ya en el negocio del segmento bajo, y haber adquirido así de inmediato las capacidades necesarias y la estructura organizacional adecuada, pero se negó a hacerlo. Su respuesta lógica fue "seguir matando las pulgas a su manera": seguir haciendo lo que sabe y hace mejor.

Cuando Philip Morris compró Seven-Up, entró a un sector que en algunos aspectos era semejante al del tabaco y la cerveza, pero en muchos otros era muy distinto. Algunos canales de distribución eran los mismos. Se pensó que un sofisticado grupo de marketing podría atender a todos los sectores y lograr quizás economías de alcance.

Sin embargo, los sectores eran muy distintos. Las estrategias del tabaco y la cerveza tenían primordialmente a los hombres como objetivo, pero las bebidas gaseosas tenían un mercado más amplio y diverso. La concentración sectorial era diferente, con Coca-Cola y Pepsi dominando el mercado con sus marcas y su serie completa de productos. Los actores pequeños como Seven-Up con frecuencia iban a caballo de las embotelladoras de Coca-Cola y Pepsi, lo cual los hacía dependientes y vulnerables ante tales gigantes.

Mantener a Seven-Up como actor de nicho pequeño parecía ser la decisión estructural adecuada. El sector de las bebidas gaseosas era básicamente distinto de los del tabaco y la cerveza. La descentralización y la independencia de Seven-Up parecían la senda correcta debido a la falta de parentesco entre los clientes, el mercado y las fuerzas sectoriales.

Las actividades de Philip Morris, sin embargo, señalaban que la compañía veía más elementos de diversificación relacionada que otros. La expansión de capacidad indicaba que Seven-Up, como Marlboro y la cerveza Miller, podían ganar participación en el mercado, incluso en el segmento de las gaseosas. Seven-Up introdujo una nueva gaseosa, Like, que resultó ser un desastre pues enfrentó directamente a Coca-Cola y a Pepsi, y suscitó una retaliación. Las actividades y los gastos de un grupo gerencial centralizado de marketing y marca indicaban que Philip Morris veía la necesidad de actividades coherentes de marketing en sectores que, según creía, estaban relacionados de modo significativo. Parecía estar buscando economías de escala y alcance, dada su suposición de relación entre los mercados.

La operación fracasó y Philip Morris vendió a Seven-Up con pérdida. En parte, el problema consistió en la mala interpretación del parentesco que existía entre los mercados y los consecuentes errores en las decisiones en cuanto a estrategia y estructura. Entender el concepto de la relación entre la tecnología y el mercado es en verdad importante para tales decisiones y para el éxito en la estrategia y la ejecución.

Finalmente, demos una mirada a la fusión de DaimlerChrysler. ¿Es ésta una diversificación emparentada o no emparentada? Ambas compañías se encuentran en el mismo sector, pero los segmentos que cada una de ellas ha atendido tradicionalmente son claramente distintos o no relacionados. Las características demográficas de los clientes, los precios, las elasticidades de la demanda, los grupos objetivos de ingreso, el reconocimiento de marca, la calidad del producto y la percepción de exclusividad varían considerablemente, todo lo cual sugiere una diversificación no emparentada con Daimler Benz.

No obstante, los aspectos de ingeniería y fabricación son básicamente los mismos. La creación de plataformas de producto y el hecho de compartir habilidades de diseño indican cierta coherencia entre las dos compañías. Los canales y métodos de distribución son muy similares, salvo por unos pocos detalles de apariencia y algunos elementos personalizados para los clientes en los puntos de venta minoristas.

Entonces, nuevamente, ¿es esta "fusión de iguales" una diversificación emparentada o no emparentada? La respuesta a esta pregunta impulsa actualmente cambios en la estrategia y la estructura que evidentemente van a tener impacto sobre la ejecución y el futuro desempeño en cuanto a ventas y utilidades. Las decisiones sobre parentesco determinan el grado de separación o independencia en el modo de operación de cada una de las partes de la fusión o, de modo alternativo, qué tanta mezcla tecnológica o combinación estructural de las dos partes se busca en nombre de la sinergia. Las riñas de las cuales ocasionalmente se habla indican que los problemas relacionados con la estructura, entre ellos la responsabilidad y el grado de autonomía, están lejos de resolverse.

En resumen, mientras mayor sea el parentesco tecnológico o de mercado entre los productos o servicios, mayor será la probabilidad de centralización o distribución de las mismas funciones o capacidades. Mientras mayor sea la falta de parentesco, mayor probabilidad habrá de contemplar la descentralización de las unidades organizacionales, como se indica enseguida:

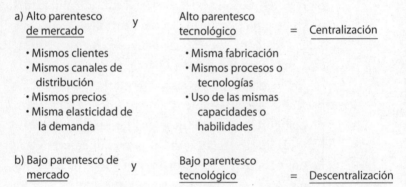

a) Alto parentesco de mercado   y   Alto parentesco tecnológico   =   Centralización

- Mismos clientes
- Mismos canales de distribución
- Mismos precios
- Misma elasticidad de la demanda

- Misma fabricación
- Mismos procesos o tecnologías
- Uso de las mismas capacidades o habilidades

b) Bajo parentesco de mercado   y   Bajo parentesco tecnológico   =   Descentralización

Si el parentesco de mercado es alto y el tecnológico bajo, o a la inversa, la estructura será una combinación de centralización y descentralización. Para ampliar el ejemplo anterior, una compañía con un productos para el "segmento alto" y para el "segmento bajo" podría tener tanto centralización (funciones comunes) como descentralización (dos divisiones distintas). Esta última reflejaría distintas características demográficas de los clientes, distintos precios y distintos canales de distribución, mientras que la primera reflejaría la necesidad de eficiencia y coherencia en el desempeño de una función (como compras o fabricación) que atiende tanto al producto de segmento alto como al de segmento bajo. La mezcla de los parentescos de mercado y tecnológico afectaría la estructura de la organización (divisiones separadas frente a funciones comunes) y su grado de centralización o descentralización en la toma de decisiones.

c) Mezcla de parentesco de mercado y   =   Mezcla de centralización y
tecnológico (segmentos alto y bajo)   descentralización

4. Tamaño y crecimiento organizacionales. Si la estrategia de crecimiento de una compañía funciona, el tamaño organizacional puede aumentar la complejidad y la dificultad de coordinar las diversas unidades organizacionales. La respuesta usual es reducir una organización grande a unidades más pequeñas y manejables, con el resultado de una mayor descentralización de la estructura.

Siguiendo esta lógica, las estrategias que se concentran en el crecimiento —por ejemplo, mediante la diversificación y la expansión global— suelen crear con el tiempo la necesidad de una mayor descentralización. Los efectos del tamaño usualmente se unen a los efectos del parentesco de mercado o tecnológico al hacerse la diversificación o expansión a nivel global, y el mayor tamaño con frecuencia tiene correlación con un gran número de mercados no emparentados. La expansión global por lo general genera modificaciones en los productos o servicios para satisfacer necesidades y gustos divergentes de los clientes o de las regiones geográficas, y para reflejar las capacidades locales o los métodos tecnológicos.

Aun así, el tamaño justifica al menos una mención aparte debido a su impacto independiente sobre la estructura. El tamaño suele exigir que los grandes problemas se reduzcan a proporciones más pequeñas y manejables, y sean gestionados por unidades estructurales más reducidas, produciéndose la descentralización. Esto genera, por ejemplo, oficinas regionales dentro de los Estados Unidos, incluso si los productos y las tecnologías son exactamente los mismos en todo el país.

Así pues, las cuatro condiciones o variables de la tabla 4.2 son las "impulsoras" estratégicas de la elección estructural. Tales son los factores que la gerencia debe considerar y analizar cuidadosamente al reflexionar sobre la elección de estructura o el cambio estructural. El análisis incompleto de estos factores puede conducir a grandes problemas. La estructura debe responder a las exigencias de la estrategia y ser coherente con ella para que los resultados de la ejecución sean exitosos.

RESUMEN

Este capítulo señala cuatro conclusiones o deducciones clave, más allá del argumento básico de que la estructura es importante para la ejecución de la estrategia.

1. La primera es que la estructura produce costos y beneficios reales para una organización. Las distintas formas de organizarse afectan los resultados. Así por ejemplo, la especialización en procesos o las estructuras funcionales afectan de manera positiva la eficiencia mediante la estandarización, la repetición, los volúmenes altos y las economías que resultan. Este tipo de organización también evita la duplicación de recursos y esfuerzos, lo cual reduce aun más los costos.

Por el contrario, la especialización en "procesos" (divisiones, unidades empresariales estratégicas) genera eficacia al organizarse en torno a los clientes, los productos o los mercados. Mientras que la especialización en procesos hace posible a la organización "hacer las cosas bien", la especialización en propósitos ayuda a la firma a "hacer las cosas debidas". La especialización en procesos puede ocasionalmente ir contra la eficacia, mientras que la especialización en propósitos puede aumentar los costos, debido principalmente a la duplicación de recursos.

2. La segunda conclusión clave se deriva por lógica de la primera: debe lograrse una mezcla adecuada de centralización y descentralización para optimizar tanto la eficiencia como la eficacia. La centralización produce eficiencia y crea pericia, recursos, activos o capacidad de toda la organización. La descentralización da como resultado el acercamiento a los clientes o a los mercados. Las unidades descentralizadas deben depender y recurrir a la pericia y los conocimientos de los recursos centralizados, lo cual puede ralentizar las respuestas a los clientes y a los mercados. La descentralización excesiva, sin embargo, puede perjudicar la eficiencia general de la compañía y llevar a la pérdida de competencia central o nuclear. Una vez más, debe lograrse el equilibrio entre los recursos centralizados y los descentralizados.

Relacionado con el debate sobre la centralización es el papel desarrollador desempeñado por el centro corporativo. Al dejar de ser simplemente una forma de lograr eficiencia, el "nuevo" centro corporativo se concentra en agregar valor a una organización. Al enfocarse en campos o habilidades como la educación ejecutiva, la gestión estratégica y los centros mundiales de excelencia, las preocupaciones y contribuciones del centro corporativo trascienden por mucho aquellas básicas de la eficiencia y el control de costos.

3. Este capítulo también subrayó el hecho de que existen impulsores estratégicos de la elección estructural. Éstos comprenden: (a) el tipo de estrategia (global, de bajo costo), (b) la necesidad de eficiencia o eficacia, (c) el parentesco de mercado y tecnológico, y (d) el tamaño y el crecimiento organizacionales. Estos aspectos, emanados de la estrategia y el análisis estratégico tanto en el nivel corporativo como en el empresarial, afectan la elección de la estructura. Así por ejemplo, un gran parentesco de mercado y de tecnología con frecuencia invitan al aumento de la centralización, mientras que un pobre parentesco llama al aumento de la descentralización. En el capítulo se ofrecieron otros ejemplos de tales "impulsores" en acción, como explicaciones de la relación entre estrategia y estructura.

4. Finalmente, el capítulo señala la utilidad de un proceso de análisis secuencial al examinar las relaciones entre estrategia y estructura, como muestra la siguiente figura:

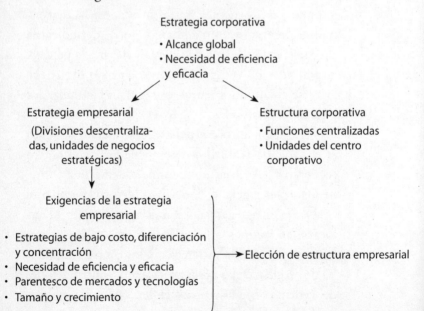

Estrategia corporativa

• Alcance global
• Necesidad de eficiencia y eficacia

Estrategia empresarial

(Divisiones descentralizadas, unidades de negocios estratégicas)

Estructura corporativa

• Funciones centralizadas
• Unidades del centro corporativo

Exigencias de la estrategia empresarial

• Estrategias de bajo costo, diferenciación y concentración
• Necesidad de eficiencia y eficacia
• Parentesco de mercados y tecnologías
• Tamaño y crecimiento

Elección de estructura empresarial

Vemos que la estrategia corporativa es el impulsor principal cuando la alta gerencia considera factores tales como el alcance global de la organización y la relativa necesidad de eficiencia y eficacia. En este nivel, la estrategia incluye un enfoque de portafolio, pues se toman decisiones en cuanto a qué negocios se adoptan y cuáles se abandonan. Tales análisis alimentan la elección de estructura corporativa, pues se toman decisiones en cuanto a centralización (funciones centralizadas, unidades de centro corporativo) y descentralización (unidades empresariales y los recursos que necesitan para operar eficazmente). Cada una de las unidades empresariales, a su turno, crea o refina su estrategia, lo cual impone exigencias sobre la organización y define las condiciones (como por ejemplo el parentesco de mercado y tecnología) que van a impulsar la elección de estructura en el nivel empresarial.

Debe tenerse en cuenta que este proceso refleja una lógica secuencial. En la mayoría de las organizaciones rara vez se hacen estos análisis o se toman estas decisiones partiendo de cero, de manera secuencial o en todos los ciclos de planeamiento. Aun así, si, por ejemplo, la estrategia debe cambiar, este modelo proporciona un flujo lógico con respecto al cual considerar la posibilidad de un cambio estructural, tanto en el nivel corporativo como en el empresarial.

El capítulo ha dado una mirada a la estructura, la anatomía de la organización entera. Ahora puede dirigirse la atención a la integración estructural y al modo de coordinar el trabajo de las distintas partes de la organización, materia del siguiente capítulo.

NOTAS

1. El uso de los términos "especialización en procesos" y "especialización en propósitos" se halla inicialmente en las obras de los primeros teóricos de la administración y la organización. Por ejemplo, en: L. H. Gulick y L. Urwick (ed.), *Papers on the Science of Administration*, Nueva York, 1937; James G. March y Herbert A. Simon, *Organizations*, John Wiley, 1958. La especialización en procesos por lo general hace referencia a un conjunto de habilidades o procesos (por ejemplo, de oficina, de fabricación) especializados, repetibles y ejecutados de la misma manera o de modo sistemático. La especialización en propósitos se refiere a la compartimentación, o formas de dividir el trabajo en tareas más focalizadas entre subunidades más pequeñas de la organización.

2. H. J. Leavitt, "Small Groups in Large Organizations", *Journal of Business*, 1955; *Managerial Psychology*, Chicago, 1958.

3. La descripción de la eficiencia como "hacer las cosas bien" y de la eficacia como "hacer las cosas debidas" ha sido examinada o dejada implícita tanto por gerentes como por académicos. Posiblemente uno de los primeros y más interesantes análisis es el de Chester Barnard en *The Functions of the Executive*, Harvard University Press, 1938.

4. "GE Capital is Split into Four Parts", *The Wall Street Journal*, 29 de julio del 2002.

5. "But Can You Teach It?" Informe especial sobre las escuelas de administración de empresas, *The Economist*, 22 de mayo del 2004.

CAPÍTULO 5

Manejo de la integración: Coordinación eficaz e intercambio de información

Introducción

La estructura se refiere a la disección o división de la organización en unidades operativas: divisiones, funciones, grupos del centro corporativo, etc., como acaba de mostrar el capítulo 4. Tal designación de forma y función, y las casillas y las líneas que la representan constituyen la anatomía de la organización, y muestran las partes separadas y sus posiciones, responsabilidades y relaciones.

La creación de una estructura, sin embargo, es sólo la mitad de la historia. Para que las organizaciones operen con eficacia, ejecuten sus estrategias y alcancen sus metas, también se necesita coordinación o integración.

Debe coordinarse el trabajo de unidades organizacionales distintas y separadas para alcanzar los resultados deseados y lograr la unidad o coherencia del esfuerzo. La estructura muestra las distintas partes de una organización y sus capacidades. La integración o coordinación de tales partes o unidades y sus capacidades es absolutamente vital para la ejecución de una estrategia coherente y focalizada.

Para decirlo de otro modo, la estructura pinta un cuadro relativamente estático de la organización. Ciertamente, las estructuras organizacionales planas, o las "líneas" que muestran las relaciones entre las unidades, señalan algún dinamismo y algo de interacción. Es posible prever la comunicación y la interacción que se necesitan para lograr que el trabajo se lleve a cabo.

Aun así, el cuadro está incompleto. Para hacer que la estructura organizacional funcione para el logro de metas estratégicas y de corto plazo, se debe agregar "movimiento" al cuadro estático. Se necesitan procesos de integración e intercambio de información para hacer que las casillas y las líneas de la forma organizacional cobren vida y creen algo de valor. Los procesos de coordinación son necesarios para obtener dicha vitalidad e interacción y, en última instancia, la ejecución de la estrategia.

En el presente modelo de ejecución estratégica (ver capítulo 2), la estrategia afecta la estructura tanto en el nivel corporativo como en el empresarial. La estructura contiene dos elementos: estructura organizacional e integración estructural.

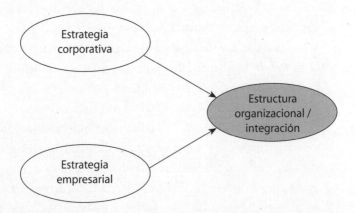

La integración estructural proporciona la coordinación requerida de las partes estructurales y los flujos de información entre las partes. Crear la estructura adecuada es crucial, como se subrayó en el capítulo 4, pero también es necesaria la integración estructural para el éxito de la ejecución. Los obstáculos para la ejecución eficaz anotados en el capítulo 1 a partir de las encuestas de investigación pusieron énfasis en las consecuencias negativas de la integración deficiente y del intercambio de información inadecuado en el éxito de la ejecución. Compartir información de manera eficaz y lograr la coordinación de importantes unidades estructurales son aspectos claramente vitales para hacer que las estrategias funcionen.

LA IMPORTANCIA DE LA INTEGRACIÓN

Para apreciar la importancia de la integración estructural en la ejecución y el desempeño organizacionales, veamos algunos ejemplos procedentes de compañías bien conocidas.

BOEING

En julio del 2002, Boeing anunció la fusión de sus empresas espacial y militar hasta entonces independientes[1]. La nueva unidad empresarial se denomina Integrated Defense Systems, con énfasis en la integración. ¿Por qué la fusión interna?

Boeing cree que reunir estas unidades estructurales distintas facilita el intercambio de conocimiento. Unir activos diferentes ayuda a lograr la integración y facilita el desarrollo de programas coordinados y de una estrategia focalizada que dé a la compañía una ventaja al competir por nuevos negocios militares. La meta era poner juntas piezas organizacionales distintas, de modo que los clientes no tuvieran que tratar con unidades inconexas. Los clientes deseaban la integración y el paso buscaba proporcionarla. La suposición operativa en Boeing es que la integración eficaz facilita la ejecución de las estrategias.

GRUPO ROYAL DUTCH/SHELL

Un artículo interesante pero poco común en la edición del 12 de marzo del 2004 de *The Wall Street Journal* manifestó que la estructura de Shell era responsable, en parte, de las exageradas cifras declaradas por la compañía en cuanto a sus reservas de petróleo y gas natural[2]. ¿Cómo puede la estructura servir de "combustible" a semejante desproporción en la declaración de activos cruciales? ¿Cómo pudo la compañía juzgar tan mal sus reservas?

La estructura de Shell está basada en un vasto imperio de unidades operativas independientes que, con el tiempo, se encontraron bajo dos casas matrices "diferentes pero iguales", que tienen juntas directivas y sedes separadas en La Haya y Londres, respectivamente. Las compañías y sus unidades disfrutan de excepcional autonomía, incluso al calcular las reservas de petróleo y gas. Cuentan con margen de maniobra para utilizar sus propios métodos geológicos y supuestos financieros para proyectar las reservas, el costo de llevarlas al mercado y las utilidades que se acumularían para la compañía. Para proyectar en Shell una posición unificada en cuanto a las reservas de petróleo y gas, y ejecutar una estrategia enfocada y que abarque al conjunto de la compañía, es absolutamente esencial la integración de las casas matrices. El problema fue que la integración aparentemente fracasó.

Existe un comité de directores ejecutivos que gobierna las compañías operativas y que tiene a su cargo la responsabilidad de la integración, pero nunca ha cumplido su tarea. Nunca se pusieron en tela de juicio, examinaron ni integraron los descabellados pronósticos sobre reservas y ganancias futuras de dos casas matrices que competían entre sí. Los fuertes informes de unas compañías separadas y autónomas muy probablemente condujeron a la exageración de las reservas de petróleo y gas. La falta de mecanismos eficaces de integración abrió paso a errores. También abochornó a la compañía cuando se vio forzada a anunciar públicamente la reducción de las reservas en cuatro ocasiones distintas. La deficiente integración y un sistema de incentivos que recompensaba la información de reservas exageradas fueron los mayores culpables de este caso, poco usual pero real.

DELL COMPUTERS

Para ver una vez más la importancia de la integración y del intercambio de información, debe pensarse en el meteórico ascenso de Dell Computers a fines de los años 90 en los Estados Unidos. Dell actuaba en un mercado de computadores que sencillamente era poco atractivo. La intensa rivalidad entre fabricantes de computadores como Compaq, la IBM y HP erosionaba las utilidades. Estándares "comunes", deseados tanto por los fabricantes de computadores como por los clientes, aumentaban la conversión en bienes genéricos o la estandarización de los computadores personales. Las firmas de computadores se parecían entre sí, pues seguían el mismo modelo empresarial, dependiente de revendedores o minoristas para impulsar sus productos. El poder de mercado de compañías como Microsoft e Intel permitía a estas empresas mantener saludable el sector y extraer la mayor porción de utilidades, dejando al resto de fabricantes de computadores riñendo entre sí.

Entonces vino Dell con un modelo corporativo distinto. Vendía directamente a los clientes, especialmente a compradores corporativos bien informados. En un paso audaz, eliminó la dependencia de los revendedores. Se diferenció a sí misma ante los clientes corporativos al adaptar las soluciones, cargar en sus máquinas el software propio de las compañías y proporcionar el servicio que los compradores de gran tamaño y con gran conocimiento buscaban con urgencia. Cambió la manera de hacer negocios en el sector de los computadores. Los competidores no pudieron seguir con facilidad el ejemplo de Dell debido a su compromiso con los revendedores, a quienes sencillamente no podían eliminar de su modelo empresarial. Los costos —aquello a lo que debía renunciarse— eran demasiado elevados.

Sin embargo, había más, mucho más. Dell se concentró en actividades o sistemas de actividades que redujeron sus costos, mejoraron la entrega y el servicio al cliente, y la llevaron a tener una ventaja competitiva. Tales actividades se centraron en distintas partes de la cadena de valor, como lo muestra la siguiente lista:

Actividades de Dell

Logística de insumos	Entrega justo a tiempo; estrecha integración con los proveedores.
Operaciones	Eficientes "células" de manufactura; personalización del producto, con integración del software de propiedad de los clientes.
Logística de entregas	Entrega directa; los materiales producidos externamente se llevan directamente a los clientes.
Servicio	Apoyo técnico inmediato; integración de las necesidades de los clientes; servicio electrónico e *in situ*.

¿Qué había de especial en estas actividades? Que los competidores no podían imitarlas con facilidad. La copia del modelo de venta directa no podía llevarse a cabo de modo sencillo, sin enfadar a unos revendedores o minoristas poderosos y de larga data. Además, las diversas actividades y procesos estaban integrados y conformaban "sistemas de actividad" que hacían la imitación aun más difícil[3]. La clave era la integración o la coordinación eficaz. Los procesos de adquisición se integraron con la logística de insumos, los sistemas de entrega "justo a tiempo" y el envío directo de las partes de los proveedores a los clientes. El contacto estrecho con los proveedores y la proximidad geográfica con ellos redujeron el inventario y los costos generales del mismo. Los competidores sencillamente no pudieron concentrarse en la imitación de una actividad crucial. Se vieron obligados a centrarse en la integración de un complejo conjunto de actividades si querían copiar a Dell. Esto, en pocas palabras, no era fácil de hacer.

Así pues, la coordinación eficaz y el intercambio de información se convirtieron en una capacidad empresarial que ayudó a Dell a obtener una ventaja competitiva. La integración era la clave. La coordinación de actividades en formas complejas definió los procesos y las partes de un modelo empresarial difícil de imitar. El énfasis puesto por Dell en las entregas "justo a tiempo", la logística, las operaciones, el apoyo al cliente y el servicio exigían que la organización entera se integrara. La integración resultante proporcionó una fuente crucial de ventaja competitiva.

Estos ejemplos de caso señalan la importancia de la integración y la coordinación para que la estrategia funcione. Las encuestas de Wharton también resaltaron la contribución de la integración a la ejecución. En consecuencia, el resto de este capítulo da una mirada a los pasos que deben darse para lograr la coordinación y el intercambio de información eficaces. Su propósito es examinar los problemas más vitales de la ejecución.

¿Cuáles son los problemas, temas o pasos que los gerentes deben enfrentar o adoptar para lograr una integración eficaz? ¿Qué nos dicen los anteriores ejemplos y las opiniones de los gerentes entrevistados en esta investigación en cuanto a lo que se necesita para contribuir a que la estrategia funcione? Hay cuatro asuntos de este tipo. Tres se analizarán en este capítulo y el restante en el próximo. Son los siguientes:

1. Cómo afecta la interdependencia de tareas la elección de métodos para lograr una coordinación o integración eficaz.

2. Cómo fomentar el intercambio de información, la transferencia de conocimientos y la comunicación entre los individuos o las unidades organizacionales responsables de la ejecución de la estrategia.

3. Cómo esclarecer la responsabilidad y la rendición de cuentas para asegurar que se lleven a cabo las tareas debidas y se integren eficazmente para ejecutar la estrategia.

4. Cómo desarrollar incentivos que respalden el dinamismo y la flexibilidad de una estructura operativa encaminada a la integración eficaz.

El primer problema, sobre interdependencia, debe cubrirse por cuanto define el escenario o marco dentro del cual tiene lugar la integración o coordinación. El segundo y el tercer problemas son especialmente importantes para lograr que la estrategia funcione, según los gerentes participantes tanto en la encuesta Wharton-Gartner como en la encuesta Wharton de educación ejecutiva. El cuarto problema, relacionado con los incentivos, se estudiará en el capítulo 6.

INTERDEPENDENCIA Y MÉTODOS DE COORDINACIÓN

El primer problema lo he visto surgir repetidas veces en los esfuerzos de ejecución estratégica. Es la definición de la interdependencia y los métodos de coordinación requeridos por diferentes tipos o clases de interdependencia.

El problema es importante. Los gerentes usan métodos de integración incorrectos o inadecuados, dada la naturaleza del problema que enfrentan. Coordinan "muy poco" o "demasiado", y ambas cosas pueden afectar los resultados en cuanto a costos y ejecución.

Para muchos este problema puede caer un poco "bajo el radar", pero los errores a este respecto son reales y afectan el desempeño. Los gerentes pueden no usar el término "interdependencia" en sus discusiones cotidianas, pero suelen responder como si supieran cuando uso la palabra y analizo sus efectos sobre las necesidades de coordinación. Entonces veamos qué está en juego aquí y qué afecta la ejecución.

TIPOS DE INTERDEPENDENCIA

Existen tres tipos importantes de interdependencia que pueden encontrarse en la mayoría de las organizaciones. Los examinaré y daré ejemplos para mostrar cómo se relacionan con las tareas y las necesidades de ejecución de las organizaciones[4].

La interdependencia autónoma

Este tipo representa un bajo nivel de interdependencia y de necesidad de coordinación. Piense en la organización de ventas que se muestra en la figura 5.1. Constituye un cuadro de interdependencia autónoma. Cada gerente de distrito trabaja en un sitio geográfico separado. El territorio puede ser parte de un estado, país o región global, pero cada uno está relativamente definido, es autónomo e independiente. Cada gerente de ventas responde a las necesidades particulares de su distrito. Existe escasa necesidad de comunicación activa y continuada entre los distritos. Es

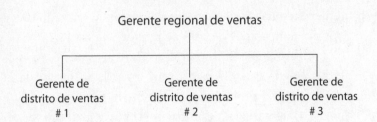

Figura 5.1 Ejemplo de interdependencia autónoma

un caso en el cual los individuos "trabajan solos juntos". El nivel de interdependencia es bajo.

Piense también en el caso del prototípico conglomerado que, a lo largo del tiempo, se expande y agrega nuevas compañías a su portafolio. Aunque es parte de un "todo" (la entidad corporativa), cada adición es relativamente independiente. Cada una hace lo propio en distintos sectores o mercados. Es éste otro caso en el cual las personas o las compañías suelen trabajar "solas juntas".

La palabra "juntas", desde luego, señala algo de interdependencia. Por ejemplo, si la bonificación para cada gerente de la figura 5.1 se basa, en parte, en las ganancias totales o corporativas, así como en el desempeño regional, la interdependencia es evidente. Un gerente puede tener un desempeño sobresaliente, pero el bajo desempeño de los demás puede restarle valor a sus compensaciones. En el caso del conglomerado, las compañías de bajo desempeño pueden afectar negativamente el flujo de caja y los recursos disponibles para las demás compañías.

La interdependencia autónoma sugiere que los miembros de una organización están, de alguna manera, en el mismo barco. Suele ser, sin embargo, un barco grande, con amplio espacio y distancia entre sus pasajeros, que necesitan escaso contacto directo y coordinación.

La interdependencia secuencial

Es éste el siguiente tipo de interdependencia, más complejo que el autónomo. Piense en el caso de la integración vertical que aparece en la figura 5.2. En este ejemplo, el flujo de trabajo o de materiales es secuencial. El trabajo fluye desde "P", el proveedor, hasta dos divisiones del usuario final. Los artículos semiterminados también fluyen desde la división 1 del usuario final a la división 2. El movimiento del producto o servicio es unilateral o unidireccional.

Figura 5.2 Integración vertical: Ejemplo de interdependencia
secuencial

La comparación entre la interdependencia secuencial y la autónoma revela que el costo del fracaso es alto en la primera. En el caso de la autónoma, cada oficina de distrito se ve y actúa como sigue:

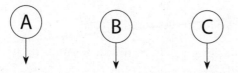

Cada oficina hace lo propio. Un problema en A no afecta de forma directa ni inmediata a B o C. La comunicación de rutina y la coordinación entre A, B y C no son vitales para las operaciones en curso.

La interdependencia secuencial es diferente y puede representarse mediante la siguiente ilustración. Los problemas en A no sólo afectan a A, sino también a B y C de manera directa e inmediata. Los materiales deficientes de la división de proveedor tienen un impacto directo e inmediato sobre las divisiones de usuarios finales que aparecen en la figura 5.2.

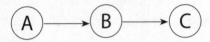

Además, la comunicación y la coordinación laterales entre A, B y C son claramente esenciales para asegurar flujos de trabajo libres de contratiempos. Los gerentes de las tres dependencias tienen algo en juego en la interdependencia secuencial. La operación del sistema general, definida por la cadena secuencial, es vital para cada uno individualmente. Por lo tanto, la comunicación y la coordinación laterales afectan al conjunto del sistema de integración vertical y a las partes que operan en el sistema.

La mayor complejidad de la interdependencia secuencial exige que esta forma se maneje de manera diferente del tipo autónomo. Los métodos de coordinación y control son distintos. Tales diferencias de método se estudiarán más adelante. Antes, sin embargo, veamos un tercer tipo de interdependencia.

La interdependencia recíproca

Ésta es la forma más compleja y difícil de manejar. Observe la representación de la figura 5.3. En este caso, las personas de cada función tratan con personas de todas las demás funciones. A, una función, afecta y se ve afectada por B, C, D y E, otras funciones y un cliente. Una función puede cambiar las reglas o afectar gran parte de lo que hacen las otras, prácticamente en todo momento.

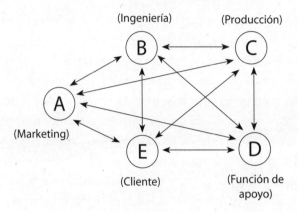

Figura 5.3   Cuadro de la interdependencia recíproca (equipo de desarrollo de un nuevo producto)

La coordinación y el control en la interdependencia recíproca son difíciles por cuanto suceden muchas cosas simultáneamente. Planificar es difícil porque los miembros de la red pueden cambiar sus posiciones o incluso vetar sin previo aviso las decisiones de otros.

Piense, por un momento, en las actividades del equipo de desarrollo de un nuevo producto (ver figura 5.3). Piense en cómo sería el desarrollo del producto si se efectuara de modo secuencial. Alguien en el departamento de marketing, A, se pone en contacto con un cliente potencial, E, y le pregunta qué quiere. El gerente de marketing lleva la información al departamento de ingeniería, B, donde se diseña el producto. La respuesta de Ingeniería es "Lo sentimos mucho, no hay forma de que podamos diseñar eso". Marketing regresa al cliente y le pregunta qué otra cosa llevaría. Cuando el nuevo pedido se pasa a Ingeniería, la respuesta ahora es: "¡Debe estar bromeando!"

Para este momento, el gerente de marketing levanta las manos en señal de frustración. "¿Qué pueden diseñar?", finalmente le reclama a Ingeniería. Sin embargo, cuando lleva al cliente potencial aquello que es posible hacer, éste no está interesado en absoluto. Vuelta a la mesa de dibujo, y así sucesivamente, va y viene.

Finalmente, Marketing, Ingeniería y el cliente se ponen de acuerdo sobre un producto viable. Ya pueden llevar las especificaciones y los requisitos del producto a Producción (C) o a otra función de apoyo (D). Sin embargo, para su disgusto, el gerente de producción les dice: "Lo siento, no hay forma de que pueda hacer algo así. Con la presión que tengo en cuanto a volumen y producción de bajo costo, este artículo me mataría. Quizás en otra ocasión".

Obviamente, el gerente de producción ha afectado a Ingeniería, a Marketing y al cliente. Ha anulado gran parte de su esfuerzo. Está en capacidad de vetar aquello en lo que otros han invertido gran cantidad de tiempo. Acercarse secuencialmente cuando la interdependencia recíproca es la regla puede conducir a problemas, tal como acaba de demostrarlo el caso del desarrollo de un nuevo producto.

El tema de la interdependencia recíproca es difícil. En esta forma de interdependencia todos son iguales en el proceso de decisión y cualquier actor puede afectar a todos los demás. Cada actor es necesario para la solución del problema, pero ninguno es suficiente. Se necesitan altos niveles de cooperación y coordinación para que las cosas funcionen. La coordinación eficaz es vital para la ejecución de la estrategia.

PROCESOS Y MÉTODOS DE COORDINACIÓN

¿De qué modo afecta el tipo de interdependencia los métodos o procesos utilizados para la coordinación o integración? La tabla 5.1 presenta algunos de tales métodos. Muestra, en primer lugar, que manejar la interdependencia autónoma es relativamente fácil. Todos los individuos independientes están gobernados por igual por reglas o procedimientos operativos estandarizados (todos los gerentes de distrito de la figura 5.1 informan sobre sus ventas de la misma manera; todos presentan planes trimestrales). Cuando surgen problemas o situaciones poco usuales, el papel desempeñado por la jerarquía se hace importante, pues resuelve disputas, maneja excepciones, etc. Las personas trabajan "solas juntas", pero de modo igual o coherente.

Tabla 5.1 Tipos de interdependencia y métodos para alcanzar la coordinación o integración eficaz

Tipo de interdependencia	Nivel de coordinación requerido	Métodos para alcanzar la coordinación o integración
Autónoma	Bajo	Reglas/procedimientos operativos estandarizados/jerarquía
Secuencial	Alto	Coordinación mediante plan; manejo del flujo de trabajo e información
		Programación/control de inventarios "justo a tiempo"
		Actividades de "transferencia" como, por ejemplo, fijación de precios por transferencia o términos para hacer más fácil "pasar la batuta"
		Tener gerentes "de vinculación" o transición para facilitar los flujos de trabajo e información
		Incentivos adecuados para motivar el flujo eficaz de trabajo e información
Recíproca	Muy alto	Coordinación por "mutuo ajuste"
		Integración "cara a cara" o "manejo de las cosas con una vida en común"
		Eliminación de barreras administrativas y geográficas que se oponen a la interacción "cara a cara"
		Fomento de la comunicación, los procesos de acuerdo y la confianza
		Incentivos adecuados para trabajar juntos y tomar decisiones colectivas

La interdependencia autónoma no genera la necesidad de una coordinación constante y activa. Los procedimientos operativos estandarizados que se utilizan para el control y la coordinación son coherentes para todas las unidades, pero pocos, si es que alguno, se refieren a la integración en todas la unidades. De manera similar, la dependencia de la jerarquía subraya principalmente la comunicación vertical, no las formas laterales.

La tarea que enfrentan los gerentes en la interdependencia autónoma es doble: (a) asegurar que los procedimientos operativos estandarizados, las reglas y las rutinas utilizadas para el control sean adecuadas y coherentes en todas las unidades y (b) mantener canales de comunicación vertical abiertos, de modo que las excepciones o los problemas puedan ascender por la jerarquía y se manejen con prontitud y eficacia. Tales tareas son básicas y comunes para todas las organizaciones, pero los gerentes deben vigilarlas cuidadosamente para asegurar que funcionen como se diseñaron.

La interdependencia secuencial, como lo señala la tabla 5.1, eleva el costo de una gerencia sólida. Administrar la cooperación es más complejo y se debe dedicar más tiempo y recursos a la tarea. Los procedimientos operativos estandarizados y la jerarquía todavía cumplen una función, pero surgen otros problemas más complejos al concentrarse en la coordinación en toda la cadena de valor, como en el caso de la integración vertical. El planeamiento y la programación son esenciales para que los flujos de trabajo y los materiales no tengan tropiezos y sean predecibles. El planeamiento o la programación deficientes pueden llevar a la interrupción de tareas o a conflictos, lo cual evidentemente resta valor a la coordinación, la comunicación y los resultados.

El manejo de las transacciones y las transiciones laterales de trabajo de una unidad a otra es fundamental en la interdependencia secuencial. Las actividades y tareas de las unidades son importantes, pero también lo son los vínculos entre equipos de trabajo adyacentes. Así, por ejemplo, en el caso de la integración vertical, transferir el establecimiento de precios es vital para que haya vínculos eficaces. El establecimiento de precios inadecuado no sólo afecta el flujo del trabajo sino también las percepciones y la cooperación.

Asimismo, la calidad de los productos, los servicios o la información que se transfieren afecta las percepciones y la viabilidad de la coordinación. Medite sobre el siguiente comentario hecho por un gerente de una compañía integrada verticalmente:

> *"Mi propio proveedor, que de hecho es una división hermana de la misma compañía, me está engañando en cuanto a los precios. Agradable, ¿cierto? Vende lo bueno afuera y me envía el resto, lo que sobra. ¿Por qué tengo que lidiar con esto?"*

El mismo problema de calidad se presenta en la transferencia de la información necesaria para respaldar una organización de línea o facilitar la toma de decisiones. La información o el intercambio de información deficiente afecta la cooperación, la coordinación y los resultados.

Cuando la estrategia crea una interdependencia secuencial, la labor gerencial es primordialmente la de asegurar el flujo homogéneo de las transacciones y la información laterales a lo largo de toda la cadena de valor, como lo muestra la tabla 5.1. El centro de atención debe estar en los mecanismos de vinculación —incluidas las personas— que actúan como integradores y facilitan el movimiento del trabajo y la información de una unidad a la siguiente en la cadena secuencial.

También deben desarrollarse incentivos adecuados para asegurar que una división no se vea motivada a "vender basura" a una división hermana mientras vende "lo bueno" por fuera.

En la interdependencia recíproca, la coordinación y el control son en extremo difíciles de administrar. En este tipo de interdependencia también existen las demás, y por lo tanto los problemas identificados anteriormente son así mismo importantes. Sin embargo, también hay nuevos obstáculos, como lo indica la tabla 5.1, junto con nuevos métodos para lograr la coordinación y la integración.

Es muy alta la necesidad de coordinación e intercambio de información, pues todos los miembros de la red afectan y se ven afectados por todos los demás. Todos tienen algo en juego. En la interdependencia secuencial una persona puede anular el trabajo de otros, incluso después de haberse invertido un tiempo y un esfuerzo significativos.

Debido al impacto de cualquier miembro, la coordinación depende en proporción considerable de la interacción "cara a cara". La coordinación y el control se producen por "mutuo ajuste", o como alguna vez me lo expresó un gerente, es el "manejo de las cosas con una vida en común".

En el caso del equipo de desarrollo de un nuevo producto, presentado antes, la definición y solución de problemas deben idealmente llevarse a cabo al mismo tiempo, con la participación simultánea de todos los miembros del equipo, incluso de los clientes. Todos los individuos deben "encerrarse juntos", sin que nadie salga hasta que se llegue a un acuerdo sobre los aspectos esenciales del nuevo producto. En este caso, trabajar "solos juntos" queda claramente descartado.

No obstante, manejar las cosas con una vida en común no siempre es fácil. Algunos actores cruciales envueltos en tareas complejas relacionadas con la ejecución de la estrategia pueden estar dispersos geográfica o "administrativamente". Pueden estar por toda la compañía, el país o el mundo, en diferentes funciones o divisiones, e incluso en distintos niveles jerárquicos. Reunirlos y asegurar la comunicación, el acuerdo y la cooperación puede ser difícil.

Sin embargo, la interdependencia recíproca exige que se haga el intento. Es posible, desde luego, reunir a las personas mediante tecnologías de telecomunicaciones (como las teleconferencias, con o sin vídeo interactivo), cada vez más avanzadas. Los gerentes me dicen que, no obstante, esto por sí solo no es suficiente. Afirman que, en la interdependencia recíproca, los individuos deben reunirse ocasionalmente "cara a cara". Aunque sea costoso, los gerentes señalan que obtener compromiso con las líneas de acción necesarias para que la estrategia funcione requiere indudablemente la interacción "cara a cara". Como manifestó un vicepresidente de marketing y desarrollo de productos en un reciente programa ejecutivo en Wharton:

> *"Cuando necesito respaldo de Ingeniería o de Producción, y dicho respaldo es vital para el éxito de mi plan, miro directamente a los ojos de mis colegas cuando les pido ayuda. Sé si hablan en serio o mienten. Me doy cuenta de si el respaldo ofrecido es real o si me están engañando o rechazando. Créame, lo sé".*

Otro ejemplo de la necesidad de la interacción "cara a cara" proviene de Jeffrey Immelt, presidente de la junta directiva y director ejecutivo de General Electric, quien está haciendo grandes esfuerzos por reafirmar su propio y distintivo estilo de liderazgo después del largo reinado de Jack Welch. Entre los muchos cambios que ha introducido en GE, Immelt invierte gran cantidad de tiempo viajando. Tras estar constantemente "cara a cara" con gerentes, clientes y accionistas de GE, afirma que "ver a la gente en persona es parte muy importante del modo de dirigir cualquier proceso de cambio"[5]. Las nuevas estrategias, los planes operativos y los métodos de coordinación toman un significado nuevo y fundamental cuando se examinan cara a cara.

La postura de estos individuos con respecto a la interacción "cara a cara" es ciertamente clara. También tiene cierto tono lógico y práctico que no puede negarse fácilmente. Son tantos los gerentes que conozco que están de acuerdo con estas declaraciones que me parece que debe haber algo de verdad en ellas. La interacción "cara a cara" puede ayudar inmensamente a la eficacia de la coordinación y el manejo del cambio, especialmente cuando la estrategia produce interdependencia recíproca.

Finalmente, es importante el papel que desempeñan los incentivos. La labor gerencial consiste en asegurar que los individuos o las unidades congregados en interdependencia recíproca estén motivados a trabajar juntos. Pueden necesitarse incentivos de equipo para evitar que los individuos se separen y vayan a hacer lo suyo, perjudicando el desempeño del grupo. La necesidad de tomar decisiones conjuntas exige poner este énfasis en los incentivos adecuados, basados en el desempeño de equipo (los incentivos se examinan con mayor detalle en el capítulo 6).

EL "EJERCICIO" DE GENERAL ELECTRIC

¿Tiene sentido todo esto? ¿Deben los gerentes preocuparse por definir la interdependencia antes de diseñar los mecanismos de coordinación o integración? Así lo creo, obviamente, pero permítaseme concentrarme en General Electric por un momento y utilizar el conocido ejemplo del llamado "ejercicio", de Jack Welch, para reforzar y apoyar mis argumentos. El "ejercicio" se basaba en un concepto sencillo: generar ideas sobre cómo mejorar el desempeño de la compañía y luego ejecutar dichas ideas, pero sus resultados positivos fueron trascendentales.

Pasé una significativa cantidad de tiempo como consultor de "ejercicios" de la división aeroespacial de GE antes de que se vendiera. Disfruté mi experiencia con el "ejercicio" y sentí que era supremamente eficaz en la solución de problemas y en la consecución de metas de GE. Pienso que funcionó muy bien como vehículo para captar ideas con respecto al mejoramiento de los empleados y para implementar o ejecutar dichas ideas. El "ejercicio" funcionó. ¿Por qué?

Una filosofía de reto y esfuerzo

Welch siempre buscaba algo nuevo para desafiar a sus empleados. Odiaba la autocomplacencia y que la gente se durmiera en sus laureles. Quería que sus gerentes pusieran énfasis en objetivos de "esfuerzo": metas de mayor nivel que forzaran a las personas a apuntar cada vez más alto para llegar hasta ellas. El "ejercicio" ayudaba a crear este reto y proporcionaba incentivos adecuados para la acción.

Una "cultura de aprendizaje"

Esto también hacía parte de la filosofía de Welch. Le gustaba decir que "la suposición operativa era que alguien, en algún lugar, tenía una mejor idea. Al compartir el conocimiento, las empresas de GE ganarían una ventaja competitiva", que daría como resultado un mejor desempeño[6]. El "ejercicio" tenía dicha cultura de aprendizaje como premisa, basada en las buenas ideas y en la distribución de conocimiento importante por toda la compañía.

La estructura y el proceso del "ejercicio"

Además del considerable impacto de la filosofía de Welch, estaban también la estructura y el proceso del "ejercicio" mismo. En correspondencia con el concepto que estoy introduciendo, el "ejercicio" se trató como un caso de interdependencia recíproca.

En su mayoría, los "ejercicios" se centraban en problemas complejos. Para definirlos y solucionarlos, era necesario reunir a gerentes y personal técnico de diferentes funciones o grupos operativos de la división aeroespacial. Todos estos grupos o funciones eran necesarios para la definición y solución de problemas. Ninguna función o grupo por sí solo era suficiente para resolverlos. Eran necesarias la cooperación y la coordinación.

El proceso de llevar a cabo un "ejercicio" exigía que todos los individuos necesarios para la definición y solución de los problemas se reunieran. La norma era "manejar las cosas con una vida en común", así como las discusiones e interacciones "cara a cara". Los gerentes no podían salir o escapar cuando las cosas se ponían candentes y explotaban los desacuerdos. Tenían que quedarse "cara a cara" y "pie con pie", y enfrentar los problemas, sin importar cuán tensa o volátil fuera la situación.

"Manejar las cosas con una vida en común" también exigía que nadie saliera hasta llegar a un acuerdo sobre la definición y la solución del problema. Invariablemente se creaba un plan de acción y se indicaban los objetivos, los plazos y las responsabilidades de cada uno de los puntos del plan de acción. Los seguimientos, que incluían sesiones adicionales de "ejercicios", aseguraban que las cosas se cumplieran como estaba previsto. Se hacía responsables a las personas de tareas específicas y sencillamente no podían eludir las obligaciones definidas en el proceso.

En esencia, el "ejercicio" se llevó a cabo como ejemplo de toma de decisiones caracterizada por la interdependencia recíproca. Los métodos para lograr la integración o coordinación eran coherentes con esta forma de interdependencia y, sin lugar a dudas, contribuyeron a su éxito. Además de la filosofía de Welch y la cultura de GE, los procesos y métodos para definir la interdependencia y las necesidades de coordinación eran parte importante de la contribución del "ejercicio" a la definición y solución de problemas y a hacer que la estrategia funcionara.

Un proceso analítico

En resumen, un aspecto importante de la integración es la definición y reflexión sobre la interdependencia. Una mirada a los aspectos de los cuales hemos hablado en los tres últimos capítulos indicaría el siguiente proceso analítico:

Lo que esto muestra es que la estrategia afecta a la estructura, lo cual define la interdependencia y las unidades, funciones o personas que deben trabajar juntas. La estructura y la interdependencia que ésta define, así como la estrategia, determinan los métodos de coordinación o integración necesarios para que el trabajo se cumpla. La figura, en efecto, muestra qué se necesita para ejecutar la estrategia presentada en la primera parte del anterior diagrama de flujo o proceso.

Todos los gerentes interesados en la ejecución de la estrategia o en que ésta funcione pueden llevar a cabo los mismos pasos y análisis. En el nivel empresarial, los gerentes definen primero una estrategia clara y enfocada (ver capítulo 3). Luego deben examinar la estructura organizacional, teniendo en cuenta las exigencias de la estrategia (ver capítulo 4). Por último, deben definir la interdependencia creada por la estrategia y la estructura y desarrollar métodos de coordinación coherentes con la forma o el tipo de interdependencia anotada en este capítulo.

Seguir estas fórmulas obligará a los gerentes a elegir métodos de coordinación adecuados. Ayudará a evitar problemas de "subcoordinación" al ajustar los métodos de coordinación a la tarea en cuestión. También ayudará a evitar problemas de "sobrecoordinación", como preparar comités y otras tareas engorrosas, que exigen tiempo, en especial cuando no son necesarias. Seguir las anteriores fórmulas hará que se den grandes pasos para hacer que la estrategia funcione.

LA FACILITACIÓN DEL INTERCAMBIO DE LA INFORMACIÓN, LA TRANSFERENCIA DEL CONOCIMIENTO Y LA COMUNICACIÓN

El segundo gran tema de este capítulo también es importante. Debemos recordar que el "intercambio de información insuficiente o inadecuado entre los individuos o unidades empresariales responsables de la ejecución de la estrategia" se calificó como uno de los más grandes obstáculos para la ejecución por parte de los gerentes que respondieron a las encuestas de la presente investigación. Los datos de panel reunidos entre los gerentes comprometidos en procesos de ejecución y mis propias experiencias personales se suman a estas opiniones: El intercambio de información, la transferencia de conocimiento y la comunicación que los respalda son vitales para hacer que la estrategia funcione.

La siguiente cuestión obvia tiene que ver con aquello que facilita o impide el intercambio de información, la transferencia de conocimiento y la comunicación necesarios para la ejecución eficaz de la estrategia. ¿Qué afecta la "adherencia" de los flujos de información entre las unidades organizacionales? Para enmarcar los problemas pertinentes, empecemos dándole una rápida mirada a dos compañías: McKinsey y el Citibank.

CREACIÓN, USO E INTERCAMBIO DEL CONOCIMIENTO

McKinsey and Co.

Todo el mundo conoce a McKinsey y su prestigio en el campo de la consultoría, pero tal vez pocos se dan cuenta de los retos que enfrenta en la creación, la diseminación y el uso del conocimiento.

Es una gran compañía con oficinas en todo el mundo que albergan miles de consultores y empleados. El tamaño organizacional contribuye a la complejidad de los negocios e intensifica la dificultad de las dos tareas principales de la compañía: crear y utilizar conocimientos.

Como firma consultora, McKinsey debe permanecer al día. Debe crear conocimiento especializado que la mantenga en posición de vanguardia. Como organización de servicios profesionales, el conocimiento está primordialmente en sus bases de datos y, más importante aún, en las mentes de sus recursos humanos, sus especialistas y consultores. La creación de centros de competencia y el desarrollo de consultores "tipo T", con un conocimiento general amplio y a la vez con competencia específica sectorial*, han ayudado a que la compañía desarrolle la pericia y el conocimiento necesarios para prosperar en un sector cada vez más competitivo.

Sin embargo, crear conocimiento es sólo la mitad de la batalla. McKinsey también debe concentrarse en utilizar el conocimiento en toda su base de clientes y en su espacio geográfico. Debe estar en capacidad de compartir nueva información para apalancar sus aprendizajes y evitar duplicaciones costosas en la creación de conocimiento. Los consultores que se ocupan de los problemas del sector y

---

* Un consultor "tipo T" comparte sus ideas y su pericia dentro de su propia compañía (el trazo horizontal de la letra T) y simultáneamente se centra en el desempeño de la propia unidad en la cual trabaja (el trazo vertical de la letra T). *(Nota del editor.)*

de los clientes en América del Norte deben propagar su conocimiento y sus ideas a colegas de América del Sur o Europa. "Hacer bolas de nieve" es importante, pero "arrojarlas", con el énfasis puesto en el intercambio y el uso de información para servir a clientes y hacer dinero, es aun más importante.

McKinsey emplea diversos métodos, herramientas y procesos para integrar y usar el conocimiento. Sus "Páginas Amarillas" mencionan los expertos y los campos de conocimiento de la firma para facilitar contactos personales entre sus consultores. Las bases de datos comunes sobre conocimientos centrales se ponen a disposición mediante un eficaz sistema informático. Se emplean coordinadores de práctica para facilitar el acceso a la información y coordinar el uso de la pericia en toda la compañía. Equipos de atención al cliente trabajan en la integración del conocimiento y su aplicación a los clientes en el largo plazo, lo cual crea una cultura con las necesidades del cliente en su núcleo. Se hacen esfuerzos por facilitar a los consultores hablar con otros consultores, a los especialistas con quienes tienen conocimientos más generales y a los individuos con habilidades tecnológicas (como la informática) con quienes cultivan el "arte" u "oficio" de acercarse a los clientes.

Antes de extraer algunos principios generales que puedan ayudar a todas las organizaciones a compartir información y conocimiento, veamos brevemente el caso del Citibank.

EL CITIBANK

Como McKinsey, el Citibank es una gran compañía con presencia global. Por el lado institucional, por ejemplo, tiene relaciones con grandes corporaciones multinacionales de todo el mundo y les presta servicio. Se ocupa de "hacer seguimiento" de las multinacionales en diversos países y regiones geográficas, y les proporciona un conjunto integrado de productos y servicios. Al hacerlo, se interesa sobremanera en la integración de habilidades y capacidades en todo el mundo y en el intercambio de información o conocimiento por encima de las fronteras geográficas.

Desde luego, la compañía debe tener presentes al mismo tiempo los impactos o las limitaciones regionales o locales de su ofensiva global. Existen diferencias en las reglamentaciones bancarias, la cultura y los procedimientos operativos estandarizados por país o región y debe reconocerse su impacto sobre las prácticas bancarias. Para ejecutar una estrategia a nivel mundial deben tenerse en cuenta simultáneamente las miradas global y local. Hacer seguimiento de las multinacionales y prestarles servicio de manera eficaz exige comprender sus necesidades globales, pero también exige reconocer las limitaciones locales o regionales en cuanto a los métodos o servicios utilizados para satisfacer dichas necesidades.

Para lograr la necesaria coordinación y el necesario intercambio de conocimiento y dar suficiente atención a las necesidades locales y globales, el Citibank utiliza diversos métodos o enfoques. Se emplean cierto tipo de gerentes de cuentas que se concentran en grandes e importantes corporaciones multinacionales y atienden sus necesidades empresariales en todo el mundo. Dichos gerentes de cuenta difunden sus conocimientos sobre las multinacionales y se coordinan con otros gerentes en distintas partes del mundo. Los gerentes locales o regionales difunden información sobre cómo llevar a cabo los negocios a nivel local en un país o una región. Una organización matricial asocia a los gerentes con perspectivas globales y locales, y los obliga a enfrentar los problemas e integrar las necesidades empresariales globales con los intereses locales o regionales. Existen sistemas de información y bases de datos globales, que permiten a los individuos aprovechar un abundante cúmulo de información regional y sobre los clientes.

Las anteriores descripciones de McKinsey y el Citibank son, por necesidad, breves. Sin embargo, dan una idea de cómo las organizaciones pueden facilitar el intercambio de información, la transferencia de conocimiento y la comunicación más allá de las fronteras organizacionales o de las subunidades, al tratar de hacer que la estrategia funcione.

MÉTODOS, HERRAMIENTAS O PROCESOS PARA COMPARTIR INFORMACIÓN

Los anteriores ejemplos señalan diversos métodos formales que las organizaciones pueden utilizar para facilitar el intercambio de información y la transferencia de conocimiento. Tales enfoques han recibido atención en la literatura empresarial, y por lo tanto sólo me ocuparé de ellos de manera sucinta. También existen otros métodos informales de intercambio de información que son importantes pero a los cuales se les ha prestado menor atención, de modo que entraré en mayores detalles sobre este tema en la siguiente sección.

Sistemas de informática/bases de datos

Crear bases de datos y sistemas informáticos para obtener datos evidentemente ayuda al intercambio de información. Las bases de datos de McKinsey sobre conocimiento básico, con amplio respaldo informático, constituyen un ejemplo. Durante años, ABB ha contado con ABACUS, su sistema de información, para mantener al tanto a los altos gerentes de los acontecimientos en las empresas o regiones geográficas. El Citibank tiene bases de datos y sistemas de informática sobre sus mayores clientes multinacionales. La IBM despliega su pericia en informática para obtener ahorros mediante la transformación de los procesos empresariales y la optimización de las operaciones fabriles. Muchas otras compañías han hecho cosas similares.

Antes de ingresar al mundo académico, trabajé en Ford Motor Company en diversos cargos, entre ellos el de gerente local. Viajé por una región e interactué con los concesionarios. Estaba a mi disposición un notable formulario, el FD 1984 (¡me encantaba el simbolismo!). En una página se resumía un cúmulo de información sobre un concesionario, que incluía comparaciones por parámetros con otros concesionarios. Era evidente que el Gran Hermano vigilaba, y el documento hacía de tal supervisión una tarea manejable. Estoy seguro de que hoy existen mejores resúmenes o bases de datos sobre los concesionarios. Sin embargo, en ese momento, el FD 1984 era una herramienta útil que promovía el intercambio de información importante y destacaba los problemas potenciales de las acciones de saneamiento.

Funciones y tareas formales

Las compañías contratan y capacitan personal para coordinar el trabajo y comunicarse entre las subunidades. Las organizaciones de gestión de proyectos, por ejemplo, manejan y mueven proyectos o productos. Los gerentes de proyecto pueden o no tener autoridad sobre el personal funcional o de otro tipo que trabaje en sus proyectos. Usualmente, sin embargo, tienen la responsabilidad de coordinar las contribuciones de diversos grupos funcionales y administrar flujos de información entre el personal que contribuye. Con frecuencia actúan como enlaces y vinculan diversos grupos dentro de la organización. McKinsey, el Citibank, Boeing, Microsoft y otras compañías emplean de manera rutinaria gerentes de producto o proyecto para lograr una coordinación eficaz. Los recientes rumores en Washington D. C. sobre la creación de un cargo de "zar de inteligencia" es, de hecho, un argumento en favor de la creación de una función integradora que vincule y coordine las actividades de los muchos grupos diversos actualmente responsables de la inteligencia.

En algunas compañías se constituyen equipos o comités formales para facilitar la coordinación, la comunicación y los flujos de información. Los grupos de garantía de calidad, los equipos *six sigma* o los equipos de servicio al cliente, con frecuencia comparten esta condición de unidades integradoras. Los equipos de servicio al cliente, por ejemplo, usualmente tienen miembros de distintas funciones que aportan sus puntos de vista y sus conocimientos al servicio del cliente. "Apropiarse del cliente" es un típico comienzo de la descripción de lo que hace el equipo. El servicio al cliente es la meta de más alto nivel y el equipo se concentra en el proceso de integración del trabajo entre funciones o departamentos para llegar a ella. Los equipos de servicio al cliente de McKinsey son buenos ejemplos de estos mecanismos formales de integración.

El comité superior de directores ejecutivos de Shell constituye otro ejemplo de equipo o comité formal responsable de la integración de las unidades operativas. Su labor es facilitar el planeamiento y la coordinación de unidades independientes de Shell, tarea que, aparentemente, no hizo muy bien al informar sobre sus reservas estimadas de petróleo y gas.

Estructuras matriciales

Gran cantidad de organizaciones con las cuales he tratado tienen alguna forma de estructura matricial. En verdad, la mayoría de compañías de gran tamaño, especialmente las globales como el Citibank, Boeing, ABB y otras que aplican estrategias globales coordinadas, dependen de algún modo de este tipo de estructura para el procesamiento de información y la coordinación.

La manera más sencilla de describir el funcionamiento integrador y el procesamiento de información de una estructura matricial es utilizar la "matriz diamante" que se muestra en la figura 5.4[7]. En una estructura matricial global, por ejemplo, los gerentes de empresa promueven productos a nivel mundial, mientras que los gerentes de área geográfica toman decisiones sobre los mejores productos y el uso de los fondos de inversión en su país o región. Con frecuencia los dos están en desacuerdo o tienen diferentes metas o percepciones sobre cómo manejar una empresa o un país. Alguien les debe ayudar a ponerse de acuerdo para hacer posible la ejecución de las estrategias globales. Dicha persona también debe coordinar información valiosa entre las empresas y regiones.

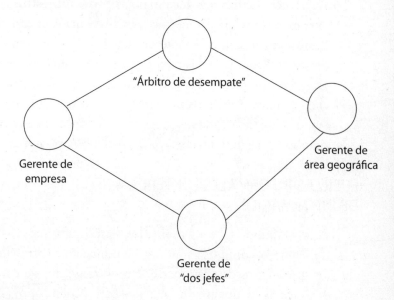

Figura 5.4 La "matriz diamante"

¿Quién lleva a cabo esta integración y creación de consenso? El gerente de "dos jefes" está en esta posición dinámica y a veces tensa, y es absolutamente vital para el funcionamiento eficaz de la estructura matricial. Dicha persona debe integrar puntos de vista diversos e incluso en conflicto y debe entender los problemas de un gerente de empresa, así como aquéllos que son del dominio del gerente de país o del gerente funcional. Aunque el gerente de "dos jefes" se describió alguna vez como el "trabajador mágico", una descripción más formal sencillamente sería la de integrador y procesador de información.

Si el gerente de "dos jefes" no puede reducir los conflictos o no puede solucionar los problemas a gusto y entendimiento de todos, entra en juego el alto gerente o "árbitro de desempate" de la "matriz diamante", quien soluciona el inconveniente y hace posible que el trabajo avance.

La estructura matricial es obviamente una estructura operativa compleja. Su meta es la comunicación lateral y la coordinación, con el gerente de "dos jefes" como integrador de los puntos de vista empresarial y geográfico o empresarial y funcional. En apariencia, la estructura matricial viola algunos principios inveterados de la administración, como la unidad de mando, pero funciona bien, en especial cuando se ejecutan las estrategias en el escenario global.

FUERZAS INFORMALES E INTERCAMBIO DE INFORMACIÓN

Todo el mundo sabe algo sobre los métodos formales para fomentar la comunicación y la coordinación, entre ellos los que acaban de examinarse. No obstante, los gerentes de nuestras encuestas aún mencionaban el intercambio de información deficiente como un enorme problema para la ejecución de la estrategia. ¿Por qué? Porque algo distinto tiene que estar pasando que afecte o niegue los métodos formales; porque saber cuáles son los métodos (por ejemplo, una estructura matricial) y cómo hacer que funcionen son dos cosas distintas; y porque los gerentes pueden o no estar motivados a compartir información y hacer que la estrategia funcione.

En mis experiencias con respecto a la ejecución de estrategias, he hallado que los gerentes conocen la terminología del intercambio de información y la coordinación. Todos tienen sistemas de informática y bases de datos formales. Todos saben qué hace un integrador. Muchos gerentes me dicen constantemente que sus compañías han establecido una estructura matricial de alguna manera.

Sin embargo, persisten los problemas con respecto al procesamiento de información y el intercambio de conocimiento, debido a que también están en juego fuerzas informales que afectan los resultados. Permítame compartir con usted cuáles son algunas de estas fuerzas o problemas.

Insuficiente contacto informal

La forma más sencilla y común de intercambio de información es probablemente el contacto informal, independientemente de los métodos formales empleados. Unas personas hablan con otras para buscar información y solucionar problemas. Un gerente de fabricación de Nueva York o Detroit llama o envía un fax a su homólogo de Tokio, Ciudad de México, São Paulo o San Francisco. Discuten y resuelven asuntos referentes a fechas de entrega o problemas de programación. Un consultor de Alemania llama a un colega en París en busca de ayuda sobre un problema particularmente molesto de un cliente. Un médico que lleva a cabo investigaciones en una gran compañía farmacéutica de Pennsylvania llama a un experto en estadística de Alemania para que lo ayude con un importante asunto de investigación. Podría decirse que el contacto directo e informal entre gerentes es la forma más común de comunicación y coordinación cotidianas. No obstante, aun esta simple táctica no puede funcionar sin los mismos prerrequisitos básicos subyacentes del éxito.

Saber con quién entrar en contacto, por ejemplo, es básico y crucial. Conocer las personas, sus cargos y responsabilidades en otras localidades es necesario para que funcione el contacto informal. Esto parece elemental, pero reflexione en el siguiente comentario de un gerente participante en un programa ejecutivo de Wharton:

"Realmente quería ayudar (a una compañía cliente) a obtener un buen préstamo para sus operaciones en el Brasil, pero debo admitir que no conocía a la persona encargada de este tipo de préstamos allí, y entonces envié los materiales que tenía al "gerente de préstamos" de São Paulo. Ni siquiera sé realmente si alguien recibió los papeles o si logré ayudar al cliente".

Un remedio es obvio: publicar un directorio con la lista del personal clave en las distintas localidades geográficas, con sus responsabilidades y sus áreas de conocimiento, al estilo de McKinsey.

Vaya directo, no por los canales

Las personas que pueden solucionar los problemas sin tener que obtener un sinfín de aprobaciones o sin pasar por sus jefes, los jefes de sus jefes, etc., para ponerse en contacto directamente con personas de otras oficinas o partes del mundo suelen lograr que el contacto informal funcione de manera eficaz como técnica de comunicación y coordinación. Ésta es una de las ideas clave que subyacen a las organizaciones planas: las personas pueden concentrarse directamente en un problema sin esperar aprobación jerárquica. Por el contrario, el retraso en las solicitudes cuando las personas pasan por "los canales oficiales" o tienen que someterse a numerosos controles y aprobaciones suele destruir o restar valor a la velocidad y espontaneidad de los contactos personales e informales.

Establezca un "lenguaje común"

Puede sonar extraño, pero las personas de una misma organización pueden no estar sintonizadas cuando comparten información o se comunican con respecto a asuntos importantes relativos a la ejecución de la estrategia. Tienen distintas perspectivas, capacidades técnicas, definiciones de términos clave o sesgos culturales que restan valor a su capacidad de ver y entender puntos de vista divergentes. Las percepciones selectivas, causadas por la miopía funcional y las diferencias regionales o globales, obstaculizan el intercambio de ideas y el entendimiento común.

Al ejecutarse la estrategia, es absolutamente esencial que ésta sea clara, enfocada, y que se traduzca de manera lógica en objetivos o indicadores de corto plazo (ver capítulo 3). También es vital que tales objetivos e indicadores se definan de manera sistemática para evitar la existencia de puntos de vista diferentes y a veces contradictorios sobre los resultados de la ejecución.

Piense, por ejemplo, que el desempeño en ventas se mide por el ingreso, cifra de primera línea, pero que una función como Manufactura o una división entera pueden medirse por la cifra final del balance: ingresos menos costos. Añádale a la mezcla el marketing, área evaluada parcialmente por la satisfacción del cliente. En este caso, los distintos indicadores casi garantizan la existencia de visiones distintas sobre la ejecución de la estrategia y cierta dependencia de indicadores de desempeño en cierta medida conflictivos entre sí. El departamento de ventas se concentra en el volumen. Rutinariamente se le acusa de vender cualquier cosa y de hacer tratos sin pensar en los costos o el balance. El departamento de producción considera que Ventas está "regalando la tienda". El departamento de marketing se preocupa por los clientes y siente que a todos los demás les importan un comino. Los conflictos entre las funciones son de común ocurrencia. El gerente de división ve tales conflictos como perjudiciales para el desempeño de su unidad.

¿Cuál es la solución? Concentrarse en indicadores de desempeño comunes y sistemáticos; definir o hacer operativos los indicadores de manera cuidadosa; desarrollar algunos objetivos compartidos; establecer restricciones en cuanto a indicadores de desempeño independientes o unilaterales; responsabilizar a Ventas de los márgenes y no sólo del volumen; decidir si la fuerza impulsora de las decisiones de ejecución son los costos o la satisfacción del cliente; y/o determinar cómo y cuándo las funciones deben cooperar para lograr importantes resultados, y hacerlas responsables. No es un caso en el cual las personas deban trabajar "solas juntas".

Estructura de poder y cultura

Los métodos de intercambio de información y coordinación suelen verse afectados por la estructura de poder o de influencia de la organización, así como por su cultura. Tales factores determinan qué información se transmite, establecen a quién se escucha y a quién no, señalan el peso relativo que se asigna a los intentos de coordinación y señalan a qué transferencia de "hechos" se le da crédito o se le descarta.

El poder y la cultura son en extremo importantes con relación a muchos aspectos de la ejecución. Por lo tanto, recibirán atención adicional en dos capítulos posteriores (los capítulos 8 y 9).

FACTORES INFORMALES ADICIONALES QUE AFECTAN EL FLUJO DE INFORMACIÓN Y LA TRANSFERENCIA DEL CONOCIMIENTO

Permítaseme ahora concentrarme en algunos factores adicionales que afectan el intercambio de información y la transferencia de conocimiento. Un colega de Wharton publicó una vez un artículo sobre dichos factores[8]. He basado mis propias experiencias sobre ejecución de estrategias en su trabajo y puedo compartir algunas de mis observaciones aquí.

La tabla 5.2 señala algunos factores que afectan el intercambio de información y la transferencia de conocimiento. Tales factores reflejan aspectos de la información y de las organizaciones, pero también señalan los efectos de las motivaciones de los individuos sobre el intercambio de información y la transferencia de conocimiento. Algunos de estos factores o problemas son nuevos, y otros tratan sobre temas ya mencionados o dejados implícitos, pero en última instancia todos son importantes para el intercambio de información y la coordinación necesarios para que la estrategia funcione.

Tabla 5.2   Factores que afectan el intercambio de información y la transferencia del conocimiento

---

- Características del conocimiento que se transfiere:
  - Conocimiento codificado o tácito
  - Evidencia comprobada de utilidad
- Características de la fuente de conocimiento:
  - Pericia y veracidad de la fuente
  - Confiabilidad de la fuente
  - Motivación percibida de la fuente
- Características del receptor de conocimiento:
  - Falta de motivación
  - Falta de capacidad de absorción (la capacidad de buscar, recibir y evaluar nuevo conocimiento depende del acervo de conocimiento existente)
  - Capacidad retentiva (capacidad de usar e institucionalizar el conocimiento recibido)
- Características del contexto:
  - Estructura organizacional
  - Estructura operativa (existencia de mecanismos de coordinación e integración)
  - Incentivos
  - Cultura

Características del conocimiento en sí

El conocimiento codificado puede transferirse más fácilmente que el conocimiento tácito. Escribir o seguir un manual de instrucciones sobre "cómo armar una bicicleta" es sencillo. "Tome la parte A, insértela en la parte B y ponga la pieza completa en el marco C en el lugar D", y así sucesivamente. El manual transmite un conocimiento codificado y estructurado.

Enseguida escriba un conjunto de instrucciones sobre "cómo montar en bicicleta". "Primero, súbase a la bicicleta y móntela. Si falla, repita el paso uno".

¿Qué más se puede decir? El conocimiento aquí es "tácito", más difícil de describir y comunicar. Es mucho menos estructurado que decir a una persona cómo armar una bicicleta. La comunicación en el caso del conocimiento tácito exige "sentir", observar a otros, practicar y aprender de mirar a los expertos. Los nuevos consultores, por ejemplo, aprenden de los consultores experimentados. Actúan como "aprendices" y absorben conocimiento a lo largo del tiempo. Trabajan con sus colegas mayores para aprender el "arte" de la relación de consultoría. La transmisión del conocimiento tácito suele requerir un enfoque práctico e interactivo con respecto al intercambio de información.

La ejecución y el aprendizaje de la estrategia son difíciles en algunas organizaciones debido al conocimiento tácito. Las organizaciones de investigación y desarrollo, las firmas o departamentos profesionales (como los departamentos legales y las firmas de abogados), los grupos de consultoría, las unidades de ventas o marketing deben desarrollar a propósito métodos o procesos para transferir conocimiento tácito. Esto debe tenerse en cuenta al ejecutar la estrategia. Enseñar habilidades de consultoría o cómo cerrar un trato suelen requerir observación e interacción práctica a lo largo del tiempo. Saber cómo manejar las interacciones y debates de grupo para el desarrollo de un nuevo producto usualmente necesita práctica y observación de gerentes experimentados en su trabajo.

Las organizaciones con gran cantidad de conocimiento tácito por compartir deben estar dispuestas a invertir en personal y proporcionar tiempo para la interacción, la discusión y la emulación que se necesitan para transferir información de manera eficaz. Las organizaciones de investigación y desarrollo y los departamentos profesionales no pueden apresurarse en sus intentos de compartir y usar conocimiento significativo.

Características de la fuente de información

¿La fuente es fidedigna y confiable? ¿Me he beneficiado anteriormente con el uso de esta fuente? ¿Cuál es la motivación de la fuente? ¿Existe una agenda oculta? ¿Estoy desarrollando demasiada dependencia de la fuente y ésta aumenta así su influencia sobre mí?

Éstas son algunas de las preguntas que surgen con frecuencia al pensar en la fuente de información. Las respuestas, evidentemente, afectan el intercambio de información y la transferencia del conocimiento. Las respuestas a dichas preguntas usualmente reflejan experiencias o encuentros anteriores con distintas fuentes de información. También pueden reflejar la cultura de la compañía.

En cierta ocasión conocí una empresa en la cual nadie confiaba en lo que el departamento de marketing decía. Esta función se veía como promotora permanente de su propia agenda, aun a expensas de otras funciones o subunidades de la organización. Caracterizaba a la compañía una cultura de desconfianza, lo cual afectaba el flujo y la aceptación de la información.

La desconfianza condujo a problemas de ejecución aun más serios. Marketing era responsable del desarrollo de nuevos productos, incluida la ampliación o modificación significativa de productos existentes. Tenía que "convencer" al departamento de producción de los nuevos productos, para que esta área pudiera desarrollarlos, probarlos y modificarlos. Sin embargo, Producción incurría en altos costos para trabajar en ellos: las líneas de producción tenían que detenerse y el flujo de trabajo se alteraba. Se perjudicaba la eficiencia debido a la discontinuidad en la producción y debían elaborarse prototipos y probarse, lo cual perturbaba las operaciones normales.

Para obtener la cooperación de Producción, Marketing sentía que debía "exagerar" los beneficios del nuevo producto. En verdad, mentía con frecuencia sobre el potencial de utilidades del producto o sobre los beneficios en eficiencia que en última instancia acumularía Producción. Marketing prometía el mundo entero, siempre y cuando Producción ayudara en esta tarea tan importante.

Cuando las promesas demostraron ser falsas (el nuevo producto se retiró abruptamente del mercado) y Producción vio la engañosa exageración de Marketing, que negaba así sus esfuerzos y sacrificios, la desconfianza y el conflicto se hicieron mucho mayores. Marketing, como fuente de información o conocimiento, se desacreditó aun más, y Producción la vio como una unidad poco confiable y fidedigna. Más importante aún, la ejecución de las estrategias de desarrollo de productos sufrió daños casi irreparables, lo cual constituyó un duro golpe a la futura posición competitiva de la compañía.

La motivación percibida, la veracidad y la confiabilidad de la fuente están en tela de juicio aquí. Entonces, ¿cómo interviene una organización en esta situación? Crea y utiliza incentivos y controles eficaces. El establecimiento de objetivos adecuados para la cooperación y la comunicación, y la recompensa del comportamiento correcto ayudan a asegurar que las fuentes que suministran información hagan lo debido para la transferencia de conocimiento. Este ejemplo resalta la importancia de los incentivos eficaces, tema que se cubrirá en detalle en el siguiente capítulo.

La compañía también debe definir el desarrollo de productos como caso de interdependencia recíproca, como se señaló anteriormente. Esto obligaría a Marketing y a Producción a trabajar juntos a desarrollar conjuntamente reglas y limitaciones en cuanto al desarrollo de nuevos productos y a compartir las compensaciones y los costos de estas innovadoras operaciones.

El hecho es que, como fuente de conocimiento, Marketing era un departamento sospechoso, en el mejor de los casos. Algo tenía que hacerse para evitar el daño permanente a la ejecución de las estrategias de desarrollo de productos y para evitar el desastre competitivo en el mercado.

Características del receptor

¿Cuál es la motivación del receptor? He visto gerentes acusados de rechazar información porque "no se inventó aquí". Evidentemente, los receptores potenciales no confían en la fuente, o sienten que su modo de hacer las cosas es mejor. Por supuesto, tal rechazo puede ser costoso y llevar a la duplicación y a hacer el trabajo mucho menos fructífero o eficaz. Nuevamente, lo que se necesita es incentivos para hacer que los grupos trabajen juntos por una meta común. Si los receptores y los emisores del conocimiento tienen algo en común o algo importante en juego, disminuye la ocurrencia de rechazos porque "no se inventó aquí".

La "capacidad de absorción" de una organización tiene importante impacto sobre la transferencia del conocimiento[9]. Dicha "capacidad de absorción" afecta la capacidad de una organización de reconocer nueva información (como las novedades científicas, las nuevas tecnologías), asimilarla y aplicarla de alguna manera para alcanzar las metas organizacionales. La capacidad de absorción es resultado del aprendizaje. La habilidad de reconocer y utilizar nuevo conocimiento varía en función de la base acumulada de conocimiento existente en una organización. Es decir, la capacidad de absorción supone contar con una masa crítica de conocimiento o de inversión en capacidades basadas en el conocimiento (como investigación y desarrollo, científicos, ingenieros, sistemas de informática) antes de que el nuevo conocimiento pueda reconocerse y utilizarse para promover y respaldar la estrategia. La falta de inversión en la capacidad de absorción y su falta de acumulación dan como resultado la incapacidad de ver, entender o utilizar nuevo conocimiento externo.

Piense en una firma sin esta base acumulada de conocimiento. Luego suponga que otra firma desarrolla una nueva tecnología de cierto tipo. ¿Puede la primera firma importar la nueva tecnología, ser "segunda" en su uso y emplearla para lograr ventaja competitiva? ¿Puede importar las nuevas ideas y la nueva tecnología para nuevos productos o para mejorar el desempeño de productos antiguos? ¿Puede seguir el ejemplo de su competidora, imitar la nueva tecnología y seguir siendo competitiva en el sector?

Sin capacidad de absorción, la firma no puede juzgar el valor o los usos potenciales de la nueva tecnología. No cuenta con los científicos o los ingenieros que puedan hacer una eficaz evaluación tecnológica. En consecuencia, no actúa. Queda a la zaga de otras firmas con la capacidad de absorción requerida y pierde su capacidad de ejecutar estrategias nuevas y necesarias en su sector. Una firma sin capacidad de absorción no sólo no puede innovar ni dar el primer paso, sino que tampoco puede si quiera ser seguidora eficaz. Ciertamente pierde toda la ventaja competitiva que alguna vez tuvo.

La solución es clara: Una firma debe invertir en capacidad de absorción si desea mantenerse al día en cuanto a las tendencias o los trastornos tecnológicos, adaptarse de manera exitosa, innovar y seguir haciendo que la estrategia funcione.

Distintas firmas de distintos sectores enfrentan distintas exigencias sobre el desarrollo de la capacidad de absorción (por ejemplo, alta tecnología frente a baja tecnología), pero el principio básico se aplica a todas las organizaciones. La inversión en conocimiento y la acumulación de una masa crítica de información son vitales para la innovación y la adaptación organizacionales. Sin dicha masa crítica de conocimiento y capacidades acumuladas, una organización no puede reconocer, entender o utilizar los nuevos y más recientes adelantos. No puede adaptarse ni cambiar o ejecutar nuevas estrategias con facilidad.

Características del contexto

El contexto incluye a la estructura organizacional, cuyo impacto sobre la transferencia de conocimiento se señaló en el capítulo 4 y se anotó de manera explícita en el presente capítulo. Sencillamente, es importante para el montaje de los sistemas de informática y otros mecanismos formales para la transferencia de conocimiento y el intercambio de información. Es primordial utilizar integradores, equipos o estructuras matriciales para lograr una coordinación y una comunicación lateral eficaces en todas las funciones organizacionales y otras unidades operativas.

Es también fundamental saber qué hacer para que estos elementos de la estructura operativa funcionen. Una cosa es establecer equipos o estructuras matriciales para la coordinación y el intercambio de información. Hacer que funcionen suele ser otra muy distinta. Los problemas a este respecto usualmente provienen de una de dos fuentes: (a) problemas técnicos en la implementación de la estructura operativa, y (b) problemas relacionados con los incentivos, los controles y la cultura.

Como ejemplo de los problemas técnicos, piense una vez más en la estructura matricial y, específicamente, en la matriz diamante de la figura 5.4. Un problema común de las estructuras matriciales es no tener un "árbitro de desempate", actor determinante en ella. Como consecuencia, los conflictos entre gerentes de división y de país o los gerentes empresariales y los funcionales no se manejan o resuelven de manera inmediata. El trabajo llega a una virtual parálisis pues la información asciende lentamente dos niveles jerárquicos. El intercambio de información se perjudica de modo considerable. A la estructura matricial se le acusa de todo tipo de defectos. La verdad, sin embargo, es que se estableció de manera incorrecta, y una ejecución deficiente garantizó el fracaso. Los problemas técnicos afectaron el desempeño y la transferencia de conocimiento.

¿Cuál es la solución? Asegurarse de que se instaure formalmente un árbitro o un mecanismo de desempate al emplear la estructura matricial. Abordar este tecnicismo ahorrará a la organización un sinnúmero de problemas operativos al intentar utilizar y compartir la información necesaria para la ejecución de la estrategia.

El segundo conjunto de problemas —aquéllos que se deben a la cultura o a incentivos y controles deficientes— también es importante en relación con el intercambio de información y la transferencia de conocimiento. La cultura, por ejemplo, define muchas cosas: cómo opera una compañía, qué valora, qué tan abiertos o "cerrados" son los gerentes al compartir información y qué es importante para el reconocimiento individual. Factores como éstos evidentemente pueden afectar la transferencia de conocimiento necesaria para lograr la coordinación y ejecutar la estrategia de manera eficaz. Una cultura de cooperación basada en una misión percibida común afecta la ejecución de manera positiva, mientras que una cultura caracterizada por evitar el error y la necesidad de culpar a otros por los malos resultados tiene claramente efectos negativos sobre los productos de la ejecución. Debido a su importancia para hacer que la estrategia funcione, estos aspectos de la cultura y el contexto organizacionales se analizarán en el capítulo 8.

Igualmente, los incentivos y los controles que se emplean son factores significativos que afectan el intercambio de información y la transferencia de conocimiento. Esperar que haya coordinación y cooperación pero recompensar la competencia excesiva e inadecuada no hace más que perjudicar el intercambio de información y, en última instancia, los esfuerzos de ejecución. De nuevo, debido a la importancia de los incentivos y los controles, el tema se examinará en detalle en el capítulo 6.

Esta sección del capítulo se concentró en el intercambio de información y la transferencia de conocimiento, y apoyó y reforzó el análisis anterior sobre la interdependencia y los métodos de coordinación. La comunicación y el intercambio de información son vitales para hacer que la estrategia funcione, como lo indicaron de manera enfática los gerentes en sus respuestas a las encuestas de Wharton sobre ejecución de estrategias. Los diversos factores estudiados en esta sección afectan la "adherencia" de los flujos de información y la utilidad de ésta para la ejecución de la estrategia.

ACLARACIÓN DE LA RESPONSABILIDAD Y LA RENDICIÓN DE CUENTAS

El tercer aspecto de la integración estructural, aclarar la responsabilidad y la rendición de cuentas, es también fundamental para hacer que la estrategia funcione.

En los anteriores análisis sobre interdependencia, coordinación, intercambio de información y transferencia de conocimiento, existía la suposición básica pero crucial de que había claridad en cuanto a las responsabilidades y la rendición de cuentas. Se suponía que todos los individuos sabían cuáles eran sus trabajos o funciones. Los gerentes sabían con quienes debían interactuar, cuándo y por qué, y tenían pleno conocimiento de las tareas u obligaciones de los demás.

En realidad, esta claridad de funciones casi nunca se presenta. Las responsabilidades relacionadas con el trabajo no siempre son claras y la autoridad no siempre carece de ambigüedad. La responsabilidad y la rendición de cuentas con frecuencia son borrosas cuando se reúnen personas de distintas funciones o divisiones, y con frecuencia de distintos niveles jerárquicos dentro de la organización. Esto es especialmente cierto en las estructuras matriciales, en las cuales las influencias laterales y jerárquicas pueden fácilmente empañar el panorama de la responsabilidad y la rendición de cuentas.

Suele causarse confusión por la existencia de puntos de responsabilidad múltiples o cuando muchos gerentes comparten la responsabilidad. Recuerdo un caso en GM en el cual, luego de saber que había algunos problemas con una pieza de transmisión de camiones, pregunté quién era responsable de la calidad de la pieza. Se me dijo que "aquí todos somos responsables de la calidad. Todos nos preocupamos por ella". Al investigar más se reveló que había varios grupos o funciones en distintas organizaciones y en diversos niveles jerárquicos responsables de la calidad, incluidos los de ingeniería y garantía de calidad, los gerentes de planta y los supervisores de producción.

Ningún problema, ¿verdad? La calidad parece estar cubierta adecuadamente. Sin embargo, ¿qué sucede cuando los responsables de la calidad se encuentran en distintos lugares o tienen percepciones o indicadores de calidad distintos? ¿Qué puede suceder cuando las cosas salen radicalmente mal en cuanto a la calidad? Lo que encontré es que cuando todos son responsables, nadie es responsable. Cuando las cosas salían mal, la rendición de cuentas eran también escurridiza, pues los gerentes me aseguraban que "realmente otro era el responsable", no ellos.

Esta situación realmente no es poco frecuente. En verdad es bastante común, en especial, en organizaciones que tratan de adaptarse a cambios generalizados o rápidos. Las funciones y las responsabilidades se transforman con rapidez al tratar los gerentes de hacer frente al cambio. Cuando muchas personas y habilidades tienen que concentrarse en un problema, la rendición de cuentas y la responsabilidad con frecuencia se hacen confusas con el tiempo. De ahí que todos sean responsables; todos tengan que preocuparse por el problema. Sin embargo, el problema nunca se resuelve cuando todos son responsables y nadie debe rendir cuentas.

La omnipresente y generalizada ocurrencia de este tipo de problemas relacionados con la responsabilidad se refleja de manera muy evidente en la investigación analizada en el capítulo 1. Recordamos que la falta de claridad en cuanto a la responsabilidad o la rendición de cuentas frente a las decisiones o acciones de ejecución fue catalogada por los gerentes participantes en las dos encuestas de Wharton en el máximo nivel de los problemas de ejecución. Los datos son sólidos y convincentes. Los gerentes que enfrentan problemas de ejecución de manera rutinaria señalaron este problema como uno de los que necesita remedio más urgente.

La responsabilidad y la rendición de cuentas poco claras en un plan o proceso de ejecución pueden perjudicar los esfuerzos dirigidos hacia la ejecución de la estrategia o hacia el propósito de hacer que ésta funcione. Evidentemente no se trata de un asunto trivial. Merece atención gerencial en todos los niveles de la organización.

DETERMINACIÓN DE RESPONSABILIDADES Y NEGOCIACIÓN DE FUNCIONES

¿Qué se puede hacer para enfrentar estos problemas? Una técnica realmente buena sigue siendo el proceso de determinación de responsabilidades y negociación de funciones[10]. Dicho proceso puede ayudar a identificar la interdependencia y asignar responsabilidades, y señalar quién debe responder frente a tareas o decisiones fundamentales para la ejecución de la estrategia. Dicha técnica la han utilizado con éxito gerentes de todos los niveles de una organización. En el proceso intervienen varios pasos.

1. El primer paso es identificar una meta o un resultado que se relacione con la estrategia o la ejecución de la estrategia y que sea importantes para la compañía, pero que no se haya alcanzado de manera satisfactoria.

   En la figura 5.5, basada en un caso real en el cual trabajé hace algunos años en una compañía de tamaño mediano de Texas, la meta o el resultado deseado era "el desarrollo de un nuevo producto". Los canales de la compañía a este respecto estaba secos; no había en perspectiva ningún nuevo producto y la empresa estaba perdiendo participación en el mercado y ventaja competitiva (había sido líder del mercado durante años). Por qué el desarrollo de nuevos productos había recibido semejante golpe fue uno de los temas de discusión en el retiro anual de la compañía sobre estrategias. Qué hacer para rectificar tan sombría situación era otra pregunta estratégica igualmente importante para la reunión.

Meta estratégica: Desarrollo de un nuevo producto

Grandes tareas, actividades o decisiones para alcanzar la meta	Cargos/personas clave				
	Director ejecutivo	Vpdte. de marketing	Vpdte. de ingeniería	Vpdte. de manufactura	Vpdte. financiero
1. Hacer investigación de mercado		"R"			
2. Decisión sobre nuevo producto					
3. Elaborar prototipo					
4. Prueba de mercado					"C"
5. Decisión sobre producción masiva					
6. Introducción del producto					
7.					
8. Etc.					

R = Responsable de la decisión o acción U = Última palabra/Rinde cuentas por decisión o acción	I = Se le debe informar después de la decisión o acción C = Se le debe consultar antes de la decisión o acción ? = No sabe

Figura 5.5   Matriz de responsabilidades

2. El segundo paso en la determinación de las responsabilidades es hacer un listado de las principales tareas, actividades o decisiones fundamentales para el logro de la meta o el resultado deseado. También se anotan las personas importantes para la meta o el resultado y que pueden ser llamadas a realizar tareas clave.

La figura 5.5 muestra algunas de las tareas, actividades, decisiones cruciales, aunque no todas —simplemente por razones de espacio—, y las personas (funciones) comprometidas en el desarrollo de nuevos productos en la compañía bajo estudio. De todos modos la idea central debe quedar clara: hacer una lista de quienes toman las decisiones y de las tareas o actividades que se deben cumplir para desarrollar nuevos productos o ampliar una línea de producto existente.

3. El tercer paso es definir los distintos tipos o grados de responsabilidad. Éstos deben ser pertinentes, pero lo suficientemente sencillos y limitados en número como para asegurar su facilidad de manejo. Los códigos de los tipos o grados de responsabilidad o autoridad de la figura 5.5 son los siguientes: "R" para quienes tienen alguna responsabilidad frente a una tarea, actividad o decisión; "U" para la(s) persona(s) que deben rendir cuentas en última instancia y que deben responder por una decisión, actividad o tarea; "C" para quienes deben ser consultados antes de tomar una decisión; "I" para aquéllos a quienes se debe informar después de una decisión; y "?" cuando no se sabe si esa función participa o cuál es la magnitud de su participación.

4. El cuarto paso consiste en que todos los gerentes que participan en el proceso completen la matriz y señalen cuáles piensan que son los códigos de responsabilidad adecuados para los individuos que forman parte de la lista, debajo de su función (nombre, título) y junto a la tarea, actividad o decisión correspondiente. En la figura 5.5, por ejemplo, la función o persona de marketing se ve como responsable en alguna medida de la investigación de mercado necesaria para el desarrollo del producto. De igual manera, se debe consultar al vicepresidente financiero antes de comprometer fondos para elaborar un prototipo de cualquier nuevo producto.

En un principio, la matriz debe llenarse de manera individual (privada) para evitar el excesivo pensamiento de grupo o el debate demasiado prematuro en el proceso. También es imperativo sacar provecho de las opiniones de todos los participantes para dar riqueza y diversidad de pensamiento a los siguientes pasos.

5. El quinto paso es asignar los participantes a un grupo y combinar las respuestas de todos los participantes en una sola matriz. En el caso de la compañía a que hago referencia en este ejemplo, las respuestas de los individuos de cada grupo se pusieron en una matriz. Estaban por todas partes, lo cual indicaba un marcado desacuerdo en cuanto a quién era responsable de qué en el proceso de desarrollo de un nuevo producto. Tal desacuerdo, evidentemente, dice mucho sobre los problemas u obstáculos subyacentes que existían. Las diferencias en las percepciones en cuanto a quién era responsable o quién debía rendir cuentas debieron contribuir claramente a los problemas de comunicación y de toma de decisiones en el proceso de desarrollo de productos de la compañía.

6. En el sexto paso cada grupo presenta su matriz única a todos los participantes, resaltando los desacuerdos no sólo con respecto a la matriz combinada de cada grupo, sino también a la de todos los grupos. El debate se concentra entonces en por qué existen tales diferencias de percepción y cómo dichas diferencias o conflictos se relacionan con los problemas del desarrollo de nuevos productos (o cualquiera que sea la meta o el resultado deseados que se hayan anotado).

Aquí es preciso hacer una advertencia. Es importante que el líder o facilitador controle la discusión y los acalorados debates que suelen tener lugar en este paso. En la compañía a la cual hago referencia, el director ejecutivo tenía "R" en la mayoría de tareas, actividades o discusiones. Los empleados (luego de cierta vacilación) se sinceraron y lo acusaron de hacer microgerencia. Proporcionaron ejemplos de cómo su intervención perjudicaba el desarrollo de nuevos productos y otros resultados importantes para la compañía. Los ánimos estallaron ocasionalmente y tuvieron que declararse descansos para calmar las cosas, pero todo terminó bien, como lo muestran los siguientes pasos.

7. El séptimo paso es hacer que el gran grupo se divida en subgrupos y que cada uno de éstos elabore una matriz ideal. Con base en las discusiones, los debates acalorados y los aparentes acuerdos del paso seis, cada grupo crea una sola matriz en la cual indica su solución ideal a la asignación de responsabilidades y rendición de cuentas con respecto a las actividades relacionadas con el desarrollo del nuevo producto. Cada grupo, a su turno, presenta su matriz a todos los participantes y pueden entonces abordarse y debatirse las diferencias y similitudes entre los grupos.

8. El octavo paso es crear una matriz de responsabilidades a partir de las presentaciones de los distintos grupos. Esto se hace públicamente y la meta del facilitador es lograr un acuerdo sobre las responsabilidades y la rendición de cuentas asignadas para el desarrollo del nuevo producto. La culminación exitosa de este paso da como resultado una matriz o un enfoque unificado sobre el desarrollo del producto. Con esto concluido y habiendo llegado a un acuerdo sobre la producción, queda completo el trabajo de la negociación de responsabilidades y funciones.

9. En la compañía de la cual se tomó este ejemplo, los gerentes agregaron un paso adicional: la publicación de una *Guía para el desarrollo de nuevos productos*. Dicho manual se convirtió en libro de referencia y estableció qué debía hacerse, por parte de quién y cuándo, para el desarrollo de nuevos productos, así como quién era responsable de cada paso a lo largo del proceso.

Con posterioridad a la elaboración de la guía aumentó de manera significativa el desarrollo real de nuevos productos y se fortaleció la posición competitiva de la compañía. Su estrategia de diferenciación se ejecutó nuevamente con resultados favorables: "La prueba del postre se da al probarlo", y la prueba de cualquier proceso está en sus resultados. Felizmente, el proceso funcionó en la compañía.

En resumen, es importante aclarar las funciones y las responsabilidades relacionadas con los resultados estratégicos deseados. Sin tal aclaración y sin la asignación inequívoca de responsabilidades en cuanto a tareas, decisiones o acciones cruciales, no puede tener lugar la ejecución de la estrategia. Tales deficiencias son causa de importantes problemas, como señalaron con toda claridad los gerentes que participaron en las encuestas de Wharton.

La falta de claridad en cuanto a la responsabilidad y la rendición de cuentas sobre las decisiones y acciones de ejecución pueden matar un proceso de ejecución bien pensado en todos los demás aspectos. Los gerentes interesados en lograr que la estrategia funcione sencillamente no pueden permitir que esta situación se presente. La responsabilidad por las decisiones y acciones relacionadas con la ejecución debe asignarse y entenderse de manera clara.

RESUMEN

De este capítulo pueden extraerse tres grandes conclusiones principales. Cada una de ellas constituye un aspecto importante de la integración estructural y es crucial para lograr que la estrategia funcione.

1. Es necesario definir la interdependencia antes de elegir o invertir en métodos de coordinación. Los tres tipos de interdependencia —autónoma, secuencial y recíproca— exigen distintos métodos o procesos para lograr la integración necesaria para la ejecución de la estrategia.

   La adición de este capítulo sobre integración a los anteriores sobre estrategia y estructura organizacional sugiere un proceso que todos los gerentes pueden seguir al diseñar métodos de coordinación o integración:

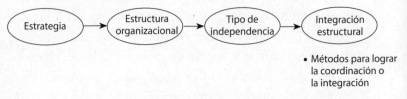

La estrategia afecta la estructura, la cual, a su vez, determina el tipo de interdependencia de que se trate y los métodos necesarios para lograr una coordinación y unos flujos de información eficaces. Seguir este proceso ayudará a definir los métodos de coordinación adecuados para hacer que la estrategia funcione.

2. El intercambio de información, la transferencia de conocimiento y la comunicación eficaz son vitales para la ejecución. En verdad, el intercambio de información deficiente o inadecuado fue calificado por los gerentes participantes en las encuestas de Wharton

como significativo obstáculo para la ejecución de la estrategia. Este capítulo tuvo en cuenta muchos de los factores formales e informales que afectan la comunicación y la transferencia de conocimiento entre los responsables de hacer que la estrategia funcione. Los gerentes tienen a su disposición toda una serie de métodos o procesos formales, entre ellos el uso de bases de datos, los procesos informáticos, las funciones formales y las estructuras matriciales.

Concentrarse en lo formal, sin embargo, no es suficiente. Los métodos o procesos informales pueden ayudar o inhibir el funcionamiento de los métodos formales para lograr el intercambio de información y la transferencia de conocimiento. Utilizar contactos informales, una comunicación directa y un "lenguaje común" (metas e indicadores claros y acordados) facilita la comunicación. Las características de los emisores y los usuarios del conocimiento, el tipo de información que se transfiera y el contexto en el cual tiene lugar el intercambio de información se confabulan para facilitar o bloquear la comunicación necesaria para lograr que la estrategia funcione.

3. Finalmente, para que la ejecución funcione, todas las responsabilidades y la rendición de cuentas relacionadas con las decisiones y acciones cruciales deben ser claras e inequívocas. Todos los gerentes comprometidos en el proceso de ejecución deben entenderlas. Sin claridad en las responsabilidades y en la rendición de cuentas, la coordinación y la cooperación eficaces simplemente no tienen lugar. Por lo tanto, aclarar las responsabilidades y la rendición de cuentas es vital para el éxito de la ejecución.

Una manera de enfrentar el problema es mediante el uso de técnicas de determinación de responsabilidades y negociación de funciones. Este capítulo presentó un ejemplo real dando una mirada a la necesidad estratégica de desarrollar nuevos productos y a cómo la determinación de responsabilidades puede ayudar a satisfacer las exigencias de dicha necesidad. Se indicaron en el capítulo los pasos de la determinación de responsabilidades y la negociación de funciones, junto con su lógica y utilidad subyacentes.

Los gerentes que se concentren en los tres grandes temas presentados en este capítulo generan una estructura y unos métodos de integración que apoyan la ejecución de la estrategia. Otro aspecto, mencionado pero no analizado con profundidad en el capítulo, es la importancia de los incentivos y los controles para la estructura operativa y para hacer que la estrategia funcione. En consecuencia, éste será el tema del siguiente capítulo, en el cual continuaremos viendo los modos de ejecutar la estrategia de manera exitosa.

NOTAS

1. "Boeing is Merging Businesses Dealing with Space, Military", *The Wall Street Journal*, 12 de marzo del 2004.

2. "At Shell, Strategy and Structure Fueled Troubles", *The Wall Street Journal*, 12 de marzo del 2004.

3. Michael Porter, "What is Strategy?" *Harvard Business Review*, noviembre-diciembre de 1996.

4. Las formas de interdependencia definidas en este capítulo fueron presentadas originalmente por James D. Thompson en *Organizations in Action* (McGraw-Hill, 1967). Evidentemente siguen siendo útiles para la comprensión plena de la interdependencia y la necesidad de mecanismos o procesos de coordinación adecuados.

5. "GE Chief is Charting His Own Strategy", *The Wall Street Journal*, 28 de septiembre del 2003.

6. Un buen análisis del "ejercicio" y otros programas de Jack Welch en GE se encuentra en Amir Hartman, *Ruthless Execution*, Financial Times/Prentice Hall, 2004, pp. 53-69.

7. Un completo análisis de la matriz diamante y la estructura matricial se halla en los siguientes textos: Jay R. Galbraith, *Designing Complex Organizations*, Addison-Wesley, 1972; L. G. Hrebiniak y William Joyce, *Implementing Strategy*, Macmillan, 1984; Davis y Paul Lawrence, *Matrix*, Addison-Wesley, 1978.

8. Gabriel Szulanski, "Exploring Internal Stickiness: Impediments to the Transfer of Best Practice Within the Firm", *Strategic Management Journal*, Vol. 17, 1996.

9. W. M Cohen y D. A Levinthal, "Absorptive Capacity: A New Perspective on Learning and Innovation", *Administrative Science Quarterly*, Vol. 35, 1990.

10. La determinación de responsabilidades y el proceso de negociación de funciones se definen y analizan en obras anteriores como las siguientes: L. G. Hrebiniak y W. F. Joyce, *Implementing Strategy*, Macmillan, 1984; Jay Galbraith, *Designing Complex Organizations*, Addison-Wesley, 1973.

6

Incentivos y controles: Apoyo y refuerzo de la ejecución

Introducción

El último elemento del modelo de ejecución presentado en el capítulo 2 es el de los incentivos y los controles. Ambos afectan la ejecución de las estrategias. Los incentivos motivan el comportamiento hacia fines o acciones coherentes con los resultados deseados de la ejecución. Los controles proporcionan retroalimentación sobre el desempeño, refuerzan los métodos de ejecución, proveen un mecanismo "correctivo" y hacen posible el aprendizaje y la adaptación organizacionales.

Los gerentes participantes en las encuestas Wharton-Gartner y Wharton de educación ejecutiva no señalaron los incentivos y los controles como grandes dificultades para la ejecución en sus compañías. Sin embargo, las respuestas abiertas y las discusiones del panel anotadas en el capítulo 1 identificaron varios problemas en estos campos, y muy particularmente en el de los controles.

Este capítulo se concentra en los principales dilemas o problemas identificados en las encuestas y en la manera como éstos están relacionados con el modo de hacer que las estrategias funcionen.

LA FUNCIÓN DE LOS INCENTIVOS Y LOS CONTROLES

Los incentivos y los controles figuran en el último lugar del flujo de las decisiones y acciones de ejecución porque es allí donde deben estar. Crear estrategias, estructuras, mecanismos de integración, métodos de transferencia de conocimientos y objetivos de corto plazo sólidos es necesario para la ejecución. Tales pasos, sin embargo, no son suficientes. También es necesario asegurarse de que las personas estén motivadas y comprometidas para hacer que las estrategias funcionen. Igualmente, es necesario que la organización tenga la capacidad de cambiar y adaptarse si la retroalimentación revela problemas con las decisiones, las acciones o los métodos de ejecución.

La ejecución fracasa si nadie tiene sus propios intereses en juego. La ejecución se perjudica si se premia a las personas por hacer lo indebido: comportamientos y acciones que no guarden coherencia o sean perjudiciales para los resultados deseados de la ejecución. Es así de sencillo: los incentivos deben apoyar aspectos clave del proceso de ejecución. De manera creciente, las compañías despiden a los directores ejecutivos o cambian sus planes de incentivos debido a que no se cumplen objetivos estratégicos o no se logran resultados con la ejecución[1].

Los controles también son vitales para el éxito de la ejecución. Permiten a los gerentes evaluar los esfuerzos de ejecución y efectuar los cambios necesarios. Los sistemas o métodos de control "redondean" los procesos de ejecución al (a) proporcionar retroalimentación o información con respecto al desempeño frente a los objetivos de ejecución, (b) reforzar los métodos y las decisiones de ejecución, (c) proporcionar un mecanismo correctivo para mantener en marcha el proceso de ejecución y (d) hacer posible el aprendizaje organizacional para facilitar el cambio y la adaptación organizacional. En este enfoque sobre cómo hacer que las estrategias funcionen, estos cuatro elementos definen los "controles".

El foco de atención de este capítulo son los incentivos y los controles y la manera como afectan la ejecución. Comencemos por el examen de los incentivos

LOS INCENTIVOS Y LA EJECUCIÓN

Mucho se ha escrito sobre los incentivos y la motivación para que los individuos se desempeñen adecuadamente. Distintos campos de estudio, entre ellos la psicología y la administración, nos han saturado con incontables ideas sobre los vínculos entre el trabajo, la motivación y el esfuerzo en el trabajo. Intentar resumir esta vasta literatura sería tarea imposible, que no se intentará en este análisis. En su lugar, nos concentraremos en algunos aspectos cruciales relacionados con los incentivos, pero antes presentaremos un argumento básico sobre la motivación y los incentivos proporcionado por gerentes comprometidos activamente en el proceso de ejecución.

UNA REGLA BÁSICA: NO *DESMOTIVE* A LAS PERSONAS

La realidad esencial subyacente en la mayoría de organizaciones es que los individuos desean desempeñarse bien. Los gerentes están motivados para buscar y obtener resultados positivos. Tienen una gran necesidad de logro, la cual los motiva a fijar objetivos desafiantes y trabajar intensamente para alcanzarlos[2]. Toda regla tiene sus excepciones, desde luego. Aun así, virtualmente todos los gerentes que he conocido tienen este impulso hacia el éxito, esa necesidad de logro. Las organizaciones usualmente contratan buenos individuos, motivados para el buen desempeño.

La regla básica al desarrollar y utilizar incentivos es, entonces, la siguiente: *No desmotive a las personas*. No mate, castigue o perjudique a la gallina de los huevos de oro, al gran realizador. La mayoría de gerentes quiere desempeñarse bien. Ayúdeles a lograrlo.

Los incentivos alimentan y guían esta motivación básica. No la causan o crean. Los buenos gerentes desean el logro. El papel desempeñado por los incentivos es apoyar esta motivación básica e impulsarla en una dirección que facilite la ejecución de las estrategias.

La ejecución sufre primordialmente a causa de dos problemas interrelacionados. En primer lugar, si los incentivos no apoyan lo adecuado, la motivación básica subyacente de los gerentes se ve impulsada en una dirección equivocada y actúa contra la ejecución exitosa. Los individuos de alto desempeño responden a los incentivos; es vital, por lo tanto, que éstos respalden los comportamientos y resultados deseados relacionados con la ejecución.

En segundo lugar, los incentivos insuficientes desmotivan a los empleados, incluso a quienes tienen una alta necesidad de logro. El primer problema mencionado ayuda a fortalecer la motivación pero la desvía hacia una dirección equivocada. El segundo problema tiene como resultado un efecto adverso sobre la motivación. Los incentivos inadecuados hacen perder interés a los empleados y perjudican gravemente su motivación e impulso hacia la excelencia.

Estos problemas son fundamentales e importantes. Deben tenerse en mente al examinar los incentivos y controles y sus efectos en la ejecución.

BUENOS INCENTIVOS

Construyamos sobre estos puntos básicos y comencemos por hacer hincapié en que existen muchos tipos diferentes de incentivos, pero que unos son mejores que otros.

Por lo general, los buenos incentivos son positivos y se presentan en dos formas: la utilitaria y la psicológica. La primera comprende cosas de valor extrínseco (salarios, primas, ascensos), mientras que la segunda es más intrínseca o personal (autonomía, disfrute del trabajo, identificación psicológica con el empleo o sus resultados). Por supuesto, muchas recompensas participan de las dos formas, como cuando alguien recibe una felicitación o cualquier otro tipo de reconocimiento por un trabajo bien hecho, lo cual ciertamente es también un buen augurio para la perspectiva de un buen aumento de salario o un ascenso futuro.

Todo mundo conoce la importancia de las recompensas utilitarias. La opinión del director ejecutivo de Nucor de que "la motivación es verde" (aludiendo al color de los dólares) no necesita interpretación. La sentencia de Robert Wood Johnson, de Johnson & Johnson: "Haga ricos a sus altos ejecutivos y ellos lo harán más rico a usted" es perfectamente clara en su significado, como también lo es la afirmación de un gerente participante en un programa de Wharton en el sentido de que "el dinero es crucial, tanto por sí mismo como por ser una forma de llevar el puntaje".

El último aspecto en verdad pone de presente el lado psicológico de los incentivos. "Llevar el puntaje" alude a la posición relativa frente a los pares o colegas. Los aumentos de salario y los ascensos les indican a los empleados cómo marchan y cuál es su valor para la organización, lo cual da claramente como resultado percepciones de autovaloración, influencia y logro.

Para nuestros efectos, lo que sugieren los mencionados gerentes es que los buenos incentivos son importantes para la ejecución estratégica. ¿Qué define "lo bueno"? A continuación se presentan algunas opiniones e ideas subrayadas en las encuestas o en mis propias experiencias en cuanto a la ejecución.

Los buenos incentivos están ligados a objetivos estratégicos u objetivos de corto plazo derivados de la estrategia. Para que la ejecución sea eficaz, deben reforzarse y premiarse los objetivos estratégicos, especialmente en los niveles organizacionales más elevados. En todos los niveles, los incentivos deben apoyar objetivos de corto plazo que estén relacionados de manera lógica con fines estratégicos de largo plazo (ver capítulo 3).

Un número cada vez mayor de directores ejecutivos, por ejemplo, acepta (o se ve forzado a aceptar) acuerdos sobre incentivos que se concentran en el desempeño de la compañía y en el valor para los accionistas. Jeffrey Immelt, de General Electric, transfiere opciones de compra de acciones y acciones restringidas por "unidades de participación accionaria por desempeño". Éstas sólo se convertirán en acciones si se cumplen las metas de desempeño relacionadas con el valor para el accionista y el flujo de caja. Paul Anderson, de Duke Energy, aceptó un contrato gracias al cual se le paga exclusivamente con acciones, disposición que se concentra en el crecimiento del valor para los accionistas. Otros ejemplos de la vinculación de los incentivos al desempeño estratégico pueden verse diariamente en la prensa económica.

La popularidad de programas como *el cuadro de mando integral* también indica que se están haciendo esfuerzos por asegurar que las mediciones de desempeño de corto plazo sean coherentes con los resultados estratégicos deseados. Tales métodos ponen énfasis en que los objetivos de corto plazo y los incentivos deben estar relacionados con la ejecución de importantes objetivos estratégicos de largo plazo. El "pensamiento estratégico" supone la integración de necesidades de largo y corto plazo, y los incentivos desempeñan un papel importante en esta tarea de integración.

Los buenos objetivos son mensurables. Los gerentes que toman parte en la ejecución insisten en saber si han logrado algo valioso. Esta retroalimentación o reconocimiento de valor es coherente con una alta necesidad de logro. Los objetivos, por tanto, deben ser mensurables. Los objetivos de ejecución relacionados con la estrategia y que no sean mensurables no transmiten sentido alguno de logro. Asimismo, conducen a distintas interpretaciones en cuanto a lo que realmente se logra. Unos indicadores claros y previamente acordados son cruciales para reforzar el desempeño adecuado asociado con la ejecución.

Los indicadores de corto plazo también deben ser pertinentes y significativos para el éxito de la estrategia. Trabajaba yo con el director ejecutivo de una pequeña compañía de servicios de Internet. Según él, entre sus mayores problemas de ejecución estaba el de convertir la estrategia de la compañía en objetivos mensurables y de corto plazo. La estrategia se concentraba en la diferenciación dentro de un mercado hostil y competitivo. Los elementos de diferenciación comprendían aspectos técnicos y de servicio al cliente. ¿Cuál era el problema? Obtener resultados mensurables sobre los cuales estuvieran de acuerdo y se entusiasmaran tanto los empleados como los clientes. Los técnicos solían preferir indicadores de desempeño aptos para los obsesivos de la informática, que los clientes no entendían. Estos últimos, por el contrario, deseaban resultados claramente vinculados con ventajas de la vida real, como precios reducidos y programas que les ayudaran con sus clientes.

Los dos puntos de vista debían conciliarse. En primer lugar, en correspondencia con los análisis de la sección anterior, las estrategias debían convertirse en indicadores de corto plazo. En segundo lugar, tales indicadores debían ser mensurables, pertinentes y significativos tanto para los clientes como para los técnicos. Si lo que entusiasma y anima a los técnicos desmotiva a los clientes, seguramente se presentará un problema en la ejecución de la estrategia. Después de mucho trabajo, los problemas de pertinencia, significación y mensurabilidad se resolvieron y los indicadores de corto plazo sirvieron de apoyo a la estrategia de la compañía.

Los buenos objetivos facilitan la rendición de cuentas. La rendición de cuentas es realmente un problema de control y se examinará de nuevo más adelante en este capítulo, pero el último aspecto relativo a la mensurabilidad exige que se le mencione aquí.

Cuando los programas de ejecución fracasan o tambalean, los gerentes suelen quejarse de que la rendición de cuentas sobre desempeño por objetivos es débil o inexistente. ¿Cuál es su consejo? Asegurarse de que los objetivos midan algo de valor y hacer responsables a los gerentes del desempeño medido por tales indicadores.

La ejecución se ve bastante perjudicada si no se utilizan indicadores de desempeño como base para establecer la responsabilidad y la rendición de cuentas de la gerencia. La mensurabilidad y la rendición de cuentas son aspectos vitales que abren la senda de la ejecución exitosa, como indica lo siguiente:

Objetivos ⟶ Rendición de cuentas sobre ⟶ Éxito en
mensurables   desempeño según objetivos   la ejecución

Sin rendición de cuentas, los individuos nunca podrán sentir que realmente toman parte en el juego. Sin una clara rendición de cuentas, los aspectos de motivación de los incentivos se ven en esencia frustrados o quedan destruidos. Si no se presta atención a la rendición de cuentas y la manera como ésta refuerza los objetivos deseados, los planes de ejecución se ven afectados porque las personas no saben quién está haciendo qué, dónde y por qué, lo cual conduce a que se pierda la concentración en los esfuerzos de ejecución.

Los buenos objetivos nunca son del tipo "todo o nada", blancos o negros, o reflejo de alguna otra distinción binaria. Por el contrario, hacen referencia al grado de logro dentro de un continuo de desempeño.

Hace algunos años trabajé como gerente regional de campo en el área de marketing de Ford Motor Company. Tenía claros objetivos de ventas de automóviles y camiones medianos y ligeros. Cada diez días se juzgaba si había logrado o no mis objetivos. La respuesta siempre era "sí" o "no", "blanco o negro". No existía ningún tipo de "aproximación" y lograr el 99,5% era un fracaso, mientras el 100% era un éxito. Incluso si el 99% significaba una derrota aplastante para Chevrolet (una de las metas estratégicas más importantes) nunca "triunfaba". En otras palabras, fracasaba en la ejecución.

El efecto de este enfoque de "todo o nada" sobre la motivación es obvio. Siempre me aseguraba de lograr mis objetivos. En el planeamiento apuntaba hacia metas bajas con el fin de garantizar que fácilmente pudiera lograr los objetivos. Cuando la respuesta a una pregunta sobre desempeño exitoso es "sí" o "no", la persona trata de asegurar el éxito apuntando hacia lo más bajo y no hacia lo más alto. Si las consecuencias sobre quienes "no lo logran" son funestas, el énfasis puesto en el juego bajo se hace aun más fuerte, lo cual afecta negativamente la motivación, la

ejecución y la realización de importantes objetivos estratégicos y de corto plazo.

Los buenos objetivos no son binarios, blanco o negro.
Reflejan el grado de desempeño frente a algún parámetro
continuo. Piénsese en esta sencilla gráfica:

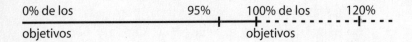

Si alguien logra el 95% de sus objetivos, ¿fracasó
(blanco contra negro)? No necesariamente. Deben tenerse
en cuenta otros factores. Si en Ford yo lograba un 95%,
pero mi homólogo de Chevrolet en la misma región al-
canzaba sólo el 75%, permitiéndome ganar participación
en el mercado, ¿debería obligárseme a aceptar el título de
fracasado? Estoy de acuerdo en que no debería recibir la
misma recompensa que un colega que lograra el 120% en
importantes objetivos y que también derrotara a Chevrolet; es claro que él me superara en desempeño. Aun así,
tildar sistemáticamente de fracaso todo aquello inferior al
100% y no ir más allá de juicios simplistas de blanco o
negro, bueno o malo, con seguridad lleva a hacer jugadas,
a lanzar bolas bajas y a la manipulación de los datos. Emplear objetivos e incentivos de manera tan anodina genera
reacciones que no corresponden al éxito de la ejecución.

PREMIE LO ADECUADO

Nuevamente, las opiniones de los gerentes participantes en
la ejecución y mi propia experiencia tienen gran peso a este
respecto. Si los planes estratégicos señalan la importancia
de algo, pero los incentivos recompensan otra cosa muy
distinta, es evidente que la ejecución sufre. Es una necedad
aspirar a una cosa y premiar otra. La ejecución eficaz exige
que se corrija esta tontería. Los incentivos deben apoyar

decisiones o comportamientos coherentes con el plan de ejecución de la organización.

Son innumerables y legendarios los relatos sobre controles de costos en Wal-Mart: los gerentes comparten habitaciones de hotel para ahorrar dinero; se pide a los empleados llevar a la oficina los bolígrafos y el papel de notas de los congresos a los cuales asisten; las llamadas a los proveedores de quienes hacen las adquisiciones en Wal-Mart son por cobrar; y las pérdidas de elementos se cobran a los empleados, lo cual, en efecto, los motiva a *no* robar.

No se trata aquí de saber si los relatos sobre control de costos que han surgido sobre Wal-Mart a lo largo de los años son o no ciertos. El punto real subyacente a tales historias, scan hechos verdaderos o producto del folclore, es que los empleados de Wal-Mart creen que la frugalidad debe ser omnipresente y es buena. Los controles de costos son deseables y todas las personas vinculadas a la compañía deben preocuparse por ellos. La estrategia exige que se ponga énfasis en los costos bajos, que es lo que se debe incentivar y reforzar. En verdad, las acciones son más elocuentes que las palabras. Es entonces importante reconocer y recompensar las acciones adecuadas.

Recompense el desempeño sobre objetivos acordados. Lo esencial aquí es evitar sorpresas. Es necesario desarrollar y aclarar desde el principio unos objetivos que se relacionen con los resultados de ejecución deseados, y las evaluaciones del desempeño deben centrarse en estos indicadores acordados. Así, pueden forjarse vínculos entre las recompensas y el desempeño de manera sistemática e inequívoca.

Lo que no debe suceder es una elección arbitraria de mediciones de desempeño después del hecho. Los buenos líderes no fomentan arbitrariedades. Un gerente de ventas responsable del aumento del volumen de ventas y la participación en el mercado piensa que se ha desempeñado bien, y luego se le reprende por los márgenes bajos. Un jefe del área de ingeniería se concentra en mejorar la calidad de un producto, aumentando así la satisfacción del cliente, pero se le previene sobre los aumentos de los costos en su departamento y las futuras y nefastas consecuencias si los costos no se reducen.

Debe establecerse desde el principio la importancia relativa de objetivos que pueden entrar en conflicto en el proceso de ejecución; los indicadores para evaluar el desempeño no pueden escogerse arbitrariamente después del hecho. Si para el gerente de ventas es importante preocuparse simultáneamente por la participación en el mercado *y* los márgenes, debe decirse esto desde un principio cuando se negocian los objetivos relacionados con la ejecución. Debe establecerse la relación deseada entre el volumen de ventas y los márgenes. Si los costos proporcionan una limitación necesaria sobre el mejoramiento de la calidad o la satisfacción del cliente, desde el comienzo, antes de ejecutarse los planes de acción para lograr objetivos departamentales, debe aclararse este hecho al jefe de ingeniería.

Los gerentes nos dicen aquí algo básico: Evite sorpresas y cambios arbitrarios en los criterios de desempeño después del hecho. No hay nada peor que celebrar el éxito frente a ciertos indicadores para luego saber que hubo falta absoluta de desempeño en cuanto a otros objetivos no especificados de antemano.

Un último punto: Las organizaciones siempre obtienen aquello por lo que "pagan". Los gerentes pueden aspirar a que se produzcan ciertos comportamientos o resultados. Sin embargo, si la organización realmente recompensa comportamientos o resultados distintos, lo que se espera o se desea nunca se verá materializado. El éxito en la ejecución depende en gran medida de este sencillo hecho de la vida organizacional: las organizaciones siempre obtienen aquello que premian, aquello por lo que pagan o que refuerzan, incluso si algunas veces no lo buscaban o no lo esperaban.

El mensaje subyacente en todos estos ejemplos es que, sencillamente, las organizaciones deben recompensar lo adecuado. Recompensar lo inadecuado, aunque se haga de manera no intencional, perjudica el proceso de ejecución. La antigua ley del efecto de Thorndike se mantiene siempre vigente: Comportamiento que se refuerza tiende a repetirse[3]. Los líderes de los programas y procesos de ejecución deben tener claramente en mente este hecho y otros examinados en esta sección.

CONTROLES: RETROALIMENTACIÓN, APRENDIZAJE Y ADAPTACIÓN

El análisis de los incentivos ha señalado de manera reiterada la importancia de los controles, lo cual no debe sorprender. Los incentivos y los controles son interdependientes, dos caras de la misma moneda. Después de establecer objetivos y proporcionar incentivos para la ejecución, los controles entran en juego.

EL PROCESO DE CONTROL

Como muestra la figura 6.1, los controles ofrecen retroalimentación sobre el desempeño, refuerzan los métodos de ejecución, proporcionan un mecanismo "correctivo" y facilitan el aprendizaje y la adaptación organizacionales.

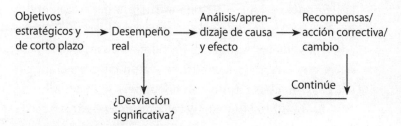

Figura 6.1 El proceso de control

El control comienza siempre con una comparación entre el desempeño real y el deseado, como lo indica la figura 6.1. Si existe una desviación significativa entre los dos, debe analizarse o estudiarse. La meta es la claridad de causa y efecto. Las preguntas que surgen son: ¿Qué causó la desviación? ¿Se debió a un traspié de la organización? ¿A acciones no previstas de los competidores? ¿A la existencia de capacidades inadecuadas o incentivos deficientes? El énfasis, obviamente, está puesto en el aprendizaje, al tratar los gerentes de diseccionar el problema y entender las razones lógicas que subyacen tras la significativa anomalía en el desempeño. Después de tener lugar el aprendizaje, pueden adoptarse medidas para proporcionar retroalimentación o corregir la situación, lo cual conduce al cambio y la adaptación organizacional.

Este cuadro del proceso de control es exacto pero es engañosamente sencillo. La verdad es que guarda algunas dificultades significativas para el proceso de ejecución. El liderazgo y una administración sólida son absolutamente esenciales para evitar estos obstáculos o problemas.

Oticon

Piense en el caso de Oticon, empresa danesa fabricante de audífonos. A principios de los años 90, su presidente y director ejecutivo, Lars Kolind, decidió que estaba hasta la coronilla de su estructura organizacional y del grado de especialización que tenía su compañía. Deseaba escapar de la jerarquía excesiva y de una estructura departamental o funcional que, presuntamente, creaba problemas, y dio un paso muy audaz. Aunque al principio los empleados pensaron que estaba bromeando, se dieron cuenta de que no era así, y muchos terminaron por apoyar lo que hizo[4].

Lo que hizo fue establecer una nueva estructura: la "organización espagueti". La tradicional estructura organizacional pasó de moda. Se puso de moda una estructura nueva y fluida, basada en la idea de un fondo fungible de capacidades o recursos humanos, de personas que podían elegir sus propios empleos y proyectos. Las tareas propias del empleo eran voluntarias. No había control gerencial formal, como lo había en el pasado, o había muy poco. Existía un grupo gerencial que evaluaba el avance de los proyectos escogidos, pero sin ejercer control sobre gastos y empleados.

Hubo otros cambios interesantes, por decir lo menos. Aspectos adicionales de la nueva organización eran la plantación de mil abedules y la eliminación total del papel. Los empleados pasaban de proyecto en proyecto, llevando consigo sus propios árboles, escritorios y archivos. Los proyectos exigían movimiento y ubicación física compartida. Este paso fue considerado beneficioso porque, entre otras cosas, dio como resultado una interacción informal y charlas entre empleados cuando se mudaban de lugar y se encontraban en las escaleras. (¡En Oticon, sólo los escritorios y archivos utilizan los ascensores!)

La nueva estructura y el nuevo proceso organizacional tenían un objetivo. Hubo un mejoramiento en la competitividad del 30% en 3 años, lo que dio el nombre de "Proyecto 330" a la ejecución de la "organización espagueti" y los pasos relacionados con ella. Muchas personas se entusiasmaron con su nueva organización, relajada y sin forma.

Los resultados, sin embargo, estuvieron lejos de ser felices. Las ventas netas en el año que siguió a los cambios aumentaron en un 5%, pero otros indicadores de desempeño no salieron tan bien. Los costos de producción crecieron significativamente, los gastos en investigación y desarrollo se incrementaron en casi un 90% y los gastos de ventas aumentaron en cerca del 15% en el mismo período. La compañía sufrió una pérdida neta. Igualmente, tuvo problemas de eficacia, pues un nuevo audífono negro (los productos de los competidores eran del color de la piel) para uso detrás de la oreja (no dentro de la oreja) no logró penetrar de manera competitiva en el mercado. La compañía, básicamente, experimentó un debilitamiento de la demanda de algunos de sus productos.

¿Qué salió mal en el experimento de Oticon? Hubo muchos problemas, pero concentrémonos en su lógica, en el desarrollo de objetivos cruciales y en otros aspectos de control señalados en la figura 6.1. Kolind estaba fastidiado y aburrido con la especialización y la estructura organizacional, pero ¿por qué? Oticon experimentaba problemas de desempeño. ¿Eran la especialización y la estructura por departamentos parte del problema y afectaba de manera negativa el desempeño? Nunca se estableció tal relación de causa y efecto, y sólo quedó implícita en las actividades desarrolladas por Kolind.

El objetivo fundamental —y el aporte clave al proceso de control— fue el aumento del 30% en la "competitividad" en tres años. Sin embargo, ¿qué es la competitividad y cómo se midió? Unos objetivos deficientes, incluidos aquéllos que son ambiguos, que no son mensurables o que están sujetos a diversas interpretaciones, ponen desde el principio en tela de juicio el proceso de control cuando se compara el desempeño real con el deseado (ver figura 6.1). Además, la pertinencia de los objetivos de desempeño puede cuestionarse sin explicación previa de los pasados problemas en tal sentido de Oticon.

Por último, ¿qué causó el bajo desempeño de Oticon después de los cambios? ¿Pueden inferirse del experimento de Oticon relaciones claras de causa-efecto que conduzcan al aprendizaje organizacional y produzcan cambios en el futuro? En verdad, ¿hubo suficiente aprendizaje en el pasado para justificar el Proyecto 330, el establecimiento de objetivos de rehabilitación y un plan de ejecución basado en la "organización espagueti" y otros cambios organizacionales mencionados con anterioridad?

El caso de Oticon señala problemas importantes relacionados con la ejecución del control y el desempeño organizacional. Antes de examinarlos con mayor detalle, veamos dos casos contrastantes.

Circuit City

En contraste con la relajada "organización espagueti" de Oticon, Circuit City se basa en un modelo de control y ejecución más estructurado. Su organización depende principalmente del desempeño sistemático y disciplinado y de un proceso de control que apoya sus operaciones.

La estrategia de Circuit City se concentró en un principio en convertirse en una compañía de ventas en gran escala de costosos bienes de consumo, con el énfasis puesto en el bajo costo, una gran selección de productos y un buen servicio al cliente. También quiso llevar coherencia a tiendas que cubrían una extensa gama geográfica. La gerencia quería que la compañía, aunque fuera grande, funcionara sin contratiempos y que cada tienda hiciera lo mismo y operara de manera casi automática pese a las diferencias en cuanto a ubicación geográfica. La estrategia, entonces, impulsó la coherencia y la disciplina, lo cual afectó al proceso de control representado en la figura 6.1.

Los objetivos por tienda reflejaban una estrategia basada en precios, en la selección y en la satisfacción del cliente. Los gerentes de tienda disfrutaban de alguna discreción en sus operaciones, pero se les hizo responsables del desempeño de su tienda y de permanecer dentro de los límites de los métodos de Circuit City. La responsabilidad era clara y estaba controlada por las metas de la corporación. Los gerentes eran responsables de su desempeño.

El desempeño real de las tiendas se comparaba con metas, y el énfasis puesto por la compañía en la coherencia y las rutinas aseguró que cualquier desviación fuera analizada y corregida con rapidez y prontitud. Su coherente

modelo empresarial y su enfoque sobre las ventas minoristas permitieron a la compañía entender las razones del
buen o el mal desempeño, lo cual facilitó el aprendizaje y
la adaptación organizacional a lo largo del tiempo en un
mercado muy competitivo.

Mientras que Oticon era relajada y prácticamente
amorfa, con poca coherencia y disciplina, Circuit City fue
lo opuesto, un modelo de crecimiento controlado y coherencia en las operaciones. Evaluar y entender las anomalías en el desempeño fue evidentemente más difícil para
Oticon que para una compañía como Circuit City, con su
adhesión a las rutinas y las operaciones controladas.

El sector de la impresión rápida

Interesantes investigaciones sobre la industria de la impresión rápida y las fotocopiadoras ilustran la importancia de
la administración y los controles. Un hallazgo es particularmente significativo y revelador.

Al parecer, los "inconformes", empresarios que, después de haber sido parte de una compañía de impresión
rápida y de fotocopiado deciden dejar el redil corporativo
para aventurarse por sí solos, tienen un desempeño mucho
más deficiente que las tiendas que permanecen unidas a la
corporación. Tales inconformes aprenden el negocio y las
rutinas operativas mientras tienen la franquicia de la compañía, pero parecen olvidar y cambiar sus métodos cuando
se vuelven independientes y esto perjudica su desempeño.
El negocio y la tecnología no han cambiado y la industria
de la impresión rápida no es una ciencia oculta. Por lo tanto, ¿qué sucede? ¿Qué explica estos resultados?

La respuesta más sencilla es el control por parte de la
gerencia. Cuando forman parte de la corporación como
poseedores de la franquicia, la alta gerencia impone sobre
ellos importantes rutinas y disciplina. Se asegura de que

se siga el modo de hacer las cosas de la compañía. Los objetivos son claros, se explican los métodos de operación y cualquier desviación de los procedimientos aprobados se corrige rápidamente por parte de la alta gerencia.

Son entonces la gerencia y los controles que impone los aspectos que marcan la diferencia. La imposición de disciplina por parte de la alta gerencia y el seguimiento de rutinas o procedimientos operativos estandarizados afectaban de manera positiva el desempeño de quienes tienen las franquicias. Los inconformes que se independizan y rechazan la presión de las rutinas y de los métodos empresariales comprobados en favor de sus propios métodos y enfoques no salen tan bien librados como los poseedores de franquicias que deciden quedarse.

En el negocio de la impresión rápida, entonces, la administración marca la diferencia (¡un hallazgo con el cual todos nos identificamos!). La imposición y el uso de procedimientos estandarizados y la disciplina y coherencia que establecen evidentemente señala la diferencia en cuanto a desempeño. El énfasis puesto en un sistema de control basado en objetivos claros, rutinas comprobadas y un enfoque disciplinado y coherente sobre gerencia en todas las localidades dentro de un sector relativamente estable recuerda los métodos de Circuit City, pero está muy alejado del modelo empresarial amorfo y vagamente controlado de Oticon.

Tratemos ahora de extraer de los ejemplos anteriores algunos principios generales de control y relacionémoslos con el proceso que aparece en la figura 6.1. Al combinar estos casos con las experiencias de gerentes en ejercicio examinadas en la investigación del capitulo 1, la meta es entender el control, incluido lo que se debe y lo que no se debe hacer, y qué funciona y qué no. Veamos algunas pautas para el buen control.

DESARROLLE Y USE BUENOS OBJETIVOS

Unos objetivos deficientes pueden perjudicar el proceso de control y de inmediato condenar los esfuerzos de ejecución. Si los objetivos no son mensurables, la comparación entre el desempeño real y el deseado que señala las primeras etapas del modelo de control de la figura 6.1 es problemática y en extremo subjetiva o arbitraria, en el mejor de los casos. Si los objetivos no se relacionan de manera lógica con la estrategia o con los problemas estratégicos que necesitan solucionarse, los objetivos no son pertinentes o no vale la pena lograrlos.

Los buenos objetivos estratégicos y de corto plazo dependen de un planeamiento sólido. Los objetivos deben relacionarse de manera lógica con la definición de necesidades estratégicas y problemas de corto plazo que requieren atención. Los objetivos tanto de Circuit City como del sector de la impresión rápida en el nivel operativo estaban estrechamente vinculados con la estrategia y las necesidades fundamentales, pero no puede decirse lo mismo sobre Oticon.

Los buenos objetivos ponen énfasis en lo adecuado. Los objetivos deficientes pueden reforzar lo inadecuado. De igual manera, con objetivos deficientes no se forja ni queda en claro el vínculo entre indicadores de desempeño e incentivos. Oticon en efecto tenía un sistema de evaluación del desempeño de clasificación forzosa, en el cual la mayoría de empleados recibía aumentos y unos pocos no, pero el vínculo entre los objetivos declarados de la compañía y la evaluación del desempeño no era claro. Dicho vínculo aparentemente se forjó mucho mejor en Circuit City y en las firmas del sector de la impresión rápida y el fotocopiado, donde los controles gerenciales y las evaluaciones del desempeño ponían énfasis en la coherencia, la disciplina y en premiar lo adecuado.

Los objetivos deficientes perjudican los controles. Sin objetivos claros, pertinentes y mensurables, el proceso de control basado en la comparación entre el desempeño real y el deseado sencillamente no puede comenzar a funcionar. No pueden identificarse las desviaciones significativas de las metas y el aprendizaje, y la adaptación organizacional sencillamente no es posible.

PREMIE A LOS REALIZADORES

Para que la ejecución funcione es imprescindible que la organización recompense a los realizadores.

Los incentivos deben motivar el desempeño hacia los resultados deseados. Esperar una cosa y recompensar otra es confuso y equivocado. De la misma manera actúa el descuido del desempeño sólido. El proceso de ejecución sufre si no se reconoce o recompensa a los emprendedores. Es crucial que la organización celebre el éxito y premie a quienes ayudaron a lograrlo.

Este solo hecho puede hacer posible o anular el proceso de control y los intentos de ejecución. El modelo de ejecución presentado en el capítulo 2 analiza varias decisiones o acciones importantes que son vitales para el proceso de ejecución. Los individuos se comprometen a hacer que la estrategia funcione y los incentivos garantizan que aquéllos tomen parte en el juego.

El siguiente aspecto absolutamente crucial es que la organización celebre el éxito. Debe reconocerse a quienes se desempeñan adecuadamente, y su comportamiento y resultados deben reforzarse. Es absolutamente esencial que se recompense a los realizadores como parte del mecanismo de retroalimentación señalado en la figura 6.1.

Los gerentes me han puesto el énfasis en este aspecto una y otra vez, y me han señalado que, tan básico como es, se viola con la suficiente frecuencia como para convertirse en problema de ejecución. Su afirmación refuerza el argumento básico que se expone aquí: Recompense a los realizadores. Ofrezca retroalimentación positiva a los responsables del éxito en la ejecución y de hacer que la estrategia funcione.

ENFRENTE LOS HECHOS CRUELES CON FRANQUEZA

Jim Collins pone énfasis en que las "grandes" compañías de su muestra siempre enfrentaban los hechos crueles de manera abierta y franca[5]. Yo no podría estar más de acuerdo con este aspecto del control. Los gerentes participantes en mis encuestas, como los de Collins, hablaron de modo abierto y convincentemente sobre la necesidad de llevar a cabo autopsias cuando las cosas salían mal. Las autopsias son coherentes con el análisis de las desviaciones significativas y la necesidad de aprendizaje y retroalimentación, aspectos importantes del modelo de control de la figura 6.1.

Una gran fortaleza de General Electric que observé una y otra vez, especialmente en sus sesiones de "ejercicios", era la capacidad de hacer frente abiertamente al desempeño deficiente. Los "ejercicios" solían ser sesiones ruidosas y pendencieras, pero el principio subyacente que orientaba la discusión siempre era el mismo: hallar qué causaba un problema y eliminarlo. Concentrarse en el aprendizaje y el entendimiento sólo puede darse si las personas enfrentan los hechos crueles y hacen la disección de un problema.

Es triste que muchos gerentes en realidad no quieran escuchar la verdad o enfrentar los hechos crueles abiertamente, aunque esto sea precisamente lo que más ayude a sus compañías. Un analista industrial me dijo hace poco que muchas compañías con las cuales tiene que ver nunca aceptan la cruda realidad de que su desempeño en ciertas tareas de ejecución es espantoso, aun cuando tales debilidades pudieran sembrar las semillas del bajo desempeño e incluso de la destrucción de la compañía. Tales compañías quieren que los analistas pasen por alto las malas nuevas, incluso el bajo desempeño comparado con el de los competidores, y que informen sólo lo bueno, aunque esto comprometa su credibilidad. Éste puede ser un caso especial que combina la despiadada honestidad, la ética, el precio de las acciones y la valoración en el mercado. Aun así, evitar la cruda realidad en los sistemas de control sólo lleva a una mala ejecución y a problemas de desempeño. Llevar a cabo autopsias ciertamente no es divertido, pero claramente es ingrediente esencial para que la estrategia funcione.

Las autopsias, desde luego, no producen aprendizaje ni cambio organizacional si las personas perciben que su propósito primordial es el de "encontrar algunos idiotas para culparlos del bajo desempeño y complacer a los dioses", como un gerente lo expresó acertadamente. La ejecución exige que los líderes y los seguidores se concentren en los problemas, enfrenten las deficiencias con honradez y una curiosidad sana, y se comprometan a aprender y cambiar. El énfasis debe estar puesto en la aceptación del error y en entenderlo, y no sólo en encontrar, convenientemente, a alguien a quien culpar o despedir.

Enfrentar los hechos crueles y aprender de ellos son aspectos integrales de una cultura disciplinada y orientada hacia el cambio. Tal disciplina ha caracterizado a compañías como Wal-Mart, Southwest Airlines, General Electric, Crown Holdings, Circuit City y las firmas de la industria del fotocopiado y la impresión rápida mencionadas antes, pero no a las compañías examinadas por mi amigo analista industrial. Hacer caso omiso de los hechos reales sólo puede ser perjudicial para la ejecución de la estrategia.

PREMIE LA COOPERACIÓN

Este aspecto se torna cada vez más importante y sigue de manera lógica a la afirmación anterior sobre la necesidad de premiar a los realizadores. El hecho es que las organizaciones premian mucho más el desempeño individual que el logro cooperativo, y esto puede ser perjudicial para la ejecución.

El mundo de la ejecución estratégica se hace cada vez más complejo, y suele suceder que la interdependencia de tareas sea alta. Deben combinarse y coordinarse los esfuerzos individuales en distintas áreas funcionales por lograr resultados positivos. Los esfuerzos cooperativos son necesarios para obtener resultados integrados, de acuerdo con el análisis de la interdependencia recíproca efectuado en el capítulo 5. Los esfuerzos individuales son desde luego importantes, pero en ocasiones las vitales para el éxito de la ejecución son la coordinación de tales esfuerzos y la cooperación entre diversas funciones o unidades.

El problema sale a flote cuando los incentivos reconocen y premian sólo el desempeño individual, y hacen caso omiso de la interdependencia y la cooperación en las tareas[6].

Los incentivos y las recompensas señalan a las personas qué es importante. Promueven ciertos comportamientos y no otros. Si los controles y la retroalimentación de la figura 6.1 sólo fomentan el reconocimiento individual, se perjudica el comportamiento cooperativo que exigen los procesos de ejecución, cada vez más complejos y de alta interdependencia de tareas. Como lo señalaron alguna vez dos gerentes al hablarme sobre el fracaso de los programas de ejecución en sus compañías y que exigían un alto nivel de integración funcional y trabajo en equipo:

"Aquí salen adelante las estrellas, no las constelaciones".

"El plan de ejecución subrayaba la necesidad de la cooperación y la coordinación, pero los incentivos y las evaluaciones del desempeño sólo reconocían el desempeño individual. El mensaje era muy claro en cuanto a lo que realmente contaba".

La solución es obvia pero rara vez es simple. Se necesita reforzar el comportamiento cooperativo. Si la ejecución exige actividades altamente interdependientes y la integración de tareas o individuos de diversas funciones para lograr el éxito, pueden necesitarse incentivos grupales. Todos los individuos de un equipo de reacción inmediata a cargo de una tarea importante, por ejemplo, deben hacerse responsables del producto del equipo. Todos deben ver los mismos incentivos y recibir la misma evaluación del desempeño al concluir la tarea, importante elemento de control. No reconocer la necesidad de cooperación y esfuerzo conjunto cuando la interdependencia es alta sólo puede perjudicar la ejecución y sus resultados.

ACLARE LAS RESPONSABILIDADES Y LA RENDICIÓN DE CUENTAS

El debate sobre el desempeño individual y de grupo, los incentivos y la retroalimentación presupone un punto importante, a saber, que la responsabilidad y la rendición de cuentas sean claras. Este asunto se examinó anteriormente en este capítulo y en el capítulo 5, pero indudablemente es importante reforzarlo al hablar sobre los controles.

El proceso de control presentado en la figura 6.1 no puede funcionar si las responsabilidades y la rendición de cuentas son enredadas o confusas. Los objetivos pertenecen a individuos y, en ocasiones, a equipos o unidades. Sin este sentido de pertenencia y esta disposición a rendir cuentas por los objetivos, la retroalimentación no puede ser eficaz, las recompensas no se pueden asignar de manera inequívoca y el empuje para el cambio no puede funcionar. La asignación de responsabilidades es evidentemente mucho más problemática en una "organización espagueti" que en una organización más disciplinada, lo cual afecta el desempeño de modos significativos.

Es importante, por lo tanto, aclarar las responsabilidades y la rendición de cuentas para que funcione el proceso de ejecución. Es éste un elemento importante de la gerencia y el control sólidos que deben buscarse. En concordancia con esto, se hace referencia a los gerentes responsables de liderar la ejecución en el capítulo 5 y su análisis de la negociación de funciones y la matriz de responsabilidades.

LOS CONTROLES REQUIEREN INFORMACIÓN OPORTUNA Y VÁLIDA

El proceso de control de la figura 6.1 señala la importancia de la buena información. El planeamiento y el establecimiento de objetivos exigen análisis del sector y de los competidores, así como la evaluación de las capacidades organizacionales, y esta información debe hacerse circular y entenderse bien. Las divergencias entre el desempeño real y el deseado indican la necesidad de recolectar y difundir los datos. Los circuitos de retroalimentación y la evaluación del desempeño dependen de una información firme.

La buena información debe ser oportuna y válida. Para que los controles funcionen, la información actualizada sobre el desempeño debe ser valedera y correcta. Los cambios en la estrategia, los objetivos o los incentivos dependen de la retroalimentación, así como también el aprendizaje y la adaptación organizacionales.

Una compañía que ingrese a un mercado totalmente nuevo, como el de la China o el Japón, necesita una buena retroalimentación sobre las reacciones de los clientes a sus productos o servicios. También debe conocer las reacciones de los competidores a su incursión en su mercado. ¿Están tomando represalias? ¿Cómo? ¿Dónde? ¿Están atacando en otro sitio, como por ejemplo en Europa, pues la atención se concentra en la China o el Japón y Europa puede ser vulnerable? ¿El nuevo énfasis puesto en el Lejano Oriente está haciendo que la compañía no preste atención a otros mercados?

La información de la compañía también debe ser oportuna. La información añeja o caduca impide una respuesta eficaz y oportuna a las acciones de los competidores o a las quejas de los clientes. Por consiguiente, la compañía que ingresa a un nuevo mercado necesita información oportuna y actualizada que apoye sus acciones estratégicas.

Por consiguiente, se necesitan tanto la oportunidad como la validez de la información. Esto tiene especial pertinencia en cuanto al control y la calidad de la retroalimentación en la cual se basan las futuras decisiones estratégicas. Sin embargo, aquí existe una trampa, un problema potencial, a saber: *La oportunidad y la validez de la información tienen una correlación negativa.*

Aumentar la validez de la información reuniendo un mayor número de datos de distintas fuentes suele consumir más tiempo. El deseo de validez y rigurosidad, por lo tanto, puede en realidad perjudicar la oportunidad. Por el contrario, un énfasis demasiado acentuado en la oportunidad hace correr el riesgo de generar información en exceso apresurada e inválida. La oportunidad y la validez no están perfectamente correlacionadas, sino que guardan una relación negativa.

Lograr el equilibrio adecuado entre la oportunidad y la validez de la información es un enorme reto para la gerencia, pero es un reto que ésta debe enfrentar. Las decisiones deficientes a este respecto afectan la calidad de la información y la retroalimentación que las organizaciones necesitan para garantizar una adaptación exitosa a las condiciones cambiantes o fluidas del mercado y para ejecutar la estrategia eficazmente. Se trata de una importante tarea relacionada con el control, que necesita atención de la gerencia.

Asegúrese también de que la información se utilice. Suponiendo que la retroalimentación sobre el desempeño sea buena, la siguiente pregunta es quién la recibe y si esa persona puede actuar a partir de ella. La ejecución depende de la buena información. Sin embargo, también exige que las personas adecuadas reciban la información crucial y que puedan actuar con base en ella para efectuar cambios, como indica la figura 6.1. Sin estas consideraciones adicionales, la buena información y los sistemas de control que dependen de ella son virtualmente inútiles.

Alguna vez hice cierto trabajo para la Administración de Seguridad Social en Washington D. C. El personal administrativo y yo estábamos examinando, entre otras cosas, los costos relativos de una estructura de oficina en comparación con una estructura regional para la Oficina de Audiencias y Apelaciones. Mis solicitudes de datos sobre costos para poner a prueba algunas hipótesis estructurales encontraron diversas respuestas o reacciones:

1. Se me dijo que los datos que solicitaba probablemente no existían.

2. Si los datos en verdad existían, yo probablemente no podría tener acceso a ellos.

3. Si se me daba acceso, probablemente hallaría que el formato de los datos no era de mi agrado.

4. Si la información no era de mi agrado, tendría que usarla de todos modos. Después de todo, esto es lo que tiene la administración. Tómelo o déjelo.

Para resumir una larga historia, finalmente obtuve acceso a los datos e incluso pude modificar los archivos de algún modo. Y realmente los datos eran bastante buenos y útiles, y arrojaban luz sobre los costos y la manera como podían relacionarse con la estructura organizacional. Quedé impresionado con la información que la organización había reunido de manera rutinaria.

También, sin embargo, quedé horrorizado. Yo fui la primera persona en extraer y utilizar datos tan valiosos en años. Nadie estaba empleando esta inestimable fuente. Los sistemas de control dependen de la retroalimentación, información que alimenta el cambio y la adaptación organizacionales, pero si nadie ve ni usa la información, es evidente que los controles no funcionan. El cambio y la adaptación no reciben apoyo.

Esta situación es posible en una agencia gubernamental que no enfrenta competencia en el mercado, está respaldada por el dinero de los impuestos y siempre ha sido "rentable", según los parámetros de contabilidad gubernamental. No puede decirse lo mismo en cuanto a una organización en un mercado muy competitivo, donde la agilidad y la capacidad de respuesta a las necesidades de los clientes y a las acciones de los competidores son absolutamente esenciales para la supervivencia. No usar información sólida en este último caso sólo puede conducir a pesadillas en la ejecución y a la desventaja competitiva.

LIDERAZGO, CONTROLES Y EJECUCIÓN

Los procesos y métodos de control ponen a prueba de manera rutinaria las capacidades de liderazgo de los gerentes. El liderazgo desempeña papel capital en el proceso de control de la figura 6.1. El problema se presenta cuando los gerentes no están a la altura de la tarea de liderazgo.

"Haz como digo, no como hago"

Es éste un problema de control señalado con frecuencia. La acusación consiste en que los gerentes piden una cosa pero actúan como si hubiera cosas más importantes.

Una compañía en la cual trabajé deseaba aumentar el desarrollo y la innovación de productos como parte de una nueva estrategia y un nuevo enfoque con respecto al mercado. La innovación, por supuesto, requiere experimentación como paso previo para el descubrimiento, la prueba o la puesta en práctica exitosa de nuevas ideas o soluciones. La cultura de dicha compañía, sin embargo, se caracterizaba por el conservadurismo y la abolición del riesgo, lo cual creaba un dilema interesante.

Por una parte, los gerentes predicaban el valor de la innovación. Por otra, sus acciones iban contra la realidad de lo que se necesita para innovar. Así por ejemplo, el vicepresidente de manufactura hacía eco del énfasis que ponía el equipo de alta gerencia en el desarrollo de nuevos productos. No obstante, "desalentaba" a sus empleados de detener y reorganizar las líneas de producción para desarrollar y probar los prototipos de los nuevos productos. Las interrupciones del trabajo, después de todo, son costosas y perjudican las economías de escala y alcance. Es innecesario decir que las acciones de los líderes causaban confusión entre los subalternos con respecto a las prioridades y las necesidades de ejecución.

En otro caso, una gran agencia gubernamental había desarrollado un programa para lograr la satisfacción del cliente. La estrategia ponía ostensiblemente a los clientes en el núcleo de una red de servicios sociales y sus necesidades eran el principal generador de otras acciones y servicios de apoyo. Como resultado del mayor servicio al cliente, sin embargo, las horas de contacto profesional y el tiempo de apoyo administrativo aumentaron notablemente, y ocasionaron un significativo incremento en los gastos y las actividades de apoyo. Las altas autoridades de la burocracia gubernamental no tardaron en notar alarmadas el aumento de los costos. La retroalimentación sobre el desempeño de todas las unidades y los programas de la agencia pronto incluyeron un marcado énfasis en la necesidad de establecer controles de costos.

Los esfuerzos relacionados con los clientes, aunque eficaces, se hicieron secundarios con respecto a la reducción de costos, como era de esperarse. Los líderes de la agencia pedían concentrarse en el cliente pero actuaban de manera totalmente distinta. El mensaje era claro: La satisfacción del cliente es deseable pero sólo si los costos no aumentan. Para todos era dolorosamente claro que *las acciones en verdad dicen más que las palabras*.

Los gerentes, por consiguiente, deben liderar mediante el ejemplo. Los subalternos escudriñan lo que ellos hacen, sin importar el nivel organizacional. Lo que hacen los líderes se convierte en parámetro o ejemplo para emulación de los seguidores, lo cual genera controles sobre el comportamiento o la acción.

Revisar las evaluaciones del desempeño

Muchos métodos tradicionales de evaluación del desempeño son terribles. Con frecuencia destruyen el trabajo en equipo, enfrentan a los individuos entre sí y promueven la mediocridad. También destruyen la asunción de riesgos, el cambio y la innovación, y con frecuencia animan a las personas a buscar lo seguro o a mantener el *statu quo*.

Tales resultados negativos jamás son intencionales pero con frecuencia son muy reales, como se me ha recordado con frecuencia. Las compañías no desean causar problemas con las evaluaciones del desempeño. En verdad tratan arduamente de ser objetivas, incluso científicas, en sus enfoques. No obstante, persisten los problemas con las malas evaluaciones del desempeño, lo cual perjudica la ejecución.

La evaluación del desempeño y la retroalimentación que proporciona son aspectos cruciales del proceso de control de la figura 6.1. Sin embargo, como se acaba de señalar, los efectos suelen ser negativos. Así por ejemplo, el uso de clasificaciones forzosas con frecuencia es divisivo en el mejor de los casos. La eliminación forzosa de las "ramas secas" genera desconfianza y lesiona la cooperación. Se escudriña cuidadosamente a los nuevos empleados; no es aconsejable, después de todo, contratar personas realmente buenas que aumenten la probabilidad de empujar a quien contrata, finalmente pero con toda seguridad, a la categoría de las ramas secas. Se rehuye la asunción de riesgos, pues aumenta la probabilidad de errores y bajo desempeño, resultados peligrosos dada la naturaleza de las clasificaciones. La innovación se perjudica si las personas no asumen riesgos por temor a cometer errores y a verse expulsadas de la organización.

Un papel importante del liderazgo es el de mitigar o eliminar estos efectos negativos de los métodos deficientes de evaluación del desempeño. Incluso si el enfoque de la compañía, como el de las clasificaciones forzosas, es básicamente problemático, un buen gerente puede ayudar a superar los aspectos negativos y concentrarse en técnicas positivas que apoyen la ejecución. ¿Qué pueden hacer?

1. **Pueden negociar objetivos para su uso en la evaluación del desempeño.** Los líderes perspicaces no dependen sólo de las clasificaciones forzosas de la compañía u otros sistemas similares: negocian objetivos, frente a los cuales el desempeño determinará, en todo o en parte, la posición del subalterno en las clasificaciones. El uso de objetivos acordados atempera o suaviza el impacto negativo del método de clasificación forzosa.

2. **Evitar a toda costa los objetivos del tipo "todo o nada".** Las razones para ello se señalaron con anterioridad. Básicamente, los buenos líderes reconocen que nada bueno puede salir de indicadores de desempeño

del tipo "todo o nada", "blanco o negro". Saben que el precio por pagar incluye el juego por lo bajo o la mentira, así como un desempeño a medias o limitado. Evitan las evaluaciones del tipo "todo o nada".

3. **Exigir a sus empleados honradez total cuando se trata de analizar el desempeño y explicar las anomalías con respecto al plan de ejecución.** Su principal énfasis está puesto, sin embargo, en el aprendizaje, no en asignar culpas o hallar chivos expiatorios por el bajo desempeño. La total honradez facilita el aprendizaje y la afinación de los esfuerzos de ejecución.

4. **Recompensar a los realizadores.** Hacen que todos sepan qué se valora y qué cuenta. Definen con claridad los parámetros del éxito. Dan reconocimiento a quienes contribuyen a los resultados de ejecución exitosos. Los buenos gerentes celebran el éxito y a las personas que lo logran.

Los líderes son importantes para el éxito del proceso de control presentado en la figura 6.1. Es esencial que lideren mediante el ejemplo, que creen un clima de disciplina y honradez y mitiguen los efectos negativos de mecanismos formales de control como los métodos de evaluación del desempeño. Este papel desempeñado por el liderazgo es vital para el éxito de la ejecución.

LA REVISIÓN DE LA ESTRATEGIA: INTEGRACIÓN DEL PLANEAMIENTO, LA EJECUCIÓN Y EL CONTROL

El examen de los controles completa el análisis del modelo de ejecución presentado en el capítulo 2. Esto proporciona una excelente oportunidad para mirar atrás y resumir los aspectos principales del éxito de la ejecución considerados hasta ahora. La herramienta o enfoque que podemos utilizar para el resumen y la integración es crucial por sí misma para una ejecución exitosa y, en consecuencia, merece toda la atención. Dicha herramienta es la revisión de la estrategia.

La revisión estratégica es un minucioso análisis de la estrategia, la ejecución y el desempeño; permite a la compañía poner a prueba el valor de los planes empresariales y los métodos de ejecución; y es útil para la evaluación corporativa de la estrategia y el desempeño empresariales. Es también útil dentro de las empresas, pues permite a la gerencia probar y evaluar la contribución de las estrategias funcionales o de líneas de producto para la obtención de significativos resultados estratégicos y de corto plazo.

La revisión no pretende ser un ejercicio embrutecedor de "números" cuyo resultado sea una enorme cantidad de papeles y datos. No es una sesión para "atrapar" a nadie, una sesión en la cual unas personas pescan las exageraciones o los inventos de otras para hacerlas quedar mal. Busca ser una sesión dinámica, creativa e interactiva que se concentre en resultados reales y en el mejoramiento del desempeño organizacional. Su intención es fomentar el pensamiento estratégico y un mejor sentimiento hacia las condiciones que conducen a la ventaja competitiva y al éxito organizacional.

Una buena revisión de la estrategia es invaluable. Proporciona un marco de referencia que puede utilizarse para integrar el planeamiento y la ejecución. Resalta los aspectos relacionados con los incentivos y los controles examinados en este capítulo. Ofrece una oportunidad para la comunicación, el análisis de la estrategia y de los métodos de ejecución, y para poner a prueba la realidad o viabilidad de los planes o métodos en el mundo real. También identifica "vacíos" o áreas problemáticas en los planes o métodos de ejecución de una organización, y hace así posibles los cambios, la adaptación y las acciones correctivas que mejoren los planes y procesos futuros de ejecución.

Cada organización debe crear su propio proceso de revisión de la estrategia. No es un lujo sino una necesidad. Tal es su importancia. Una buena revisión fomenta el debate y la resolución de conflictos. Además, facilita el aprendizaje, permite a los líderes poner a prueba a sus empleados y desarrollar buenos gerentes. Facilita la integración de la estrategia en todos los niveles organizacionales y apoya la ejecución.

La revisión de la estrategia se examinó brevemente en el capítulo 3. La figura 6.2 muestra una versión ligeramente ampliada de la revisión y de los seis pasos críticos pertinentes. La delineación de los pasos no pretende sugerir un enfoque mecánico, cerrado, ni tampoco una visión demasiado formal de la estrategia y la ejecución. Sólo intenta asegurar la identificación y el análisis de aspectos importantes de la revisión estratégica. Las organizaciones, ciertamente, deben diseñar sus propias revisiones con base en lo que cada una piense que es más crucial e ilustrativo, teniendo en cuenta su situación competitiva. Sigamos los pasos y veamos cómo el planeamiento y las decisiones de ejecución vienen juntos y tienen sentido.

PASO 1: FORMULACIÓN DE LA ESTRATEGIA

En el capítulo 3 se anotó la importancia de la estrategia en los niveles corporativo y empresarial. Lógicamente, entonces, la revisión de la estrategia comienza con un planeamiento sólido (paso 1). La revisión de la figura 6.2 se concentra en integrar los planes corporativo y empresarial. Sin embargo, puede emplearse el mismo proceso anotado anteriormente en el nivel empresarial, integrando la estrategia empresarial con los planes funcionales o departamentales.

Estrategia corporativa

El nivel corporativo debe poner de manifiesto una estrategia como parte de la revisión. En una organización multiempresarial, debe crear un modelo de portafolio que guíe las inversiones y la adquisición o escisión de compañías. La descripción del portafolio sirve de instrumento para comunicar a una empresa la naturaleza y la lógica de la mezcla del portafolio y el lugar de la empresa dentro de él. La corporación debe desarrollar criterios claros de diversificación si ésta y la expansión del portafolio pretenden ser una estrategia corporativa.

Los planificadores corporativos también tienen que decidir qué recursos o capacidades se alojan mejor en el nivel corporativo para servir como funciones o unidades centralizadas con el fin de lograr economías de escala y alcance, o proporcionar servicios cruciales de apoyo a las distintas unidades empresariales. Las inversiones en centros de excelencia técnicos u orientados a investigación y desarrollo hacen parte de los temas que la corporación debe tener en cuenta al pensar en la centralización o descentralización de recursos o competencias escasos.

Estrategia empresarial

El análisis estratégico en el nivel empresarial debe incluir un examen profundizado de las fuerzas sectoriales[7]. El centro de atención del análisis sectorial es el posicionamiento de una organización dentro del sector y la manera como aquélla trata de diferenciarse de otros actores clave. El análisis se hace para determinar el poder de los proveedores y los clientes y el modo como el poder relativo afecta las operaciones. La empresa debe evaluar con precisión el número de sustitutos de sus productos y servicios, pues existe una correlación positiva entre el número de sustitutos y la rivalidad competitiva dentro del sector. Debe analizarse la existencia de barreras de acceso, incluida la forma de construirlas para proteger la ventaja competitiva. Las fuerzas sectoriales afectan la intensidad de la competencia en el sector, lo cual, a su vez, afecta negativamente la rentabilidad y subraya la importancia de este aspecto del análisis estratégico.

El análisis de los competidores y de la rivalidad competitiva en el sector es también esencial para la formulación de la estrategia empresarial. ¿Quiénes son los competidores principales? ¿Cuáles son sus capacidades o competencias? ¿Cuáles son las mayores amenazas para nuestro ámbito de actividad estratégica? ¿Cuáles son sus estrategias actuales y cómo van a competir en el futuro? ¿Tomarán represalias, y cómo, si probamos un nuevo paso estratégico? Tales son sólo algunas de las preguntas que deben responderse en un análisis sólido de los competidores.

Una empresa también debe llevar a cabo una evaluación interna de sus recursos y capacidades. Es básico examinar si la compañía cuenta con las capacidades requeridas para satisfacer las exigencias de su estrategia. Una estrategia de bajo costo, por ejemplo, requiere inversiones de capital que lleven a la estandarización de la producción y al logro de economías de escala. También puede exigir inversiones en informática y el desarrollo de planes de incentivos que apoyen la situación de bajo costo. No obstante, otra pregunta crucial es la siguiente: ¿están a bordo las personas adecuadas, con la capacitación requerida, para ejecutar la estrategia? Las capacidades y los recursos humanos deben cambiar con el tiempo. Incluso las personas "adecuadas" pueden tener, ocasionalmente, las capacidades equivocadas o un conjunto incompleto de destrezas, y se necesitará acción correctiva para asegurar un desempeño eficaz.

Integración de planes

Las estrategias corporativa y empresarial y las metas que producen son importantes por derecho propio. Sin embargo, es aun más importante la integración de tales planes, presentada como parte del paso 1 de la revisión de la estrategia. Dicha integración se examinó en el capítulo 3 y los elementos clave se señalan para su consideración en la figura 6.2.

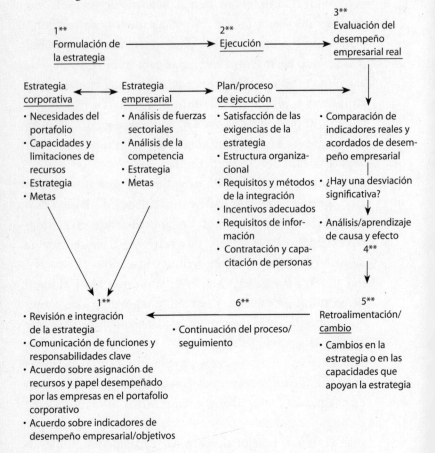

** Ver en el texto el análisis de los pasos

Figura 6.2 Revisión de la estrategia: Planeamiento, ejecución y controles

Un primer paso crucial del proceso de integración es la revisión corporativa de la estrategia y los planes de una empresa. Se trata de un foro de discusión, comunicación y entendimiento, y no sólo una árida presentación de cifras y estadísticas. No se trata de un juicio a las empresas. El propósito es enfrentar, de manera sincera y abierta, los elementos y los supuestos primordiales de la estrategia empresarial y la manera como el nivel corporativo puede apoyar de manera activa los planes de la empresa. El énfasis recae en el análisis cualitativo de los factores que afectan la estrategia, y no en el tamaño o el volumen de los documentos de planeamiento.

Lo ideal es que la revisión sea un ejercicio profundo de creatividad, que incluya el análisis de diversos escenarios futuros en cuanto a las condiciones competitivas y las acciones de la compañía. La revisión no es algo que pueda despacharse rápidamente, evitando los asuntos o interrogantes clave. Los asuntos o interrogantes difíciles deben estar en el centro del proceso de revisión y constituir la "carne" de la formulación de la estrategia empresarial y la relación entre los planes corporativo y empresarial.

Larry Bossidy y Ram Charan refuerzan la importancia de estos aspectos en su libro sobre ejecución[8]. Las experiencias de Bossidy en General Electric bajo la dirección de Jack Welch son totalmente claras. La revisión de la estrategia de GE fue una fuerza positiva para la expresión y la comunicación de la estrategia, proceso también subrayado por Bossidy en cuanto a Allied Signal. Mis propias experiencias como consultor de "ejercicios" de la división aeroespacial de GE también señalan la importancia y utilidad de una revisión de la estrategia orientada por los resultados. Evaluaciones similares en compañías como Becton-Dickenson, Crown Holdings y otras dan crédito al aspecto integrador e informativo de una buena revisión, cuando no se asume como suceso mecánico y coercitivo.

Debe hablarse luego entre los planificadores corporativos y empresariales sobre las funciones y las responsabilidades de las empresas del portafolio corporativo. Debe también lograrse acuerdo sobre la asignación de recursos entre las empresas, y entenderse esto como parte de la discusión sobre funciones y responsabilidades.

Así por ejemplo, la vaca lechera a nivel empresarial desempeña una importante función en la ejecución de la estrategia corporativa. Proporciona una fuente interna de recursos para su distribución corporativa. La manera como se distribuyen los recursos, así como los criterios para su distribución, a compañías "estrellas", de crecimiento nuevo o a las que constituyen verdaderos enigmas, debe esbozarse claramente, entenderse y aceptarse en el nivel empresarial.

Un importante resultado del paso 1 de la figura 6.2 es el acuerdo sobre los objetivos empresariales y los indicadores de desempeño que habrán de usarse para medir el éxito empresarial. Con base en el análisis de las estrategias corporativa y empresarial, se fijan indicadores de desempeño coherentes con el papel desempeñado por las distintas empresas del portafolio corporativo. Tales indicadores deben variar de acuerdo con la función o la responsabilidad, haciéndose responsables a las generadoras de efectivo de indicadores de desempeño (bajos costos, reducción de costos) distintos de los de las compañías de crecimiento o las estrellas (participación en el mercado, márgenes).

PASO 2: EL PLAN DE EJECUCIÓN

Una vez establecida la estrategia empresarial e integrada con la estrategia corporativa, la empresa puede concentrarse en su plan o proceso de ejecución, como se muestra en el paso 2 de la figura 6.2.

El proceso de ejecución presta atención a las decisiones, acciones o aspectos de la ejecución examinados hasta este punto del libro. Como lo indica la figura 6.2, esto comprendería el análisis de los siguientes aspectos:

- **Las "exigencias" de estrategia.** Para ejecutar con éxito una estrategia son cruciales las capacidades y los recursos adecuados. Distintas estrategias exigen el desarrollo de distintas capacidades. Sin tales capacidades no puede lograrse un desempeño exitoso.

- **Estructura organizacional.** La estrategia afecta la elección de la estructura. Las estrategias de bajo costo, por ejemplo, usualmente exigen poner el énfasis en la centralización o la especialización en procesos, en la búsqueda de la eficiencia o de economías de escala y alcance. Las estrategias globales complejas suelen necesitar el uso de estructuras matriciales o "simultáneas", en las cuales se pone énfasis en dos puntos de vista distintos como son las empresas mundiales frente a las necesidades nacionales.

- **Requisitos de integración.** La ejecución no puede ser exitosa sin que se tenga en cuenta la interdependencia entre las unidades y los métodos de rigor necesarios para la coordinación, la transferencia de conocimiento y el intercambio de información. También es necesario que se esbocen con claridad las responsabilidades y la rendición de cuentas para la integración exitosa y el logro de la unidad de esfuerzos.

- **Incentivos adecuados.** La primera parte de este capítulo se concentró en los buenos incentivos y el papel que desempeñan en la ejecución. La ejecución con frecuencia se perjudica debido a que los gerentes no desarrollan o no utilizan incentivos que respaldan lógicamente las decisiones y opciones de ejecución.

■ **Otros aspectos de la ejecución.** Una organización puede concentrarse en otros aspectos adicionales necesarios para la ejecución eficaz dentro de su sector o paisaje competitivo. Entre éstos pueden contarse los requerimientos de información o las capacidades informáticas, la contratación de personas adecuadas para ciertas tareas de ejecución, programas de capacitación y desarrollo, incluidos los programas de desarrollo ejecutivo de la alta gerencia, y la introducción a un programa de "gerencia por objetivos" para integrar los objetivos estratégicos y de corto plazo. Nuevamente, el propósito aquí no es ser exhaustivos, sino simplemente proporcionar ejemplos de los aspectos de la ejecución que figuran en una evaluación de la estrategia.

Cualquiera que sea la evaluación de las necesidades de ejecución, la organización debe crear un *plan formal de ejecución* como parte de su estrategia o plan empresarial.

Con demasiada frecuencia la ejecución se da por supuesta. Los líderes "pasan la bola" a los subalternos, y la ejecución y el seguimiento se dan por sentados. Esto no debe suceder.

El paso 2 de la figura 6.2 exige dedicar una atención más formal a la ejecución. "Formal" no significa elaborar gruesos cuadernos de apuntes, montones de palabras y cifras ni una burocracia innecesaria. Sencillamente significa que la ejecución debe reconocerse como parte válida del plan empresarial.

Deben desarrollarse planes de ejecución, con indicación de las tareas, los tiempos y las personas responsables de llevar a cabo las tareas. Las sesiones de "ejercicios" funcionaron en General Electric debido a que el proceso se concentró en las tareas de ejecución, las personas y la rendición de cuentas, y en asegurar que las labores importantes se hicieran de manera oportuna. En la revisión de la estrategia de toda compañía se necesita poner el mismo énfasis en la ejecución. Debe prestarse atención a los problemas y obstáculos de la ejecución, como señalan de manera enfática los datos de las encuestas a los gerentes y el modelo del capítulo 2. Nada menos que esto será suficiente para que la ejecución sea exitosa.

PASO 3: LA INICIACIÓN DEL PROCESO DE CONTROL

El paso 3 de la figura 6.2 da comienzo al proceso de control. La comparación entre los indicadores reales de desempeño empresarial y los acordados constituye el primer paso en el proceso de control. Tales indicadores pueden derivarse de la estrategia y de la búsqueda de la ventaja competitiva, o bien pueden representar indicadores que provengan del plan de ejecución. Cualquiera que sea su origen, el desempeño real frente a los objetivos inicia el paso de control.

El punto principal es determinar si existen desviaciones significativas con respecto a los indicadores de desempeño deseados. Éstas pueden ser desviaciones tanto positivas como negativas. Si una empresa apunta a un 5% de aumento en su participación en el mercado en algún lugar del mundo, pero no logra dicho aumento o el cambio es insignificante, tal desviación es probablemente muy significativa y exige atención. Sin embargo, es también significativo si la compañía logra un 15% de aumento, y merece examen adicional por parte de la gerencia.

Los líderes que sólo se concentran en las desviaciones negativas aumentan la posibilidad de crear una cultura de aversión al riesgo o de habilidad para evadir los errores, lo cual puede dificultar gravemente la ejecución y el desempeño organizacional. Este aspecto de la cultura es importante y se examina con mayor detalle en el capítulo 8.

PASO 4: EL ANÁLISIS DE CAUSA Y EFECTO Y EL APRENDIZAJE ORGANIZACIONAL

El paso 4 es vital para el aprendizaje y la adaptación organizacionales. Constituye un aspecto crucial de la revisión de la estrategia.

Las desviaciones significativas en el desempeño se identificaron en el paso 3, pero el análisis de causa y efecto es absolutamente esencial. ¿Cómo puede explicarse la desviación en el desempeño empresarial? ¿Qué puede aprender la organización de las anomalías en el desempeño anotadas? Éste no es un paso fácil. Puede convertirse en una sesión de señalamiento de culpas y crear actitudes defensivas y obstinadas que destruyan de modo absoluto la curiosidad y la capacidad de aprender. Evidentemente se necesita un liderazgo eficaz para prevenir estas tendencias perjudiciales y mantener la revisión como algo positivo, en marcha y concentrada en el aprendizaje.

Es difícil determinar la claridad causa-efecto y a veces exige exhaustivos análisis de los datos, las acciones y los factores que afectan o condicionan el desempeño. Una cultura o una estructura de recompensas que apoye la aversión al riesgo o la inculpación de otros no genera el análisis necesario. Semejante clima garantiza la incapacidad para aprender y adaptarse. Los individuos sencillamente no dejan que los datos objetivos se atraviesen en el camino de sus opiniones sesgadas o defensivas, lo cual es mortal para el aprendizaje y el cambio.

Una vez más, el liderazgo es decisivo. Los líderes deben hacer frente a los hechos crueles y explicar el bajo desempeño. Las autopsias son necesarias, pero dentro de un espíritu de aprendizaje y curiosidad, y no como expresión de la necesidad de culpar o perjudicar a otros. Es esencial crear un clima que conduzca al aprendizaje. Los líderes deben hacer preguntas difíciles y los subalternos deben responder de modo correspondiente, con datos y opiniones que expliquen el desempeño. Crear este tipo de cultura es la manera como los gerentes ganan el pan. Volveremos a este aspecto en el capítulo 8, relativo al manejo de la cultura.

PASO 5: LA RETROALIMENTACIÓN Y EL CAMBIO

Si ha tenido lugar el aprendizaje en el paso 4 y los gerentes entienden qué causó las desviaciones significativas en el desempeño, se hacen posibles la retroalimentación y los cambios o las acciones correctivas, como lo muestra el paso 5 de la figura 6.2.

La retroalimentación puede incluir recompensas o reconocimiento por un excelente desempeño. También puede exigir cambios en la estrategia o en los métodos de ejecución, basados en el análisis despiadado de los datos en el paso anterior. Los líderes empresariales son responsables del desempeño de sus unidades y deben rendir cuentas por él, y la retroalimentación se dirige a hacia las opciones y los métodos que sirvan para mejorarla.

El énfasis en el paso 5 recae, necesariamente, en la preparación para el cambio organizacional. Los resultados del proceso de aprendizaje del paso 4 deben implementarse. Pueden requerirse y obtenerse capacidades adicionales. Los incentivos pueden necesitar modificación. Pueden necesitarse la introducción y el perfeccionamiento de métodos adicionales de coordinación o integración. La estrategia empresarial puede necesitar mayor impulso para el logro de mejores resultados con respecto a un producto particular en un mercado dado o en cualquier parte del mundo.

El problema consiste en que administrar el cambio, aunque es crucial, también es muy difícil. Teniendo en cuenta su carácter central y su dificultad, el siguiente capítulo comienza donde termina el paso 5 de la figura 6.2 y analiza la enorme tarea de manejar el cambio con eficacia.

PASO 6: EL SEGUIMIENTO Y LA CONTINUACIÓN DEL PROCESO

La revisión de la estrategia no termina en el paso 5. En verdad, ese paso proporciona los elementos de entrada para todo un nuevo proceso. La figura 6.2 señala que es esencial la atención continua a ciertas variables decisivas para el éxito permanente de la ejecución.

Así por ejemplo, en mis experiencias con los "ejercicios" de General Electric, el paso 6 siempre definía actividades de seguimiento. Si los cambios se estaban implementando, se planificaban de manera rutinaria discusiones adicionales con personas clave o nuevas sesiones de grupo. Si los gerentes eran responsables de nuevas acciones o actividades, debía dedicarse tiempo y atención a establecer si los cambios deseados realmente se estaban llevando a cabo.

El seguimiento es crucial para la revisión de la estrategia y la buena ejecución. Abandonado a su propio arbitrio, el personal podría dejar la revisión de la estrategia y marcharse a casa, esperando que las exigencias simplemente desaparezcan y la vida pueda regresar a la normalidad. La inacción es una decisión, si se le puede llamar así, y el resultado esperado suele ser la abolición del cambio y el regreso a un cómodo *statu quo*.

Esto no puede suceder. El proceso de revisión de la figura 6.2 exige atención a las necesidades de retroalimentación y cambio. El aprendizaje y el cambio "inician el bombeo" y conducen a necesidades y objetivos adicionales o al refinamiento de la estrategia, lo cual regenera y vigoriza el proceso de revisión.

Un vicepresidente de planeación y marketing de una compañía mediana desarrolló recientemente un proceso de evaluación de estrategias para su firma. Los comentarios que me hizo resumían con claridad el valor del ejercicio:

"La revisión nos ha ayudado inmensamente: Nos obligó a desarrollar un plan y un enfoque de ejecución, puso énfasis en indicadores de desempeño significativos, fomentó el aprendizaje y el entendimiento de lo que afecta al desempeño y, lo más importante de todo, obligó a las personas a comunicarse. La comunicación entre el personal corporativo y el empresarial y entre las áreas funcionales mejoró inmensamente, lo cual es realmente asombroso en esta compañía".

Ésta es, entonces, la revisión de la estrategia y la manera como se relaciona con los controles eficaces, con el apoyo de los esfuerzos de ejecución estratégica y con la forma de hacer que la estrategia funcione. Este capítulo también concluye el análisis de los elementos planteados en el modelo básico de ejecución o panorama general del capítulo 2.

Nuestro trabajo, sin embargo, está lejos de concluir. Ahora es indispensable tener en cuenta en detalle importante factores contextuales que afectan la ejecución, entre ellos el manejo del cambio, la cultura y el poder o la influencia. El siguiente capítulo comienza donde se dejó el análisis de la revisión de la estrategia, es decir, en el proceso de manejar el cambio, asunto de vital importancia para la ejecución.

RESUMEN

Este capítulo señala las siguientes conclusiones o proposiciones clave:

- Los incentivos estimulan el comportamiento hacia fines coherentes con los resultados deseados de la ejecución de la estrategia. Los controles proporcionan retroalimentación sobre el desempeño, refuerzan los métodos de ejecución, ofrecen mecanismos correctivos y facilitan el aprendizaje y el cambio organizacionales. Tanto los incentivos como los controles son importantes para que la estrategia funcione.

- Existen varios aspectos básicos de los "buenos" incentivos y ciertas reglas fundamentales para el uso inteligente de los incentivos en el proceso de ejecución de la estrategia:

  - Una de tales reglas básicas es que los incentivos no deben desmotivar a los individuos. En su mayoría los gerentes están motivados y tienen una alta necesidad de logro. Lo último que los incentivos deben hacer es lesionar esta necesidad y desviar el comportamiento de los resultados deseados de la ejecución.

  - Un hecho relacionado es que los incentivos alimentan y guían la motivación. No la crean. El papel desempeñado por los incentivos es el de apoyar la motivación y guiar el comportamiento en la dirección adecuada.

  - Los buenos incentivos están ligados a objetivos estratégicos o de corto plazo que se derivan de la estrategia. Los incentivos, por lo tanto, fomentan la ejecución de la estrategia en todos los niveles de la organización.

■ Los buenos incentivos recompensan lo adecuado. Es necio esperar ciertos resultados de la ejecución y recompensar otros resultados o comportamientos.

■ Un aspecto final sobre los incentivos, que debe tenerse en mente, es que "las organizaciones siempre obtienen aquello por lo que pagan". Los individuos responden a incentivos y dan a la organización precisamente aquello que ésta recompensa, incluso si los resultados no son coherentes con la ejecución de la estrategia. Recompensar lo inadecuado, aun si se hace de modo no intencional, siempre perjudica el proceso de ejecución.

■ Los controles ofrecen retroalimentación sobre el desempeño, refuerzan los métodos de ejecución, proporcionan un mecanismo correctivo para la organización y facilitan el aprendizaje y el cambio, como indica con claridad la figura 6.1. Para que los controles funcionen eficazmente y respalden la ejecución, existen reglas o pautas que deben seguirse.

■ Para que la ejecución funcione, es absolutamente esencial que las organizaciones premien a los realizadores. Sólo así se refuerzan y garantizan los comportamientos adecuados relacionados con la ejecución.

■ Es absolutamente necesario que el proceso de control haga frente a los hechos crueles de manera abierta y sincera cuando el desempeño relacionado con la ejecución es bajo. Es imperativo llevar a cabo autopsias para que tenga lugar el aprendizaje organizacional. Sin el análisis de los hechos y el aprendizaje al que conduce, el cambio o la adaptación organizacional se pone en peligro.

■ El proceso de control no puede funcionar si no hay claridad sobre las responsabilidades y la rendición de cuentas. Es necesario, entonces, aclarar las responsabilidades y la rendición de cuentas para que los controles funcionen y la estrategia de ejecución sea exitosa.

■ Los controles necesitan información válida y oportuna para funcionar eficazmente. Es indispensable lograr el equilibrio entre la oportunidad y la validez de la información, problema importante que enfrentan los gerentes si se tiene en cuenta que estos dos aspectos de la buena información tiene una correlación inversa.

■ El papel desempeñado por el liderazgo en el proceso de control es capital y omnipresente. Los problemas se presentan cuando los líderes no están a la altura de las tareas de liderazgo vitales para los controles y la ejecución.

■ Dar a los subalternos un ejemplo coherente con los objetivos y comportamientos relacionados con la ejecución es un deber absoluto. "Haz lo que digo, no lo que hago" es una política que destruye el proceso de control y perjudica los resultados de la ejecución. Las acciones, en verdad, dicen más que las palabras.

■ Los buenos líderes también saben cómo utilizar con eficacia las evaluaciones del desempeño. Los líderes, por ejemplo, deben evitar el uso de objetivos del tipo "todo o nada". Deben exigir total sinceridad a los subalternos y reconocer y recompensar a los realizadores que contribuyen al éxito de la ejecución.

■ Finalmente, este capítulo ha subrayado la necesidad de llevar a cabo una revisión de la estrategia. Tal proceso es crucial como apoyo del proceso de planeamiento y control, y para hacer que la estrategia funcione. La revisión de la estrategia no es un lujo o una opción; toda organización debe crear su propia revisión de la estrategia para ejecutar ésta con eficacia. Una buena revisión fomenta la discusión, aclara las estrategias corporativa y empresarial, ayuda a establecer objetivos relacionados con la ejecución, permite a los líderes poner a prueba y entender a sus empleados, y facilita el aprendizaje y el cambio organizacional. Es importante para el éxito de los esfuerzos de ejecución de la estrategia.

El análisis de la revisión de la estrategia termina donde comienza el siguiente capítulo, es decir, con la importante tarea de manejar el cambio. La atención puede dedicarse ahora a este crucial aspecto de hacer que la estrategia funcione.

NOTAS

1. "More Companies Showing CEOs the Door", *Philadelphia Inquirer*, 24 de diciembre del 2003; "Here Comes Politically Correct Pay", *The Wall Street Journal*, 12 de abril del 2004; "Putting a Ceiling on Pay", *The Wall Street Journal*, 12 de abril del 2004; "The Boss' Pay", *The Wall Street Journal*, 12 de abril del 2004.

2. Los análisis sobre la necesidad de logro comenzaron con David McClelland, quien también habló sobre la necesidad de poder y la necesidad de afiliación. Ver *The Achievement Motive*, Appleton-Century-Crofts, 1953; también ver su libro *The Achieving Society*, Van Nostrand Reinhold, 1961.

3. Edward Thorndike, *The Elements of Psychology*, A. G Seiler, 1905.

4. Los cambios en Oticon atrajeron atención mundial. Una búsqueda en Google de "estructura organizacional", "organización espagueti" y otros términos relacionados reveló centenares de referencias sobre el experimento de Oticon. Entre ellas se encontraban artículos académicos, cubrimiento por parte de la prensa popular y estudios de caso realizados por la Escuela de Negocios de Harvard y otras importantes universidades. La conclusión prevaleciente de dichos trabajos es que los cambios, aunque interesantes y distintos, no estaban suficientemente justificados y no condujeron a resultados muy favorables para la compañía. Lo "relajado" de la nueva organización sencillamente estaba en conflicto con la necesidad de concentración, dirección, disciplina y control que la ejecución de la estrategia y las metas superiores exigen. La autonomía y la discreción son excelentes, pero demasiada autonomía y discreción pueden llevar a confusiones y anarquía, y carecer de concentración estratégica y operativa.

5. Jim Collins, *Empresas que sobresalen: Por qué unas sí pueden mejorar la rentabilidad y otras no*, Editorial Norma, 2002.

6. Ver L. G. Hrebiniak, *The We-Force in Management*, Lexington Books, 1994. Este libro se concentra en la interdependencia y las demás condiciones que afectan la coordinación y la cooperación en las organizaciones.

7. Michael Porter, *Competitive Strategy*, Macmillan, 1980, ofrece un análisis completo y muy conocido de las fuerzas sectoriales y su relación con la ventaja competitiva y la rentabilidad.

8. Bossidy, Larry y Ram Charan, *Execution*, Crown Business, 2002.

El manejo del cambio

Introducción

La ejecución exitosa exige el manejo eficaz del cambio. En verdad, ejecución suele ser sinónimo de cambio, pues se adoptan o modifican acciones o medidas cruciales para hacer que la estrategia funcione.

Hasta este punto, los análisis han hecho frecuente referencia o dejado implícita la importancia del cambio en la ejecución de estrategias. Ha llegado el momento de hablar de manera explícita sobre la importancia fundamental de manejar el cambio. La incapacidad de manejar el cambio puede destruir efectivamente o dificultar planes de ejecución por lo demás válidos y completos.

EL MANEJO DEL CAMBIO: UN DESAFÍO PERMANENTE

El tema del manejo del cambio ha recibido enorme atención. La literatura psicológica, sociológica y de administración ha hecho inmensos aportes sobre la materia. La prensa popular ha contribuido con su parte de artículos sobre este aspecto. Han crecido en número los ensayos metafóricos sobre el cambio, que combinan la realidad y la ficción y cautivan la imaginación de los lectores, entre ellos la muy popular obra de Spencer Johnson sobre cómo hacer frente al cambio[1].

No obstante toda esta atención, el manejo del cambio sigue siendo un problema de ejecución permanente. La incapacidad de manejar el cambio se menciona de manera sistemática como problema continuo de ejecución.

Las encuestas Wharton-Gartner y Wharton de educación ejecutiva señalan la incapacidad de manejar el cambio como el problema número uno en la ejecución de estrategias. Los datos reunidos en las discusiones en panel y las respuestas a las preguntas abiertas del cuestionario apoyan aun más los hallazgos en torno al carácter crítico, fundamental y significativo del manejo del cambio en la ejecución de estrategias. Más aún, el tema del manejo del cambio se halla virtualmente siempre en las noticias. Piense, por ejemplo, en los siguientes problemas relacionados con el cambio en las fusiones y las adquisiciones:

■ La absorción hostil de Aventis por parte de Sanofi-Synthelabo escasamente se había anunciado cuando la atención se dirigió hacia los enormes cambios en investigación y desarrollo y otras funciones que habrían de necesitarse para ejecutar la adquisición. Los cambios en los métodos y las operaciones con frecuencia engendran resistencia, especialmente cuando participan científicos u otros empleados profesionales de alto nivel.

■ En el 2003, Peugeot Citröen se convirtió en una de las compañías de automóviles más rentables fuera del Japón porque, según argumentaba la gerencia, evitó los enormes cambios asociados con las grandes adquisiciones y alianzas estratégicas.

■ Chrysler-Daimler Benz, por el contrario, todavía está tambaleante por los cambios en la estructura y las operaciones, años después de su célebre unión. Conflictos culturales, diferencias en las remuneraciones y enfoques divergentes sobre el desarrollo de productos han planteado desafíos al proceso de manejo del cambio y hecho la vida difícil para la compañía fusionada.

■ Las primeras discusiones en torno a la adquisición de Disney por parte de Comcast tocaron el punto de los posibles cambios en el gobierno, la estructura organizacional y las operaciones que se harían patentes si tenía éxito el intento de Comcast de llevar a cabo una integración vertical regresiva*. La fuerte resistencia de los accionistas y la gerencia de Disney a las tentativas de Comcast mataron los esfuerzos de adquisición en abril del 2004. Con todo, superar los problemas planteados durante las conversaciones sobre la fusión y por el voto de desconfianza en Michael Eisner y otros directivos de Disney en la junta de accionistas del 2004 sólo será una más de las dificultades relacionadas con el cambio que Disney deberá enfrentar en el futuro.

Reflexione también sobre los siguientes escollos inherentes al intento de introducir grandes cambios en la estrategia:

■ La estrategia de diferenciación de Sun Microsystems fue célebre por haber funcionado hasta cuando se puso al día la tecnología de los chips y el software estandarizados, generándose enorme competencia por parte

---

* Una integración regresiva (o inversa) consiste en la compra de empresas proveedoras de la empresa compradora. *(Nota del editor.)*

de productores de bajo costo. Scott McNealy, director ejecutivo de Sun, admitió que la empresa tendría que cambiar y reducir los costos y los precios. Tal cambio, sin embargo, demostró ser difícil pues entraba en conflicto con el prestigio de Sun, su modelo empresarial tradicional y la cultura de la compañía.

- También Hewlett Packard parece haber quedado atascada en medio del cambio estratégico del 2004, pues está atrapada entre la oferta diferenciada de servicios de la IBM y la estrategia de bajo costo de Dell. Cambiar dicha posición, evidentemente, no va a ser fácil.

- Las dificultades que enfrentan los competidores al tratar de imitar los complejos sistemas de actividad que definen la estrategia de compañías como Southwest Airlines, Dell y Wal-Mart se han anotado en análisis anteriores. La imitación en tales casos supone cambios de grandes proporciones, lo cual señala la dificultad de los esfuerzos de ejecución.

- Incluso el éxito estratégico puede engendrar problemas relacionados con el cambio. Google constituye un buen ejemplo. Su éxito es bien conocido. Su cultura y enfoque empresarial inteligentes y llenos de brío alimentaron un notable crecimiento, pero poco después de que Google presentara solicitud para una oferta pública inicial, la compañía encontró que el dinero puede cambiarlo todo.

   El proceso de oferta pública inicial, con su creación de riqueza instantánea, con frecuencia cambia la cultura de una compañía y genera conflictos y divisiones internas[2]. Los gerentes y los empleados de nivel profesional que no se vuelven tan ricos como los fundadores o ciertos altos ejecutivos con frecuencia sienten rencor. Pueden sentir depresión, e incluso enojo, porque otros se beneficien de su arduo trabajo. Pueden "marginarse" física o mentalmente, y perjudicar el desempeño de la compañía. No es posible saber cuántos problemas relacionados con el cambio va a enfrentar Google luego de haberse consumado la oferta pública inicial. Aun así, puede anotarse que, sorprendentemente, incluso el éxito estratégico puede crear y alimentar graves obstáculos relacionados con el cambio.

Por supuesto, existen muchos otros ejemplos, pero los mencionados, sumados a la continua preponderancia que se da a los temas relacionados con el cambio por parte de la prensa popular, plantean interesantes preguntas. Si el tema del manejo del cambio ha sido investigado y analizado con tanta frecuencia y amplitud, ¿por qué sigue siendo un problema tan grande? ¿Por qué es siempre el manejo del cambio un asunto potencialmente perjudicial, a pesar del aprendizaje y la comprensión que aparentemente se han acumulado durante años?

Pienso que hay dos respuestas a estas preguntas, al menos cuando el tema es la ejecución de la estrategia y está asociado con los cambios. En primer lugar, manejar el cambio estratégico es tremendamente complejo y difícil. El número de factores y obstáculos interdependientes que afectan la ejecución claramente aumenta la complejidad que enfrentan los líderes de los esfuerzos de cambio. En segundo lugar, en los programas o procesos de ejecución estratégica el énfasis no se ha concentrado lo suficiente en ciertos aspectos del manejo del cambio que afectan directamente los resultados de la ejecución. Estudiemos un poco más estos aspectos.

PASOS DEL MANEJO DEL CAMBIO

El manejo del cambio tiene seis pasos, asuntos o decisiones básicos o genéricos:

1. **Tamaño y contenido del cambio.** El primer paso es decidir cuál es el centro de atención de los esfuerzos del cambio. ¿Qué es lo que necesita cambiarse? ¿Cuán grande es el problema o la amenaza que enfrenta la organización y cómo debe ésta responder?

2. **Tiempo disponible para el cambio.** ¿Con cuánto tiempo cuenta la gerencia para ejecutar el cambio? ¿La organización puede darse el lujo del tiempo o debe actuar con rapidez?

3. **Tácticas del proceso de cambio/ejecución.** ¿Cómo debe ejecutarse el cambio? ¿Debe avanzar por partes o todo al mismo tiempo? ¿Debe implementarse lenta y metódicamente o con rapidez, para lograrlo de un solo tirón?

4. **Responsabilidad y rendición de cuentas.** ¿Quién es responsable o debe responder por determinados elementos o aspectos del proceso de cambio? ¿Las responsabilidades y la rendición de cuentas son claras para todos aquéllos que tienen que ver con el cambio?

5. **Vencer la resistencia al cambio.** Es vital vencer la resistencia al cambio o a los nuevos esfuerzos de ejecución. La resistencia abierta y, en especial, la encubierta, pueden matar o perjudicar considerablemente los esfuerzos de cambio y ejecución.

6. **Monitorizar el cambio.** ¿Están funcionando los cambios? ¿Con cuánto rigor o flexibilidad debe monitorizarse el cambio? ¿Qué métodos de seguimiento deben emplearse? Monitorizar los resultados y el

avance y mejorar o modificar el proceso del cambio son actividades importantes para lograr los resultados de ejecución deseados.

Estos seis aspectos son importantes y esenciales para el manejo sólido del cambio. Vencer la resistencia al cambio es vital y se examinará en el capítulo 8. Aclarar la responsabilidad y la rendición de cuentas es también sumamente importante. Este aspecto ya se analizó en el capítulo 5, al estudiar la coordinación y la integración, y en el capítulo 6, donde se explicaron en detalle los requisitos de los controles eficaces y los pasos para una revisión eficaz de la estrategia. La necesidad de monitorizar y hacer seguimiento de los cambios también fue parte importante del análisis sobre los controles y la evaluación de la estrategia, efectuado en el capítulo 6.

La posición aquí es que se debe prestar mucha mayor atención a los tres primeros aspectos. El tamaño de una amenaza u oportunidad estratégica y el tiempo disponible para el cambio interactúan de manera que producen profundo impacto sobre el tercer aspecto, el modo como se maneja el proceso de cambio. A su vez, la manera como se maneja el proceso de cambio ofrece tanto costos como beneficios potenciales a una organización. En otras palabras, nuestro argumento es que:

La relación entre (a) el tamaño del cambio y (b) el tiempo disponible para el cambio determina (c) la manera como se ejecuta el cambio, los costos y beneficios del cambio y el pronóstico de éxito.

Estos aspectos del cambio y la ejecución de la estrategia son importantes y merecen atención. Saber cómo el tamaño y la "velocidad" del cambio afectan su ejecución y los costos y beneficios de los distintos métodos de cambio es absolutamente esencial para la gestión del cambio y la ejecución sólida.

UN MODELO DE CAMBIO Y EJECUCIÓN

Teniendo en cuenta los puntos anteriores, construyamos un modelo de cambio y ejecución útil para los gerentes preocupados por hacer que la estrategia funcione.

LOS COMPONENTES DEL MODELO

El tamaño del problema

El contenido de los esfuerzos de cambio debe escogerse cuidadosamente. Es necesario establecer prioridades. Las iniciativas de cambio estratégico deben ser significativas y pocas. Existe el peligro real de hacer demasiadas cosas al mismo tiempo, cuestión en la cual pondremos énfasis más adelante en este capítulo.

El contenido del cambio debe obviamente reflejar y reaccionar al tamaño de una amenaza u oportunidad estratégica que enfrente la organización. El tamaño importa cuando describe los problemas que la alta gerencia debe encarar al administrar el cambio. El tamaño de un problema u oportunidad desempeña papel decisivo al reunirse los recursos y desarrollarse el compromiso con el proceso del cambio. Cuanto mayor sea el problema, más complejo será el contenido necesario para enfrentarlo y más difícil manejar el cambio de manera eficaz.

Tiempo disponible para el cambio

El elemento tiempo también debe considerarse cuidadosamente. Entre los efectos de una perspectiva de corto plazo se incluye el aumento del número de cambios o de los componentes del cambio que deben tenerse en cuenta de modo simultáneo. En general, cuanto más breve sea la perspectiva temporal, mayor será la complejidad del proceso de cambio, pues debe tenerse en cuenta al mismo tiempo un número cada vez mayor de factores críticos.

Velocidad del cambio

Cuando deben tenerse en cuenta muchos aspectos del cambio en un corto período de tiempo, la "velocidad del cambio" es alta. Por lo general, cuanto más alta sea la velocidad, mayores serán los costos o los problemas asociados con el proceso del cambio. La alta velocidad, aunque en ocasiones es necesaria y con frecuencia emocionante, suele estar asociada con un éxito bajo en el manejo del cambio.

RELACIÓN DEL CAMBIO CON LOS PROBLEMAS DE EJECUCIÓN

La combinación de estos elementos crea un modelo tosco pero útil del proceso de cambio (ver figura 7.1)[3]. El modelo, a su turno, ayuda a definir los problemas relacionados con la ejecución que emanan del proceso de cambio.

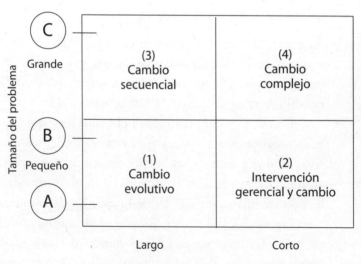

Figura 7.1   Un modelo de cambio y ejecución

El eje X de la figura 7.1 muestra la dimensión temporal, o *tiempo disponible para la ejecución*. De nuevo, es éste un asunto importante para los líderes del cambio, pues el tiempo define la velocidad de éste y los problemas potenciales que surgen con la "velocidad". La variable tiempo está dividida en períodos "largos" y "cortos" para simplificar la discusión.

El eje Y de la figura 7.1 se concentra en el tamaño de las amenazas u oportunidades que afronta una organización. Se designa sencillamente como *tamaño del problema*. Como se mencionó anteriormente, los problemas mayores exigen más recursos y atención gerencial ("contenido" del cambio) que los problemas pequeños. Los grandes problemas pueden complicar el proceso de cambio y afectar los esfuerzos relativos a éste y sus resultados. A semejanza de la dimensión temporal, el tamaño del problema también se expresa en los términos binarios de "grande" y "pequeño"[4].

Situación A: Muchos cambios pequeños

Concentrémonos inicialmente en una situación común y cotidiana en las organizaciones: una gran cantidad de pequeños problemas que necesitan atención gerencial o cambio. Ésta es la situación A en la figura 7.1.

Esta situación es conocida por todos los gerentes. En toda organización existen reglas y procedimientos operativos estandarizados. Usualmente señalan a los empleados cómo manejar pequeños problemas o cambios que surgen de manera rutinaria y cotidiana. El ejemplo de la industria de la impresión rápida mencionado en el capítulo anterior proporcionó ideas sobre la importancia de los controles gerenciales (jerarquía) y de los procedimientos operativos estandarizados para el manejo de los problemas o cambios rutinarios[5]. La gerencia gana su sustento si responde a los problemas y desarrolla o cambia rutinas y procedimientos operativos estandarizados que efectivamente hagan frente a los problemas que surjan y los resuelvan. Tal información se pasa luego a todas las oficinas o empresas de la organización para asegurarse de que se empleen de modo rutinario en toda la compañía los mismos procedimientos operativos estandarizados eficaces. Sin embargo, algunas veces incluso las reglas y los procedimientos operativos estandarizados no cubren exactamente un problema y los gerentes deben ejercer su discreción al manejarlo. Ésta es, desde luego, la razón por la cual existen los gerentes.

Los gerentes de toda la organización, entonces, manejan problemas, muchos de los cuales son similares o idénticos. Como gerente regional de campo de Ford, seguí los procedimientos operativos estandarizados. Rutinariamente hacía frente a las solicitudes de los concesionarios, algunas veces "interpretando las reglas" o haciendo favores a los representantes para acelerar las ventas o resolver problemas. Éstos no solían ser asuntos mayores, de modo que sencillamente manejaba las cosas lo mejor que podía.

Sin embargo, siempre se estaba cocinando un problema potencial. Otros gerentes de campo manejaban las cosas a su modo. Algunos respondían a los mismos problemas de sus zonas o regiones de distintas maneras. Seguramente existía suboptimización, pues se empleaban múltiples enfoques en cuanto a la solución de problemas, aunque no fuera el mejor enfoque. Los costos de dicha suboptimización eran bajos por cuanto los problemas eran pequeños y pasaban desapercibidos para los altos mandos de la compañía.

Ocasionalmente, sin embargo, un problema se hacía más grande. Su gravedad aumentaba un tanto y exigía atención jerárquica (situación B de la figura 7.1). El problema todavía no era enorme o estratégico, pero llegaba a dominar y exigía atención adicional.

Un concesionario de una región, por ejemplo, podía tener la sensación de que las decisiones o soluciones a los problemas del gerente de campo por lo general favorecían de alguna manera a otro concesionario. O bien un concesionario de gran tamaño, con oficinas en varias regiones, podía creer que la incoherencia de los métodos de la compañía o las acciones de los gerentes de campo de las regiones (por ejemplo, al venderse automóviles al por mayor, al manejarse los asuntos crediticios o decidirse las asignaciones de automóviles nuevos) creaba problemas financieros o un trato desigual a los concesionarios.

El balance final era que ocasionalmente alguien se quejaba. Un concesionario pasaba por sobre la cabeza del gerente de campo y se quejaba ante alguien de la oficina de distrito o regional. Ahora se veía comprometida en un problema creciente una persona de nivel más alto en la organización, evidentemente con la intención de evitar que dicho problema se hiciera mayor o se saliera de las manos.

Dicho individuo por lo general reunía a todos los gerentes de campo y otros empleados que tuvieran que ver con el asunto. Definía el problema y preguntaba al personal reunido: "¿Cómo han manejado ustedes este problema o asunto?" Los diversos gerentes respondían, y con frecuencia ocurría algo en extremo interesante. Cuando los gerentes escuchaban los distintos enfoques sobre el manejo del problema, solía haber comentarios como éstos:

> "He estado haciendo tal cosa de tal y tal manera durante años. ¿Cuándo empezamos a hacerlo de *esta* otra manera?"

> "¿Cuándo sucedió esto? ¿Cuándo comenzamos a manejar así el problema? ¿La compañía cambió de política?"

Tales comentarios eran sorprendentes pues revelaban que la organización había cambiado con el paso del tiempo. Los modos de hacer las cosas habían evolucionado en distintas direcciones. Había tenido lugar un cambio evolutivo (casilla 1 de la figura 7.1). Los cambios evolutivos no fueron efectuados a propósito o planeados por la organización. Distintas personas manejaron de distintas maneras los mismos problemas. Hubo suboptimización, pero fue insignificante. Nadie tomó nota hasta cuando los problemas pequeños y rutinarios se convirtieron en asuntos un tanto mayores y destacados que necesitaban atención.

El cambio evolutivo ocurre en todas las organizaciones. Es rutinario y poco notable hasta cuando los problemas pequeños o insignificantes se hacen mayores y se convierten en dificultades significativas si no se hace nada. El tiempo del cambio evolutivo es largo por cuanto se pueden tomar distintas decisiones o ejecutar distintas acciones *ad infinitum*, hasta que alguien llame la atención sobre el problema o pida un enfoque unificado y coherente para resolverlo. Cuando esto sucede, si es que sucede, se reduce sustancialmente el tiempo para enfrentar el problema y se entra en acción. ¿Qué tipo de acción?

Por lo general, cuando un problema se agranda y pasa de A a B en la figura 7.1, el enfoque sobre la solución del problema cambia. El movimiento se efectúa hacia la casilla 2. Un gerente regional organiza un comité o una fuerza de tarea de gerentes de campo, les dice que ya no pueden tolerarse modos múltiples de resolver el problema y les pide sus recomendaciones en cuanto al mejor método para que todos los gerentes lo sigan en el futuro.

El anterior es un ejemplo de intervención y cambio gerenciales, como lo indica la figura 7.1. Alguien define el problema, acorta el tiempo disponible para el cambio o la ejecución y pide una solución al problema.

La responsabilidad del cambio suele ser de un individuo o grupo encargado de hallar una solución al problema. Una vez hecha la tarea, la vida vuelve a la normalidad y los gerentes responden rutinariamente a muchos pequeños problemas y asuntos de modo distinto. Hay una especie de equilibrio hasta cuando surge un nuevo problema mayor, que exige una nueva intervención gerencial en un tiempo menor. La mayoría de organizaciones se enfrenta cotidianamente a este tipo de situaciones al "aparecer" los problemas y necesitar pronta solución.

Situación C: Un gran problema estratégico

Esta situación de la figura 7.1 es mucho más grave. Surge un gran problema estratégico que exige un cambio significativo.

La estrategia de un competidor crea un nuevo modelo empresarial que potencialmente hace el nuestro obsoleto y exige un cambio sustancial en la estrategia, como en los casos anteriormente mencionados de Sun Microsystems y HP. O bien un nuevo producto de un competidor amenaza nuestro producto estrella, lo cual exige acción de nuestra parte. El desafío directo al medicamento de fórmula médica Plavix, de Sanofi, y la potencial pérdida de exclusividad y utilidades sobre él han sido grandes problemas que enfrentaba Sanofi al tiempo que se preparaba para la adquisición de Aventis. He aquí dos grandes aspectos, un problema y una oportunidad, que requieren atención gerencial y cambios significativos. Hacer que la adquisición de Aventis funcionara fue un especial desafío para la capacidad de Sanofi de ejecutar su estrategia de diversificación y administrar un cambio en gran escala.

La figura 7.1 señala que el manejo de grandes problemas estratégicos es función de la percepción o evaluación de la alta gerencia en cuanto al tiempo disponible para la ejecución de la estrategia. El horizonte de ejecución es la fuerza impulsora de la elección de los métodos de cambio.

CAMBIO SECUENCIAL

Si los gerentes piensan que el tiempo disponible para la ejecución es largo, la figura 7.1 indica que se debe emplear el cambio secuencial. Qué es un período de tiempo largo frente a uno corto depende, en parte, de los factores económicos, las fuerzas sectoriales y las condiciones competitivas. Para General Motors o Ford Motor Company, un período de tiempo largo puede ser de cinco o más años, debido a los requisitos de capital y de inversión. Por contraste, una vez evalué un plan empresarial para Leslie Fay, empresa diseñadora y fabricante de prendas de vestir femeninas de Nueva York. En el plan, según recuerdo, un plazo largo era de seis a nueve meses, o algo más de dos "temporadas" en el mercado de la confección. Como lo manifestó un gerente en su momento: "Si perdemos dos o más temporadas, vamos a estar realmente en serios problemas. El negocio de la moda no permite muchos errores graves". Evidentemente, las condiciones sectoriales y competitivas entran en juego al examinarse la dimensión temporal.

Cualquiera que sea la forma como se lleve a cabo, la alta gerencia decide sobre el aspecto temporal para la ejecución. Si se decide que hay suficiente tiempo para ejecutar la estrategia, se puede seguir un proceso secuencial, lo cual significa que la organización reduce un cambio de gran magnitud a partes o proporciones más pequeñas y manejables. Da cuenta de cada uno de los componentes o aspectos del proceso de cambio antes de continuar con el siguiente.

En el cambio secuencial, lo que vemos es una cadena de actividades o pasos, donde el movimiento al siguiente paso está determinado por el análisis o los elementos de salida del paso anterior del proceso, como se muestra en este sencillo gráfico:

$$A \begin{array}{c} \nearrow B \searrow \\ \searrow B^1 \nearrow \end{array} C \longrightarrow D \longrightarrow E \longrightarrow Etc.$$

Para solucionar un problema estratégico e iniciar el proceso de cambio, la investigación de mercado, el análisis sectorial o las entrevistas con los clientes establecen que un tipo particular de producto, servicio o estrategia competitiva pueden funcionar en un segmento definido del mercado (A). Se desarrollan y prueban en campo en un mercado de muestra dos prototipos de un producto o servicio (B y B1), y se observan tanto el desempeño del producto como las reacciones de los clientes. Se efectúan modificaciones, que dan como resultado un nuevo producto o servicio (C), el cual vuelve a probarse. Se toma una decisión y el producto pasa a producción masiva (D) y la compañía finalmente extiende la distribución a segmentos adicionales del mercado (E).

O bien, si se emplea el modelo de ejecución del capítulo 2, un cambio en la estrategia corporativa puede necesitar un cambio en la estructura, o incluso un cambio en la estrategia empresarial para una unidad del portafolio corporativo. La revisión de la estrategia empresarial puede precipitar posibles cambios en la estructura empresarial o en los mecanismos de coordinación empleados para lograr la integración eficaz y la unidad de esfuerzo. Los incentivos, entonces, tendrían por lo menos que examinarse para ver si apoyan adecuadamente los nuevos objetivos estratégicos y de corto plazo de la compañía. Éstos son ejemplos de una lógica y un enfoque secuencial con respecto al cambio. Los grandes problemas se reducen a proporciones más pequeñas y manejables y el análisis se concentra en un elemento del proceso antes de continuar con el siguiente.

"Un elemento" del proceso de cambio puede incluir un pequeño número de componentes o aspectos que se tienen en cuenta de modo simultáneo. En un ejemplo anterior, se tuvieron en cuenta al mismo tiempo dos prototipos de un producto (B y B1). Los dos juntos conforman un solo paso del proceso de cambio secuencial. Cada elemento del proceso de cambio secuencial puede contener un pequeño número de aspectos que se consideran en concurrencia, con el énfasis puesto en lo "pequeño", como se explica más adelante en este capítulo.

Otro modo de ver el cambio secuencial es mirarlo como una serie de "intervenciones gerenciales" más pequeñas (ver figura 7.1). Es decir, los grandes cambios quedan reducidos a cambios pequeños en los cuales los individuos o grupos se concentran y los cuales resuelven como parte de la cadena secuencial de actividades o pasos que acaban de anotarse. La casilla 3 de la figura 7.1 en muchos casos consiste simplemente en una serie de cambios más pequeños derivados de la casilla 2, y los pasos acumulados tienen lugar durante un período de tiempo más largo.

El Bank of America (BOA) anunció recientemente que iba a seguir un proceso de cambio lento y secuencial luego de concluir su adquisición del Fleet Boston Bank en abril del 2004[6]. Si bien hay evidentemente muchos cambios en espera, entre ellos recortes de personal de alguna consideración, el BOA juró que no ejecutaría grandes o importantes cambios con rapidez. Por el contrario, manifestó que estudiaría cuidadosamente los grandes problemas y se concentraría en manejarlos dentro de un proceso de cambio secuencial para evitar cometer grandes errores. Ese pronunciamiento básicamente indica que puede haber algunos beneficios en un proceso de cambio secuencial, en comparación con métodos más veloces y complejos de manejar el cambio.

Ventajas del cambio secuencial

Este tipo de proceso tiene algunas ventajas obvias. Es metódico y pausado. Constituye un tipo de cambio planificado y racional, pues cada paso se lleva a cabo sólo después de haberse culminado satisfactoriamente el anterior.

El proceso paso a paso permite a los gerentes celebrar el éxito y reducir la resistencia al cambio. A los pesimistas e incrédulos se les pueden mostrar los resultados de la investigación de mercado y las primeras reacciones positivas de los clientes con respecto al nuevo producto. El éxito de las primeras etapas del proceso de cambio puede utilizarse para conquistar a los dudosos, que en un principio estaban contra la iniciativa de cambio en su conjunto. El éxito inicial permite un enfoque que habla al incrédulo o a aquél que se resiste: "Usted pensó que el nuevo producto propuesto nunca podría funcionar o venderse. Sin embargo, las reacciones iniciales son positivas y exitosas. ¿Subirá a bordo y apoyará la iniciativa del nuevo producto ahora que ha visto los primeros resultados?"

La celebración del éxito también apoya el proceso de ejecución de la estrategia. Los resultados positivos influyen sobre la aceptación y la apropiación de manera positiva. Puede darse una "palmadita en la espalda" a quienes logren resultados positivos provisionales, lo cual refuerza su motivación y compromiso con el cambio planeado.

Las intervenciones secuenciales hacen posible el análisis claro de causa y efecto. Los efectos de un cambio incremental en el proceso serial se pueden observar más fácilmente que los efectos de muchos cambios simultáneos. La coordinación y el aprendizaje se hacen por consiguiente más fáciles de lograr en esta versión más controlada del manejo del cambio.

El proceso secuencial también hace posibles inversiones incrementales de tiempo y dinero. No debe invertirse y ponerse en riesgo todo a la vez. Pueden hacerse inversiones en pequeñas porciones con mínimo riesgo y reducirse así el perfil total de riesgo e incertidumbre para la organización. No hay necesidad de "apostar la casa completa" en la nueva operación. En un proceso de cambio secuencial, la gerencia apuesta pequeñas piezas y sólo después de haber logrado alguna medida de éxito en el proceso anterior.

Kraft y General Foods

Un buen ejemplo de un proceso de cambio secuencial exitoso lo proporciona la compra de Kraft por parte de Phillip Morris. Phillip Morris ya era dueña de General Foods y la adquisición de Kraft se vio como un buen paso —una diversificación relacionada— para aumentar su participación en el mercado y su poder en el competitivo sector alimenticio. Hubo un alto grado de ajuste estratégico entre las dos compañías. Tanto General Foods como Kraft tenían productos de marca muy conocidos con poca superposición de las líneas de productos, y su combinación se vio como adición a la ventaja competitiva de la compañía combinada. Para nuestros propósitos, la manera como Kraft y General Foods se convirtieron en una sola compañía y cómo se logró la integración indican un enfoque secuencial sobre el manejo del cambio[7].

Se organizó con prontitud un comité para decidir cómo integrarse mejor. Un rápido estudio de un mes sugirió algunas acciones inmediatas. Dar el golpe mientras la plancha aún estaba caliente ayudó a eliminar la incertidumbre sobre la fusión. Se cambió rápidamente el nombre de la compañía fusionada por el de KGF (Kraft General Foods). Se puso énfasis en las "sinergias rápidas" y en los cambios simbólicos para mostrar el valor de la integración. Tales sinergias y cambios rápidos comprendieron lo siguiente:

- **Cambios en la estructura.** Los grupos de comidas congeladas de las dos compañías se convirtieron en una sola unidad. Se creó una división internacional única. La responsabilidad y la rendición de cuentas con respecto a asuntos operativos cruciales se aclararon de inmediato para evitar conflictos y asegurar que la empresa combinada continuara funcionando sin problemas para los clientes. Se establecieron muy pronto y con absoluta claridad la cadena de mando y las relaciones de autoridad para evitar confusiones.

■ **Reducción de costos y consolidaciones.** Entre las rápidas sinergias estaba incluido el apalancamiento de la centralización de compras en la compañía combinada, lo cual eliminó duplicaciones en el personal internacional, redujo los costos indirectos en marketing, finanzas y recursos humanos, centralizó la garantía de calidad y consolidó la fabricación y la distribución.

La mayoría de gerentes de la nueva compañía podía ver y entender la lógica de estos primeros pasos. La mayoría podía ver la "fruta en la rama baja", las sinergias relativamente fáciles que podían recogerse rápidamente y mostraban algún éxito inmediato. La parte difícil, sin embargo, estaba aún por venir.

Buen planeamiento: pensarlo bien. Muchas fusiones y adquisiciones se apresuran, lo cual conduce a un cambio en exceso complejo y a los problemas que lo acompañan. KGF no se precipitó. Se tomó algún tiempo para planificar los cambios, de modo que pudieran manejarse de manera secuencial, con tiempo.

Se conformaron equipos de trabajo para planificar y ejecutar dichos cambios escalonados. Se veía como vital disponer de sistemas y pautas de contabilidad uniformes. Sin embargo, la compañía decidió tomarse un período de tiempo de cuatro a cinco años para introducir paulatinamente los cambios. Los errores de una implementación rápida podían disgustar seriamente a los clientes, por lo cual se consideró lógico un enfoque paso a paso.

Una fuerza de tarea corporativa tomó a su cargo el examen del aspecto de centralización y descentralización de la estructura. Se estudió cuidadosamente el papel desempeñado por la corporación frente a la función empresarial u operativa, para evitar acelerados cambios que pudieran ser desastrosos. Al mismo tiempo, una fuerza de tarea en tecnología sometió a detallado examen los cambios en investigación y desarrollo, y planteó aspectos relacionados con la localización de la investigación básica o la investigación aplicada y el desarrollo de productos. De nuevo, se pensó que había mucho en juego en el área de investigación y desarrollo como para apresurarse a dar "soluciones" que sólo irían a crear más problemas.

Se organizaron fuerzas de tarea para dar una mirada a asuntos de más largo plazo, como la fusión en tres canales de distribución (comestibles refrigerados, congelados y secos) o incluso quizá sólo dos (artículos secos y refrigerados). De implementarse, dicho cambio habría implicado una importante transformación del cuerpo de vendedores, que en las primeras etapas de la fusión todavía comprendía personal tanto de General Foods como de Kraft. La fusión de los vendedores podría afectar de modo perceptible a los clientes y a la distribución. La integración del cuerpo de ventas también exigiría cambios en la facturación, la gestión de inventarios y los métodos y pautas de contabilidad, de modo que no se consideró como opción precipitarse a adoptar nuevas disposiciones.

Existen muchos otros ejemplos, pero el punto es que ciertos cambios de gran magnitud y considerable impacto potencial provenientes de la adquisición se meditaron cuidadosamente y se ejecutaron de manera secuencial. Definitivamente suele ser sensato no correr y adoptar un enfoque planificado y escalonado para el manejo del cambio. Hacer las cosas con rapidez no es siempre bueno. Hacer demasiadas cosas a la vez en el proceso de cambio puede en realidad crear más problemas de los que resuelve, aspecto que se analizará detalladamente en breve.

Desde luego, debe reconocerse que existe un inconveniente potencial en el cambio secuencial. Los beneficios que acaban de mencionarse no están garantizados. Hay costos potenciales que los líderes del cambio estratégico deben considerar.

Problemas del cambio secuencial

Las intervenciones secuenciales toman tiempo

Los elementos del proceso de cambio se extienden durante meses e incluso años. Uno de los peligros es que las personas pierdan de vista las metas últimas del proceso de cambio. Los resultados deseados de la ejecución pierden su notabilidad o significación porque los asuntos de corto plazo dominan el trabajo gerencial. Los líderes del cambio deben reforzar constantemente los esfuerzos de ejecución, recordar a los individuos el resultado último que busca lograrse y mantener la atención de las personas en el proceso de cambio. Ciertos críticos de la fusión de Kraft argumentaban que algunos de los cambios pudieron haberse ejecutado de manera más expedita, crítica relacionada con el actual punto en discusión. La alta gerencia, sin embargo, tuvo el cuidado de divulgar y reforzar los cambios sugeridos por los equipos de trabajo con el fin de mantener a los empleados al tanto del avance de la fusión. Las intervenciones secuenciales exigen este tipo de atención continua a los detalles.

Los períodos largos de ejecución presentan un problema adicional para los líderes del cambio secuencial. Sencillamente, entran en juego otros factores y las fuerzas exógenas cambian. Las acciones o los planes de los competidores se modifican, los consumidores adquieren mayor conciencia de los precios y las decisiones antimonopolio del gobierno guardan consecuencias para los escenarios estratégicos de una compañía. El proceso de cambio secuencial siempre debe adaptarse a estas sacudidas externas.

Las capacidades internas de una organización también pueden cambiar con el tiempo. Recursos humanos fundamentales pueden dejar la organización. Los avances en investigación y desarrollo y en los sistemas informáticos pueden requerir la alteración de un plan de ejecución secuencial para dar cuentas de tales avances. Como en el caso de los cambios exógenos, los gerentes deben estar en sintonía con los cambios internos y rendir cuentas de su impacto en una intervención secuencial con un largo período de tiempo.

Las transiciones deben manejarse

En un proceso de cambio secuencial, el traspaso de la batuta debe manejarse con cuidado. El cuadro secuencial A→ B→C parece simple e intrínsecamente lógico. El trabajo que se lleva a cabo en Marketing en torno a las necesidades de los clientes pasa de manera rutinaria a Ingeniería para el diseño de productos. La transición de un grupo a otro es obviamente necesaria y recibe el apoyo de actores clave de ambos grupos funcionales.

No obstante, es precisa una advertencia. En el capítulo 5 se anotaron problemas significativos con respecto a la transferencia de conocimiento y el intercambio de información en las organizaciones. Los empleados de Ingeniería pueden desconfiar de las metodologías de investigación de Marketing. El síndrome del "no se inventó aquí" puede conducir al rechazo o la modificación de la información transmitida. La cooperación entre Ingeniería y Marketing puede verse afectada por el clima o la cultura de desconfianza basados en anteriores experiencias negativas entre las dos funciones.

En pocas palabras, las lógicas y obvias transiciones entre grupos, funciones u organizaciones en los procesos de cambio secuencial deben manejarse en ocasiones de manera activa y cuidadosa. Los gerentes de las transiciones pueden tener que ser portadores de información y de las explicaciones sobre el desarrollo de los datos de una unidad a otra. Un empleado de Ingeniería puede actuar como enlace con Marketing e incluso quizá formar parte de las deliberaciones de esa unidad. La meta de este participante de doble función es facilitar el flujo de información y la aceptación de los datos por parte de los dos grupos.

Pueden necesitarse otros mecanismos para facilitar las transiciones en las intervenciones secuenciales. La transferencia del establecimiento de precios en condiciones de integración vertical es uno de tales mecanismos obvios. Un mecanismo más son los sistemas formales de gestión de proyectos o productos. El punto es que las transiciones requeridas no pueden dejarse al azar. Necesitan la atención activa de los gerentes al hacer frente al cambio estratégico secuencial.

Las intervenciones secuenciales pueden ser tediosas

Éste es un aspecto que ha surgido más de una vez en mi trabajo relacionado con el cambio. Los gerentes pueden considerar poco emocionantes los procesos de cambio secuencial. Ven la lógica de los cambios seriales que se alimentan uno a otro y apoyan los beneficios del cambio planificado y racional. Aun así, el proceso lógico y secuencial se ve a veces como algo mundano, como un ejercicio de gestión de proyectos más que como un emocionante reto de manejo del cambio estratégico.

El trabajo del líder a este respecto es obvio pero no siempre fácil. Es necesario el uso de retroalimentación o garantías intermitentes, la celebración de los éxitos provisionales, las revisiones estratégicas parciales de metas y desempeño, y otras actividades similares para mantener los ojos del personal clave puestos sobre la bola. Podrían pasar desapercibidos los cambios sectoriales o competitivos importantes debido a dicho desánimo o malestar, y los líderes de las intervenciones secuenciales deben trabajar para asegurarse de que se preste atención adecuada y de manera permanente a los resultados significativos de la ejecución.

Los costos y beneficios del manejo de los grandes cambios estratégicos dentro de un estilo secuencial se anotan en la tabla 7.1.

Tabla 7.1 Costos y beneficios de los cambios secuenciales y complejos

	Cambio secuencial	**Cambio complejo**
Beneficios	• Cambio planificado, racional. • Metódico y pausado. • Oportunidad de celebrar el éxito y reducir la resistencia al cambio. • Claro análisis de causa y efecto, que hace posibles el control y el aprendizaje organizacionales. • Pueden hacerse inversiones incrementales.	• Alta "velocidad"; los grandes problemas se enfrentan con rapidez. • El cambio complejo es emocionante; casi nunca es tedioso. • Creación de un *esprit de corps*.
Costos/ problemas	• Las intervenciones secuenciales toman tiempo. • Las fuerzas exógenas y las capacidades organizacionales cambian. • Las transiciones deben manejarse. • El proceso de cambio puede ser "tedioso".	• La coordinación y el control son difíciles. • La claridad de causa y efecto es baja. • El aprendizaje se perjudica. • Deben suavizarse ciertos criterios de desempeño y no puede hacerse responsables de ellos a los gerentes.

CAMBIO COMPLEJO

Si los líderes de los cambios estratégicos en gran escala sienten que el tiempo disponible para la ejecución es corto, el resultado es el cambio complejo (casilla 4 de la figura 7.1).

En 1997, C. Michael Armstrong fue nombrado director ejecutivo de AT&T, un imperio en apuros. Durante los años siguientes llevó a cabo varias adquisiciones y cambios considerables en la paquidérmica organización. En 1998 anunció planes para la compra del gigante de las comunicaciones por cable TCI, y se preparó para ofrecer servicios de telefonía por cable. En 1999, AT&T superó a Comcast en la oferta por MediaOne. En el 2000 dividió a AT&T en tres compañías distintas.

Mientras hacía todos estos cambios, según afirma Armstrong, también hacía frente a WorldCom Inc. y otros competidores que estaban aumentando sus cifras de modo fraudulento —ingresos proyectados más altos y costos más bajos que AT&T— y creando una mala imagen de AT&T ante los ojos de los analistas de Wall Street. Las presiones agregadas de los competidores y los analistas obligaron a Armstrong a acelerar la ejecución de su estrategia, restando así mérito al tiempo que tenía para hacer funcionar las cosas. En su opinión, el simple tamaño de los esfuerzos estratégicos de AT&T, la acción de WorldCom y las presiones de Wall Street se unieron para que AT&T tambaleara y fracasara en sus intentos de llevar a cabo un cambio estratégico.

La descripción que hace Armstrong de sus problemas relacionados con el cambio sitúa a AT&T directamente en la categoría del cambio complejo de la figura 7.1. Debían manejarse muchos cambios de gran magnitud en un corto período de tiempo, lo cual creaba grandes dificultades. En verdad, Robert Gensler, gerente del Fondo de Medios y Telecomunicaciones de T. Rowe Price, señala que el "trágico error" de Armstrong fue tratar de hacerlo todo a la vez en un período de tiempo demasiado breve[8]. Armstrong trató de hacer malabarismos con muchas cosas, pero a veces es sencillamente demasiado difícil hacerlo todo. Tal es la naturaleza del cambio complejo; hacerlo todo al mismo tiempo es un reto hasta para el mejor de los gerentes.

En el cambio complejo es grande el problema estratégico que enfrenta la organización. Deben tenerse en cuenta muchos aspectos o elementos del cambio para responder al problema y arreglárselas con él, y, dado el breve período de tiempo para la ejecución, todo debe manejarse o hacerse simultáneamente. Ésta es, por lo tanto, una característica que define el cambio complejo: Todo lo importante sucede al mismo tiempo durante la intervención. El corto espacio de tiempo exige pensar de manera simultánea en variables cruciales del cambio para vencer las limitaciones de tiempo.

Podría decirse que recurrir al cambio complejo tiene algunos beneficios. Los grandes problemas se enfrentan con mayor rapidez. Tal enfoque aumenta la velocidad de respuesta al cambio, lo cual puede constituir una ventaja. Las cosas se atacan y atienden rápidamente en vez de dilatarse.

Los cambios complejos también pueden ser emocionantes. En verdad rara vez son tediosos. Los gerentes de todos los niveles de la compañía se arremangan y meten el hombro al mismo tiempo para enfrentar y resolver un gran problema estratégico. Este enfoque omnipresente y absoluto con frecuencia engendra una suerte de camaradería, un *esprit de corps*, pues los gerentes de alto nivel trabajan sin descanso con los gerentes de nivel medio, se ensucian las manos colectivamente y eliminan la vulnerabilidad de la organización ante una gran amenaza estratégica.

Al parecer es posible lograr tanto la rapidez como la camaradería al enfrentar el cambio. Esto suena maravilloso, testimonio positivo de las virtudes de las intervenciones complejas que encierran muchos problemas y comprometen a muchos individuos o unidades funcionales simultáneamente.

Si suena demasiado bueno para ser cierto, es porque usualmente *es* demasiado bueno para ser cierto. No obstante los aspectos aparentemente positivos del cambio complejo, dicho proceso de cambio está lleno de problemas. Coquetea con el desastre. Crea una serie de dificultades que virtualmente garantizan el fracaso del cambio y un mal resultado de la ejecución. En verdad, hagamos la siguiente afirmación:

Debe evitarse el cambio complejo. A menos que sea abso-
lutamente inevitable, la intervención compleja debe utili-
zarse rara vez de modo deliberado o voluntario. El cambio
complejo tienta al desastre y, con demasiada frecuencia,
garantiza una mala ejecución del cambio estratégico.

Para gerentes que dicen disfrutar del cambio complejo, éstas son en verdad palabras ofensivas. Obviamente, nuestra dura declaración necesita justificación. ¿Cómo
puedo yo, o cualquiera, anunciar tan enfáticas alertas de
tormenta en cuanto al cambio complejo? Para responder a
esta pregunta, pensemos en algunos de los problemas que
se encuentran rutinariamente bajo este enfoque. Los ejemplos pueden luego emplearse para destacar los problemas
en situaciones reales de cambio.

Problemas del cambio complejo

Existen al menos cuatro grandes problemas que caracterizan al cambio complejo. La dificultad general de este
proceso de cambio se agrava porque los cuatro problemas
están siempre presentes. No se trata, por lo tanto, de problemas distintos o intermitentes; son elementos constantes
del cambio que, en conjunto, aumentan la dificultad del
manejo del cambio y ponen en peligro los resultados de la
ejecución.

1. **La coordinación y el control son difíciles**. En el
   cambio complejo es difícil establecer mecanismos y
   controles eficaces de coordinación. Demasiadas cosas
   suceden a la vez. Distintos individuos o unidades responden a los problemas relacionados con el cambio
   en tiempo real, en concurrencia, y tal tratamiento simultáneo de múltiples problemas en múltiples áreas
   o ambientes geográficos pone en tela de juicio la coordinación fácil.

Un alto gerente del Centro Nacional de Huracanes de los Estados Unidos, con sede en Miami, no hace mucho asistió a un programa de Wharton para ejecutivos. Manifestó que su organización enfrentaba cotidianamente enormes problemas de coordinación y control durante los grandes huracanes (¡gran problema!). Cuando golpea una gran tormenta, la gente trabaja en todas partes para salvar vidas (primero) y propiedades (después). Se ponen en acción conjunta distintas organizaciones y recursos (la Cruz Roja, la Guardia Nacional, la policía estatal, la reserva del ejército, personal médico de emergencias, hospitales locales, etc.). Todos responden al problema, manejan las cosas en el momento en el cual se presentan y cambian, usualmente de acuerdo con las propias reglas y los propios procedimientos operativos estandarizados de sus organizaciones.

Tanta actividad en tantas organizaciones distintas, todas con sus propios métodos y composiciones jerárquicas, representa una pesadilla para la coordinación y el control. Se monta un centro de mando, pero a pesar de esto, las muchas actividades descentralizadas que tienen lugar en medio de una fiera tormenta, que rara vez actúa de manera predecible, hacen que el establecimiento de controles centralizados sea en extremo difícil en el mejor de los casos. El hecho de que organizaciones como el Centro Nacional de Huracanes puedan rendir a cabalidad en condiciones tan adversas es notable.

Los mismos problemas de coordinación y control existen en cualquier organización que enfrente un gran problema estratégico y tenga la necesidad de encararlo en muchos frentes simultáneamente. Una gran amenaza competitiva o una discontinuidad externa (por ejemplo, una importante innovación o una "revolución" tecnológica) pueden exigir un cambio de estrategia, precios, distribución, incentivos, planes de marketing y programas de fabricación. Si todo debe hacerse simultáneamente en un corto espacio de ejecución, fácilmente pueden verse los problemas de control y coordinación que pueden surgir en semejante situación.

2. **El análisis de causa y efecto es difícil, si no imposible**. Supóngase que una compañía se encuentra en medio de las agonías de un cambio complejo. Por definición, el tiempo es parte de la esencia y muchas cosas suceden al mismo tiempo. Si se "empacara" y representara el proceso de cambio, podría verse así:

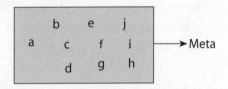

Lo que vemos es una especie de "caja negra" organizacional con muchas actividades, tareas o programas de cambio (a-j) que tienen lugar al mismo tiempo, con la intención de solucionar un problema o lograr algunas metas lo más pronto posible.

Supóngase en seguida que el proceso de cambio fracasa de modo lamentable. No se logra la meta y la organización sufre un daño considerable pero ojalá no irreparable. Evidentemente se necesita una autopsia y deben identificarse y entenderse las razones que subyacen tras el cambio fallido.

El problema es que no puede trazarse un modelo claro de causa y efecto. Es casi imposible explicar exactamente qué sucedió con alto grado de certidumbre. Es difícil explicar qué salió mal.

¿Elementos individuales de la "caja negra" de tareas, actividades y programas afectaron el logro de la meta, independientemente de los demás, como lo sugiere el siguiente gráfico?

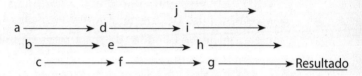

¿En otras palabras, los elementos de a hasta j tuvieron efectos distintos e independientes sobre el resultado, como lo muestra el gráfico anterior? O bien, ¿hubo efectos interactivos? ¿Uno o varios subconjuntos de las diez tareas, actividades o programas interactuaron entre sí para afectar negativamente el resultado, como lo señala el siguiente gráfico?

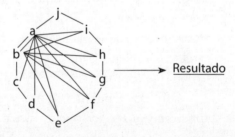

Teniendo en cuenta que existe un número enorme de combinaciones binarias posibles entre todos los elementos de a hasta j y gran cantidad de otras combinaciones o permutaciones de tres o más variables en interacción, explicar qué causó el fracaso es virtualmente imposible. ¿Qué explica el resultado cuando suceden tantas cosas simultáneamente? Nada, al menos no de modo fácil y transparentemente. La causa y el efecto permanecen inciertos y oscuros.

3. El aprendizaje se lesiona. El resultado de un modelo poco claro de causa y efecto es, lógica e inexorablemente, un problema más: No puede darse el aprendizaje.

El fracaso de un cambio importante es grave. Si se invirtieron muchos recursos en el cambio complejo, incluso una gran proporción de tiempo, esfuerzos y compromiso de la gerencia, por lo menos la organización desea aprender de sus errores y prevenir la recurrencia futura de tan enorme fracaso relacionado con el cambio.

El problema es que la organización no puede aprender. Cuando se atienden simultáneamente muchas tareas o actividades, la falta de claridad en la relación causa-efecto impide el aprendizaje. Teniendo en cuenta la dificultad de establecer los efectos independientes e interactivos de los elementos de a hasta j sobre los resultados del cambio en el ejemplo anterior, ¿qué haría distinto la organización en el futuro? ¿Qué correcciones se harían en el conjunto de tareas y actividades que se manejaron en concurrencia en el cambio complejo? ¿Qué tareas o actividades se eliminarían o reforzarían?

No hay respuestas simples a tales preguntas. El aprendizaje no es una opción fácil cuando se presenta el fracaso en el cambio complejo. Seguramente la alta gerencia tratará de hacer algunas conjeturas fundamentadas en cuanto a lo que necesita mejorarse, pero esto constituye, en el mejor de los casos, un ejercicio de opinión.

4. **Suavizar los criterios del desempeño con respecto a los cuales se hace responsables a las personas.** La única manera de hacer que el cambio complejo funcione es reducir su complejidad. Es necesario centrar la atención en un pequeño subconjunto de tareas, actividades o programas simultáneos y no en responsa-

bilizar a los individuos del desempeño en otras áreas. En otras palabras, establezca prioridades, concéntrese en resultados de desempeño clave y deje que otros indicadores de desempeño desmejoren.

¿Por qué se considera este remedio como un problema del cambio complejo? Porque las organizaciones no suelen estar dispuestas a suavizar o eliminar los criterios de desempeño con respecto a los cuales se hace responsables a las personas. Insisten en que los gerentes sigan haciéndolo todo. No permiten que éstos se concentren en ciertos aspectos del cambio y dejen que otros desmejoren o se vayan al infierno. Con frecuencia piden a los agobiados y asediados gerentes comprometidos en el cambio complejo:

"Hagan lo que mejor puedan".

Pedir a alguien que "haga lo que mejor pueda" es, usualmente, darle el beso de la muerte. Sin suavizar la cantidad de indicadores de los cuales son responsables los gerentes y por los cuales deben responder, el cambio complejo no funciona. El cambio se verá como un fracaso, los gerentes comprometidos se verán mancillados por él y la organización los considerará como fracasados.

Pedir a los subalternos que hagan todo bien es básicamente incoherente con un manejo sano del desempeño. El estudio de Amir Hartman sobre los líderes empresariales exitosos y la ejecución "implacable" encontró, sencillamente, que tales individuos hacen lo siguiente[9]:

■ Se concentran en unos cuantos indicadores de desempeño escogidos al administrar, incluso al administrar el cambio. Tienen gran cuidado de no diluir la necesidad de concentración con demasiados indicadores en competencia que puedan desviar la atención de las metas y las necesidades de cambio cruciales.

- Creen que un amplio conjunto de medidas hace más lenta la ejecución y complica considerablemente el manejo del cambio.

En concordancia con esta afirmación, Hartman argumenta que, en efecto, establecer y utilizar demasiadas metas, obligar a los gerentes a concentrarse en todas al mismo tiempo y negarse a retroceder y suavizar los criterios de desempeño con respecto a los cuales se evalúan los gerentes y de los cuales se les hace responsables, sólo puede producir una pesadilla para la organización que trata de llevar a cabo un cambio complejo. Evidentemente es necesario centrarse en un pequeño número de objetivos cruciales de cambio.

Veamos algunos ejemplos reales para dar vida a los anteriores argumentos y mostrar las consecuencias negativas del cambio complejo.

El Centro Nacional de Huracanes de los Estados Unidos

Esta organización es exitosa porque establece prioridades y suaviza otros criterios de desempeño menos importantes.

Enfrentado a un huracán y a los complejos problemas de coordinación mencionados anteriormente, el centro se enfoca en su meta primaria: salvar vidas. Salvar propiedades es una distante meta secundaria y lo demás poco importa.

Imagine el lector si no se suavizaran otros criterios de desempeño. Piense en una situación en la cual los gerentes deben responder por la "utilización de sacos de arena por vida salvada" o cualquier otro tipo de indicador hipotético.

¡Imagine la ansiedad o la angustia de los gerentes y trabajadores al esforzarse sin descanso durante una gran tormenta si supieran que tendrían que responder por el uso eficiente de la arena y los sacos de arena!

¿Es éste un ejemplo poco realista? Tal vez no, si se piensa en otros casos del mundo real que representan problemas similares.

General Motors: Un caso de mejoramiento de la calidad

Alguna vez observé un caso en el cual se hacía necesario mejorar la calidad de los ejes transversales de las transmisiones automotrices en GM. Habían surgido problemas de calidad y la compañía deseaba hacer algo al respecto.

El primer gran problema era que los primeros análisis descubrieron que un sinnúmero de individuos o unidades eran responsables de la calidad del componente afectado. La responsabilidad última, sin embargo, no era clara. Era un caso en el cual "cuando todos son responsables, nadie es responsable". La situación finalmente se aclaró y a los individuos se les asignó la responsabilidad de hacer frente al problema de la calidad.

Una persona (cuya identidad no tengo entre mis notas pero cuyo plan me fue suministrado por James Powers, de planeación estratégica corporativa) tenía un enfoque novedoso sobre el problema. Él y su unidad se concentrarían exclusivamente en ciertos parámetros de calidad claramente definidos y lo resolverían. La compañía tendría que estar de acuerdo en suavizar o eliminar otros indicadores de desempeño menos importantes con respecto a los cuales él o su unidad se evaluaban usualmente. Un ejemplo era el costo de las horas extras. Mientras que dicho costo suele ser un indicador del cual se hace responsables a los gerentes de planta o los directores de departamento, el plan en cuestión habría hecho que los gerentes superiores no tuvieran en cuenta los costos de las horas extras y otros indicadores similares, y que el centro de atención principal fuera el mejoramiento de la calidad.

Los de arriba de GM, en su infinita sabiduría, rechazaron el plan propuesto. Se dieron cuenta, desde luego, de la dificultad de concentrarse en un problema complejo como el mejoramiento de la calidad mientras que al mismo tiempo se les hacía responsables de un sinnúmero de otros indicadores de desempeño. Aun así, su consejo seguía siendo "Háganlo todo; hagan lo mejor que puedan", bajo circunstancias difíciles.

El gerente y sus empleados, sin embargo, se mantuvieron firmes: se negaron a hacerlo todo. Resolverían el problema de la calidad, pero sólo de acuerdo con su plan de acción, que exigía la suavización o eliminación de muchos indicadores normales o rutinarios de desempeño. Tal obstinación era evidentemente arriesgada, pues presentaba un ultimátum a la alta gerencia. Sin embargo, el gerente persistió, y argumentó que su enfoque era la única manera de enfrentar y solucionar el complejo problema que se aproximaba. Tratar de "hacer lo mejor que se pueda" y cumplir con gran número de objetivos de desempeño simultáneamente, sin duda habría culminado en el fracaso o en resultados infortunados.

La compañía finalmente transigió. Aceptaron el plan con su concentración en el asunto crucial de la calidad y la suavización de indicadores de desempeño secundarios. El plan funcionó y se logró un mejoramiento de la calidad en un período de tiempo relativamente corto, para gran crédito de quienes estaban a cargo de la ejecución.

General Electric: Las "estrellas" frente al segundo equipo

Otro ejemplo proviene de mis experiencias como consultor de "ejercicios" en GE Aerospace.

Yo trabajaba en estrecha relación con un gerente en extremo capaz y comprometido en un proyecto muy difícil. La situación era claramente de cambio complejo. El problema por resolver era enorme y el tiempo breve. El gerente (a quién llamaré Bob) y los empleados que tenía a su cargo, un equipo interdisciplinario, habían reaccionado con cautela y algo de renuencia al pedírseles inicialmente que abordaran el problema. Conocían las escasas probabilidades que había de un resultado exitoso en la compleja situación que se les presentaba. No obstante, por ser buenos "hombres de empresa", aceptaron la tarea. Estuvieron de acuerdo en hacer lo mejor que pudieran en una labor difícil.

El avance del cambio complejo fue titubeante y lento. La concentración en un área revelaba nuevos problemas o conmociones imprevistas en otra. A pesar del intenso trabajo, de las horas invertidas y del total compromiso del equipo de cambio, los resultados positivos fueron pocos y efímeros.

Un día, luego de un intento particularmente frustrante e infructuoso de hacer mella en un importante componente técnico del cambio general, Bob me pidió que lo acompañara a tomar un trago después del trabajo. Le gustaría conversar sobre algunas cosas relacionadas con el proyecto. Sospeché, con mal presagio, que algo pasaba y sin duda tuve razón.

Luego de un trago y del intercambio general de cortesías, Bob anunció que renunciaba a GE. Esto me horrorizó, pues claramente se le veía como una estrella con un futuro brillante en la compañía. Aceptaba otro gran empleo con un cargo más alto y con mejor salario, por lo cual su decisión era un paso positivo en su carrera. Sin embargo, añadió algo que, en ese momento, era desconcertante: señaló que el complejo proyecto en el cual estaba trabajando lo estaba deprimiendo. El duro trabajo no lo estaba llevando ni a él ni a su equipo a ninguna parte. Sucedían demasiadas cosas a la vez como para permitir un buen manejo del problema y el pronóstico de éxito realmente parecía oscuro. También dijo que le preocupaba inmensamente la perspectiva de fracasar en una compañía como GE, que realmente se concentraba en obtener resultados.

En verdad, preveía un escenario que no le gustaba. Él y otros empleados de primera categoría ("las estrellas", el "primer equipo") tenían asignada la solución de un enorme problema. La tarea era difícil y compleja, pero, nuevamente, se les animaba a hacer lo mejor que pudieran. Ahora comenzaba a parecer que no podrían tener éxito en la tarea. Bob explicó entonces lo que realmente temía que iría a suceder: estaba temeroso del fracaso, desde luego, pues definitivamente era un realizador de altas miras. También le preocupaba que el "primer equipo" pudiera perder lustre a los ojos de muchos y agregó que había visto pasar esto antes en GE y en otras partes.

El primer equipo, las estrellas, vacilan y fracasan. Todo el mundo dice que, para empezar, es una tarea imposible, y por lo tanto no es imprevisible el fracaso, o al menos que se presenten grandes problemas. Se reconocen los esfuerzos del primer equipo, pero el problema original aún existe en su mayor parte. La compañía redefine entonces el problema. Reduce su dificultad e incluso lo divide en partes más pequeñas. Se le asigna la nueva tarea a un "segundo equipo", y éste usualmente obtiene mejores resultados que el primero, con una labor mucho más difícil y compleja. El segundo equipo tiene éxito donde el primero no lo logró.

El temor de Bob, basado en su percepción de la situación, era que su prestigio dentro de la compañía pudiera verse empañado. Tan tonto como pudiera parecer, dijo, sentía que lo que se percibe se convierte en lo real. Si él y sus colegas del primer equipo se percibieran como fracasados, esto podría en verdad convertirse con el tiempo en parte del folclore de la compañía o en una realidad insidiosa. Esto, manifestó, podría afectar de alguna manera su avance profesional.

¿Estaba Bob paranoico o simplemente equivocado? Tal vez ambas cosas, pero este caso no es del todo extremo. Las compañías en verdad arrojan a los individuos a la batalla de los cambios complejos y el desempeño se ve perjudicado por las razones que acaban de anotarse. ¿Un revés en el desempeño —o posiblemente una serie de reveses— afecta la percepción del valor de un individuo en la organización? Ciertamente es posible, y quizá muy probable, en un clima competitivo que subraya los resultados y el desempeño sistemático. En una compañía como GE los resultados cuentan enormemente. No producirlos, incluso estando limitado por las dificultades de un cambio complejo, puede verse fácilmente con el tiempo como un fracaso gerencial.

La intención aquí es resaltar la abundancia de ejemplos que muestran que el cambio complejo es difícil y problemático. Suele fracasar debido a las siguientes cuatro razones (señaladas en la tabla 7.1):

- La coordinación y el control son en extremo difíciles de lograr cuando tienen lugar muchos cambios simultáneamente.

- El análisis de causa y efecto, vital para explicar las desviaciones significativas en el desempeño, es virtualmente imposible.

- La organización no puede aprender fácilmente de sus errores.

- Las organizaciones no están dispuestas o son renuentes a reducir el número de criterios de desempeño con respecto a los cuales se hace responsables a los individuos, lo cual garantiza un bajo desempeño.

El último requisito —que la organización se concentre en el menor número posible de resultados cruciales de desempeño o ejecución— es absolutamente vital para hacer que el cambio complejo funcione. Cuantas más tareas, actividades o programas de cambio se deban atender simultáneamente, mayor será la velocidad del cambio, la presión sobre los individuos y la probabilidad de fracaso o de grandes problemas relacionados con el cambio.

Al enfrentar grandes problemas estratégicos, una organización debe confiar en el cambio secuencial, no obstante su naturaleza poco emocionante. Si el cambio complejo es inevitable, las advertencias y los problemas presentados en cuanto a los caprichos y las dificultades del cambio complejo deben reconocerse y abordarse por parte de la gerencia de la manera más eficaz posible. Por lo menos, la alta gerencia debe reducir el número de criterios de desempeño de los cuales se hace responsables a los individuos con el fin de dar al cambio una oportunidad y aumentar la probabilidad de éxito.

OTROS FACTORES QUE AFECTAN EL CAMBIO

Existen, por supuesto, otros factores que afectan el éxito de los intentos de cambio y que son necesarios para hacer que la estrategia funcione. Este capítulo se concentró en el modo como la naturaleza de un cambio —definida por su tamaño y el tiempo disponible para la ejecución— afecta la manera como se maneja el cambio y el pronóstico de éxito. Tales aspectos, se argumentó, no suelen analizarse debidamente en la enorme literatura sobre el cambio y, por consiguiente, necesitan atención.

Nuevamente, sin embargo, nuestra tarea no está aún completa. Manejar con éxito el cambio y la ejecución exige que se ponga atención a dos aspectos adicionales: (a) el manejo de la cultura y el cambio cultural y (b) el entendimiento del poder y la influencia en las organizaciones. Ambos aspectos afectan el éxito de la ejecución y determinan si la estrategia funciona. Ambos afectan el proceso de cambio cuando la organización hace frente a las condiciones y los desafíos competitivos a lo largo del tiempo.

El siguiente capítulo comienza donde éste termina: examina el manejo de la cultura y el cambio cultural, incluso la forma de superar la resistencia al cambio. Después, el capítulo 9 estudia el papel desempeñado por el poder y la influencia y su impacto en el proceso de ejecución de la estrategia y sus resultados.

RESUMEN

Existe una serie de aspectos decisivos relacionados con el manejo del cambio que son importantes para el éxito de la ejecución. Son los siguientes:

- El manejo del cambio es importante para la ejecución de la estrategia. La ejecución suele implicar cambios en factores cruciales como la estrategia, la estructura, los mecanismos de coordinación, los indicadores de desempeño de corto plazo, los incentivos y los controles. La manera como se implementa el cambio con frecuencia conduce al éxito o al fracaso de los esfuerzos de ejecución de la estrategia.

- El manejo del cambio sigue siendo un gran problema de ejecución, como indican de manera concluyente los datos recogidos en la presente investigación. En verdad, tanto la encuesta Wharton-Gartner como la encuesta Wharton de educación ejecutiva señalaron la incapacidad de manejar el cambio como el mayor obstáculo individual para la ejecución eficaz de las estrategias. El problema se debe en gran parte a la complejidad de los pasos requeridos para manejar el cambio eficazmente. Entre éstos se encuentran:

- Evaluar con precisión el tamaño y el contenido del cambio estratégico.
- Establecer el tiempo disponible para la ejecución del cambio.
- Establecer los pasos o las tácticas que se emplearán en el manejo del cambio.
- Aclarar las responsabilidades y la rendición de cuentas en el proceso de cambio.
- Superar necesariamente la resistencia al cambio.
- Establecer controles para monitorizar los resultados del manejo del cambio.

- Este capítulo se ha concentrado en los tres primeros aspectos, pues éstos no se han estudiado de manera sistemática en la literatura sobre el manejo del cambio. Específicamente, se explora el impacto de la relación entre (a) el tamaño de un problema de cambio y (b) el tiempo disponible para la ejecución sobre (c) la manera como se ejecuta el cambio. Se analizan en detalle cuatro enfoques sobre el cambio: evolutivo, gerencial, secuencial y complejo, junto con sus costos y beneficios para la organización.

- Una importante conclusión de este análisis es que el cambio complejo es difícil y peligroso, y casi siempre da como resultado un deficiente manejo del cambio y el fracaso en la ejecución. El cambio complejo tiene lugar cuando el problema estratégico que enfrenta la organización es grande y el tiempo disponible para la ejecución es corto, lo cual implica que muchas tareas o actividades relacionadas con el cambio se atienden simultáneamente. Tal tratamiento simultáneo de muchos aspectos difíciles del cambio se caracteriza por cuatro grandes problemas:

1. La coordinación y el control son difíciles de lograr cuando muchas tareas, actividades y programas relacionados con el cambio se atienden simultáneamente.

2. El análisis de causa y efecto que explica las desviaciones significativas en el desempeño es virtualmente imposible.

3. El aprendizaje organizacional se pone en peligro debido a la falta de claridad de causa y efecto.

4. Las organizaciones no están dispuestas a reducir los requisitos de desempeño de los cuales se hace responsables a los gerentes, lo cual virtualmente garantiza resultados deficientes del cambio complejo.

■ Cuando dominan los problemas estratégicos que enfrenta una organización, se prefiere el cambio secuencial. Es lógico dividir un cambio grande en piezas o elementos más pequeños y manejables, y gestionar el cambio de modo secuencial, concentrándose en cada elemento sólo cuando el anterior se haya culminado satisfactoriamente. El cambio secuencial tiene algunos inconvenientes: toma tiempo, factores imprevistos pueden incidir en el proceso con el paso del tiempo y, además, no es emocionante. Sin embargo, es una forma eficaz de manejar los grandes cambios de manera racional y metódica.

■ Otros factores afectan el éxito del manejo del cambio, entre ellos la cultura y la superación de la resistencia al cambio. Tales factores se estudian enseguida, en el capítulo 8, que examina la ejecución eficaz y el manejo del cambio.

NOTAS

1. Spencer Johnson, *Who Moved My Cheese*, Putnam, 2001.

2. "Google Founders Face Wealth, Resentment and a Changed Culture", *The Wall Street Journal*, 18 de mayo del 2004.

3. Una versión inicial y sintética de este modelo y sus componentes, sin un análisis profundo de los asuntos y problemas relacionados con la ejecución, puede encontrarse en L. G. Hrebiniak y William Joyce, *Implementing Strategy*, Macmillan, 1984.

4. El uso de variables binarias para las variables continuas como el tiempo y el tamaño del cambio pueden no representar una forma ideal de hacer operativos estos factores. Sin embargo, para los propósitos de esta discusión, el uso de distinciones binarias, como son los períodos "largos" y "cortos" de tiempo, es útil y válido para describir los efectos de variables como el tamaño y la velocidad del cambio sobre los resultados de la ejecución.

5. A. M. Knott, "The Dynamic View of Hierarchy", en *Management Science*, Vol. 47, No. 3, 2001.

6. "Shareholders OK Merger for Creating No. 3 Bank", *Philadelphia Inquirer*, 18 de marzo del 2004; "Bank of America Vows Slow Post–Merger Change", *Philadelphia Inquirer*, 2 de abril del 2004.

7. Esta fusión y sus resultados —cambios en la estructura, reducción de costos, cambios en las responsabilidades y su consolidación, etc.—, han sido objeto de gran atención. Al buscar la fusión en Google se revelan centenares de referencias, debates y estudios de caso que van mucho más allá del presente análisis, interesado primordialmente en los procesos de cambio secuencial. Además, tengo una enorme deuda de gratitud con dos gerentes de un programa ejecutivo que trabajaron en Kraft y General Foods y que conocían muy bien el sector. Tengo sus notas pero no registré sus nombres. Si dichos gerentes leen esto, les agradecería que me enviaran sus nombres para que en una futura reimpresión pueda reconocer sus contribuciones.

8. "Former Chief Tries to Redeem the Calls He Made at AT&T", *The Wall Street Journal*, 26 de mayo del 2004.

9. Amir Hartman, *Ruthless Execution*, Prentice–Hall/Pearson Education, 2004.

CAPÍTULO

8

El manejo de la cultura y el cambio cultural

Introducción

El manejo de la cultura es importante para la ejecución de las estrategias. Una sólida alineación de la cultura y los métodos de ejecución fomenta el éxito de la implementación, mientras que la falta de alineación crea problemas tremendos.

James Burke, ex director ejecutivo de Johnson & Johnson, era enfático y sucinto al explicar el sobresaliente desempeño de su compañía y su capacidad para manejar las crisis al declarar que "Nuestra cultura es realmente eso". La cultura marca una enorme diferencia positiva en la ejecución.

En cambio, el presidente de Mitsubishi Fuso Truck and Bus, Wilfried Porth, culpó a la cultura corporativa por encubrir los defectos de los productos de su compañía[1]. De modo semejante, se dijo ante un subcomité de la Cámara que la cultura de Enron era "arrogante" e "intimidante", y que desalentaba a los empleados de dar la alarma sobre negocios turbios que se llevaran a cabo en el interior de la empresa comercial[2]. La cultura afecta claramente el comportamiento.

Investigaciones recientes apoyan las afirmaciones sobre los efectos de la cultura. Un proyecto de investigación a profundidad encontró que una cultura empresarial orientada hacia parámetros elevados y con fuerte énfasis puesto en los resultados produjo un desempeño sobresaliente tanto en Campbell Soup como en Home Depot[3]. Otro estudio bien conocido encontró que fue decisiva una cultura de disciplina para que se produjeran resultados de ejecución positivos en Circuit City, Nucor, Walgreens y otras compañías[4]. Se ha asociado a las culturas que apoyan la asunción de riesgos con resultados tales como la innovación, la cooperación y el desarrollo de productos en otros análisis más del impacto de la cultura[5].

Nuestra investigación proporciona apoyo adicional a la importancia de la cultura. La capacidad de manejar el cambio con eficacia se calificó, tanto en la encuesta Wharton-Gartner como en la encuesta Wharton de educación ejecutiva como el requisito más importante para el éxito de la ejecución. Las entrevistas y las discusiones en panel con los gerentes subrayaron la trascendencia de la cultura al manejar el cambio. En verdad, para muchos de los gerentes entrevistados, lo que realmente debe entenderse por capacidad de manejar el cambio es la capacidad de "manejar el cambio cultural". La discusión sobre el manejo de la cultura, entonces, es en realidad una extensión lógica y un aspecto integral del manejo del cambio, requisito crucial para el éxito de la ejecución.

La cultura es omnipresente e importante. Afecta y refleja los métodos de la ejecución estratégica. La cultura es perdurable y difícil de cambiar. Aun así, ocasionalmente es necesario el cambio cultural. Los líderes que tienen a su cargo la ejecución estratégica sencillamente deben entender qué es la cultura y cómo cambiarla. No existe otra opción si la meta es hacer que las estrategias funcionen.

Un problema significativo es que los gerentes suelen no saber cómo cambiar la cultura de manera eficaz. Entienden plenamente que la cultura afecta la ejecución, pero sus intentos de cambiarla se quedan cortos. El propósito de este capítulo es mostrar cómo cambiar la cultura, cuando sea necesario, para lograr el éxito en la ejecución.

¿QUÉ ES LA CULTURA?

La cultura tiene muchos aspectos, lo cual la convierte en un fenómeno complejo. A nivel social, hace referencia al desarrollo de facultades intelectuales y morales por vía de la educación y el aprendizaje, la ilustración y la excelencia en el gusto adquiridas por medio de la estética y la preparación intelectual, las inclinaciones y el comportamiento de un grupo o clase de personas y el nivel de avance de la civilización, entre otras cosas. Tales aspectos de la cultura, si bien son interesantes, no son demasiado útiles para los líderes del cambio organizacional y la ejecución de estrategias.

Aquello que es más interesante y va al grano es la cultura organizacional. Normalmente, ésta comprende las normas y los valores de una organización, incluida la visión compartida por sus miembros. Usualmente la cultura tiene un componente de comportamiento que define "el modo como una organización hace las cosas", entre ellas la toma de decisiones, la manera como compite, la cantidad de riesgo que puede tolerar, el énfasis que pone en la ética o la justicia en sus transacciones y el modo como las personas tratan o evalúan las acciones y las contribuciones de cada cual a la organización. La cultura también hace referencia a veces a los resultados de tales comportamientos, incluso la creatividad o la innovación organizacionales.

Para nuestros propósitos, utilicemos el siguiente modelo simple de cultura y comportamiento:

Cultura $\longrightarrow$	Comportamiento
• Valores y normas compartidos	• "El modo como hacemos las cosas"
• Visión/credo comunes	• Cómo competimos
• Metas e incentivos comunes	• Cómo nos tratamos
	• Asunción de riesgos, innovación

La cultura tiene que ver con los valores, la visión o el "credo" compartidos, que generan la propensión entre los individuos de una organización a actuar de ciertas maneras. Las metas y los incentivos reflejan y refuerzan dicha propensión a actuar, y el resultado de tal sesgo cultural se refleja en el comportamiento real. Aunque se reconoce su sencillez, este modelo plantea algunas características importantes de la cultura y el comportamiento en las organizaciones que afectan la ejecución.

LA CULTURA ES IMPORTANTE PARA LA EJECUCIÓN

Sólo es necesario hablar brevemente con alguien de Johnson & Johnson sobre la importancia y la contribución de su "credo" a lo largo de los años para entender esta afirmación sobre la importancia de la cultura. Las decisiones cruciales y sus consecuencias constantemente se comparan con dicho "credo" por parte de la gerencia de J&J con el fin de ayudarla a evaluar el valor relativo de las decisiones estratégicas y los métodos de ejecución. El "credo" es un aspecto omnipresente y vivo de la cultura de J&J, y afecta el comportamiento.

En mi experiencia, la cultura es tan importante en algunas compañías —como por ejemplo Microsoft, Nucor y GE—, que los nuevos aspirantes virtualmente deben pasar una prueba informal de "debida diligencia cultural" antes de ser contratados. Un candidato recién entrevistado para trabajar en Microsoft me dijo que a las personas con las cuales había hablado les importaba poco su formación académica y sus logros profesionales. Les preocupaba mucho más su capacidad para fusionarse con el equipo en el cual debía trabajar.

Un número cada vez mayor de compañías lleva a cabo pruebas de debida diligencia cultural antes de embarcarse en fusiones o ejecutar adquisiciones. Southwest Airlines invirtió dos meses enteros en analizar la compatibilidad cultural de Morris Air antes de adquirirla. Por el contrario, un insuficiente análisis inicial de debida diligencia cultural probablemente está entre las causas de las tribulaciones de DaimlerChrysler al tratar esta firma de resolver los problemas de su fusión. El énfasis puesto en la debida diligencia cultural se está haciendo cada vez más frecuente y significativo debido al impacto de la cultura sobre la ejecución.

LA CULTURA NO ES HOMOGÉNEA

Si bien algunos aspectos de la cultura organizacional pueden ser omnipresentes y homogéneos en el conjunto de una organización, otros son más heterogéneos.

Las organizaciones, como un país o una sociedad, tienen subculturas. El personal de Manufactura tiene diferentes metas, valores, percepciones o tiempos para la toma de decisiones que los científicos de Investigación y desarrollo. Los empleados de Marketing ven el mundo competitivo de manera distinta de los individuos de Operaciones o Ingeniería. Aunque la cultura se refiere a los valores, los incentivos o las pautas de comportamiento que las personas comparten, las subculturas a veces definen diferencias en cuanto a estas mismas características dentro la organización. Para simplificar este análisis, las referencias serán primordialmente a la cultura organizacional, a menos que se hable de un ejemplo explícito o de diferencias subculturales.

LA CULTURA AFECTA EL DESEMPEÑO

Para nuestros propósitos, éste es un aspecto crucial de la cultura organizacional. La cultura afecta el desempeño. El sencillo modelo que acaba de presentarse se puede cambiar para que se vea como sigue:

Cultura ⟶ Comportamiento ⟶ Desempeño organizacional

La cultura suscita y refuerza ciertos comportamientos en las organizaciones. Tales comportamientos, a su vez, afectan el desempeño organizacional de manera fundamental. Si esto no fuera así, la cultura tendría poco interés para los gerentes comprometidos en los esfuerzos de ejecución. Debido a que es así, es necesario examinar este aspecto en mayor detalle para asegurar una mejor comprensión del papel que la cultura desempeña al hacer que la estrategia funcione. Piénsese en algunos ejemplos de los efectos de la cultura sobre el desempeño:

- Los conflictos culturales corporativos son la principal causa de los fracasos de las fusiones. Un estudio de 10 años de 340 grandes adquisiciones, realizado por Mercer Management Consulting Inc., señala con firmeza el impacto negativo de los conflictos culturales en los resultados de desempeño y en la ejecución de estrategias de diversificación[6].

- Antes de su fusión con Sandoz para formar Novartis, Ciba-Geigy intentó hacer grandes cambios en la cultura debido al bajo desempeño. Los requisitos suizos para las partes signatarias, el énfasis puesto en el nivel y la posición social, y unos sistemas de evaluación que desconocían el desempeño en favor de los títulos y cargos oficiales eran aspectos de la cultura de la compañía que perjudicaban el desempeño en un sector cada vez más competitivo y cambiante. Se juzgó necesario un cambio en la cultura organizacional y en los modos de llevar a cabo los negocios, con el fin de mejorar la ejecución y el desempeño.

■ La racionalización de las estructuras gerenciales realizada por Josef Ackermann en el Deutsche Bank en el 2002 y la introducción de métodos anglosajones de hacer negocios, eliminando al mismo tiempo las viejas costumbres alemanas, se llevaron a cabo para mejorar el desempeño. Él y otros sintieron que el abandono por parte del banco de algunos aspectos de su pasado alemán y de sus restricciones culturales era absolutamente esencial para que lograra crecimiento global.

■ En la reunión de accionistas de Disney del 2004, Roy Disney argumentó que sólo el regreso a la antigua y venerada cultura de valores familiares y creatividad de Disney podía revertir el mal desempeño que ha caracterizado a la compañía en los últimos cinco a diez años del reinado de Michael Eisner como director ejecutivo y presidente de la junta directiva. El desempeño refleja claramente la cultura de una compañía, y la cultura actual, desde el punto de vista del señor Disney, es disfuncional y afecta negativamente el desempeño. El salto del 71% en los ingresos netos que arrojó la compañía en el trimestre finalizado el 31 de marzo del 2004 con respecto a las ganancias netas del año anterior, debilita el argumento del señor Disney contra Eisner, si se hace la misma asociación entre cultura y desempeño[7]. De tal manera, manténgase el lector en sintonía, como dicen, para ver si Eisner puede resistir hasta septiembre del 2006 o después, cuando expira su actual contrato*.

---

* La página de Internet the The Walt Disney Company informa que Michael Eisner fue director ejecutivo de la compañía hasta septiembre del 2005. Desde el 1º de octubre de ese año, el director ejecutivo es Robert A. Iger. *(Nota del traductor.)*

- La lucha y el forcejeo de altos intereses entre Bristol-Myers y la mucho más pequeña (y ahora famosa) ImClone es ejemplo extremo de cómo el conflicto cultural puede afectar la ejecución de la estrategia. Ciertas compañías como Bristol-Myers están incómodas al operar en un universo biotecnológico habitado por pequeñas empresas y caracterizado por la asunción de riesgos extremos, métodos de investigación inadecuados y quizás incluso una deficiente ejecución de las pruebas necesarias para la introducción de nuevos medicamentos. El rechazo por parte de la Administración de Alimentos y Medicamentos de los Estados Unidos de la evaluación del fármaco Erbitrex, producto resultado de una operación conjunta entre Bristol e ImClone, debido a las deficiencias en los datos de las pruebas clínicas y otros problemas, generó una seria disminución del desempeño que afectó negativamente las acciones de ambas compañías[8].

- Un efecto de distinto tipo de la cultura es interesante y digno de atención. Cuando Advanced Micro Devices Inc. (AMD) convocó a una reunión a fines del 2003 para efectuar un importante anuncio sobre un *chip*, algunas grandes compañías de computadores brillaron por su ausencia. El director ejecutivo de AMD, Héctor Ruiz, dijo que las compañías no habían asistido porque Intel las había "intimidado" y, por temor a las represalias, prefirieron no hacerse presentes. Según Ruiz, no querían "correr el riesgo de causar enojo a Intel haciéndose 'demasiado visibles' en su apoyo a AMD", fabricante rival de *chips*[9]. La cultura de Intel, pensaba, es dada a la retaliación, lo cual puede afectar el comportamiento de otras compañías. Cierto o no, el caso define una interesante percepción de la cultura empresarial y de cómo puede afectar las acciones de otros.

■ Finalmente, la celebrada cultura de Southwest Airlines, que pone énfasis en una atmósfera "familiar", con valores centrales basados en hacer las cosas bien y en el avance mediante el desempeño, no sólo motiva a los trabajadores sino que también ha contribuido al éxito de la compañía como una de las aerolíneas más rentables de los Estados Unidos. La cultura ha afectado el desempeño de Southwest. Será interesante ver si los recientes rumores sobre tensión cultural, incluido el descontento laboral, afectan esta envidiable trayectoria de desempeño.

Se pueden mencionar otros muchos ejemplos, pero es claro que la cultura afecta el desempeño. La cultura y los conflictos culturales ciertamente afectan la ejecución de la estrategia.

EL DESEMPEÑO ORGANIZACIONAL AFECTA LA CULTURA

Es éste un punto significativo no siempre obvio en las discusiones sobre la cultura. Se ha prestado mucha mayor atención a los efectos de la cultura sobre el desempeño que a la inversa.

La lógica subyacente en la afirmación de que el desempeño afecta la cultura es sencilla y persuasiva, y se basa en los análisis anteriores sobre retroalimentación y controles (capítulo 6) y el manejo del cambio (capítulo 7). Si el desempeño organizacional es bajo, se lleva a cabo un análisis de causa y efecto para explicar la desviación negativa. Dicho análisis suele dar como resultado la toma de decisiones sobre lo que debe cambiarse para mejorar el desempeño, pero los cambios en variables cruciales orientados a dicha mejora —por ejemplo, los cambios en los incentivos, las personas, las capacidades o la estructura organizacional— pueden afectar la cultura. Tales cambios, y las modificaciones en el comportamiento que producen, pueden dar forma a los "modos como una organización hace las cosas". Pueden afectar los valores y las normas centrales que hacen ver a los atributos organizacionales como importantes o significativos.

Una consecuencia contraria del comportamiento sobre el cambio cultural la señalan los comentarios de Edward Zander al asumir como director ejecutivo de Motorola. Zander se lamentaba de la falta de sentido de "urgencia" en la compañía. Motorola había perdido participación en el mercado y posiciones de liderazgo en partes importantes del negocio, especialmente en los teléfonos móviles, y por eso Zander afirmó que la autocomplacencia ya no podía tolerarse.

Entonces, ¿cómo se cambió semejante situación? Según Zander, "...teníamos que conseguir personas que desearan ganar tuvieran sentido de urgencia"[10]. La insinuación es que llevar personas nuevas y enérgicas a los cargos clave y soltarlas para que hagan lo suyo cambia una cultura de autocomplacencia. El nuevo comportamiento afecta la cultura.

Zander también se refirió a una subcultura tecnológica que ponía énfasis en que "si se construye, [los clientes] llegan". Desde ese punto de vista, la tecnología orienta y define las necesidades de los clientes. Una aproximación más lógica y deseable, según Zander, es construir una subcultura que reaccione ante lo que los clientes deseen y necesiten; permitir que las exigencias de los clientes y el desempeño en el mercado dicten lo que hace Motorola desde el punto de vista tecnológico y de producción, y no a la inversa. Responder a los clientes (nuevo comportamiento) puede crear una cultura o subcultura que valore el servicio al cliente y el reconocimiento de sus necesidades más que el imperativo tecnológico.

En efecto, el sencillo modelo presentado anteriormente se modifica de nuevo un tanto para añadir una curva de retroalimentación:

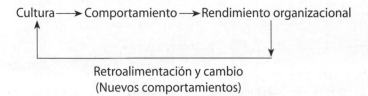

El argumento que sugiere este modelo es sencillo pero importante: La cultura afecta el desempeño organizacional y se ve a la vez afectada por éste. La cultura no es una calle de una sola vía. Es al mismo tiempo un factor independiente y causal, y una variable dependiente que en verdad puede cambiar incluso si es con lentitud o a regañadientes.

Llevemos ahora el argumento un paso más adelante para explicar el cambio cultural. Tratemos de integrar los efectos de la cultura y lo que afecta a la cultura y al cambio cultural en un modelo útil. Los efectos de la cultura sobre la ejecución de la estrategia y los efectos de la ejecución sobre la cultura pueden entonces verse con mayor claridad, lo cual permite a los líderes del cambio cultural hacer frente con mayor eficacia a los problemas relacionados con la ejecución.

UN MODELO DE CULTURA Y CAMBIO CULTURAL

La figura 8.1 representa un modelo de cultura y cambio cultural. La parte superior del modelo (pasos 1-4) muestra los efectos de la cultura. Aun más importante, la parte inferior (pasos 5-8) muestra cómo cambiar la cultura, lo cual constituye el principal foco de interés en este momento.

PRIMERA LÍNEA: EFECTOS DE LA CULTURA

La primera línea de la figura 8.1 —pasos 1 a 4— muestra los efectos de la cultura sobre el comportamiento y el desempeño de la organización.

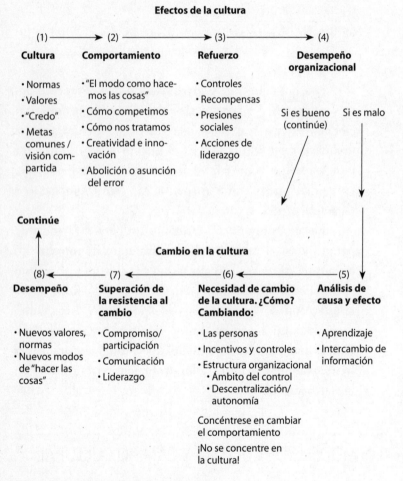

Figura 8.1   Manejo del cambio cultural

Paso 1: Cultura

De nuevo, la cultura se compone de los valores principales, las normas, los "credos" o sistemas de creencias de una organización. Define y genera una propensión a actuar de ciertas maneras. Este paso supone que existe una cultura organizacional establecida.

Paso 2: Comportamiento

La cultura afecta el comportamiento individual y organizacional, el "modo como hacemos las cosas". Entre los comportamientos se encuentran las maneras como las compañías compiten, cómo se tratan mutuamente las personas, el punto hasta donde se asumen riesgos y los resultados deseados, como la creatividad y la innovación. Así por ejemplo, la cultura puede afectar el punto hasta donde las organizaciones evitan o asumen los errores, cuyos efectos pueden ejercer considerable impacto sobre el modo como la organización opera y ejecuta los planes cotidianamente. La tabla 8.1 menciona algunos ejemplos de distintos comportamientos, resultados de desempeño y "modos de pensar" gerenciales en organizaciones que evitan o asumen los errores[11].

El propósito de la tabla 8.1 es mostrar que la cultura afecta el comportamiento de modos considerables, algunas veces de manera negativa. En los casos extremos de abolición de riesgos, la cultura pone el énfasis en la culpa, en la supervivencia y en la poca confianza. Perjudica el aprendizaje organizacional y fomenta una alta resistencia al cambio. La abolición del error es desastrosa para la creatividad, la innovación y la adaptación organizacional exitosa.

Por el contrario, las culturas organizacionales que asumen los errores los tienen en cuenta como componentes necesarios de la asunción de riesgos. Se concentran en llevar a cabo "autopsias" y hacer frente a los hechos crueles. También asumen el cambio como algo inevitable y beneficioso para el logro de las metas organizacionales, entre ellas las relacionadas con la ejecución. Evidentemente, la cultura puede ejercer efectos positivos o negativos en el

Tabla 8.1   Efectos de la abolición y la asunción del error
en las organizaciones

	Abolición del error	Asunción del error
Controles	Verticales, represivos o limitantes; énfasis puesto en "tener la razón" siempre	Énfasis puesto en el autocontrol; énfasis puesto en conocer los hechos
Cuando se presume un error o un problema	Se niega el problema o se le resta importancia; si no se puede negar el problema, se culpa a otra persona	Se admite el error; se determinan y analizan las causas para prevenir su recurrencia (se llevan a cabo "autopsias")
Necesidades individuales que se satisfacen	Supervivencia; es crucial la capacidad de defensa de las acciones ante las amenazas o acusaciones de otros	Satisfacción de necesidades de alto nivel debido al crecimiento, el aprendizaje y la aceptación de retos
Establecimiento de objetivos y parámetros de desempeño	Vertical, unilateral; poca participación o negociación; "todo o nada" como parámetro	Proceso participativo; discusiones eficaces y enfrentamiento del conflicto; las metas y los parámetros de desempeño no son "todo o nada" ni "blanco o negro"
Actitud hacia el cambio	La resistencia al cambio es alta	Se asume el cambio como inevitable, necesario y beneficioso
Orientación interpersonal	Cautelosa; baja confianza; alineación	Abierta; altos niveles de confianza; énfasis puesto en la cooperación y los esfuerzos conjuntos
Innovación y creatividad	Baja	Alta

comportamiento de las organizaciones y afectar potencialmente los resultados de la ejecución.

Paso 3: Refuerzo del comportamiento

Como se recalcó en el capítulo 6, los incentivos y los controles guían y refuerzan el comportamiento. La estructura de recompensas dice a los individuos qué es importante. Refuerza el comportamiento coherente con las metas y la cultura organizacionales. Las acciones del liderazgo pueden igualmente indicar qué comportamientos y resultados se valoran por parte de la organización. La suma total de actividades del paso 3 de la figura 8.1 refuerza el comportamiento y los aspectos deseados de la cultura, creando cierto tipo de presión de pares y de influencia jerárquica para que se hagan las cosas adecuadas.

Paso 4: Desempeño organizacional

La cultura afecta el desempeño. Si éste es bueno, hay una alineación positiva de la cultura, las metas, el comportamiento y los métodos de refuerzo. Todo está en sincronía. Un buen desempeño presta credibilidad a la primera línea de la figura 8.1. Los efectos de la cultura son positivos y todo está bien con el mundo. El bajo desempeño, sin embargo, plantea un problema. Indica que algo no funciona. Es necesario discernir cuáles son los problemas subyacentes, lo cual nos lleva al paso 5 de la figura 8.1.

Paso 5: Análisis de causa y efecto

El paso 5 proporciona una importante transición entre la primera línea de la figura 8.1 (Efectos de la cultura) y la última (Cambio en la cultura), de modo que se menciona en el examen de ambos temas. En concordancia nuevamente con el análisis de los controles, del capítulo 6, y del cambio, del capítulo 7, las desviaciones significativas en el desempeño, sean positivas o negativas, deben explicarse. Sólo para efectos de discusión, este ejemplo sólo se concentra en el bajo desempeño, que supone significativas desviaciones negativas con respecto a las metas o los resultados deseados. Lo que se necesita es un análisis completo de causa y efecto para explicar el desempeño negativo. Éste es un prerrequisito indispensable para el cambio organizacional. Sin claridad de causa y efecto, el aprendizaje y el cambio organizacional sencillamente no son posibles.

Suponga por un momento que el análisis de causa y efecto indica que se necesitan grandes cambios. Existen nuevas fuerzas competitivas o sectoriales, las innovaciones tecnológicas han tornado los actuales métodos virtualmente obsoletos y se requieren nuevas estrategias y modos de hacer los negocios. Supóngase, además, que la alta gerencia decide que se necesita un cambio cultural para facilitar y respaldar los enormes cambios en la estrategia y las operaciones que se precisan. La pregunta, entonces, es cómo se cambia la cultura organizacional para que apoye la ejecución de la nueva estrategia.

ÚLTIMA LÍNEA: CAMBIO EN LA CULTURA

La última línea de la figura 8.1 se refiere al cambio cultural. El proceso de cambio comienza en el paso 5, con el análisis de causa y efecto que acaba de examinarse. Los resultados de este análisis, incluidos los problemas subyacentes que afectan negativamente el desempeño y la lógica sobre la cual se basan los cambios contemplados, deben comprenderse plenamente y comunicarse de manera adecuada. El análisis de causa y efecto nos dice qué falló y por qué, pero este conocimiento o aprendizaje es inútil si no llega a las personas adecuadas, a los individuos que pueden actuar a partir de la información. Dicha información, entonces, debe transferirse y comunicarse con eficacia.

Por consiguiente, el primer paso en el cambio cultural es la comunicación y el intercambio de información. Las razones y la lógica que subyacen tras la necesidad del cambio deben ser completas, inequívocas y convincentes. Los datos que apoyan y justifican el cambio deben llegar a las personas adecuadas.

Remítase momentáneamente al análisis del cambio complejo del capítulo 7. Cuando no pueden establecerse las causas del bajo desempeño debido a los muchos factores o fuerzas del cambio complejo que se presentan simultáneamente, no se produce aprendizaje. El análisis de causa y efecto arroja poca o ninguna luz sobre las causas del bajo desempeño.

Se deduce lógicamente que, bajo estas condiciones, la comunicación y el intercambio de información sobre la necesidad del cambio no tienen lugar. Las razones y la lógica del cambio no son completas, inequívocas o convincentes. El análisis de causa y efecto no produce resultado claro alguno. El primer paso del cambio cultural, entonces, no puede lograrse. La comunicación eficaz y el intercambio de información no pueden ocurrir.

Ésta es la razón por la cual el paso 5 —análisis de causa y efecto— es tan importante para el cambio cultural. Sin él, y sin la comunicación de los hallazgos que resultan del análisis, el cambio cultural se asienta sobre bases inestables. En otras palabras, está condenado desde el principio.

Para efectos de la discusión, supóngase que el análisis de causa y efecto es completo, claro y convincente. Supóngase además que los resultados de dicho análisis y la necesidad de cambio se han comunicado clara y plenamente a las personas adecuadas. Sólo entonces el proceso de cambio cultural puede seguir al paso 6 de la figura 8.1.

Paso 6: Cambio cultural

Éste es un paso crucial. Indica que, para cambiar la cultura, no es prudente ni eficaz concentrarse directamente en la cultura. Es decir, para cambiar la cultura, usted no se debe concentrar en la cultura por sí misma o en los aspectos subyacentes que la definen: los valores, las normas y los "credos". No trate de cambiar actitudes, esperando un cambio en el comportamiento. Concéntrese más bien en el comportamiento.

La lógica aquí es doble. En primer lugar, es virtualmente imposible acudir a las personas para que cambien sus creencias, sus valores o sus actitudes. Las solicitudes de los gerentes en cuanto a una mente más abierta en la toma de decisiones o una mayor tolerancia frente a los errores de los subalternos o los riesgos que asumen suenan atractivas pero usualmente no tienen impacto alguno sobre las creencias, los valores y las actitudes subyacentes de los gerentes, o su comportamiento relacionado con la ejecución. Todo gerente diría que trata de hacer las cosas de modo distinto, pero tal promesa con frecuencia rinde escasos frutos. El comportamiento no cambia fácilmente ante la solicitud de hacerlo.

En segundo lugar, es importante recordar que la cultura afecta tanto al comportamiento como al desempeño *y* se ve afectada y reforzada por el comportamiento y el desempeño. La cultura y sus efectos no son una calle de una sola vía. La cultura afecta al comportamiento, pero el comportamiento también afecta y refuerza la cultura. Es posible, entonces, postular la siguiente relación:

$$\text{Comportamiento} \longrightarrow \text{Cultura}$$

En otras palabras, el cambio de comportamiento puede poner en tela de juicio las normas culturales y, en última instancia, cambiarlas. La cultura es una variable dependiente, afectada por el comportamiento, así como una variable causal que afecta al comportamiento.

A la luz de estos argumentos, ¿cómo se puede cambiar el comportamiento y, en última instancia, la cultura? La respuesta es: Mediante el cambio de las personas, los incentivos, los controles y la estructura organizacional, como indica la figura 8.1.

Contratar nuevas personas suele traer consigo ideas frescas, nuevas capacidades y nuevos modos de hacer las cosas en una organización. Transferir los titulares de los empleos a otros cargos y reemplazarlos por savia nueva puede incidir en gran medida sobre el cambio en la cultura y las normas que la apoyan. Éste parece ser el enfoque de Zander en Motorola. La manera más rápida y eficaz para eliminar la autocomplacencia es introducir personas que tengan sentido de urgencia. Tratar de pedir a las personas displicentes que cambien no funciona por sí solo. Traer sangre fresca, tanto de dentro como de fuera de la organización, puede cambiar las cosas con mayor rapidez.

La CIA ha sido objeto de censuras últimamente debido a sus deficiencias en materia de inteligencia. George Tenet renunció y los críticos de la comunidad de inteligencia señalan un enfoque cada vez más ineficaz y burocrático en la ejecución del trabajo de la agencia[12].

Existen dos tareas que una organización de inteligencia debe ejecutar. Debe (a) reunir datos o información y (b) analizar dicha información en busca de pautas coherentes o de hechos emergentes. Según los críticos, la recolección de datos de inteligencia se lleva a cabo bien; es la escasez de analistas calificados lo que causa el problema. Los burócratas han venido reemplazando a los analistas calificados y la ejecución de la parte analítica del trabajo de inteligencia se ha perjudicado. ¿Cuál es el remedio? Introducir sangre nueva; traer analistas que sepan cómo discernir pautas en la información o los datos de inteligencia; buscar y contratar personas con las capacidades adecuadas. Hacerlo transformará la cultura de la CIA, la alejará del laberinto burocrático en el cual se encuentra y la regresará a la condición de gigante analítico que solía tener.

El argumento de Collins en cuanto a montar a "la gente adecuada en el bus" también señala el impacto de las personas sobre el comportamiento, la ejecución y el cambio cultural[13]. Contratar a las personas adecuadas, individuos con ciertas características deseadas —habilidades, energía, orientación hacia el logro, determinación obstinada, entre otras—, puede afectar la ejecución y la cultura.

Cambiar los incentivos y los controles puede asimismo llevar a efecto el cambio cultural. Recompensar a las personas por su desempeño o su éxito competitivo contribuye considerablemente al cambio de una cultura en cual las recompensas se habían basado en la antigüedad, los títulos oficiales o los "requisitos de los signatarios" legales de una cultura, como se señaló anteriormente en el caso de Ciba-Geigy. Los incentivos guían al comportamiento hacia nuevas direcciones y agregan valor a la búsqueda de nuevas maneras de hacer las cosas. De igual modo, los controles recompensan los comportamientos y los resultados nuevos y deseados, refuerzan su importancia y crean nuevas normas y valores sobre las formas adecuadas de actuar y competir.

Los incentivos y los controles adecuados pueden incluso producir cambios en las personas "equivocadas". Los gerentes pueden mostrar autocomplacencia en la ejecución, sencillamente porque es eso lo que premia y refuerza la organización, incluso sin proponérselo. Cambiar los incentivos y los controles puede sacar a flote los comportamientos adecuados en al menos una parte de un grupo de gerentes "equivocados" o displicentes. Combinar nuevas personas con nuevos incentivos y controles es, claramente, una forma enérgica de cambiar el comportamiento, los métodos de ejecución y la cultura.

Los cambios en la estructura organizacional también pueden afectar el comportamiento y conducir al cambio cultural. Aplanar las organizaciones, por ejemplo, usualmente lleva, por definición, a la existencia de un control de mayor envergadura. Un mayor control, a su vez, supone que los individuos deben ejercer su autonomía y su discreción en la toma de decisiones en una estructura más descentralizada. Depender de un superior es posible cuando los ámbitos de control son pequeños. Cuando el control es mayor, la dependencia de la jerarquía para resolver problemas virtualmente desaparece como opción. Los individuos deben tomar al toro por los cuernos y tomar decisiones, pues no pueden transferir fácilmente sus problemas y preocupaciones a una posición jerárquica más elevada.

Fácilmente se puede argumentar que ejercer la autonomía en una estructura más plana y descentralizada afecta sin duda a la cultura. La necesidad de autonomía se convierte en valor cultural central. El ejercicio de la discreción y la toma autónoma de decisiones se hacen valiosos y los individuos llegan a ofenderse por cualquier incursión o detracción de su libertad y autocontrol gerenciales. El cambio estructural, en verdad, puede hacer que se produzca el cambio cultural.

Al cambiar la cultura, es mucho más prudente y eficaz concentrarse en cambiar las personas, los incentivos, los controles y la estructura organizacional. Tales cambios afectan el comportamiento y éste, a su vez, produce cambios en la cultura.

El caso de AT&T

Este libro comenzó con un ejemplo inicial de cambios en la división de productos de consumo de AT&T. Ampliemos aquí dicho ejemplo en relación con el paso 6, el tema del cambio cultural.

Cuando Randy Tobias se hizo cargo de la división, sabía que tendría que infundir una nueva cultura y un nuevo espíritu a la organización. Tendría que cambiar algunos valores y normas centrales. Para lograr algo nuevo y totalmente extraño —un desempeño exitoso en un paisaje nuevo y altamente competitivo— el cambio cultural era absolutamente esencial. No era simplemente algo bueno por hacer o un lujo; el cambio cultural era vital y necesario.

Los primeros intentos de cambio cultural reflejaban a los de muchas compañías antes y después de los hechos que se examinan. El centro de atención fueron las solicitudes de cambio, que señalaban a los gerentes clave que sus modos de pensar tendrían que ser distintos para competir con éxito. Se pidió pensar distinto (pensar "estratégicamente") y dar forma a un nuevo impulso cultural centrado en la competencia y en nuevos indicadores de desempeño de valor agregado.

En un principio se puso también énfasis en el trabajo en equipo y en construir un grupo de alta gerencia cohesionado para manejar los nuevos y desafiantes impulsos competitivos. Una vez más, esto concuerda con las acciones de muchas compañías que llevan a cabo "retiros", hacen *rafting* en aguas rápidas, escalan montañas, tienen batallas con pistolas de pintura, etc., todo en nombre de la construcción de equipos.

El hecho simple es que estos primeros intentos de cambio cultural suelen ser virtualmente inútiles e ineficaces. Los pedidos de trabajo en equipo y cambio cultural son excelentes. Las actividades de creación de equipos son divertidas y pueden tener algunos efectos positivos en el corto plazo. El problema es que cuando todo se ha dicho y hecho, y cuando los ejercicios de creación de equipos han concluido, los gerentes regresan a la misma organización, a la misma estructura, a los antiguos incentivos y controles, y a los procesos que caracterizan a las viejas formas de tomar decisiones y la vieja estructura de poder. En un breve período de tiempo todo vuelve a la "normalidad" con los mismos y familiares modos de hacer las cosas. La antigua cultura queda intacta. Nada ha cambiado.

En verdad, es posible incluso que algunas cosas realmente se deterioren. Tengo un vivo recuerdo de los comentarios de un gerente que, al "volver a la realidad" después de una sesión externa de creación de equipos, comentó sobre el valor de sus experiencias:

"Siempre sentí que mi jefe tenía una mente cerrada y era intolerante. Después de pasar una semana con él y otros que se sensibilizaban de los aspectos críticos del trabajo en equipo y del cambio cultural, ahora estoy totalmente seguro de esto. Él nunca va a cambiar y esto es frustrante".

Si se hace caso omiso de las peticiones sobre el trabajo en equipo y las admoniciones sobre el cambio cultural, ¿qué hacer para influir sobre la cultura? De nuevo, la respuesta se encuentra en la figura 8.1.

Los líderes eficaces cambian los incentivos y los controles

Si surge un nuevo sector competitivo, los gerentes pueden cambiar los incentivos para recompensar el éxito en la competencia. Se debe poner en riesgo un mayor salario. Se deben vincular las compensaciones al desempeño. Se debe dejar de premiar la antigüedad o, como dijo Tobias alguna vez, dejar de recompensar a las personas simplemente por "hacerse más viejas".

Forjar un vínculo entre el desempeño y las recompensas cambia el comportamiento. También aumenta el valor de los nuevos comportamientos porque éstos son decisivos para lograr una retroalimentación positiva y los premios deseados. El refuerzo del comportamiento competitivo conduce a una nueva cultura, a un nuevo conjunto de valores o creencias sobre el desempeño y los modos adecuados de llevar a cabo los negocios.

Para crédito suyo, Tobias trató de instituir nuevos programas, poner nuevo énfasis en el desempeño y crear nuevos incentivos y controles. Con franqueza, sin embargo, sus apuestas por el cambio se hicieron difíciles debido a la inflexible burocracia de AT&T, que trabajó intensamente contra los esfuerzos de cambio. En retrospectiva, sus planes e ideas fueron adecuados, pero eran difíciles de ejecutar debido a la más amplia y restrictiva cultura corporativa. En ese momento, AT&T era una compañía rígida cuya cultura no toleraba fácilmente el cambio. Su tamaño y su pesada estructura organizacional contrariaban totalmente los nuevos métodos de comunicación y los nuevos incentivos que favorecían al desempeño sobre la antigüedad o el cargo. Las nuevas ideas con frecuencia chocaban con los muros de piedra de la oposición. Los intentos de cambio de Tobias y otros enfrentaban un débil pronóstico de éxito. Hacer las cosas debidas no siempre funciona.

Los líderes eficaces cambian a las personas

A algunas personas sencillamente no les gustan los cambios en los incentivos, los controles o la estructura. Se resisten sin reservas y desean el regreso a los viejos y cómodos métodos de incentivos y las formas de llevar a cabo los negocios. Enfrentados a esta situación, los gerentes optan por salir. Dejan la organización o aceptan empleos en otras partes dentro de la misma compañía, donde los incentivos y los controles no estén atados al desempeño real.

Felizmente en estas situaciones ingresa gente nueva. Individuos atraídos por empleos con claros vínculos entre el desempeño y las recompensas entran a la organización o cambian de cargo dentro de ella. Por lo general, son gerentes con alta necesidad de logro, atraídos por la perspectiva de éxito, retroalimentación positiva y control sobre las condiciones que afectan su remuneración.

Los nuevos empleados con modos de pensar positivos sobre los lazos entre el desempeño y las compensaciones proporcionan todo lo necesario para el molino de la cultura. Ayudan a crear una nueva cultura. Traer gerentes con las capacidades y la motivación requeridas para competir hace que se produzca el cambio cultural que se necesita.

Dicho brevemente, ciertos gerentes hábiles que he conocido han cambiado la cultura sin apelar a las creencias, las actitudes y los valores de los gerentes sino mediante el fomento de cambios en el comportamiento. El cambio en el comportamiento como respuesta a los nuevos incentivos y controles puede afectar al cambio cultural. Incorporar nuevos empleados con ideas frescas y nuevas capacidades pone los cimientos del cambio cultural.

Cambio estructural en Sears y Wal-Mart

Cambiar la estructura puede también provocar el cambio cultural. Los casos de Sears y Wal-Mart ejemplifican el modo como el cambio estructural puede afectar al comportamiento y la cultura.

Recuerdo una situación en Sears en la cual la alta gerencia estaba preocupada por la indebida influencia corporativa en las decisiones que se tomaban en el nivel de las tiendas. El personal corporativo y los gerentes regionales se veían como poseedores de demasiada influencia sobre las decisiones locales con respecto a las líneas de producto, los métodos de comercialización y la estrategia competitiva en sus muchas tiendas, muy dispersas geográficamente. El problema inmediato era cómo minimizar la interferencia centralizada en las operaciones, que debían hacerse cada vez más descentralizadas debido a las condiciones competitivas. El problema estratégico de largo plazo era cómo crear una cultura de autonomía, acción y deseo de control local en el nivel de tienda, para fomentar reacciones locales más veloces a las tendencias competitivas y los gustos de los consumidores.

Para crear la cultura de tienda deseada, Sears pudo haber solicitado a los gerentes corporativos y regionales no inmiscuirse en las operaciones de las tiendas, mantener un perfil bajo y dejar a los gerentes de tienda controlar la mayoría de las decisiones locales. También se hubiera podido solicitar simultáneamente a los gerentes de tienda ejercer su autonomía y hacerse cargo de sus operaciones. Sin embargo, la gerencia de entonces era lo suficientemente inteligente como para saber que tales consejos sencillamente no iban a funcionar. Los viejos hábitos difícilmente mueren. Una cultura basada durante años en los valores del control centralizado no sucumbe con facilidad a simples pedidos de hacer las cosas de otro modo.

Lo que Sears hizo tuvo sentido. Eliminó o consolidó muchos de los cargos gerenciales regionales. En efecto, aumentó el ámbito de control de los gerentes regionales restantes, dificultándoles así interferir en las decisiones locales o controlarlas estrechamente. Los gerentes de tienda, a su turno, se vieron obligados a ejercer su discreción y autonomía, y a tomar decisiones con respecto a sus tiendas. Una cultura en la cual los controles centralizados eran la manera como se hacían las cosas durante años recibió directamente el desafío de comportamiento que claramente iba a conducir a métodos distintos de administración.

El intento de cambiar las operaciones y, en última instancia, infundir una nueva cultura basada en la toma de decisiones localmente dominada, funcionó bien en algunas tiendas. A otras no les fue tan bien, primordialmente porque los gerentes de tienda no tenían el conocimiento, las capacidades o la confianza suficientes para asumir una función administrativa general. También se sabe que la nueva estructura y los nuevos métodos no fueron suficientes para sobrellevar los muchos cambios y retos que, finalmente, enfrentó el sector minorista, lo cual hizo surgir a Wal-Mart como el máximo minorista de descuento. Aun así, el ejemplo tiene el mérito de mostrar cómo los cambios en la estructura pueden afectar a la cultura de manera más directa y eficaz que la simple solicitud a las personas de cambiar sus valores y modos aceptados de hacer los negocios.

Cambios estructurales similares se probaron en Wal-Mart, pero con mayor éxito. Sam Walton evidentemente conocía el valor de ciertas funciones u operaciones centralizadas, pero también sentía que la autonomía local en el nivel de tienda era crucial para el éxito de Wal-Mart. Vio la necesidad de crear una cultura basada en la autonomía local, en la rendición de cuentas por las decisiones o acciones, y en una estructura de recompensas que reconociera el desempeño superior. También deseaba que los empleados ("asociados") se sintieran parte de la familia Wal-Mart. Quería que tomaran parte en la celebración de los éxitos de la compañía y vieran cómo sus salarios y ascensos estaban inextricablemente ligados a dicho éxito.

Para ejecutar este plan de crear operaciones que fomentaran una cultura de control local, autonomía y descentralización, y promovieran el valor de los "asociados", Walton impulsó muchas decisiones hasta el nivel de tienda. Las tiendas se convirtieron en centros de utilidades. Se trató a los grandes departamentos como "tiendas dentro de las tiendas", y también ellos se convirtieron en centros de utilidades bajo el control de la gerencia local. A los gerentes se les concedieron altos niveles de autonomía, pero se les hizo responsables del desempeño. Los incentivos se vincularon a los objetivos de desempeño y las recompensas se basaron en los resultados con respecto a tales objetivos. Las historias sobre asociados que ascendieron en la organización o que se jubilaron después de haber hecho grandes fortunas crearon un folclore y una cultura que condujo al extraordinario desempeño de Wal-Mart y a su posición actual como la compañía más grande del mundo.

Desde luego, puede haber ciertas desventajas en el tamaño, el poder y el éxito de Wal-Mart, pero éste es un tema para otro día. Para nuestros propósitos, el punto central de los anteriores ejemplos es mostrar que, en concordancia con el modelo de la figura 8.1, al cambiar la cultura organizacional:

- No es prudente ni beneficioso concentrarse directamente en la cultura. Pedir a los individuos que cambien valores, normas o modos aceptados de hacer las cosas firmemente arraigados casi nunca funciona, pese a los consejos de hacerlo.

- Los intentos de cambio cultural que ponen énfasis en el trabajo en equipo y en "juegos" desafiantes (*rafting* en aguas rápidas, escalamiento de montañas, etc.) son divertidos, pero rara vez funcionan. Nunca inducen al cambio cultural si no cambian también otras variables o características organizacionales decisivas.

- Para lograr el cambio cultural, es necesario concentrarse en variables o características individuales y organizacionales críticas, a saber, las personas, los incentivos, los controles y la estructura. La meta es alterar el comportamiento y las percepciones en torno a lo importante y lo que se recompensa, en el conocimiento de que tales alteraciones pueden dar como resultado el cambio en la cultura organizacional.

- Tal enfoque sobre el cambio cultural puede funcionar porque la cultura afecta al comportamiento y se ve afectada por éste. La cultura ejerce sus efectos (es una variable "independiente"), pero también se ve afectada por las personas, los incentivos, los controles y la estructura (también es una variable "dependiente"). La cultura puede cambiar como respuesta a otros cambios.

Paso 7: Superar la resistencia al cambio

Aunque los pasos 1 a 6 de la figura 8.1 se ejecuten de manera impecable, todavía puede haber un problema. Unos cuantos gerentes importantes pueden resistirse al cambio cultural o a los nuevos métodos de ejecución —modificaciones en los incentivos, las personas, los controles y la estructura— dirigidos hacia el cambio cultural. Puede ser necesario, entonces, reducir la resistencia al cambio (paso 7 de la figura 8.1).

Mucho se ha escrito sobre la resistencia al cambio. La lógica subyacente en la mayoría de estudios parece ser que, cuando se maneja el cambio y se trata de superar la resistencia al mismo, es esencial concentrarse en los aspectos positivos y evitar los aspectos negativos del cambio.

La participación o el compromiso activos de actores clave en el planeamiento y la ejecución del cambio, por ejemplo, pueden reducir la resistencia. La mayoría de individuos se resiste a los cambios o a los nuevos programas de ejecución que se les imponen. Se resisten a los nuevos métodos que constituyen "sorpresas" o sobre cuyo desarrollo no tienen influencia alguna. Usualmente, algo de participación, discusión y compromiso en torno a los cambios que afectan a la cultura tiene un efecto positivo.

Es también importante definir los beneficios del plan de ejecución que se intenta y de los cambios propuestos, sean culturales o de otro tipo. Es necesario difundir los beneficios del cambio, junto con los nuevos valores e impulsores de excelencia. Si se espera que el cambio cultural agregue nuevos y emocionantes elementos de trabajo, este hecho debe quedar claro. Los nuevos incentivos ligados al desempeño, la autonomía creciente en una estructura nueva y descentralizada y las oportunidades de aprender, crecer y avanzar son ejemplos de los aspectos positivos de los nuevos métodos de ejecución y el cambio cultural, en los cuales se puede poner énfasis para reducir la resistencia al cambio.

Un punto relacionado es que, al manejar el cambio, es importante hacer publicidad a la preservación de los mejores aspectos de la antigua cultura. Entre éstos se cuentan elementos o características como el espíritu empresarial, la informalidad entre colegas y la orientación hacia el cliente. Preservar lo bueno y familiar en los momentos de cambio puede reducir la resistencia a los nuevos métodos o situaciones que se proponen.

Los cambios en la cultura o los métodos de ejecución pueden tener algunos efectos negativos. Incluso en este caso, los "negativos" pueden convertirse en "positivos", por decirlo así. Ciertos empleos podrían eliminarse o alterarse (un "negativo"), pero asegurar que los empleados desplazados serán los primeros en capacitarse para los nuevos empleos es un "positivo". O bien pueden establecerse servicios de apoyo a los gerentes desplazados de la compañía para ayudarles a hallar nuevos empleos en la misma división o en otras divisiones o lugares (un "positivo"). Así mismo, si bien puede haber alguna reducción en el número de empleos técnicos o administrativos (un "negativo"), dichas reducciones se harían por desgaste natural y por retiros previstos (un "positivo").

El cambio cultural puede generar incertidumbre y tal vez incluso temor en cuanto a la seguridad laboral, las nuevas responsabilidades y los modos distintos de hacer las cosas. Resaltar los "positivos" del cambio es importante para reducir la resistencia al mismo.

DaimlerChrysler trató de concentrarse en los "positivos" cuando, en las etapas iniciales de su fusión, anunció que en una fusión de crecimiento no habría lugar a despidos. Argumentó que el crecimiento realmente iba a crear nuevas oportunidades, lo cual representa un aspecto emocionante y positivo de la fusión. La compañía evidentemente trataba de apaciguar los temores, reducir la incertidumbre y pintar un cuadro positivo de los beneficios de la fusión, aspectos o condiciones importantes para las compañías que llevan a cabo un gran cambio.

Por supuesto, si DaimlerChrysler o cualquiera otra compañía no puede cumplir una promesa positiva, los problemas pueden en realidad agravarse. Si no es posible evitar los despidos debido a las redundancias graves, la promesa original regresa para perseguir a la alta gerencia cuando ésta intenta ejecutar la estrategia de diversificación. Es obvio que se necesita un planeamiento cuidadoso y la consideración de todas las opciones *antes* de grabar en piedra cualquier promesa.

La comunicación oportuna y el intercambio de información son importantes para reducir la resistencia al cambio cultural. La difusión de los aspectos positivos del cambio y la reducción de la incertidumbre exigen una comunicación eficaz.

Recuerdo un intento de establecer nuevos métodos de ejecución y producir un cambio cultural en una compañía mediana, en la cual se pensaba que el primer requisito para el éxito era en realidad "comunicación, comunicación y comunicación". Sin una comunicación eficaz sobre la necesidad del cambio, la alta gerencia sentía que se generaría un clima negativo. Su elección declarada fue la de comunicarse abiertamente para prevenir el desarrollo y la diseminación de desinformación que pudiera aumentar la resistencia y perjudicar el proceso de cambio. El énfasis puesto en la comunicación y la información demostró ser muy beneficioso y útil.

Si las personas no cuentan con información, la inventan para llenar el vacío. La naturaleza aborrece los vacíos de información. Los rumores prosperan en este suelo fértil y en su mayoría tienen implicaciones negativas para el cambio. Es mucho mejor ser proactivo y sincero, y concentrarse en la comunicación de los "positivos" del cambio y en las acciones requeridas para mejorar los "negativos".

La incertidumbre es algo terrible durante los episodios de cambio. La creación de rumores y la fabricación de historias o escenarios para reducirla, sin embargo, realmente aumentan la incertidumbre y agravan las consecuencias negativas del cambio. Mentir o jugar con los "hechos" es también tabú. Las personas, en última instancia, se dan cuenta de estas desviaciones o mentiras y el resultado es, de nuevo, la resistencia al cambio y una amenaza real para el éxito de la estrategia.

Un cambio cultural y una ejecución de la estrategia exitosos exigen un plan de comunicaciones que subraye los aspectos positivos del cambio e informe a las personas de modo sincero sobre sus opciones y oportunidades. Un plan de comunicaciones indica qué individuos deben recibir información sobre los cambios en los métodos de ejecución. Debe establecerse comunicación cara a cara con los individuos directamente afectados por los nuevos métodos de ejecución, de modo individual o en pequeños grupos. Un cambio en la estructura, por ejemplo, debe comunicarse y discutirse abiertamente con quienes se vean afectados directamente por las nuevas relaciones de autoridad o las nuevas tareas y responsabilidades. A los individuos indirectamente afectados, como el personal que trabaja con los gerentes de línea directamente afectados por el cambio estructural o que les presta apoyo, se les puede informar de modos más eficaces como, por ejemplo, mediante el correo electrónico, las reuniones generales, los periódicos de la compañía y las videoconferencias.

La comunicación decidida y masiva es crucial para reducir la resistencia al cambio. No puede dejarse al azar. Sin un plan útil dirigido específicamente a quienes directamente se ven afectados por los nuevos métodos de ejecución o los cambios en los incentivos, los controles, las personas o la estructura organizacional, una organización tienta el desastre. Los rumores y las conversaciones informales consumen tiempo valioso y disminuyen el desempeño diario y continuo. La desinformación aumenta la incertidumbre y la ansiedad, lo cual afecta aun más el desempeño de manera negativa.

En la fusión de DaimlerChrysler se dio gran importancia a la comunicación. Las comunicaciones dirigidas hacia el exterior se planificaron y organizaron bien de modo que tuvieran máximo impacto. Se montó un "centro de comando" de las comunicaciones para monitorizar y controlar los comunicados informativos para la prensa y los mercados financieros. Internamente, las comunicaciones no se planificaron de modo tan completo y riguroso como los elementos de información provenientes del "centro de comando" y dirigidos a los analistas y accionistas externos. Aun así, algunos métodos o tácticas orientados hacia la integración, la coordinación y la ejecución tuvieron el efecto de fomentar la comunicación y el intercambio de información. El extendido uso de fuerzas de tarea y equipos de solución de problemas, por ejemplo, tuvo positivo impacto sobre la comunicación y la transferencia de información. Lo esencial es que la comunicación eficaz es importante para reducir la ansiedad y las incertidumbres producidas por una megafusión.

Finalmente, el liderazgo es central en el proceso de reducción de la resistencia al cambio cultural. En verdad, el impacto del liderazgo es notable a lo largo de la última línea de la figura 8.1.

Los líderes eficaces desempeñan un papel decisivo en el cambio cultural. Son importantes para el análisis de causa y efecto que identifica los campos que necesitan cambio, y claramente son fundamentales para el cambio y el manejo del personal crucial, los incentivos y la estructura organizacional. Los líderes desempeñan un papel significativo en los controles, pues proporcionan retroalimentación a los subalternos y contribuyen a la evaluación del desempeño individual y organizacional. El liderazgo es crucial en la tarea de llevar a cabo autopsias y enfrentar los hechos crueles cuando los procesos de cambio relacionados con la ejecución no funcionan.

Quizá lo más importante de todo es el papel que desempeña el líder en la reducción de la resistencia al cambio cultural o a los cambios en los métodos de ejecución que apoyan la nueva cultura. Los gerentes deben liderar con el ejemplo. "Haz lo que digo, no lo que hago" constituye una sentencia de muerte para los nuevos comportamientos requeridos para efectuar el cambio cultural. El comportamiento del líder está orientado hacia la acción y es decisivo, pero también es intensamente simbólico. Señala a las personas qué es importante. Asigna credibilidad o resta considerable importancia al valor percibido y al impacto de los credos, los valores, las pautas éticas adoptadas y a la imagen pública de la organización. Ya sea que las figuras centrales del liderazgo se perciban o no como apoyos de los nuevos métodos de ejecución, los planes de comunicaciones, los incentivos y los distintos modos de llevar a cabo los negocios son determinantes para el éxito del cambio cultural y la reducción de la resistencia al mismo.

La reciente ola de escándalos corporativos e historias sobre la avaricia, la falta de decoro y los valores éticos poco dignos de la alta gerencia ha reducido la confianza pública en el liderazgo organizacional. También ha afectado la confianza de los individuos en el interior de las organizaciones en cuanto a la elección de estrategias y métodos de ejecución por parte de la gerencia. Más que nunca, el papel desempeñado por el liderazgo en el apoyo de los nuevos métodos de ejecución orientados a efectuar el cambio cultural es un aspecto central, omnipresente y crucial.

Paso 8: El impacto del cambio

El tratamiento eficaz de los pasos 5 a 7 de la figura 8.1 da como resultado el cambio cultural. Sin embargo, éste no suele ocurrir de la noche a la mañana. El cambio cultural definitivamente tiene lugar si la necesidad del cambio está bien documentada y se comunica adecuadamente, y si la ejecución se concentra en los incentivos, las personas, los controles y la estructura organizacional, y se dirige hacia el cambio del comportamiento y hacia nuevos modos de llevar a cabo los negocios.

El exceso de "velocidad" o el movimiento muy acelerado cuando se trata del cambio cultural parecen a veces deseables pero son peligrosos. En ocasiones la velocidad mata. Una nueva cultura no puede legislarse con facilidad, obligarse a que exista o exigirse a la orden. Las personas deben ver y creer en la necesidad del cambio y en la lógica de los nuevos métodos de ejecución que la respaldan. Pueden desarrollarse nuevos valores, normas, modos de hacer las cosas y propensiones a actuar, pero tales resultados suelen tomar algún tiempo.

Supóngase, sin embargo, que una compañía siente la necesidad imperiosa de acelerar cuando se trata del cambio cultural. Supóngase que la alta gerencia quiere resultados rápidos. ¿Qué elementos de los pasos 5 a 7 de la última línea de la figura 8.1 se pueden eliminar en nombre de la velocidad?

La respuesta breve es que ninguno de ellos se puede eliminar. El análisis de causa y efecto y la necesidad del cambio todavía necesitan documentarse y comunicarse claramente. Sigue siendo necesario concentrarse en el cambio de comportamientos por medio de nuevos empleados, incentivos y controles, y una nueva estructura. Sin embargo, existen riesgos asociados con la velocidad y éstos se deben tener en mente en toda su dimensión.

Contratar todo un grupo de empleados nuevos —por ejemplo, un equipo de alta gerencia completamente nuevo— puede facilitar los nuevos valores y las nuevas normas y modos de hacer las cosas. No obstante, también puede crear aprensión y aumentar la resistencia al cambio. Los cambios súbitos y masivos de liderazgo crean incertidumbre. Pueden causar una suerte de reducción en los gastos pues los individuos de los cargos medios de la administración juegan el juego de "esperar a ver" para establecer desde dónde pueden soplar vientos favorables o desfavorables. Si bien los nuevos empleados pueden acelerar el cambio cultural, las reacciones de otros podrían en realidad disminuir la marcha del proceso de cambio.

En el capítulo 7 se señaló un problema relacionado. Si se llevan a cabo muchos cambios y de manera simultánea en las personas, los incentivos, los controles y la estructura organizacional, el resultado es un cambio complejo. Si el cambio fracasa —los empleados se resisten y se rechaza la nueva cultura—, ¿qué pasa? Un análisis de causa y efecto que explique el fracaso es difícil, si no imposible. ¿Qué causó el fracaso? ¿Fueron los nuevos incentivos? ¿Los nuevos controles? ¿Las nuevas personas? ¿La nueva estructura? ¿Fue una combinación de factores en interacción? ¿Cuáles? En pocas palabras, la velocidad excesiva puede inhibir el aprendizaje y aumentar la resistencia al cambio. Moverse con rapidez puede ocultar las fuerzas subyacentes que operan, y hacer difícil explicar los fracasos y aprender de los errores.

Habrá momentos en los cuales la gerencia sienta que la velocidad es esencial. Habrá casos en los cuales se necesite un cambio cultural "rápido". Incluso en estos casos, los pasos de la última línea de la figura 8.1 no pueden pasarse por alto. Se les debe poner la debida atención y se debe tener cuidado de manejar el cambio complejo con todo esmero. Hacer muchas cosas a la vez puede poner en tela de juicio la coordinación, el control y el aprendizaje, como se señaló en el capítulo 7. Concentrarse en los aspectos cruciales del cambio cultural, y al mismo tiempo suavizar otros criterios de desempeño de los cuales suele hacerse responsables a las personas es absolutamente esencial para el éxito.

RESUMEN

Cambiar la cultura es difícil, pero se puede lograr. Aquí se presentan las "reglas" o los pasos para el manejo del cambio cultural que puede derivarse de la figura 8.1 y de la discusión anterior.

REGLA 1: LAS RAZONES PARA EL CAMBIO DEBEN SER CLARAS, CONVINCENTES Y ACORDADAS POR LOS ACTORES CLAVE

El análisis de causa y efecto y el aprendizaje son vitales para el cambio exitoso. Explicar el bajo desempeño anterior es una *condictio sine qua non*, un ingrediente esencial para que se acepten como legítimos y necesarios los cambios en los métodos de ejecución o la lógica del cambio cultural.

REGLA 2: EL FOCO DEBE CENTRARSE EN EL CAMBIO DEL COMPORTAMIENTO, NO DIRECTAMENTE EN EL CAMBIO DE LA CULTURA

Pedir a los individuos que cambien raras veces funciona. Las solicitudes de cambio en las creencias, los valores o los modos de hacer las cosas casi nunca logran los resultados deseados. Es mejor concentrarse en cambiar el comportamiento, lo cual puede conducir al cambio cultural. Las nuevas personas, los nuevos incentivos y controles, y las nuevas estructuras organizacionales pueden motivar el cambio de comportamiento y llevar a cambios en la cultura organizacional.

REGLA 3: LA COMUNICACIÓN EFICAZ ES VITAL PARA EL CAMBIO CULTURAL

Se debe desarrollar un plan de comunicaciones. Debe haber comunicación directa, cara a cara o por grupos, con las personas directamente afectadas por los cambios. El intercambio de información es importante para controlar o sofocar los rumores y otras fuentes de desinformación que puedan inhibir el cambio. Jamás podrá existir demasiada comunicación cuando se trata del manejo del cambio cultural.

REGLA 4: EL ESFUERZO DEBE SER SUFICIENTE Y AMPLIARSE PARA REDUCIR LA RESISTENCIA AL CAMBIO

La comunicación eficaz de los aspectos positivos del cambio ayuda a reducir la resistencia. Las comunicaciones que se ocupan de los "negativos" potenciales del cambio pueden reducir su impacto. Los métodos dirigidos a mejorar la participación y el compromiso en la definición o distensión del cambio y sus consecuencias también pueden ayudar, como por ejemplo las sesiones de "ejercicios" de General Electric y otras compañías que identifican los problemas cruciales y reducen, colectiva y abiertamente, la resistencia a los nuevos métodos de ejecución o al cambio cultural. El papel simbólico y decisivo desempeñado por los líderes es también importante para reducir la resistencia al cambio.

REGLA 5: DEBE TENERSE CUIDADO CON EL EXCESO DE VELOCIDAD

La velocidad en el manejo del cambio cultural puede ser deseable o necesaria. Sin embargo, está plagada de problemas. Cambiar demasiadas cosas de manera simultánea e inmediata puede confundir el proceso de cambio y hacer difíciles la coordinación y la comunicación. La velocidad excesiva puede generar incertidumbre y aumentar la resistencia al cambio. Moverse demasiado rápido puede perjudicar el proceso de aprendizaje y ocultar la necesidad del cambio, con consecuencias funestas. Si la velocidad excesiva es absolutamente esencial, debe observarse el enfoque para el manejo del cambio complejo desarrollado en el capítulo 7.

Manejar y cambiar la cultura son tareas difíciles. Forman parte del proceso general del manejo del cambio. Se recuerda, una vez más, que la capacidad de manejar el cambio eficazmente se señaló, por parte de los gerentes entrevistados para esta investigación, como uno de los requisitos más decisivos para el éxito en la ejecución de la estrategia. Manejar la cultura y el cambio cultural comparte, claramente, este carácter crítico e importante en la ejecución de la estrategia.

Sólo falta abordar un tema importante antes de tratar de resumir el contenido de este enfoque para hacer que la estrategia funcione: el papel desempeñado por el poder y la influencia en el proceso de ejecución. El impacto y la significación de dicho papel ya se han señalado, pero es el momento de examinar este tema con mayor detalle. Tal es la meta del siguiente capítulo, sobre el poder, la influencia y la ejecución.

NOTAS

1. "More Problems for Mitsubishi as Six are Arrested", *Philadelphia Inquirer*, 11 de junio del 2004.

2. "Enron's Watkins Describes 'Arrogant' Culture", *The Wall Street Journal*, 15 de febrero del 2002.

3. William Joyce, N. Nohria y Bruce Roberson, *What (Really) Works*, Harper Business, 2003.

4. Jim Collins, *Empresas que sobresalen: Por qué unas si pueden mejorar la rentabilidad y otras no*, Editorial Norma, 2002.

5. L. G. Hrebiniak, *The We-Force in Management: How to Build and Sustain Cooperation*, Lexington Books, 1994.

6. "When Disparate Firms Merge, Cultures Often Collide", *The Wall Street Journal*, 14 de febrero de 1997; "The Case Against Mergers", *Business Week*, 30 de octubre de 1995.

7. "Disney Posts 71% Jump in Earnings", *The Wall Street Journal*, 13 de mayo del 2004.

8. "A Novel Cancer Drug, a Biotech, Big Pharma, and Now a Bitter Feud", *The Wall Street Journal*, 7 de febrero del 2002.

9. "AMD Says Intel Intimidates Clients", *The Wall Street Journal*, 24 de septiembre del 2003.

10. "Ed Zander Faces Go–Slow Culture at Motorola", *The Wall Street Journal*, 17 de diciembre del 2003.

11. Un excelente análisis inicial de la abolición y la asunción del error se encuentra en Donald Michael, *On Learning to Plan and Planning to Learn*, Jossey-Bass, 1973; ver también L.G. Hrebiniak, *The We–Force in Management*, op. cit.

12. Ver, por ejemplo, "Intelligence Tenets", editorial de Herbert Meyer en *The Wall Street Journal*, 14 de junio de 2002.

13. Jim Collins, op. cit.

9

El poder, la influencia y la ejecución

Introducción

La ejecución exitosa de las estrategias es indicativa de la capacidad de obtener apoyo para un plan particular de acción o ejecución. Hacer que funcionen las estrategias suele suponer hacer que otros se desempeñen de ciertos modos o cambien su comportamiento. Liderar la ejecución y el cambio cultural presupone la capacidad de influir sobre otros.

El poder es la influencia social en acción[1]. El poder siempre supone una relación. Normalmente lleva en sí alguna probabilidad de que uno de los actores de la relación pueda influir sobre otro. De manera semejante, el poder define la probabilidad de que una persona o unidad organizacional pueda llevar a cabo su propia agenda, pese a la resistencia de otra persona o unidad.

La ejecución de las estrategias y el manejo del cambio suponen la importancia y el uso de la influencia social o el ejercicio del poder. La estructura de influencias de una organización puede afectar gravemente el éxito de los esfuerzos de ejecución.

Las opiniones de los gerentes activamente comprometidos en la ejecución dan crédito a estas afirmaciones. Quienes respondieron tanto a la encuesta Wharton- Gartner como a la encuesta Wharton de educación ejecutiva, anotaron el impacto del poder o de la influencia social. Su mensaje fue que los intentos de ejecutar una estrategia que estuviera "en conflicto con la estructura de poder existente" enfrentaban un pronóstico de éxito poco prometedor. Los intentos de ejecución y cambio organizacional que van contra el tejido de influencias enfrentan una batalla abrupta, cuesta arriba.

El poder y la influencia son evidentemente importantes para la ejecución y el cambio organizacional. Es mucho más fácil ejecutar una estrategia que cuente con el apoyo de personas con poder que una que engendre o alimente la ira de actores influyentes. Esto parece a todas luces obvio. Sin embargo, tan importante y obvia como es la capacidad de influir sobre otros, las entrevistas con los gerentes pusieron al descubierto preguntas significativas que necesitan aclaración.

1. ¿Qué es el poder y de dónde procede? ¿Qué crea las diferencias de poder o de influencia en las organizaciones, especialmente entre "iguales", individuos del mismo rango o en el mismo nivel jerárquico?

2. ¿Cómo puede utilizarse el conocimiento de la estructura de poder para aumentar el éxito de los esfuerzos de ejecución?

Las primeras preguntas son importantes, pues los gerentes a veces no pueden explicar adecuadamente el poder más allá de los aspectos obvios de jerarquía o personalidad. "Soy el vicepresidente y él está bajo mis órdenes. Eso es todo lo que usted necesita saber", fue la declaración que me dio un gerente sobre el poder en su área funcional.

No obstante, el poder llega mucho más allá de la jerarquía. Los gerentes de nivel medio suelen tener una influencia mucho mayor de la que haría suponer su posición dentro de la organización. Individuos que se encuentran exactamente en el mismo nivel jerárquico en el organigrama de la organización con frecuencia disfrutan de niveles distintos de influencia. Aunque formalmente son "iguales", algunas personas son "más iguales" que sus pares. Hace algunos años, David Mechanic escribió sobre el poder de los participantes de menor nivel en los resultados de ejecución de las organizaciones, y sus hallazgos sobre el poder aún prevalecen[2]. Sencillamente, es vital comprender las fuentes del poder para promover y tener éxito en los intentos de ejecución.

La segunda pregunta se deduce de manera lógica de las primeras y es particularmente importante para los gerentes por debajo del máximo nivel y las altas posiciones ejecutivas, es decir, virtualmente todos los demás miembros de la organización. El punto importante aquí, especialmente para los gerentes de nivel alto o medio encargados de hacer funcionar la ejecución de las estrategias, es cómo usar el poder de manera eficaz, aun si no lo poseen personalmente. El asunto básicamente es cómo aprovechar la influencia de otros y utilizarla como propia para facilitar la ejecución.

El propósito de este capítulo es arrojar luz sobre los orígenes y el uso del poder para hacer que las estrategias funcionen. La meta es entender el poder más allá de las explicaciones obvias de jerarquía o personalidad, y mostrar su relación con la ejecución y los resultados importantes.

UNA VISIÓN DEL PODER Y LA INFLUENCIA

La posición jerárquica ciertamente afecta el poder y la influencia. El impacto de la posición no puede negarse. El director ejecutivo supera en rango a sus subalternos directos, y lo mismo es cierto con respecto a los vicepresidentes y sus dependientes. No obstante, todos hemos visto o conocido directores ejecutivos o vicepresidentes "débiles". Poseen el cargo, pero tienen poca influencia sobre otros. Son figuras decorativas con poder limitado.

La personalidad también entra en juego. Los líderes "naturales" o carismáticos existen, y ciertamente ejercen enorme influencia sobre sus seguidores, que a veces llega mucho más allá de los límites de su autoridad formal. Durante años, el influjo de Jack Welch, Lee Iacocca o Percy Barnevik superó por mucho aquello que indicarían incluso sus encumbradas posiciones formales.

El poder, sin embargo, supone mucho más. Sencillamente, no todas las diferencias de poder pueden explicarse por la posición jerárquica y la personalidad. Intervienen otros factores. Nuestro punto de vista es que:

> *El poder y la influencia social afectan y se ven afectados por la formulación y la ejecución de estrategias en las organizaciones. El planeamiento y la ejecución dependen del poder y se ven afectados por él, pero también crean diferencias de poder y lo afectan.*

Analicemos esta afirmación un poco más. Establezcamos qué es el poder, de dónde viene y cómo se relaciona con la ejecución de la estrategia.

La figura 9.1 ofrece una perspectiva general o un modelo del poder y la influencia en las organizaciones. Para efectos de la discusión, comencemos por la formulación de la estrategia.

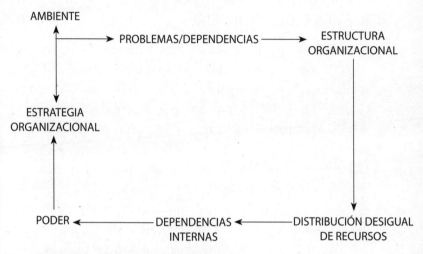

Figura 9.1   El poder en las organizaciones

ESTRATEGIA Y AMBIENTE

Las organizaciones se ven ante ambientes de variada complejidad e incertidumbre. Deben hacerles frente o cooptarlos para sobrevivir. La estrategia, de hecho, define cómo se posiciona una organización de modo que logre enfrentar su ambiente de manera eficaz.

Al nivel empresarial, por ejemplo, las organizaciones analizan las fuerzas sectoriales, los competidores y sus propias capacidades para determinar la mejor manera de posicionarse y competir. La estrategia resultante define cómo la organización planea hacer frente a su ambiente. La flecha de doble punta de la figura 9.1 señala que algunas organizaciones tienen suficiente fortaleza en el mercado dentro de sus sectores económicos como para afectar su ambiente (por ejemplo, un monopolio o una gran firma de un sector oligopólico), mientras que otras están prácticamente incapacitadas ante las fuerzas ambientales (por ejemplo, una firma en un mercado perfectamente competitivo).

PROBLEMAS O DEPENDENCIAS

En todas las organizaciones, la formulación de la estrategia define los problemas o las dependencias que deben resolverse o manejarse para que la estrategia funcione. En General Motors (GE), por ejemplo, la introducción de la robótica fue parte de una estrategia para reducir costos y al mismo tiempo mejorar la calidad del producto. La relación entre el uso de robots y resultados como la reducción de costos y el mejoramiento del producto quedó bien documentada. Las relaciones causa-efecto fueron claras y convincentes: el uso de robots tenía efectos positivos.

Sin embargo, el camino al paraíso de la robótica estaba lleno de obstáculos. Había dependencias o graves problemas a los cuales debía hacerse frente. Los sindicatos, por ejemplo, al principio rechazaron la introducción de los robots porque, además de aumentar la eficiencia, también llevaron a despidos o al desplazamiento de trabajadores. Por supuesto, los sindicatos constituían una dependencia crítica para GM. La compañía dependía de ellos para su oferta laboral, factor clave de la producción. Una huelga organizada por la UAW (United Auto Workers) para objetar los robots podía restringir o detener la producción. La mano de obra constituía una dependencia o un problema crucial que debía resolverse para que la estrategia de bajo costo funcionara.

Un examen del sector farmacéutico revela problemas o dependencias similares en relación con la estrategia. En este sector, la innovación y el desarrollo de productos son asuntos vitales. El potencial del "flujo de proyectos" de una compañía es una fuerza impulsora en su avalúo económico o de mercado. Una estrategia de diferenciación en el mercado basada en el desarrollo de productos depende poderosamente de la innovación. La dependencia crítica del área de investigación y desarrollo es evidentemente capital para hacer que la estrategia funcione.

Las compañías han experimentado con nuevas formas de hallar medicamentos debido a esta enorme dependencia y a los problemas que se suscitan si no se encuentran nuevos fármacos. Por ejemplo, las empresas farmacéuticas han invertido miles de millones de dólares en máquinas para crear miles de compuestos químicos, que se prueban luego con robots. La meta al hacer esto es generar una avalancha de nuevos productos y utilidades para el sector farmacéutico. No obstante, la Administración de Alimentos y Medicamentos de los Estados Unidos sólo aprobó 21 medicamentos nuevos en el 2003, lo cual representó un descenso sostenido luego de un pico de 53 medicamentos nuevos en 1996. Varias de las compañías farmacéuticas más grandes del mundo no consiguieron aprobación de los Estados Unidos ni siquiera para un solo medicamento nuevo en el 2003[3].

La mayoría de críticos llama un costoso fracaso a esta incursión en investigación y desarrollo basada en la maquinaria o en la tecnología. Las máquinas han producido un compuesto tras otro sin resultados útiles. Reemplazar la dependencia de científicos reales por máquinas sencillamente no ha servido. Sin embargo, el ejemplo muestra de manera notable que las compañías farmacéuticas se dan cuenta de la existencia de un problema o una dependencia: debe tener lugar la innovación para que su estrategia tenga éxito. La formulación de la estrategia genera exigencias en cuanto al desarrollo de capacidades críticas (ver capítulo 3), así como problemas o dependencias que deben resolverse o afrontarse para que la estrategia funcione.

ESTRUCTURA ORGANIZACIONAL

¿Cómo responde una organización a los problemas o dependencias críticos definidos por la estrategia? Una forma típica es crear o adaptar una estructura organizacional que responda a las exigencias de la estrategia, como lo indica la figura 9.1. Se trata de una extensión lógica del argumento presentado en el capítulo 4, de que la estrategia afecta la elección de la estructura. Ésta responde ahora específicamente a los problemas o las dependencias creadas por el plan estratégico.

En el caso de General Motors, una unidad responsable de las relaciones industriales y las negociaciones colectivas manejó el "problema" sindical al introducirse la robótica en el proceso de fabricación. Sin la dependencia de la mano de obra, dicha unidad nunca existiría. La estructura, evidentemente, es una respuesta a la existencia de un sindicato y las dependencias de él que se desarrollan con el tiempo.

En el caso farmacéutico, las unidades de investigación y desarrollo responden a la necesidad de innovación y de desarrollo de productos. La confianza en la opinión, las intuiciones, las experiencias y la destreza investigativa de los científicos de múltiples unidades de investigación y desarrollo de todo el mundo han constituido la respuesta típica a la necesidad estratégica de nuevos medicamentos. La estructura de la organización —las unidades de investigación y desarrollo— reflejan las exigencias de la estrategia y las necesidades que ésta crea.

El resultado es la dependencia de los científicos para solucionar los problemas relacionados con la innovación, necesaria para la supervivencia. En verdad, la gran compañía farmacéutica típica tiene múltiples instalaciones de investigación y desarrollo como parte de su estructura. Johnson & Johnson, por ejemplo, tiene aproximadamente 200 unidades empresariales estratégicas o compañías operativas, algunas de las cuales están designadas como "compañías principales", fuentes de innovación y desarrollo de nuevos productos. Las redundancias y los costos adicionales asociados con las múltiples unidades de investigación y desarrollo de este tipo de estructura obviamente deben considerarse como justificados, teniendo en cuenta la necesidad de lograr el éxito en la estrategia de innovación. Con el fracaso hasta la fecha del enfoque basado en la maquinaria o en la tecnología para la creación de medicamentos, mencionado anteriormente, puede esperarse que la dependencia de las unidades de investigación y desarrollo y de los científicos se haga aun más fuerte.

Hay muchos más ejemplos, pero el punto es claro: la estructura atiende a una importante función, teniendo en cuenta los problemas o las dependencias generados por la estrategia. Su creación y adaptación, con el paso del tiempo, reflejan los problemas o las dependencias estratégicas cruciales que se necesitan para ganar ventaja competitiva y responden a ellos.

ASIGNACIÓN DESIGUAL DE RECURSOS

No todas las unidades estructurales son sin embargo iguales. Con el tiempo, se ve que algunos elementos o unidades de la estructura organizacional resuelven problemas mayores que otras unidades. Se piensa que algunos responden a las dependencias cruciales, mientras que otros responden a asuntos menos críticos. Algunas unidades sencillamente proporcionan mayor valor agregado a la organización que otras unidades estructurales.

El resultado es inevitable: una distribución o asignación desigual de los escasos recursos, como lo indica la figura 9.1. Las unidades que se considera que enfrentan las dependencias críticas que encara la organización se benefician de esta distribución irregular de recursos. Las unidades importantes sencillamente reciben más: mayores presupuestos, más empleados, mayor acceso a la alta gerencia, participación en las sesiones cruciales de planeamiento estratégico, una alta influencia sobre las decisiones de política y mayor apoyo informático. Tales unidades, en efecto, tienen mayor control sobre los escasos recursos y su utilización.

¿A dónde conduce todo esto? ¿Qué resulta de esta distribución desigual de recursos escasos que favorece a las unidades estructurales que hacen frente a las dependencias críticas que confronta la organización y las resuelven?

DEPENDENCIAS INTERNAS Y PODER

La respuesta a estas preguntas, como se muestra en la figura 9.1, es que dichas unidades estructurales favorecidas crean dependencias internas. Otras dependen de las unidades para gran número de cosas —información, nuevos productos, pronósticos de ventas, utilidades, prestigio o mejoramiento de marca, soluciones de ingeniería—, según sean la tarea y la pericia de la función o la unidad.

Las unidades de investigación y desarrollo, por ejemplo, crean dependencias internas. El resto de la organización depende de ellas para los nuevos productos y la ventaja competitiva continua, aspectos sobre los cuales se puso énfasis en el ejemplo farmacéutico. Recuérdese también el carácter central y la importancia de Laboratorios Bell en su apogeo en AT&T. Laboratorios Bell era especial. Hizo descubrimientos científicos en la vanguardia de la tecnología, proporcionó a AT&T nuevos productos y mejoró el prestigio de la compañía. Otras unidades necesitaban de Laboratorios Bell y dependían de ellos. La unidad de investigación disfrutaba de abundantes recursos y hacía buen uso de ellos. La virtual destrucción con el paso del tiempo de los poderosos y productivos Laboratorios Bell en AT&T ha sido en verdad una situación dolorosa de observar.

Cuando yo era gerente en Ford Motor, Marketing era el rey de la montaña. En un ambiente en extremo competitivo, en el cual un punto de participación en el mercado se traducía de manera positiva y considerable en el balance final, la compañía dependía del departamento de marketing para las ventas y la participación. Marketing recibía prácticamente todos los recursos que pedía debido a su carácter central y su importancia en las ventas y las utilidades. La división Ford era, básicamente, una organización orientada hacia el marketing.

Debido a su posición favorable, otras unidades dependían considerablemente de Marketing. El desempeño de dicha función apoyaba los presupuestos y la razón de ser de otras funciones y controlaba el trabajo de otras partes de la división Ford. Marketing, por ejemplo, diseñó el programa de producción de automóviles y con frecuencia cambiaba la mezcla de unidades de las líneas de productos por construir, usualmente para disgusto de la unidad de manufactura. Se presentaban quejas, pero con frecuencia inútilmente, pues se dependía de Marketing por sus valiosas contribuciones y, en consecuencia, era esta unidad la que dominaba. Marketing había creado poderosas dependencias de sí misma dentro de la división Ford.

Definición de poder

Ahora es posible definir el poder, o al menos el potencial de poder, de una manera útil para los gerentes en ejercicio. En concordancia con este análisis, en especial con la noción de dependencia creada por la estrategia, la estructura, y el proceso de asignación de recursos, es factible y realista la siguiente definición de poder:

> *El poder es lo opuesto a la dependencia. Si B es totalmente dependiente de A, A tiene poder e influencia sobre B.*

Aclaremos esta noción de dependencia y poder, y luego proporcionemos algunos ejemplos. Suponga la existencia de dos individuos o unidades estructurales en una organización, A y B. La anterior definición señala dos condiciones que dan lugar a diferencias de poder entre A y B.

1. **A tiene poder sobre B en proporción directa al hecho de que A tenga algo que B necesita.**

   Si un individuo o una unidad estructural poseen o controlan algo que otro individuo, unidad, departamento o función necesita para llevar a cabo un trabajo o lograr sus metas, existe potencial de poder. Si A tiene o controla algo que B necesita —información, conocimiento tecnológico, recursos humanos, dinero u otras capacidades o competencias centrales—, A tiene el potencial de poder y puede ejercer influencia sobre B. Se utiliza la frase "potencial de poder" debido a que esta primera condición, aunque *necesaria*, no es *suficiente*. Existe otra condición que afecta al poder.

2. **El poder de A también se relaciona con su capacidad de monopolizar lo que B necesita.**

   Si un individuo o unidad estructural (A) tiene o controla algo que otro individuo, unidad o función (B) necesita con urgencia y que no puede obtener en otra parte, entonces B es totalmente dependiente de A. A tiene poder sobre B. La capacidad de A de ejercer influencia sobre B es en extremo fuerte y convincente debido a la relación de dependencia *y* monopolio.

El poder, entonces, es lo opuesto a la dependencia. La dependencia puede observarse cuando una unidad o un individuo sabe manejar la incertidumbre o proporciona recursos escasos a otros individuos o unidades. Si la posibilidad de sustitución es baja, es decir, si el conocimiento o los recursos valorados no pueden obtenerse fácilmente en otra parte o de otro individuo o unidad, la dependencia es fuerte y el poder de una unidad o de un individuo sobre el otro es en consecuencia también muy fuerte y unilateral.

EL USO DEL PODER Y LA INFLUENCIA

Los individuos o las unidades con poder ciertamente pueden ejercerlo. No obstante, pueden entrar en juego otros factores individuales que afectan el modo en el cual aquéllos con potencial de poder pueden, en realidad, ejercerlo.

La celebración del cuadragésimo aniversario del modelo Mustang en abril del 2004 y la modernización por parte de Ford de aquel gran y continuo éxito comercial con el fin de mejorar sus tibias ventas de automóviles me recuerdan una interesante anécdota sobre el poder y la influencia.

El gran éxito del Mustang en los años 60 realmente se podría atribuir a dos individuos: Lee Iacocca y Don Frey. Iacocca estaba en Marketing y Frey en Ingeniería, y los dos colaboraron intensamente en el diseño y la introducción del automóvil. Sin embargo, cuando se piensa en Ford y en el Mustang, el nombre de Frey nunca salta a la vista. Es Lee Iacocca con quien la gente asocia el éxito de dicho automóvil. Su exuberante y dominante personalidad disfrutó del ejercicio de la influencia y de ser el centro de atención.

Por contraste, si bien Frey ciertamente compartía un alto potencial de poder e influencia, evitaba el primer plano y prefería trabajar tras bastidores. Muy probablemente ejercía su influencia en los círculos técnicos, pero nunca logró el reconocimiento de nombre, el prestigio ni la amplitud de la influencia de Iacocca. La necesidad de poder y atención de Frey era baja, y esto afectó el modo como decidió usar su posición de poder.

Los altos gerentes como Iacocca y Jack Welch evidentemente han utilizado su influencia para afectar la estrategia y la dirección de sus compañías, como lo muestra la figura 9.1. Lo que sucede, desde luego, es que la estrategia elegida con frecuencia refleja y perpetúa la estructura de poder organizacional. Quienes tienen el poder crean estrategias que apoyan o alimentan sus bases de poder.

Durante años, los altos ejecutivos de Ford procedían del área de marketing, situación lógica debido al poder de dicha función en la división Ford, organización orientada en ese sentido. Por el contrario, la senda hacia la alta gerencia en General Motors era tradicionalmente la financiera. Evidentemente, la formulación de la estrategia en dichas compañías reflejaba y apoyaba las bases de poder imperantes. Quienes detentaban el poder desarrollaban estrategias que consolidaran su posición de poder y perpetuaran su influencia sobre el proceso de realización de la estrategia. El poder engendra y perpetúa el poder, y quienes lo tienen se esfuerzan por conservarlo.

En la época del auge de Digital Equipment Corporation (DEC), Ken Olsen me dijo una vez que su compañía era básicamente una "empresa de ingeniería". Los altos ejecutivos de DEC eran ingenieros, en quienes Olsen confiaba para dar respuesta adecuada a los problemas estratégicos de la firma. Esta dependencia de la ingeniería funcionó bien durante años. Sin embargo, la incapacidad de desarrollar un sólido grupo de marketing debido al poder de Ingeniería regresó para perseguir a la compañía. El marketing del primer gran computador personal de la compañía —el "Rainbow"— fue desastroso. Marketing sencillamente no pudo hacer las cosas, especialmente cuando Ingeniería no estaba de acuerdo con aspectos del desarrollo del producto y el plan de marketing. DEC no era una organización de marketing y la falta de influencia de esta función fue de inmediato evidente para los observadores externos.

Motorola también ha sido tradicionalmente una compañía dominada por la ingeniería. Las entrevistas que llevé a cabo con varios gerentes clave antes de tener una con el de los Institutos de los Vicepresidentes —un importante

programa de desarrollo gerencial y liderazgo— subrayaron lo que las personas veían como un aspecto negativo
creciente de la tradicional fortaleza e influencia del área
de ingeniería en la estrategia de la compañía. Los gerentes
manifestaron que el desarrollo de nuevos productos, aspecto crucial de la estrategia, estaba demasiado orientado
por Ingeniería. El desarrollo de productos era, en medida
extrema, un proceso "de adentro hacia afuera". Nuevos
"juguetes", nuevas tecnologías o una nueva "caja" se llevaban a Producción, usualmente sin que nadie estableciera
de manera adecuada si los clientes deseaban o no el nuevo
producto. Un enfoque "de afuera hacia adentro" habría
determinado que los clientes querían que se solucionaran
ciertos problemas. Los gerentes deseaban un enfoque integrado, con el uso de las tecnologías existentes, para resolver los problemas y hacer sus compañías más eficaces. No
necesitaban nuevas "cajas" independientes ni tecnologías
que no llegaran al núcleo de sus problemas. Algunos gerentes de Motorola pensaron que ya era tiempo de que los
clientes ejercieran mayor influencia en la formulación de
la estrategia, en vez de que Ingeniería dominara el proceso
de desarrollo de productos.

Ed Zander, desde luego, enfrenta muchos problemas
y oportunidades como nuevo director ejecutivo de Motorola. Ya se ha anotado el problema de una cultura auto-
complaciente, junto con la necesidad de "urgencia" en los
asuntos estratégicos y operativos. Además, la concentración en la cultura seguramente hará que Zander cambie
personas, incentivos y la estructura organizacional, lo cual
también tendrá considerable impacto sobre la estructura
de poder de Motorota. (El desempeño reciente del negocio
de teléfonos móviles de Motorola señala que las iniciativas
de Zander pueden haber tenido un impacto positivo sobre
la compañía.)

EL CÍRCULO COMPLETO: CONCLUSIONES SOBRE EL PODER

El examen del impacto del poder *sobre* la estrategia y la perpetuación en el poder por parte de quienes se encuentran comprometidos con la formulación de la estrategia nos completa el círculo de la figura 9.1, donde comenzamos analizando los efectos *de* la estrategia. Las principales conclusiones del análisis hasta este momento son las siguientes:

1. El poder es lo opuesto a la dependencia. Las diferencias en cuanto a dependencias denotan diferencias de poder.

2. El poder afecta y se ve afectado por los procesos de formulación y ejecución de la estrategia en las organizaciones.

El poder es una influencia social que surge de las diferencias en las dependencias. Se ve afectado por la elección de la estrategia y la estructura y las decisiones sobre asignación de recursos que se derivan lógicamente de dicha elección. El poder, a su vez, impulsa la elección de la estrategia y las consecuentes necesidades de la ejecución. Los individuos que tienen el poder usualmente desean conservarlo y perpetuarse en él, y por consiguiente la elección de la estrategia refleja claramente el poder de los individuos que la crean. El poder, entonces, a la vez afecta y se ve afectado por los procesos estratégicos en las organizaciones.

Aunque esto es interesante, debemos llevar el análisis un paso adelante. Es importante que los gerentes comprometidos en la ejecución entiendan el poder. Es absolutamente vital, sin embargo, que los gerentes también sepan cómo usar la estructura de poder para promover los fines de la ejecución de la estrategia. Pensemos enseguida en lo que nos dicen la figura 9.1 y el análisis anterior sobre la relación entre el poder y la ejecución.

PODER Y EJECUCIÓN

Los gerentes deben tomar nota y beneficiarse de los tres importantes aspectos que se presentan en seguida sobre la relación entre el poder y la ejecución:

1. La necesidad de definir las bases y las relaciones de poder en sus organizaciones.

2. La importancia de formar coaliciones u operaciones conjuntas con quienes detentan el poder para fomentar el éxito de la ejecución.

3. La necesidad de concentrarse en resultados mensurables y con valor agregado para ganar influencia y lograr efectos exitosos en la ejecución.

DEFINIR LAS BASES Y LAS RELACIONES DE PODER

Éste es un primer paso necesario en el intento de utilizar el poder de manera eficaz. Al usar un modelo o enfoque similar al de la figura 9.1, el primer paso que los gerentes de cualquier nivel de la organización deben dar es "hacer un mapa" de las relaciones cruciales de dependencia que afectan al poder o la influencia social.

¿Quiénes son los principales actores que afectan lo que hago en mi trabajo? ¿Con qué departamentos, funciones u otras unidades estructurales interactúa o de cuáles depende mi departamento, función o unidad? ¿Qué unidades dependen de la provisión de conocimiento, apoyo técnico o productos físicos de mi unidad? ¿Cuáles son los puntos de dependencia o de necesaria cooperación? ¿Existen otras fuentes del conocimiento, el apoyo técnico o los productos físicos que se necesitan, además de la(s) unidad(es) que proveen estos importantes productos?

Estas y otras preguntas similares tienen el propósito de establecer los factores cruciales que afectan al poder y la influencia en las organizaciones. En concordancia con este análisis, tales factores cruciales son los siguientes:

1. **Relaciones de dependencia.** ¿Quién depende de quién y para qué? ¿La dependencia es mutua o recíproca, o es unilateral? Las dependencias unilaterales denotan fuertes relaciones de poder. Quienes dependen totalmente de otros para adquirir conocimiento vital u otros recursos están en una posición vulnerable, y tienen bajo poder de negociación y escasa influencia.

2. **Grado de sustitución.** ¿Existen muchas fuentes de la información o los recursos que se necesitan, o una unidad o un individuo particulares tienen el monopolio de la información o los recursos? Recuérdese que la capacidad de monopolizar los recursos vitales que otros necesitan es factor importante que contribuye al poder y la influencia.

3. **Carácter central de un individuo o una unidad.** El grado en el cual un individuo o una unidad se vinculan con otros u otras en el flujo de las comunicaciones o los recursos suele estar relacionado con el poder. Las unidades organizacionales que interactúan rutinariamente con muchas otras unidades son *omnipresentes* en alto grado. Las unidades que pueden hacer que una organización literalmente se detenga si no llevan a cabo sus tareas o funciones son *esenciales* en alto grado. El departamento de contabilidad es por lo general omnipresente; todas las unidades necesitan y dependen de la información contable. Sin embargo, puede no ser tan esencial como el departamento de servicios técnicos, que tiene las destrezas y el conoci-

miento necesarios para reparar una importante tecnología computarizada o un proceso de fabricación que mantienen a la organización en funcionamiento. Ser esencial suele tener una relación más fuerte con el poder y la influencia que estar bien conectado.

4. **Capacidad de hacer frente a la incertidumbre.** Muchas organizaciones enfrentan altos niveles de incertidumbre de manera rutinaria. Los individuos o las unidades que manejan y reducen la incertidumbre para otros individuos o unidades suelen aumentar la dependencia de otros con respecto a ellos, aumentando así su poder. Tal "absorción de la incertidumbre" hace posible la definición de los "hechos" o la información que otros necesitan para llevar a cabo su trabajo. También reduce las tensiones o los problemas relacionados con la ambigüedad, y proporciona, por consiguiente, un tipo de beneficio psicológico que, una vez más, aumenta la dependencia y el poder.

La función de marketing de la división Ford derivaba parte de su poder de la absorción de la incertidumbre. Proporcionaba pronósticos de ventas a Producción y a otras unidades, lo cual reducía la incertidumbre y suministraba los datos necesarios para que aquellas unidades pudieran operar.

El director ejecutivo de una compañía o el presidente de un país cuenta con valiosos asesores o personas "de su círculo" que proporcionan importante información e inteligencia. Tales asesores reducen la incertidumbre y proporcionan datos que el director ejecutivo o el presidente pueden utilizar para tomar decisiones estratégicas cruciales. La confianza o dependencia de la persona con el cargo más elevado con respecto a las personas clave aumenta la categoría de aquéllas y su poder en la organización.

Estas cuatro condiciones o comportamientos, en efecto, son valiosos activos de una organización. Reducir la incertidumbre, tener un bajo grado de sustitución y gozar de carácter central conducen a la existencia de dependencias y, en consecuencia, a diferencias de poder.

Los individuos y las unidades de una organización que se benefician de estas dependencias afectan la ejecución. Consiguen que otros acepten sus agendas y sus planes de ejecución. Otros individuos y otras unidades necesitan a las unidades o los individuos poderosos para ejecutar sus propios planes, lo cual en realidad intensifica la relación de poder pero, a la vez, permite lograr los resultados de ejecución deseados para la compañía.

FORMAR COALICIONES O DESARROLLAR OPERACIONES CONJUNTAS CON QUIENES TIENEN EL PODER

El anterior análisis indica que formar coaliciones u operaciones conjuntas con quienes tienen el poder es una manera eficaz de ganar apoyo para un plan o unos métodos de ejecución. La cooperación en torno a una meta de ejecución común puede fomentar resultados positivos. Tener individuos poderosos de nuestra parte o en nuestra esquina puede ayudar a superar la resistencia a los nuevos métodos o procesos de ejecución.

La coalición más básica es la que se forma entre un gerente y su jefe. Es necesario para el éxito hacer que un superior vea los méritos de una nueva estrategia o de nuevos métodos de ejecutar dicha estrategia. Persuadir al jefe de las ventajas de la ejecución hace ganar respaldo jerárquico, base de poder e influencia. Convencer al jefe de interceder ante su propio jefe para que apoye el plan de ejecución hace que se comprometan tres niveles jerárquicos distintos en el proceso de ejecución. Obtener el respaldo de tres niveles proporciona credibilidad a la ejecución y a los resultados que se proponen, y anuncia a los demás la viabilidad de las acciones dirigidas a hacer que la estrategia funcione.

Otras coaliciones y operaciones conjuntas también sirven de apoyo al poder. El intento por parte de los enfermeros de un gran hospital de Filadelfia de llevar a cabo cambios radicales en los procedimientos estuvo condenado al fracaso hasta cuando obtuvieron el apoyo de un buen número de médicos. Las demandas hechas por la coalición de enfermeros y médicos se cumplieron en un período razonable de tiempo, con sólo algunas modificaciones con respecto a las exigencias originales de los enfermeros. La operación conjunta sencillamente creó una base de poder mayor de la cual no podía hacerse caso omiso.

Los cambios en las especificaciones de los productos propuestos por el departamento de ventas tienen una mayor probabilidad de éxito si el departamento de ingeniería apoya las modificaciones. El departamento de manufactura puede resistirse si sólo Ventas impulsa los cambios. Detener la producción para experimentar con nuevos productos o desarrollar prototipos de nuevos modelos evidentemente reduce la eficiencia y resta valor al volumen, la estandarización y la repetición, necesarios para lograr una producción de bajos costos. La urgencia que agrega la respetada y poderosa unidad de ingeniería puede convencer más pronto a Manufactura sobre la lógica y la factibilidad de las solicitudes de Ventas.

Las coaliciones poderosas pueden afectar inmensamente el proceso de ejecución y el cambio organizacional. Unir fuerzas crea bases de poder al combinar el potencial de poder de individuos y unidades, y hacer posible una ejecución más eficaz que la que pudieran lograr las unidades o los individuos si actuaran solos.

CONCENTRARSE EN EL VALOR AGREGADO Y LOS RESULTADOS MENSURABLES

La fuerza impulsora implícita en el modelo de poder de la figura 9.1 y el análisis de las condiciones o los factores clave relacionados con el poder son básicos y en extremo importantes:

> *Los individuos o las unidades que crean valor obtienen poder. Los resultados evidentemente cuentan. Un plan de ejecución debe mostrar los beneficios que se acumulan para la organización a causa de la ejecución eficaz, para que aquél se tome en serio.*

Para ganar poder y facilitar la ejecución, los planes o métodos de ejecución deben concentrarse en resultados mensurables y con valor agregado. Debe haber una relación costo-beneficio positiva. Los individuos en el poder no apoyarán la ejecución si no ven beneficios reconocibles para la organización. No tendrá lugar la formación de una coalición si las partes del potencial acuerdo conjunto no ven una situación en la cual todos ganen y se compartan los resultados positivos. Es más fácil obtener apoyo para la ejecución si los altos mandos y los demás de la compañía creen que sobrevendrán beneficios mensurables.

La palabra clave aquí es "mensurable". Los planes de ejecución que prometen resultados "blandos" —mayor respaldo, mayor compromiso gerencial, cooperación, una cultura más amable— suelen estar condenados al fracaso y a un bajo respaldo si no se traducen en indicadores "duros", es decir, verificables. Esto no quiere decir que los indicadores blandos no sean buenos o deseables. Sencillamente significa que los resultados mensurables, que las personas valoran y pueden palpar, ver y sentir, usualmente generan un mayor respaldo que los resultados de ejecución deficientemente definidos o más inciertos. Permítaseme usar en apoyo del argumento un ejemplo reciente tomado del programa ejecutivo de Wharton.

El caso de la vicepresidenta frustrada

Como se señaló anteriormente, en mi programa ejecutivo en Wharton sobre ejecución, los gerentes aportan problemas reales para que los participantes enfrenten y resuelvan. El programa pone énfasis en los problemas prácticos y comunes de ejecución, su solución real, y en hacer que la estrategia funcione. A una de tales participantes que hicieron presentaciones la he denominado "la vicepresidenta frustrada".

La mencionada dama era la primera mujer en lograr el rango de vicepresidenta o uno mayor en su compañía. Describió a ésta como poseedora de una cultura "ruda, dominada por los hombres, de mascadores de cigarro y bebedores de whisky". Después de unas cuantas bromas de buena fe de parte de algunos participantes masculinos del programa, en el sentido de que la mencionada compañía "parecía un excelente lugar para trabajar", ella presentó sus problemas, uno de los cuales trataré de resumir de la manera más sucinta posible.

En una reunión del comité ejecutivo de la compañía, ella y unos cuantos de sus colegas hombres presentaron para aprobación sus planes funcionales estratégicos — incluidos los planes de ejecución. Según ella:

> "El tipo de Ventas y Marketing presentó su plan, muy rápido, ¡patapúfete! y listo. ¿Cuál fue la reacción del comité? Muy positiva. Pronto se le notificó que recibiría financiación y compromiso plenos.

> "Luego, el vicepresidente de Manufactura presentó su plan, básicamente con el mismo resultado. Una presentación bastante rápida, con un pronto consenso sobre el valor del plan funcional y el proceso de ejecución propuesto.

"Después fue mi turno. Como nueva vicepresidenta de Recursos Humanos, presenté algunos interesantes e importantes movimientos estratégicos y hablé sobre implementación. Estaba realmente preparada. Era nueva para el grupo ejecutivo y quería impresionar a mis pares con mi conocimiento, mi cuidadosa preparación y una sólida planificación.

"Entonces, ¿qué pasó? Durante mi presentación se percibió muy poco entusiasmo. Hubo bastantes preguntas perspicaces e incluso un par de comentarios maliciosos que generaron algunas risas entre dientes a costa mía. El comité ejecutivo dijo que pensaría en mi plan y me haría saber sus recomendaciones lo más pronto posible. En resumidas cuentas no me acerqué siquiera a lo que pedía. No les gustó mi plan y esto fue frustrante".

Lo anterior constituye lo fundamental de su historia. Su plan tuvo un viaje incierto a lo largo del proceso de aprobación y fue muy claro que "no había fondos suficientes". El amiguismo veló por sí mismo, en su opinión, pero ella sufrió humillación y frustración ante lo que vio como un serio revés.

Como es de común ocurrencia, los demás participantes del programa Wharton y yo hicimos preguntas. La interrogamos, deseosos de conocer los detalles de su plan y de los de los otros gerentes. Las preguntas y la subsiguiente discusión fueron francas, atenidas a los hechos y directas al grano, y pudimos precisar un cuadro más completo del proceso de aprobación de planes en su compañía. Para nuestros actuales propósitos, tomaré una pequeña parte del debate y resumiré sus aspectos principales.

Nuestra primera pregunta trató sobre la rápida aprobación de los planes de los vicepresidentes de Manufactura y Marketing. Luego de mucho sondeo quedó en claro que sus presentaciones no habían sido en absoluto superficiales, planes incompletos ni a topa tolondro. El vicepresidente de Manufactura analizó la introducción de una nueva tecnología, el cierre de una planta anticuada y la necesidad de trabajar con el sindicato en torno a la ejecución. Básicamente, su presentación, reconstruida a partir de nuestras preguntas de sondeo y sus respuestas, fue algo así:

"Mi principal recomendación es la introducción de (la nueva tecnología) en cuatro de nuestras cinco plantas, con un cese gradual de operaciones en la quinta. Éstos son los hechos importantes. El costo de adquisición de la tecnología, amortizado durante X años, es de tantos dólares. Entre los beneficios están una reducción en el costo variable por unidad producida durante ese período de tiempo de tantos dólares, disminuyéndose el costo total anual de las operaciones en Y%. Si miramos el valor neto presente de los gastos frente a los ahorros en costos durante la vida útil de la nueva maquinaria, es positivo, y en realidad termina rindiendo un elevado y positivo Z% de rentabilidad sobre la inversión durante el período. Además, aparte de la reducción de costos, podemos esperar una significativa mejoría en la calidad del producto, lo cual fortalecerá enormemente nuestra posición ante los clientes, en especial en el mercado medio, donde hemos tenido momentos difíciles con (un competidor) durante los últimos años".

La presentación, como la de su colega, el vicepresidente de Marketing, se centró evidentemente en hechos y resultados mensurables. El debate enfocó los costos y los beneficios, entre éstos el aumento de los márgenes. Se analizó el modelo del valor neto presente y se determinó la tasa de descuento adecuada. Se examinaron los indicadores de calidad, entre ellos la medida del mejoramiento de la calidad en los niveles de producción previstos. Se aclararon los costos reales del cierre de la quinta planta, con el resultado de una leve reducción de la cifra del valor neto presente, que aún era positiva. Los costos adicionales de un elaborado proceso de cierre de la planta se yuxtapusieron con los beneficios de la buena voluntad con el sindicato (un intangible) y con los costos de evitar una huelga o la disminución del ritmo de trabajo (cifra real y tangible).

Aunque hubo preguntas adicionales, esperamos que la esencia de la presentación haya quedado clara. Los sondeos de los participantes en el programa de Wharton revelaron que realmente había "carne" en los comentarios del vicepresidente de Manufactura. Se concentró en los costos, la calidad y el valor neto presente, indicadores de resultados que el comité ejecutivo podía ver claramente y entender con plenitud. Ahora, pensemos en la presentación de nuestra atribulada vicepresidente de Recursos Humanos, tracemos algunos paralelos y veamos algunas distinciones. Sólo tomaré una parte de su plan para efectos de ilustración.

Parte del plan que propuso se refirió (¡adecuadamente!) a la educación ejecutiva. Ella quería aumentar extraordinariamente el gasto debido a los beneficios obvios de la capacitación y la inversión en el talento gerencial. "Las personas son nuestro activo más importante", argumentó, y los gastos en una mayor educación ejecutiva evidentemente van a fortalecer el valor de dicho activo. También propuso que se ampliara la capacitación para que incluyera más programas dirigidos a gerentes de nivel medio, con el fin de aumentar el fondo de recursos gerenciales para el futuro. El costo de dicha ampliación de la capacitación era significativo pero bien valía la pena, insistió, debido a sus beneficios, entre ellos el de una fuerza laboral más capacitada, más feliz y más leal.

¿Podemos identificar aquí un problema? Lo fundamental de su argumento es que la educación gerencial es buena; es un gasto que vale la pena, y entre sus beneficios se halla el de contar con empleados más felices y leales. Sin embargo, dice, tales beneficios tienen un costo significativamente alto. Los indicadores de los resultados beneficiosos son subjetivos, en el mejor de los casos, sin que se proporcionen indicadores reales. El comité ejecutivo podía ver y medir muy fácilmente los *costos* que suponía su presentación, pero tenían que enfrentarse sólo con supuestos *beneficios*.

En resumidas cuentas, el comité vio el aumento en el gasto sin haber podido verificar el aumento en los beneficios. Primordialmente vieron los costos y el aumento en el presupuesto, y punto. Su reacción fue decir que el plan era demasiado costoso y que su financiación total era imposible. De acuerdo con esto, ella debía revisar su solicitud presupuestal.

Entonces, ¿cuáles fueron los consejos de los participantes en el programa ejecutivo de Wharton? ¿Qué le sugerimos que hiciera para cambiar su plan y su enfoque ante el comité ejecutivo, reduciendo al mismo tiempo su nivel de ansiedad y frustración? En vez de repetir todas las recomendaciones y el debate que siguieron, permítaseme decir qué hizo realmente nuestra vicepresidente de Recursos Humanos para seguir nuestro consejo.

Primero, definió un problema real con el cual pudieran estar de acuerdo todos los miembros del comité ejecutivo — y en verdad, todos los interesados significativos. Concentró parte del nuevo plan en la rotación. Indicó, correctamente, que la rotación en la compañía era excesivamente alta. De hecho, proporcionó datos para mostrar que la rotación era la segunda más alta en todo el sector.

Segundo, ofreció datos sobre el costo de la rotación. Algunos de estos datos eran reales y "duros", y otros eran estimaciones, pero incluso éstos podían traducirse en cifras reales y verificables. Por ejemplo, reemplazar un gerente de alto nivel que salía para asumir un cargo en otra parte, solía suponer la contratación de los servicios de una firma de "cazatalentos" o de ubicación laboral. El servicio que ofrecen dichas firmas no es barato: la tarifa puede ser hasta del 100% del salario anual del ejecutivo hallado. Dicha tarifa es claramente un costo de rotación. De modo semejante, toma cierto tiempo al nuevo gerente acomodarse al nuevo cargo. Evidentemente, el salario del gerente y los incentivos complementarios durante el proceso de aprendizaje se pueden considerar como costos de rotación. La sugerencia que se hizo a la vicepresidenta fue tener en cuenta seis meses de salario y los incentivos complementarios como costos reales de rotación (por supuesto, seis meses es una estimación. Sin embargo, la lógica es real y ahora correspondía al comité ejecutivo probar que estaba equivocada, tarea nada fácil). Se definieron asimismo otros costos como atribuibles a la rotación.

Tercero, la vicepresidenta llevó a cabo una amplia investigación y encontró que tanto en artículos de revistas profesionales como de la prensa popular se habían descubierto vínculos entre la rotación y la educación gerencial y los programas de capacitación. Dedicar tiempo, dinero y atención a los gerentes realmente aumenta su compromiso para con la compañía, algunas veces de manera contractual (por ejemplo, el acuerdo de no dejar la compañía en X años después de terminar un programa de maestría en administración de empresas para ejecutivos, pagado por la empresa), y otras veces de manera psicológica (compromiso con la compañía debido a un "contrato" de incentivos y contribuciones percibidos). Dicho vínculo entre la rotación y los programas de educación gerencial fue decisivo, pues le permitió llevar su plan a un nuevo nivel.

Cuarto, reescribió su plan original de recursos humanos y su presupuesto con nuevo ímpetu y un nuevo tono. Una meta del nuevo plan era reducir la rotación gerencial. ¿Por qué? Porque la reducción de la rotación disminuiría los costos reales de ésta. De modo más concreto, el nuevo plan tenía como objetivo específico:

Reducir el costo de rotación en X dólares mediante la reducción de la rotación real entre gerentes de niveles medio y alto en un Y% durante un período de tres años.

Uno de los puntos o métodos del plan de acción para reducir la rotación y sus costos era aumentar el número de gerentes de niveles medio y alto que participaran en programas de capacitación gerencial o desarrollo ejecutivo, dentro y fuera de la compañía. En esencia, definió el siguiente vínculo causal:

Educación ⟶ Reducción de ⟶ Disminución de
ejecutiva   la rotación   los costos

Sus términos estaban bien definidos, incluidos los costos de rotación. El vínculo entre la educación gerencial y la rotación se explicó y apoyó de manera exhaustiva. El valor neto presente de los futuros flujos de caja de la capacitación y la reducción de costos se mostró como positivo. La vicepresidenta demostró que la educación y la capacitación no eran gastos que debieran evitarse a toda costa, sino inversiones para la reducción de costos y la construcción de capacidades gerenciales centrales para los años venideros.

El nuevo presupuesto y el nuevo plan de recursos humanos fueron aprobados de manera unánime por el comité ejecutivo (ella me mantuvo informado de las cosas luego de la conclusión del programa de Wharton). Los miembros del comité resaltaron la lógica del plan y la convincente relación entre capacitación y educación y reducción de costos. Su nuevo plan tuvo, evidentemente, un impacto distinto del anterior.

El propósito del ejemplo es mostrar, primero, que cualquier plan estratégico u operativo debe concentrar la atención de la ejecución en resultados mensurables y consecuencias de claro valor agregado. Quienes aprueben el plan deben estar en capacidad de ver y medir los costos y beneficios reales para que se acepte el plan de ejecución.

En segundo lugar, el poder en las organizaciones depende de tales contribuciones reales de valor agregado. Los individuos y las unidades que agregan valor elevan su influencia. Los individuos y las unidades de alto desempeño crean dependencias de sí mismos y simultáneamente también aumentan su carácter central y su importancia, lo cual conduce a un mayor poder y a una mayor influencia. El poder depende de las contribuciones percibidas que se hacen al balance final o a la posición competitiva de una organización dentro de su sector.

Finalmente, un historial de ejecuciones exitosas y resultados positivos no sólo aumenta el poder y la influencia sino que también ayuda a que los planes futuros y las solicitudes futuras de financiación se aprueben más fácilmente. El poder afecta de manera positiva el planeamiento y la ejecución futuros. Los empleados y las unidades con un sólido historial encuentran que su influencia dentro de la organización facilita el desarrollo y la ejecución de futuros planes estratégicos y operativos. El poder puede afectar positivamente y de muchos modos la ejecución, entre ellos la generación del apoyo necesario a los planes futuros.

La tabla 9.1 resume las principales lecciones aprendidas a partir del caso de la vicepresidenta frustrada. La comparación entre el plan original rechazado y el nuevo plan aceptado revela algunos aspectos básicos del desempeño, el poder y el éxito en la ejecución. Fundamentalmente, el ejemplo resalta la importancia de (a) los factores mensurables acordados (la rotación y sus costos), (b) la claridad de causa y efecto (cómo las acciones reducen la rotación), (c) un robusto análisis de costo-beneficio (un valor neto presente positivo) y (d) la importancia de los indicadores sólidos (resultados mensurables).

Tabla 9.1   La vicepresidenta frustrada: lecciones aprendidas

Plan rechazado	Plan aceptado
Visto como un "gasto" que eleva los costos.	Se concentra en un problema real y costoso: la rotación.
No tenía una clara relación de causa y efecto entre los planes y los resultados.	La relación de causa y efecto es clara. La ejecución del plan propuesto afecta la rotación.
No tenía resultados o beneficios de valor agregado.	El análisis de costos y beneficios se muestra con un valor neto presente positivo.
Faltaban indicadores. No tenía objetivos ni resultados mensurables.	Uso de indicadores sólidos, resultados mensurables acordados o indicadores de valor agregado.
¿Resultado del plan aceptado?	Produce resultados positivos y mensurables, aumenta el poder y la influencia y afecta positivamente el éxito presente y futuro de la ejecución.

Los planes de ejecución fracasan cuando hacen falta estos elementos básicos. Un mayor poder y una mayor influencia suelen otorgarse a los individuos cuyos planes de ejecución se caracterizan por los elementos del lado derecho de la tabla 9.1. El desempeño afecta la influencia. Los planes que entregan resultados positivos y mensurables benefician tanto a la organización como a los individuos responsables de ellos.

NOTA FINAL SOBRE EL PODER: LOS INCONVENIENTES

El poder es importante para la ejecución. Puede facilitar el cumplimiento de un plan de ejecución. Las diferencias de poder son inevitables, dadas las suposiciones y los análisis de la figura 9.1, y reflejan los resultados de las contribuciones positivas a la capacidad de una organización de competir eficazmente y prosperar. El poder, entonces, tiene ventajas que no pueden desconocerse o menospreciarse.

El poder tiene, sin embargo, desventajas potenciales. El primer y más obvio problema es que el poder se perpetúa, aspecto señalado anteriormente. Las personas con poder tienden a permanecer con él y lo desean. Formulan y ejecutan estrategias que apoyan sus habilidades, sus bases de poder y sus contribuciones a la organización. Obviamente, esto no es problema si quienes detentan el poder hacen las cosas adecuadas, pero si la estrategia es errada y si la elite del poder no responde debidamente a los cambios del ambiente que reclaman una estrategia competitiva distinta, pueden sobrevenir grandes inconvenientes. Si los individuos a cargo persisten en hacer lo que siempre han hecho, primordialmente para mantener su posición, esto puede conducir a la desventaja competitiva.

En los años 70 y 80, General Motors era muy lenta en adaptarse a las cambiantes condiciones competitivas. Las incursiones de las compañías automovilísticas japonesas en su mercado eran enormes y devastadoras. La participación en el mercado se iba perdiendo de manera sistemática. Las utilidades desaparecían a paso alarmante. Con todo, el cambio en GM era lento, pese a los reclamos externos de que se hiciera algo. La inercia gobernó el período, mientras la compañía sobrevivía haciendo la mayoría de las cosas que siempre había hecho.

En parte, tal inercia y tal reticencia al cambio se debieron probablemente a una estructura de poder bastante rígida y a la dependencia de la jerarquía, firmemente arraigada en la cultura de la compañía. Roger Smith y su equipo de alta gerencia, por ejemplo, no fueron muy innovadores en su respuesta (o falta de ella) a las muchas amenazas que enfrentaba la compañía. Las recomendaciones de personas como Mike Naylor y Jim Powers, de planeación estratégica corporativa, se pasaron por alto con frecuencia, no obstante su lógica y atractivo para quienes dentro y fuera de la compañía reclamaban cambios estratégicos y operativos.

El caso de Ken Olsen, de Digital Equipment Corporation, es otro ejemplo pertinente. Durante años, el grupo dominante en DEC fue el de ingeniería. Llevaba la batuta estratégica. Las dependencias con respecto a Ingeniería eran fuertes y esto finalmente se convirtió en un problema. Cuando la necesidad de los departamentos de marketing y de servicio al cliente se hizo más aguda en un mercado de computadores cada vez más competitivo, DEC no pudo responder con eficacia. Ingeniería seguía reinando, y algunos individuos de esta función realmente creían que otras funciones "suaves", como la de marketing, no eran muy importantes o útiles.

Olsen había construido una coalición de primer orden, muy eficaz y poderosa, en torno a Ingeniería. Ésta funcionaba bien cuando los principales problemas estratégicos eran técnicos y la dependencia de Ingeniería pagaba altos dividendos. Cuando el mercado cambió, exigiendo más habilidades blandas como la de marketing, la misma estructura de poder se hizo onerosa. La estructura dominada por Ingeniería se alzaba con toda su ineficacia y creaba enormes problemas para la compañía. Marketing no contaba con los recursos ni gozaba del peso político que habrían permitido a la compañía responder a las presiones competitivas de parte de clientes cada vez más sofisticados y exigentes. Muchos de los problemas posteriores de DEC pueden atribuirse a su estructura de poder.

Al menos algunos de los problemas que actualmente enfrenta DaimlerChrysler, luego de los primeros seis años de la fusión, pueden atribuirse a la inercia y la lenta evolución de su estructura de poder. El modelo alemán de poder e influencia de la compañía se basaba en la jerarquía, en el mando y control verticales y en la enorme influencia de funciones de "silo", especialmente de la de ingeniería. La estructura de poder de Chrysler era más informal y descentralizada, y se centraba en la participación de los niveles bajos en la toma de decisiones y en una mayor transparencia en las fronteras entre funciones. Los dos modelos de poder han chocado, independientemente de lo que digan los comunicados de prensa y los boletines de relaciones públicas de la compañía. Muchos de los empleados de Daimler-Benz desean perpetuar su modelo y dirigir la compañía de acuerdo con su enfoque vertical. Tal renuencia a cambiar la estructura de poder y el *modus operandi* de la compañía ciertamente ha complicado considerablemente la integración de los dos gigantes industriales. También ha afectado muy probablemente aspectos del desempeño de la compañía.

> *El poder suele ser lento de cambiar. Quienes detentan el poder normalmente desean conservarlo. El poder puede apoyar la ejecución, lo cual es un aspecto positivo del mismo. Sin embargo, también puede crear inercia y afectar de manera negativa el cambio y la adaptación organizacional.*

El papel crucial que desempeña el liderazgo del director ejecutivo

Cambiar la estructura de poder cuando es errada y disfuncional depende en gran medida del liderazgo de la alta gerencia, especialmente el del director ejecutivo. Éste y el equipo de alta gerencia pueden cambiar la estrategia, las personas, la estructura, las responsabilidades y la asignación de los escasos recursos, decisiones o acciones que afectan a la estructura de poder. En verdad, algunas de tales decisiones de alto impacto sólo puede tomarlas el director ejecutivo o el comité ejecutivo. Sólo un individuo o un equipo ejecutivo de tan alto nivel pueden afectar las dependencias entre importantes unidades operativas y determinar así quién tiene influencia sobre quién. Obviamente, ésta no es tarea fácil. Casi siempre es impopular, pero aun así debe hacerse.

En esta situación, el director ejecutivo debe confiar en el análisis sólido de causa y efecto para explicar los problemas de desempeño y la necesidad de cambio (ver capítulo 7). Las razones del cambio deben ser claras y convincentes. La comunicación de los cambios, en especial de los que suponen reasignación de recursos, debe ser completa y llegar a todas partes, para eliminar los rumores disfuncionales y las manipulaciones encubiertas de la información y los "hechos". El empleo cuidadoso y ocasional de analistas y consultores externos puede ayudar al director ejecutivo a preparar y presentar sus argumentos en favor de los cambios que vayan a alterar la estructura de poder. Igualmente, obtener el apoyo de la junta directiva o de los mayores accionistas puede dar como resultado una poderosa coalición que promueva los cambios necesarios.

Ante la ausencia de un fuerte liderazgo en la cumbre cuando el desempeño organizacional es bajo y es necesario el cambio estratégico, otros grupos definitivamente intervienen, toman el control y alteran la estructura de poder, usurpando algunas veces el de la alta gerencia. Tanto los accionistas como las juntas directivas han aumentado últimamente su influencia en parte como reacción al desempeño de las compañías y en parte debido a la necesidad percibida de cambiar las estrategias y las estructuras de poder. Piense en algunos de los siguientes ejemplos:

- En su reunión de marzo del 2004, los accionistas de Disney obligaron a Michael Eisner a renunciar a la presidencia de la junta directiva (aunque conservó su empleo de director ejecutivo). También le hicieron saber que no estaban contentos con el desempeño de Disney y que serían necesarios grandes cambios y reformas. La insurrección de Disney parece haber sacudido a las corporaciones estadounidenses, y se produjo una oleada de acometidas contra la posición y el poder de la alta gerencia.

- En uno de esos levantamientos, un grupo de grandes fondos de pensiones en efecto le "declaró la guerra" a Safeway Inc., y anunció su propósito de "reformar la junta directiva, deshacerse del director ejecutivo y dar a la compañía un dirección totalmente nueva"[4].

- La revuelta de Safeway se produjo poco después de que Marsh & McLennon Co. sucumbiera a las exigencias de los accionistas de designar a un nuevo director independiente que vigilara a Putnam Investments, filial acosada por los escándalos[5]. La compañía tuvo que responder ante un poderoso grupo externo.

- En su reunión anual de abril del 2004, los accionistas de DaimlerChrysler le informaron a Juergen Schrempp, presidente de la junta directiva, de todas las cosas que él y el equipo de alta gerencia de la compañía estaban haciendo mal. La esencia de sus comentarios fue que, en seis años, la nueva estrategia no había demostrado ser beneficiosa para la compañía o para los accionistas, que los grandes errores no se habían abordado y que podían necesitarse cambios en la estrategia y en la estructura del poder. Se sugirió a Schrempp poner su casa en orden rápidamente[6].

  Poco tiempo después de la reunión de accionistas, Schrempp sopesó los costos y los beneficios de inyectar más dinero a la atribulada Mitsubishi Motors. Sin embargo, algunos altos ejecutivos no apoyaron el plan y la junta supervisora votó contra la financiación adicional. La decisión de la junta indica claramente que no tolerará el bajo desempeño. También señala que tampoco se tolerará la tradicional estructura de poder, con el director ejecutivo al timón, si causa problemas estratégicos y operativos.

- Las propuestas de los accionistas del Citigroup, General Electric, Honeywell, la IBM, Pfizer y otras compañías están atacando cada vez más la composición de las juntas directivas, alterando la estructura de toma de decisiones (por ejemplo, separando los cargos de director ejecutivo y presidente) y objetando el uso de las opciones en acciones que constituyen un pago extra a los ejecutivos por un bajo desempeño[7]. Evidentemente se ha hecho sentir la mayor influencia de los propietarios.

■ Las juntas directivas también han sido muy activas en esta reciente carrera por controlar mejor a sus compañías. Por ejemplo, los miembros de las juntas están observando cada vez más las prácticas salariales de los directores ejecutivos, en respuesta a los enojados accionistas, organismos de regulación y empleados. Cuando Michael Jordan, antiguo jefe de la CBS, asumió como director ejecutivo de Electronic Data Systems, la junta directiva puso toda suerte de restricciones sobre su salario, sus opciones sobre acciones y el desempeño de la compañía necesario para cosechar sus beneficios. La junta se sintió apremiada por ejercer mayor control sobre la compañía y, en efecto, modificó la estructura de poder al alejarla de los directores ejecutivos "imperiales"[8].

■ La junta directiva de Whole Foods Market dio el paso de poner tope al salario del director ejecutivo, limitándolo a un múltiplo de lo que gana su trabajador promedio. Además de controlar la remuneración, la disposición contribuyó en gran medida a cambiar la percepción de la estructura de poder, eliminando un aspecto de la oposición "nosotros frente a ellos", o la cultura de la elite y los poderosos frente a las "abejas trabajadoras"[9]. Se prevé que otras compañías sigan el ejemplo de Whole Foods en cuanto al establecimiento del salario y las bonificaciones de los ejecutivos.

- En diciembre del 2003, un pequeño y poco conocido fondo de inversiones (Steel Partners Japan Strategic Fund L. P.) conmocionó a todo el Japón al anunciar ofertas públicas hostiles de adquisición de dos pequeñas compañías japonesas[10]. En el Japón, con su capitalismo holgado y su cómoda estructura de poder, esto fue algo impactante. Un titular de una revista japonesa declaró: "Fondo estadounidense arrasa con violencia"[11]. Obviamente se presentaba un desafío al tradicional y cohesionado sistema de compartir dentro de un *keiretsu* y al estado de cosas basado claramente en el poder. Las adquisiciones no tuvieron éxito, pero el asunto es que, aun en el Japón, las estructuras de poder gerencial y las cómodas relaciones o coaliciones entre las compañías ya no están a salvo. El poder se enfrentará a retos cada vez mayores si no produce resultados positivos en la ejecución.

- Finalmente, la lista de compañías cuyas juntas directivas han mostrado la puerta al director ejecutivo está creciendo. Han aumentado los despidos al intervenir las juntas y hacer cambios debido a que el director ejecutivo no ha conseguido cambiar la estrategia y las funciones de su equipo de alta gerencia, o ha sido renuente a ello. La oleada de cambios en el liderazgo de prominentes compañías como Kraft, Delta Air, Motorola y Boeing indica claramente que las juntas directivas se han hecho más activas en el control de las empresas y en su voluntad de realizar cambios en sus compañías. En verdad, algunas han dicho que, ahora más que nunca, van a mostrar un "gatillo sensible", y quizá reduzcan la permanencia del director ejecutivo promedio a menos de la ya baja cifra de sólo cinco años[12].

Estos ejemplos apuntan a demostrar que las juntas y los accionistas adoptarán medidas si los directores ejecutivos y sus altos ejecutivos no cambian las estructuras de poder disfuncionales. El consejo para tales gerentes de alto nivel y alto perfil —en verdad, para todos los gerentes responsables de la formulación o ejecución de estrategias— es sencillo y directo.

El entendimiento de la estructura de poder

Ésta es una necesidad obvia y básica. El análisis de las decisiones y las fuerzas que intervienen en la figura 9.1, incluidos los efectos de la estructura, la asignación de recursos y las dependencias, es un primer paso vital. Entender el poder es requisito esencial para cambiar el poder. Saber cuáles han sido las bases tradicionales del poder es absolutamente esencial para alterar la estructura de influencias y vencer la resistencia al cambio por parte de quienes temen perder poder.

La audacia y los pasos necesarios

Cambiar la estructura de poder se parece mucho a cambiar la cultura. Apelar a quienes tienen el poder para que cambien y renuncien a su influencia, eliminando así algunos aspectos de la estructura de poder disfuncional, es una acción que suele caer en oídos sordos o indiferentes. La única manera de cambiar el poder, lo mismo que de cambiar la cultura, es concentrarse en las condiciones que confieren poder.

Para cambiar al poder puede ser necesario cambiar la estrategia, pues las distintas estrategias hacen exigencias distintas sobre las habilidades o capacidades organizacionales (ver capítulo 3). Cámbiese o no la estrategia, puede ser necesario alterar la estructura y los métodos de integración como respuesta a las demandas de la estrategia (ver capítulos 4 y 5). Si la estructura cambia, esto puede llevar a una distinta asignación de recursos y a distintas dependencias de diferentes individuos y grupos de la organización.

Las dependencias, a su vez, pueden llevar a diferencias en los niveles de atención e importancia de tales individuos o unidades, afectándose así la estructura de poder.

No todos los cambios en el poder requieren movimientos tan considerables y audaces. En los departamentos o funciones, los gerentes no deben preocuparse por la estrategia y la estructura, sino que pueden concentrarse en la asignación de recursos y en los cambios en las personas o en las responsabilidades de la toma de decisiones y la autoridad. De todos modos, incluso en las divisiones y los departamentos o las funciones, los gerentes deben ser conscientes del hecho de que el poder es lo opuesto o el anverso de la dependencia. No puede cambiarse el poder hasta que se cambien las dependencias. Cambiar las dependencias, aun en niveles organizacionales bajos, es un paso osado y difícil. Quienes tienen el poder no están dispuestos a perderlo, no importa dónde se encuentren en la organización.

La superación de la resistencia al cambio

El gerente que efectúe cambios en el poder debe estar en capacidad de vencer la resistencia al cambio. De nuevo, el proceso y los pasos requeridos son similares a la superación de la resistencia al cambio cultural (ver capítulo 8). Al pensar en cambiar la estructura de poder e influencia entran en juego, una vez más, los análisis de causa y efecto, la comunicación eficaz y las capacidades de liderazgo señalados en el capítulo anterior. Nada menor al compromiso total con el cambio y el entendimiento pleno de los factores y las condiciones cruciales que afectan el poder podrá funcionar cuando se piense y ejecute el necesario cambio en el poder.

Si la estructura de poder es disfuncional y la organización pierde ventaja competitiva, rentabilidad y participación en el mercado, la estructura debe cambiar. La renuencia a hacerlo por parte de la alta gerencia lleva inevitablemente a la continuación de los problemas de desempeño y a que los accionistas o directores ejecutivos tomen medidas para corregir la situación. Morder la bala e introducir cambios es difícil, pero es mucho mejor que ser el blanco de cambios forzados por parte de agentes externos.

RESUMEN

Del examen del poder, la influencia y la ejecución realizado en el presente capítulo pueden extraerse varias conclusiones importantes. Son las siguientes:

- El poder afecta la ejecución de la estrategia. Los datos recogidos de los participantes en la encuesta de investigación del capítulo 1 indican que los intentos de ejecutar una estrategia que violen o vayan contra la estructura de poder de la organización siempre enfrentan dificultades y suelen estar condenados al fracaso.

- El poder es sencillamente lo opuesto a la dependencia. Un individuo o unidad A tiene poder sobre otro individuo o unidad B si se cumplen dos condiciones vitales. A tiene poder sobre B si (a) A tiene algo (información, recursos) que B necesite y (b) B no puede obtenerlo en otra parte. Si A tiene algo que B necesita y está en capacidad de monopolizar aquello que B necesita, entonces B depende totalmente de A y A tiene poder sobre B.

- En las organizaciones, las exigencias generadas por la estrategia afectan la estructura. Las unidades estructurales que solucionan los problemas críticos de la organización se ven recompensadas con una distribución desigual de recursos escasos. La distribución desigual de recursos conduce a las diferencias en cuanto a dependencias que crean diferencias de poder.

- Tener poder facilita la formulación y ejecución de la estrategia. A falta de poder e influencia social, un individuo o una unidad (departamento, función) puede formar coaliciones con quienes tienen influencia para promover y apoyar los métodos y planes de ejecución. La lógica es la de la operación conjunta: Unir fuerzas y crear bases de poder mediante la combinación del potencial de poder de los individuos y las unidades hace posible una ejecución más eficaz que la que pudiera lograr un individuo o unidad si actuara separadamente.

- Para obtener apoyo, los métodos y planes de ejecución deben producir resultados claros, mensurables y de valor agregado positivo. Los superiores jerárquicos o los socios potenciales de una operación conjunta o coalición no apoyarán la ejecución si no pueden ver y medir sus resultados y sus contribuciones de valor agregado a la organización. Los individuos y las unidades con un historial de resultados positivos en la organización ganan credibilidad e influencia adicional con el paso del tiempo.

- La deseada perpetuación en el poder por parte de quienes lo poseen crea inconvenientes potenciales para la organización. Quienes tienen poder pueden persistir en hacer lo necesario para mantener sus poderosas posiciones, aun si sus acciones son inadecuadas bajo condiciones competitivas distintas o cambiantes. Si esto sucede, el papel desempeñado por el director ejecutivo y su equipo ejecutivo es esencial para cambiar la estructura de poder. El énfasis debe ponerse en el cambio de la estrategia, la estructura o la asignación de recursos, lo cual a su vez puede afectar las dependencias y la definición de nuevas relaciones de poder. Las diferencias de poder son inevitables. El secreto está en asegurarse de que el poder o la influencia social promueva el logro de las metas organizacionales y la ejecución de la estrategia.

NOTAS

1. La noción del poder como influencia social relacional y como capacidad de actuar pese a la resistencia se remonta a la obra de Max Weber: *The Theory of Social and Economic Organization*, Free Press, 1947. Ver también *Modern Political Analysis*, de Robert Dahl, Prentice-Hall, 1963.

2. David Mechanic, "Sources of Power of Lower Participants in Complex Organizations", *Administrative Science Quarterly*, Volumen 7, 1962.

3. "Drug Industry's Big Push into Technology Falls Short", *The Wall Street Journal*, 24 de febrero del 2004.

4. "Big Shareholders Flex Muscles", *The Philadelphia Inquirer*, 8 de abril del 2004.

5. Ibíd.

6. "Shareholders Grill Schrempp Over DaimlerChrysler Stock", *The Philadelphia Inquirer*, 8 de abril del 2004.

7. "Big Shareholders Flex Muscles", op. cit.

8. "Here Comes Politically Correct Pay", *The Wall Street Journal*, Informe Especial: Salario Ejecutivo, 12 de abril del 2004.

9. Ibíd.

10. "With '80s Tactics, US Fund Shakes Japan's Cozy Capitalism", *The Wall Street Journal*, 15 de abril del 2004.

11. Ibíd.

12. "More Companies Showing CEOs the Door", *The Philadelphia Inquirer*, 24 de diciembre del 2003.

10

Resumen y aplicación: Cómo hacer que las fusiones y las adquisiciones funcionen

Introducción

Este libro muestra cómo un enfoque lógico e integrado puede hacer frente a los obstáculos y las oportunidades de la ejecución y conducir al éxito de ésta. Proporciona una guía valiosa para las futuras decisiones y acciones relacionadas con la ejecución. Este capítulo avanza un paso más para mostrar la utilidad del enfoque que aquí se presenta para la ejecución de las estrategias.

El propósito de este capítulo final es aplicar los conceptos del libro a un problema real de ejecución. Muestra cómo el modelo y las ideas que se han expuesto pueden en verdad utilizarse para fomentar resultados de ejecución positivos para una estrategia muy compleja. Muestra cómo hacer que las fusiones y las adquisiciones funcionen[1].

CÓMO HACER QUE LAS ESTRATEGIAS DE FUSIÓN Y ADQUISICIÓN FUNCIONEN

¿POR QUÉ CONCENTRARSE EN FUSIONES Y ADQUISICIONES?

Las actividades de fusión y adquisición son comunes, importantes y consumen vastas cantidades de recursos, incluido el tiempo de la gerencia. Siempre están en las noticias y son estimulantes. Tales intentos de crecimiento y diversificación inflaman la imaginación, pues buscan impulsar la futura rentabilidad y el valor para los accionistas.

Sin embargo, la triste realidad es que la mayoría de las fusiones y adquisiciones fracasan o zozobran. No cumplen con sus metas ni con las promesas de la gerencia. En años recientes, varios artículos e informes especiales muestran de modo convincente que hay razones poderosas contra las fusiones y las adquisiciones. No cumplen[2]. Simplemente piense en la siguiente lista de fusiones:

- AT&T y NCR
- Matsushita y MCA
- Quaker Oats y Snapple
- Aetna y US Healthcare
- Wells Fargo y First Interstate
- Upjohn y Pharmacia
- AOL y Time-Warner
- Costco y Price
- Morgan Stanley y Dean Witter
- Glaxo Wellcome y Smith Kline Beecham
- Citicorp y Travelers
- Daimler-Benz y Chrysler
- Disney y Capital Cities/ABC

Las anteriores son fusiones bien conocidas que han tenido o tienen problemas para hacer que sus combinaciones funcionen. Todas han experimentado dificultades en algún grado y muchas no han logrado rendir valor sobre la inversión de sus accionistas. Estos y muchos otros ejemplos muestran cuán difícil puede ser la ejecución de estrategias de fusión y adquisición.

Un estudio de diez años sobre grandes adquisiciones realizado por Mercer Management Consulting es especialmente significativo e importante por cuanto valida el hecho de que la mayoría de matrimonios empresariales no funciona. El estudio encontró que en total un 57% de las compañías fusionadas estaban rezagadas con respecto a los promedios de desempeño de sus sectores tres años después de haberse concluido las transacciones. Muchas de tales fusiones destruyeron la riqueza de los accionistas. No cumplieron. Desperdiciaron valiosos recursos e impusieron a los inversionistas costos reales y de oportunidad[3].

Existe sólida evidencia adicional de que las fusiones y las adquisiciones, al menos durante aproximadamente los últimos 30 años, han perjudicado más que ayudado tanto a las compañías como a los accionistas. Un estudio del Boston Consulting Group mostró que, de 277 negocios efectuados entre 1985 y el 2000, el 64% dio como resultado una *caída* en el valor para los accionistas[4]. Mientras que compañías grandes y poco flexibles como ITT y Litton Industries han quedado desacreditadas y se han dividido, hay muchas otras que luchan por deshacerse de la carga de actividades de fusión y adquisición deficientes y costosas.

Más aún, los problemas de las fusiones y las adquisiciones no desaparecen; continúan allí durante largo tiempo. No sólo ha habido fracasos o problemas en el pasado, sino que ciertamente habrá en el futuro muchas más fusiones y adquisiciones que van a hundirse. En el 2003, los bancos de inversión concertaron 12 000 millones de dólares en adquisiciones. Como concuerdan los expertos, el mercado de acciones, en ascenso en el 2004 y después, probablemente generará actividades de fusión y adquisición aun mayores[5]. El valor de las fusiones quizá no alcance en mucho tiempo la cifra sin precedentes de 29 000 millones registrada en el 2000, pero la tendencia de las fusiones y los problemas asociados con ellas definitivamente van a continuar. Las dificultades de las fusiones y las adquisiciones no desaparecerán en el futuro, no obstante el terrible desempeño y los errores del pasado.

¿POR QUÉ TANTAS FUSIONES Y ADQUISICIONES FRACASAN O SE HUNDEN?

La respuesta a esta pregunta es sencilla: Fracasan debido al deficiente planeamiento y a la deficiente ejecución. La siguiente lista muestra algunos aspectos de planeamiento y ejecución inadecuados que explican los pobres resultados de las fusiones y las adquisiciones[6].

Planeamiento deficiente	+	Ejecución deficiente	=	Malos resultados de las fusiones y las adquisiciones
• Falta de razones estratégicas convincentes		• Falta de un enfoque de ejecución claro y lógico		• Mal desempeño financiero
• Diligencia debida inadecuada		• Culturas en conflicto		• Deterioro del valor para el accionista
• Exageración en las sinergias esperadas		• Deficiente integración		• Disminución de la satisfacción del cliente
• Precio pagado demasiado alto		• Deficiente liderazgo		
		• Velocidad excesiva		
		• Mal manejo del cambio		

Resumamos brevemente algunos de los principales aspectos y problemas que caracterizan el planeamiento deficiente y la mala ejecución. Podremos dedicar tiempo luego a examinar la manera como este enfoque sobre ejecución puede hacer frente a los problemas y ayudar a que las estrategias de fusión y adquisición funcionen.

Planeamiento deficiente

El planeamiento deficiente genera problemas de ejecución. También puede condenar una fusión o una adquisición desde el principio.

No hay una lógica estratégica convincente. El mercado de valores en ascenso entre mediados de los años 90 y principios de la década del 2000 realmente alimentó una gran actividad en materia de fusiones y adquisiciones. Las elevadas capitalizaciones del mercado abrieron un agujero en los bolsillos de los directores ejecutivos. La actividad de fusiones y adquisiciones con frecuencia reflejaba sensaciones de "riqueza" y una inclinación a gastar, y no un análisis estratégico sólido de aquello que sostiene el valor a largo plazo.

Con el aspecto anterior están relacionados el orgullo y la codicia de los directores ejecutivos. "Más grande y mejor" es la fuerza impulsora a la cual ocasionalmente sucumben los directores ejecutivos, y esto conduce a acciones de fusión y adquisición basadas en razones inadecuadas. El excesivo orgullo ("puedo manejar fácilmente esta enorme fusión") y el beneficio personal también entran en juego. Cierta vez, luego de preguntar a un director ejecutivo por qué buscaba la diversificación global y de escuchar algunas de sus respuestas típicas sobre crecimiento y valor para el accionista, agregó: "Además, el director ejecutivo de una compañía grande y diversificada gana mucho más dinero y ejerce mucha más influencia que el director ejecutivo de una compañía menor y no diversificada".

Ésta era, obviamente, una excelente razón para él, pero no necesariamente una base estratégica sólida para la diversificación y el aumento del valor para el accionista.

Es necesaria una razón estratégica convincente y lógica para justificar una estrategia de fusión o adquisición. Si la razón no es clara y convincente, no subirán al tren los interesados cruciales y la ejecución será más difícil y problemática.

Diligencia debida inadecuada*. Éste es un aspecto crítico del planeamiento de las fusiones y las adquisiciones. Una diligencia debida, incluida una diligencia debida cultural, es vital para el éxito de las fusiones y las adquisiciones. La compañía que adquiere debe analizar cuidadosamente el sector objetivo y los candidatos potenciales. Deben estudiarse en detalle los datos "duros" — fuerzas sectoriales, recursos y capacidades, atractivo del sector, poder de mercado, competidores, y los fundamentos de las sinergias y los ahorros de costos esperados. Lo mismo debe hacerse con los aspectos "blandos" que giran en torno a la cultura y las similitudes y diferencias entre los socios potenciales de la fusión. Las personas, la cultura, los valores y las actitudes rara vez concuerdan fácilmente. Es más sencillo integrar canales de distribución que culturas divergentes.

Un sólido planeamiento y la diligencia debida deben preparar la fusión para la necesidad de manejar e integrar indicadores duros y blandos para que la estrategia de fusión y adquisición funcione. Una diligencia debida deficiente suele generar resultados de ejecución deficientes.

Precio demasiado alto. En el mundo de las fusiones y las adquisiciones, pagar un sobreprecio por una adquisición es la regla, no la excepción. Pagar un sobreprecio supone que la probabilidad de recuperar el costo del capital es virtualmente nula. Por ejemplo, pagar un sobreprecio del

---

*   En el procedimiento de *diligencia debida* se avalúan los activos y pasivos de una compañía (en lo que razonablemente valen), con el objeto de establecer un valor de referencia, a una fecha dada, que sirva de base para una negociación de fusión o adquisición. *(Nota del editor.)*

50% significa que una compañía que realice sinergias en el segundo año después de la compra tendría que aumentar la rentabilidad sobre la inversión en la adquisición en doce puntos porcentuales y mantenerlo durante nueve años más, *simplemente para llegar al punto de equilibrio*[7]. En el promedio de los casos, esto no sucede.

Es necesario un buen planeamiento para mantener el precio en línea, teniendo en cuenta las sinergias y otros beneficios que pueden esperarse de manera realista de una adquisición. El planeamiento deficiente aumenta los costos para todos, especialmente para los accionistas que confían su dinero a gerentes de quienes aspiran que cuiden sus intereses.

Ejecución deficiente

No tener un método lógico de ejecución. Es necesario tener un método de ejecución lógico para el éxito de las estrategias de fusión y adquisición. La importancia de esto para todas las estrategias fue resaltada por los gerentes participantes en la investigación del capítulo 1, y se aplica de modo particular a las estrategias de fusión y adquisición. Ejecutar diversificaciones sin un plan y un proceso de ejecución bien pensado es sencillamente buscar problemas. Este libro ha desarrollado pautas de ejecución y un modelo que se aplicará más adelante en este capítulo al caso de cómo hacer que las fusiones y adquisiciones funcionen.

Integración deficiente. Ésta suele ser la gran asesina de las grandes fusiones. La integración estructural debe llevarse a cabo bien para que la fusión logre algún éxito. La combinación de las funciones o divisiones organizacionales y la aclaración de las responsabilidades y la autoridad en las organizaciones fusionadas son importantes para un desempeño eficaz y eficiente luego de la fusión.

Aun más importante para el éxito de las fusiones y adquisiciones es la integración cultural. La diligencia debida en la fase de planeamiento puede preparar a la compañía que adquiere para los conflictos culturales y otros problemas relacionados. Sin embargo, incluso con un buen planeamiento, la integración cultural es un desafío formidable que, si se lleva a cabo de modo deficiente, puede perjudicar la ejecución de las estrategias de fusión y adquisición. Los intentos de hacer que las estrategias de diversificación funcionen pero que desconozcan el manejo de la cultura y el cambio cultural están condenados al fracaso.

Costos de ejecución. Los costos de ejecución suelen pasarse por alto, excepto quizá por los gastos obvios en los cuales incurren las estrategias de ejecución. La integración estructural y cultural exige tiempo y compromiso de parte de la gerencia. Si las responsabilidades de ejecución no son claras, puede aumentarse el tiempo de decisión y crearse, por tanto, frustraciones. Los gerentes pueden abandonar la compañía o "marginarse psicológicamente" debido a las frustraciones y a la oscura dirección del cambio.

Las actividades de ejecución también crean costos de oportunidad, pues el tiempo empleado en las fusiones y las adquisiciones supone un menor tiempo disponible para otras tareas gerenciales. El tiempo invertido en la ejecución puede distraer la atención de otras fuerzas sectoriales cruciales u otras condiciones competitivas, perjudicándose así el desempeño organizacional. Los costos reales y de oportunidad, entre ellos el hecho de que la gerencia retire sus ojos de la bola para manejar los cuellos de botella que se presentan en la ejecución, evidentemente constituyen un problema potencial al tratar de hacer que las estrategias de fusión y adquisición funcionen.

"La velocidad mata". Moverse con rapidez en las transacciones y la integración de las fusiones y adquisiciones suele promoverse como algo bueno, pero el exceso de velocidad puede ser peligroso. Tan herético como esto suena, la velocidad en la integración y el cambio cultural puede tener graves inconvenientes.

Una "velocidad de cambio" alta y la necesidad de manejar a la vez muchos factores en conflicto al integrar una adquisición pueden crear un cambio muy complejo y llevar a desastrosas consecuencias. El exceso de velocidad puede perjudicar la integración y el éxito de la ejecución.

Deficiente manejo del cambio. La ejecución de las estrategias de fusión y adquisición usualmente supone cambio, y el manejo ineficaz del cambio frustra o perjudica gravemente a la ejecución. Entre los interrogantes o problemas cruciales se cuenta el de si se hacen los cambios rápidamente o se manejan a lo largo de períodos más prolongados de tiempo. Obviamente, las decisiones deben tener en cuenta la velocidad del cambio, con los beneficios y costos de los métodos alternativos de cambio para hacer que la fusión o la adquisición funcionen. El liderazgo es también crucial aquí, pues los gerentes de todos los niveles de una organización deben hacer frente al cambio y superar la resistencia a él.

El problema de la confianza. Debe mencionarse un problema más: la confianza. La confianza entre las partes comprometidas en una adquisición puede afectar tanto el planeamiento como la ejecución. La falta de confianza puede influir sobre el intercambio de información y la validez de los datos relativos a la diligencia debida. La confianza evidentemente puede afectar de manera positiva la integración cultural, el establecimiento de objetivos de desempeño y la integración estructural de una nueva empresa al redil corporativo. Los gerentes de ambas partes de una estrategia de fusión o adquisición deben estar abiertos y ser sinceros entre sí para facilitar la ejecución.

Éste, entonces, es un breve resumen de los problemas de planeamiento y ejecución relacionados con el desarrollo de las estrategias de fusión y adquisición. La literatura sobre fusiones y adquisiciones, las opiniones de los gerentes participantes en esta investigación y mis experiencias señalan que estos problemas pueden afectar notablemente los resultados de la ejecución.

La pregunta crucial es ésta: ¿Hacia dónde vamos a partir de aquí? ¿Cómo podemos mejorar las probabilidades de éxito de la ejecución de estrategias de fusión y adquisición? Teniendo en cuenta que tantas fusiones fracasan, cualquier cambio en la posibilidad de éxito ahorra una cantidad considerable de dinero y frustraciones. Sin embargo, ¿cómo abordar los enormes problemas anotados y aumentar las probabilidades de éxito?

Una respuesta a esta pregunta es aplicar las ideas y los conceptos desarrollados en este libro. Las siguientes secciones aplican este modelo y estos conceptos al tema crucial de hacer que las adquisiciones y la consolidación funcionen. Examinan los pasos, las decisiones y las acciones necesarios para hacer frente a los problemas y aspectos de la ejecución que acaban de anotarse y hacer exitosas las estrategias de fusión y adquisición. Al terminar esta tarea, el lector puede juzgar por sí mismo qué tan útil y práctico es realmente este enfoque sobre ejecución.

EL USO DEL MODELO Y EL MÉTODO PRESENTES PARA LA EJECUCIÓN

LA ESTRATEGIA CORPORATIVA

Este enfoque sobre ejecución comienza con la estrategia corporativa (ver capítulo 2). Como acaba de recalcarse, el planeamiento afecta los resultados de la ejecución. Los planes estratégicos corporativos deficientes suelen engendrar resultados deficientes de la ejecución.

Estrategia
corporativa

La estrategia corporativa por lo general tiene que ver con el análisis de portafolio, los asuntos financieros y las estrategias de diversificación o enajenación, como se resaltó en el capítulo 3. Tiene que ver con la mezcla de empresas de la corporación y la asignación de recursos entre las empresas para maximizar el valor para el accionista. Al pensar en las estrategias de fusión y adquisición, la tarea o responsabilidad corporativa es más o menos la siguiente:

Planeamiento corporativo ⟶ Atractivo del sector y ⟶ Diversificación
(Diligencia debida)　　　 selección de empresa candidata　(Adquisición)

El planeamiento corporativo supone una diligencia debida aplicada al análisis de posibles sectores y empresas candidatos objetivo para la acción de fusión o adquisición. Deben analizarse las fuerzas y las condiciones sectoriales, incluso la concentración sectorial, el poder de los proveedores y los clientes, la fuerza de los competidores y las barreras para el ingreso eficaz.

Philip Morris, por ejemplo, no leyó realmente bien las fuerzas y las condiciones del sector de las gaseosas al comprar Seven-Up. El dominio de productores como Coca-Cola y Pepsi hizo virtualmente imposible que Seven-Up sustrajera participación a semejantes monstruos, lo cual trató de hacer Philip Morris. La compañía logró algo mucho mejor al comprar a Kraft para "salvar" a General Foods, adquisición anterior. Conocía el sector, sentía que la gerencia de Kraft podía ayudar a la achacosa General Foods y apostó correctamente a que podía hacer que la adquisición funcionara.

En el caso de la diversificación relacionada, cuando la compañía candidata para la adquisición se encuentra en el mismo sector de la que adquiere, se sabe ya mucho sobre las fuerzas, la estructura y la competencia del sector. El énfasis recae ahora menos en aprender sobre el sector y más en analizar la manera como la adquisición va a *alterar* las fuerzas competitivas o de mercado en ese sector. La adquisición, por ejemplo, puede aumentar el poder del mercado sobre los proveedores debido al poder de compra de la organización más grande después de la adquisición. El mayor tamaño también puede llevar a una posición de bajo costo dentro del sector. El atractivo de la empresa candidata es, así, más importante que el atractivo del sector en el caso de la diversificación relacionada del tipo "quedarse con la forma como uno teje". Ésta es una razón adicional que explica por qué la fusión Kraft-General Foods tuvo sentido en su momento.

Si un sector o nicho estratégico de un sector es atractivo, puede elaborarse una lista de empresas candidatas aptas para la adquisición, y analizarse cuidadosamente. La diligencia debida exige un examen exhaustivo de las finanzas, los recursos y capacidades, la estrategia actual, el potencial de crecimiento y la adecuación del candidato como adición al portafolio corporativo.

La diligencia debida también exige diligencia debida cultural de la empresa candidata para adquisición (ver capítulo 8). ¿Cuáles son los valores culturales impulsores? ¿Cuál es el credo o la visión de la compañía? ¿Cuál es su enfoque sobre remuneración y cómo toma decisiones importantes? ¿Es el candidato muy diferente en cuanto a estilo, cultura, estructura y su forma de hacer las cosas? ¿Cuál es la estructura de poder (ver capítulo 9)? ¿Entrará en conflicto o se combinará fácilmente con la estructura de poder corporativa existente?

No puede exagerarse la importancia de la diligencia debida. En las fusiones y adquisiciones, la diligencia debida con respecto a los asuntos "duros" —posición en el mercado, recursos financieros, capacidades y activos tecnológicos, redes de distribución— es importante para el éxito, pero la diligencia debida con respecto a los asuntos "blandos" es también importante. Pasarlos por alto es como meterse en un campo minado de conflictos culturales potenciales. Más aún, los asuntos "duros" con frecuencia engendran asuntos "blandos"; concentrarse en los primeros mientras se hace caso omiso de los segundos puede llevar al desastre.

Así por ejemplo, en la fusión BP-Amoco, las dos compañías tenían distintas fortalezas "duras". Una de ellas se concentraba "corriente arriba", en la exploración y la investigación y el desarrollo, y la otra en capacidades más de corriente abajo, como el marketing y la distribución minorista. Sin embargo, las diferencias obvias también señalaban asuntos "blandos" más difíciles de detectar. Las personas, las habilidades, las actitudes y la cultura generadas en una organización de tipo "investigación y desarrollo", en cualquier sector, son muy distintas de aquéllas de una organización dominada por las ventas, el marketing y una mentalidad de mercado. Tales diferencias pueden afectar el éxito de la ejecución.

Daimler-Benz ciertamente conocía los aspectos "duros" de la industria automovilística cuando fue en busca de Chrysler. Pudo haber errado un tanto en su análisis de la estructura de costos, pero en lo fundamental la diligencia debida con respecto a los asuntos "duros" estuvo bien.

Donde Daimler-Benz titubeó fue en su diligencia debida con respecto a los asuntos "blandos". Las diferencias culturales entre las compañías alemana y estadounidense eran enormes. Los grandes contrastes entre los programas de remuneración ocasionaban considerables problemas culturales y la percepción de problemas de equidad. La labor de diligencia debida respecto de los asuntos "duros" se vio contrarrestada por la deficiente diligencia debida cultural, hecho que aún afecta negativamente la ejecución de la "fusión de iguales". La diligencia debida con relación a los asuntos culturales es obligatoria para el éxito de las fusiones y adquisiciones.

Con un sólido planeamiento y la diligencia debida con respecto a las empresas candidatas potenciales, la corporación puede decidir cuál será la elegida para una fusión o una adquisición y cuál es el precio justo, poniéndose así en práctica la estrategia de diversificación.

LA ESTRUCTURA CORPORATIVA

El siguiente gran paso al ejecutar la estrategia corporativa de fusión y adquisición es la elección o modificación de la estructura organizacional, en vista de la nueva adquisición. La estrategia afecta la elección de la estructura, como se subrayó en el capítulo 4, sobre estructura y ejecución, y en el capítulo 5, sobre el manejo de la integración y el intercambio de información, y dicha elección se ve afectada por las transacciones de fusión y adquisición.

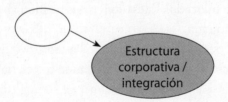

La elección de la estructura depende del tipo de estrategia de adquisición que se ejecute. La típica diversificación relacionada suele suponer la combinación de dos organizaciones del mismo sector, semejantes en muchos sentidos. Su similitud usualmente implica que el énfasis de la ejecución radica en la reducción de duplicaciones y costos, y en el intento de lograr sinergias mediante la consolidación de las compañías.

Las diversificaciones relacionadas que tienen que ver con mercados y tecnologías usualmente invitan a una mayor centralización de la estructura, pues se combinan unidades similares para prestar servicio a la organización fusionada. Las funciones nucleares centrales proporcionan las economías de escala y alcance que reducen los costos operativos. La centralización también hace posible el desarrollo de centros de excelencia que prestan servicio a la organización entera. Por consiguiente, las diversificaciones relacionadas por lo general llaman a cierta centralización de la estructura, con los conocimientos y las economías de escala y alcance que supone.

El caso de la diversificación no relacionada o mixta es un poco más complejo. La compañía adquirida, aunque se encuentre en un sector diferente, puede compartir similares tecnologías, operaciones fabriles, capacidades de mercado o canales de distribución. Sin embargo, algunas de tales características o todas pueden ser muy distintas. La regla desarrollada en el capítulo 4 subraya que los elementos comunes y similares se convierten en candidatos para la centralización, mientras que las diferencias usualmente impulsan la elección de estructuras descentralizadas.

Si las tecnologías son similares entre las compañías, por ejemplo, puede ser adecuado un grupo corporativo de investigación y desarrollo o una función centralizada de ingeniería. La organización posterior a la fusión puede al mismo tiempo caracterizarse por divisiones o unidades empresariales estratégicas separadas que reflejen las diferencias en cuanto a clientes, mercados o canales de distribución. La centralización y la descentralización existen una al lado de la otra debido a la mezcla de similitudes y diferencias tecnológicas y de mercado.

Otro ejemplo lo proporciona una mirada a la integración vertical hacia atrás o hacia delante, una típica diversificación no relacionada. Tal diversificación también plantea la cuestión de la elección de estructura: ¿Debe la unidad recién adquirida permanecer independiente, como división o centro de utilidades separado, o debe fundirse dentro de una función corporativa existente como centro de costos?

Conservar a la nueva compañía como centro de utilidades genera dinero y usualmente mantiene la concentración en investigación y desarrollo, cambio tecnológico y desarrollo de productos, pues la compañía continúa compitiendo eficazmente dentro de su propio sector. Los frutos de su labor, sin embargo, los comparten todos, incluso los competidores que compran los productos y los avances tecnológicos de la compañía adquirida. A la inversa, hacer ingresar la nueva unidad como centro de costos que responde ante una función existente, como la manufactura, aumenta el control de quien adquiere, pero esta opción precede a la participación en el mercado y a la capacidad de investigación y desarrollo como centro de utilidades separado. La decisión de adoptarla como centro de costos también hace correr el riesgo de una extraordinaria caída en la producción, afectándose de manera adversa las economías de escala. Otro problema es el grado de autonomía que la corporación permita en última instancia a la adquisición dentro del portafolio corporativo.

Cuando Disney compró Capital Cities/ABC, debieron abordarse muchas de estas cuestiones. La adquisición fue una fusión de contenido (Disney) y distribución (Capital Cities/ABC), ambos cruciales para el desempeño exitoso. ¿Qué tanto control ejercería Disney sobre Capital Cities/ABC, centro de utilidades dentro del portafolio de Disney? ¿Podía ABC elegir su propio contenido o podía Disney "promover" un contenido sobre ABC, que ésta normalmente no elegiría? ¿Los productores de contenido de Disney sentirían la misma motivación de producir material nuevo e incitante, teniendo en cuenta la red cautiva de distribución de que ahora disfrutaba? ¿Otros productores de contenido (como DreamWorks) rechazarían a la ABC, prefiriendo no llenar los cofres de un gran competidor al enviar a esta empresa programación sobresaliente? ¿Debía Disney fusionar a los individuos creativos, orientados hacia el contenido, para formar una unidad estructural, o dejarlos como estaban, tanto en Disney como en la ABC? La estrategia de integración vertical de Disney generó estas y otras preguntas, y la revuelta de los accionistas en el 2004, que expresaron su insatisfacción con el desempeño de la ABC, indica que estos y otros problemas similares siguen siendo materia de debate.

Un ejemplo relacionado, que también tiene que ver con Disney, es la decisión en mayo del 2004 de no distribuir el premiado pero controvertido documental de Michael Moore *Fahrenheit 9/11*. Miramax, división de Disney, fue objetada por la corporación, pues allí se pensaba que la película tenía demasiada carga política como para ser coherente con la estrategia corporativa. Aunque con sus diversificaciones Disney había creado o adquirido distintas empresas autónomas, la estrategia corporativa sigue siendo claramente una fuerza impulsora en cuanto al control de filiales y la estructura organizacional.

La elección estructural también afecta al grado de integración estructural requerido por la estrategia de adquisición. En la diversificación relacionada, la adquisición debe fundirse estructuralmente en la organización. En la diversificación no relacionada, la interdependencia es menor y en consecuencia los requisitos de integración son también menores. La integración estructural sencillamente no es tan urgente cuando la compañía adquirida ha de mantenerse como centro de utilidades separado e independiente.

La integración estructural de dos compañías no es tarea fácil. Las muchas adquisiciones en el sector bancario a nivel mundial en las pasadas dos décadas usualmente tenían metas relacionadas con la eficiencia o el recorte de costos. La incapacidad de cumplir con las promesas sobre reducción de costos puede atribuirse en parte a una deficiente integración estructural. La combinación de unidades organizacionales semejantes para disminuir redundancias y crear sinergias suena sencilla, casi fácil, pero los muchos problemas existentes en la diversificación relacionada en el sector bancario señalan que el proceso de consolidación no es en absoluto fácil, sino exigente y complejo.

La integración estructural también contiene importantes implicaciones en cuanto al poder y la influencia organizacionales. En el nuevo Citigroup se invirtió gran cantidad de tiempo en establecer si el grupo de Sandy Weill, procedente de Travelers, o si quienes dependían de John Reed, del Citibank, irían a dominar los cargos cruciales de la estructura combinada. Si se recuerda que, como se señaló en el capítulo 9, la estructura está relacionada con la solución de problemas estratégicos, la distribución de recursos escasos y la formación de relaciones de dependencia que conducen a diferencias de poder e influencia, no sorprende que la elección estructural y la integración demandaran tanta atención del Citigroup al ejecutar su estrategia de fusión y adquisición.

Los problemas estructurales se trataron en detalle en los capítulos 4 y 5. Este resumen simplemente trata de poner énfasis en que, para hacer que las estrategias de fusión y adquisición funcionen, el nivel corporativo debe elegir una estructura adecuada para hacer efectivos los beneficios de su estrategia de adquisición. Se necesita una mezcla adecuada de centralización y descentralización para maximizar el desempeño, y muy particularmente la eficiencia y la eficacia de la nueva organización unida. Es necesaria la integración estructural para hacer realidad los beneficios del recorte de costos y la abolición de onerosas duplicaciones en la organización combinada.

Además de la elección de estructura y la integración, para la ejecución de las estrategias de diversificación es también vital la integración cultural de los socios de la fusión. Ésta es otra tarea importante que enfrentan quienes toman las decisiones en la corporación y tratan de lograr que las fusiones y las adquisiciones funcionen.

LA INTEGRACIÓN CULTURAL EN LAS FUSIONES Y ADQUISICIONES

La integración cultural es importante para el éxito de las fusiones y las adquisiciones. Excepto en las fusiones del tipo conglomerado puro, en las cuales las unidades adquiridas son entidades totalmente autónomas e independientes (interdependencia "autónoma", ver capítulo 5), entra en juego la integración cultural.

Con toda su importancia para el éxito, la integración cultural con frecuencia se descuida o se maneja de manera deplorable. Con frecuencia crea problemas al hacer que las estrategias de adquisición funcionen.

El deficiente desempeño del 57% de las compañías del estudio de 340 adquisiciones realizado por Mercer Management (ya citado) puede atribuirse en gran medida a conflictos culturales corporativos. Dichos consultores y otros especialistas en fusiones y adquisiciones señalan el hecho de que los conflictos culturales se han convertido probablemente en la causa principal del fracaso de las fusiones y las adquisiciones, y no son simplemente un factor que contribuya de modo escalonado.

Los sueños sobre hardware y software de Sony y Matsushita pudieron haber sido grandilocuentes y delirantes desde el principio, y casi tenían garantizado que iban a convertirse en horribles pesadillas. Sin embargo, los gerentes japoneses estaban a un mundo de distancia de los "figurines de Hollywood" que eligieron para manejar las compañías combinadas[8]. El conflicto cultural fue uno de los grandes asesinos del negocio.

Daimler-Benz y Chrysler pueden mencionarse una vez más. Ya se han anotado las gigantescas diferencias entre las culturas alemana y estadounidense, así como las enormes disparidades en cuanto a los niveles de remuneración, que fueron causa de grandes problemas en la compañía fusionada. Sin embargo, también existen otras diferencias culturales importantes. Antes de la fusión, Chrysler era más informal y con frecuencia tenía un enfoque de "bucanero" con respecto a la solución de problemas y al desarrollo de nuevos productos, con equipos interdisciplinarios que trabajaban juntos e interactuaban de manera intensa en un ambiente de interdependencia recíproca (capítulo 5). Por el contrario, Daimler-Benz tenía una estructura más tradicional, de silo o "chimenea", en la cual dominaba Ingeniería, y los empleados de Marketing o Diseño no se mezclaban con frecuencia con los ingenieros y desempeñaban un papel mucho más secundario[9]. Tales diferencias de estilo y proceso dificultaron la integración cultural, poniendo en tela de juicio la viabilidad de la estrategia de adquisición.

¿Cómo se logra, entonces, una integración cultural eficaz? La tabla 10.1 resume algunos pasos prácticos para el logro de este propósito.

Tabla 10.1   El logro de la integración cultural en las fusiones y adquisiciones

---

1. Cree un cargo individual o un equipo de respuesta rápida responsable de la integración:
   * Responsabilidad de la integración
   * Definición de los objetivos de la integración
   * "Arriar la manada" y promover la agenda de integración

2. Adopte medidas inmediatas que ayuden a aclarar las orientaciones del personal:
   * "¿Cómo respondo el teléfono?"
   * Nueva identificación, tarjetas de negocios, según se necesite
   * Información con respecto a la nueva compañía fusionada: números telefónicos, direcciones de correo electrónico, programas de prestaciones, planes de salud, opciones de acciones, relaciones de autoridad y lazos de comunicación

3. Defina la nueva cultura que se desea
   * Valores clave e impulsores de excelencia
   * Resultados o productos deseados, así como sus razones estratégicas
   * Publicidad a los elementos nuevos y emocionantes del trabajo (oportunidades de crecimiento, mayor responsabilidad, nuevas posibilidades de ascenso) y otros aspectos positivos de la fusión

4. Mantenga y refuerce las mejores características de la antigua cultura:
   * Clima empresarial, informalidad, orientación hacia el cliente
   * Retención de los "anclajes" familiares, las fortalezas de desempeño

5. Establezca programas de comunicación para reducir la incertidumbre y facilitar el proceso de cambio cultural:
   * Foros para la comunicación y la confrontación abierta de los problemas
   * Sesiones de preguntas y respuestas
   * Programas de "ejercicios"
   * Difusión de la capacitación para nuevas responsabilidades

6. Desarrolle y refuerce incentivos y controles que apoyen la nueva cultura:
   * Apoyo de nuevos comportamientos y objetivos de adquisición

7. Maneje el cambio con eficacia:
   * Tácticas y métodos para el manejo del cambio, incluso el cambio cultural
   * Superación de la resistencia al cambio

La asignación de la responsabilidad de la integración

El primer paso es asignar la responsabilidad de la tarea de integración. Destinar a un individuo, o preferiblemente a un equipo de reacción inmediata, a realizar la labor de "arriar la manada" o promover la agenda de integración y asegurar que se hagan las tareas cruciales es un buen paso inicial. Si alguien no es directamente responsable de la integración cultural y se le paga por preocuparse del éxito de la integración, esta importante tarea no recibirá suficiente atención.

Al seleccionar los miembros del equipo de reacción inmediata, deben tenerse en cuenta las fortalezas y debilidades operativas, las similitudes y diferencias culturales, y las estructuras de poder de las dos organizaciones que se fusionan. Debe lograrse acuerdo con respecto a la composición del equipo. Usualmente, ambas organizaciones deben estar representadas por igual, pero puede llegarse a un acuerdo de la alta gerencia en cuanto a una mayor participación de un lado o del otro, con base en las necesidades estratégicas u operativas.

Este paso inicial de asignar la responsabilidad, si bien es básico, es crucial. La selección de un equipo para la integración envía gran cantidad de señales a los miembros de ambas compañías sobre el compromiso de la empresa fusionada en cuanto a hacer que la estrategia de adquisición funcione. Establecer la rendición de cuentas por la integración pone énfasis en su importancia y en el papel central que desempeña para hacer que la fusión sea exitosa.

La orientación inmediata del personal

Hay ciertos pasos iniciales sencillos y sin embargo decisivos que la organización o el equipo de reacción inmediata puede adoptar enseguida en beneficio de la integración cultural:

- La realización de sesiones o mensajes de orientación (asambleas generales, transmisiones de televisión internas, correos electrónicos y volantes impresos) que pueden enfocar problemas que parecen triviales al principio pero que son importantes para facilitar la integración.

- La aclaración de cosas simples en la compañía fusionada, entre ellas "cómo contestar el teléfono", puede reducir la tensión, lo mismo que proporcionar de inmediato nuevas identificaciones con descripción del cargo mediante tarjetas de identidad y de negocios.

- La información con respecto a la nueva compañía —como números telefónicos, direcciones de correo electrónico, planes de salud, programas de prestaciones, relaciones de autoridad, etc.— puede disminuir la incertidumbre, definir el nuevo espacio de los empleados en la compañía y hacer grandes avances hacia la eliminación de las pequeñas pero esenciales causas de irritación que de manera colectiva pueden estancar o perjudicar el proceso de integración cultural.

La definición de la nueva cultura

Es importante ser proactivo y definir la nueva cultura que se desea en la compañía fusionada, como lo indica la tabla 10.1. Establecer expectativas es crucial para el éxito de la integración. Los valores clave, las creencias y los impulsores de excelencia deben comunicarse con claridad y reforzarse. Es indispensable explicar los resultados o productos de valor agregado que se esperan en virtud de la fusión, así como las razones estratégicas de la consolidación. Debe hacerse publicidad a todo elemento nuevo y emocionante del trabajo y a las nuevas oportunidades que crea la fusión, entre ellas las oportunidades de crecimiento, las posibilidades de ascenso y los nuevos cargos.

Tiene importancia vital difundir lo que significa la fusión para todos, y no concentrarse simplemente en los aspectos que son vitales sólo para la alta gerencia o los inversionistas institucionales. Hacer todo lo posible para poner énfasis en el generalizado impacto positivo de la compañía fusionada puede comenzar a concretar la comprensión y el compromiso en toda la organización, suavizando la transición y contribuyendo al desarrollo de un nuevo clima o una nueva cultura en la compañía.

La conservación de lo mejor de la antigua cultura

La integración cultural no supone el rechazo automático de todos los valores antiguos o de los modos anteriores de hacer las cosas. Los aspectos positivos de la cultura previa de la compañía deben mantenerse y su retención comunicarse a todos claramente. No pueden descartarse automáticamente el clima de espíritu empresarial, la informalidad o la orientación hacia el cliente que siempre han servido a la organización. Tales aspectos de la antigua cultura deben hacerse públicos y destacarse con intensidad.

"Es importante tener algo conocido a lo cual aferrarse", es la manera como muchos gerentes me han expresado sus sentimientos con respecto a la importancia de los "anclajes" culturales y organizacionales en las transiciones de fusión y adquisición. Incluso las personas que pueden manejar bien el cambio y la ambigüedad han puesto énfasis en la importancia de la seguridad, la tranquilidad y la familiaridad que acompaña a dichos "anclajes" o puntos de estabilidad al pasar por las agonías de una fusión.

El establecimiento de programas de comunicación

La buena comunicación es absolutamente esencial para la integración cultural y la reducción de la resistencia al cambio. Los rumores se desarrollan y vuelan como resultado de las actividades de fusión y adquisición. Se esparce la incertidumbre, especialmente en torno a los aspectos de seguridad laboral. Éstos despiertan el descontento y fácilmente alimentan el fuego de la resistencia a la integración cultural y ocasionan a la compañía fusionada innumerables problemas.

Impulsar foros de comunicación es esencial para el éxito de la integración en las fusiones y adquisiciones. Las sesiones de preguntas y respuestas, los programas del tipo "ejercicios" y las discusiones de puertas abiertas hacen posible que se establezcan los hechos, se dé rienda suelta a las emociones y se evite la desinformación. La capacitación y los programas educativos contribuyen de modo considerable a dar publicidad a las nuevas y estimulantes oportunidades creadas por la fusión. También proporcionan un foro para la comunicación y la difusión de información útil para la integración cultural.

Es importante manejar la información negativa de manera abierta y directa. Si existe la posibilidad de que las redundancias den lugar a la consolidación o al desplazamiento de personal, la compañía debe comunicar con claridad qué va a hacer para mitigar los recortes de personal. Deben anunciarse políticas contra los despidos, programas de reeducación y procesos para ayudar a las personas a trasladarse a nuevos cargos, para disminuir las preocupaciones sobre seguridad.

El establecimiento de incentivos y controles adecuados

Es importante que los incentivos y los controles apoyen la nueva cultura de la organización fusionada, como se señaló en el capítulo 6. Los incentivos deben ser coherentes con los nuevos comportamientos y con el logro de los objetivos de la adquisición, y servirles de apoyo. Deben estimular la cooperación y la integración en la nueva organización, no la excesiva competencia u otros comportamientos disfuncionales.

Los desiguales programas de remuneración de Daimler y Chrysler crearon problemas en el proceso de integración posterior a la fusión. Las escandalosas diferencias de sala-

rios para cargos similares en una fusión de iguales motiva-
ron la competencia y algo de resentimiento entre gerentes
cuyo trabajo y cuyas contribuciones se estaban subvaloran-
do. Los ejecutivos de DaimlerChrysler sabían que había
que hacer frente a tales disparidades y eliminar las molestas
diferencias para que la fusión pudiera tener una base sólida
y cooperativa. Seis años después de la fusión, aunque tales problemas se están abordando, todavía causan algunos
inconvenientes.

En fusiones como las de Morgan Stanley y Chase, y
Citicorp y Travelers, algunas metas importantes tuvieron
que ver con la venta cruzada de productos y servicios entre
empresas supuestamente relacionadas o interdependientes.
Sin embargo, gran parte de dichas ventas cruzadas y de dicha integración, anunciadas con bombo y platillos, jamás
se materializaron. Una de las razones fue que los incentivos
no apoyaban ni estimulaban con claridad los comportamientos deseados. Los gerentes y los empleados de Marketing no sentían mucha necesidad de trabajar lateralmente
y promover los productos o servicios de otras divisiones.
Relacionado con esto, no se comunicaban con claridad a
los clientes los incentivos y beneficios de comprar en un
solo punto, y aquéllos continuaron buscando y eligiendo
de manera independiente y por su propia cuenta diversos
servicios financieros de una serie de compañías distintas.

Si los incentivos no estimulan y apoyan los nuevos
resultados y comportamientos deseados en una compañía
fusionada, se lesiona la integración cultural. El capítulo 6
puso énfasis en la importancia de premiar "lo adecuado", y
esta recomendación es particularmente apropiada cuando
se trata de unir dos organizaciones.

Los controles eficaces y las evaluaciones de la estrategia son también importantes para la integración estructural y cultural. Debido a que en las situaciones de fusión y
adquisición tales evaluaciones deben tener en cuenta los

objetivos y el desempeño del nivel empresarial en la evaluación corporativa, estos temas se examinarán más adelante en este capítulo, al estudiar los controles en el nivel empresarial y la evaluación del desempeño empresarial.

El manejo eficaz del cambio y las transiciones

Éste también es un paso decisivo para el logro de la integración cultural, como lo han indicado la tabla 10.1 y los análisis anteriores. Teniendo en cuenta la gran importancia del manejo del cambio para muchos aspectos del éxito de las fusiones y adquisiciones, más allá de la simple integración cultural, se le presta mayor atención en otras secciones y análisis más adelante en este capítulo, donde el manejo del cambio y del cambio cultural se convierten en los objetos de examen.

Las tareas de la integración estructural y cultural son vitales para la ejecución eficaz de una estrategia de fusión y adquisición. El planeamiento cuidadoso y la debida atención a la estructura y la integración son importantes responsabilidades del equipo de alta gerencia comprometido con el éxito de la fusión o la adquisición. Dirijamos ahora la atención a los siguientes pasos para hacer que las estrategias de adquisición funcionen.

LA ESTRATEGIA EMPRESARIAL Y LOS OBJETIVOS DE CORTO PLAZO

Estrategia empresarial y objetivos de corto plazo

La empresa recién adquirida para el portafolio corporativo debe formular o aclarar su estrategia. No es posible la integración eficaz de las estrategias corporativa y empresarial si la última no es clara y el papel que desempeña en el portafolio corporativo y su posición no se aceptan y comprenden bien.

La estrategia empresarial supone el análisis de las fuerzas sectoriales, los competidores y los recursos y las capacidades, pues cada unidad empresarial intenta posicionarse para competir dentro de su sector y lograr ventaja competitiva (ver capítulo 3). Este resumen sencillamente agrega que, para hacer que la fusión o adquisición funcionen, la estrategia de la unidad adquirida debe apoyar y ser coherente con la estrategia corporativa.

Ya deben haberse establecido las metas corporativas de fusión y adquisición como parte de las convincentes razones estratégicas de la compañía para proceder a la adquisición. Tales metas son presumiblemente claras y constituyen los impulsores de la búsqueda previa y la selección del candidato para la adquisición. El papel desempeñado por la nueva organización en el portafolio corporativo debe haberse pensado de manera cuidadosa por parte de los estrategas corporativos con anterioridad a la adquisición.

Para el éxito de la adquisición, sin embargo, se necesita mucho más. Las expectativas corporativas son importantes, pero deben comunicarse a la empresa recién adquirida. El papel que la nueva empresa desempeña en el portafolio corporativo debe entenderse y asumirse por parte tanto de la compañía adquirida como de la organización madre.

Si la corporación espera que la adquisición funcione como generadora de efectivo, su desempeño es capital para el éxito de la estrategia del portafolio corporativo. La generación de efectivo por parte de la nueva compañía puede ser crucial para la asignación de recursos a otras empresas, especialmente a aquéllas pertenecientes a sectores emergentes o en crecimiento, donde los requerimientos de dinero son altos. El bajo desempeño de la organización adquirida a este respecto puede perjudicar gravemente el logro de las metas estratégicas corporativas. En consecuencia, es importante el claro entendimiento y el compromiso con la estrategia empresarial para el éxito de la estrategia corporativa de fusión y adquisición.

La comunicación entre los ejecutivos corporativos y empresariales es también importante para la ejecución de la estrategia de la empresa adquirida. Deben haberse analizado y acordado las expectativas en torno a la asignación de recursos para la nueva empresa. Aquello que la empresa recibe o puede conservar de sus propias ganancias tiene un impacto seguro sobre el desempeño en el nivel empresarial. Las metas o los estándares de desempeño por los cuales se hará responsable a la nueva empresa también afectan el desempeño empresarial, y éstos deben igualmente negociarse plena y abiertamente entre las gerencias corporativa y empresarial. Debe hacerse frente a las expectativas en conflicto.

Existe claramente una relación interactiva y simbiótica entre la estrategia y los objetivos corporativos y empresariales que afecta los resultados de la ejecución en ambos niveles de la organización. Dicha relación se muestra en la figura 10.1.

La figura 10.1 muestra, en primer lugar, que las estrategias corporativa y empresarial tienen que estar integradas y ser coherentes entre sí. El buen planeamiento y la integración de planes son importantes para el éxito de las estrategias de fusión y adquisición (ver capítulo 3).

La figura muestra, en segundo lugar, que deben establecerse objetivos e indicadores de desempeño para la empresa recién adquirida. Los estándares y los indicadores de desempeño deben acordarse entre la corporación y la gerencia de la empresa. Los mencionados objetivos se relacionan con el papel que la empresa desempeña en el porta-

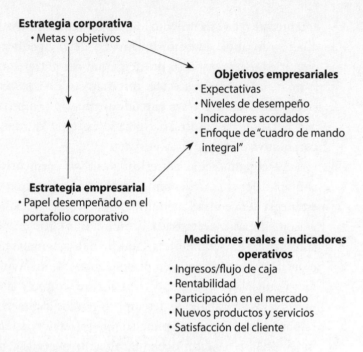

Figura 10.1   Relaciones entre el planeamiento y la ejecución corporativos y empresariales

folio corporativo y también se utilizan en la evaluación del desempeño empresarial en un momento posterior.

Es necesario el método de *cuadro de mando* para integrar los planes y objetivos corporativos y empresariales (ver capítulo 3)[10]. Las estrategias corporativa y empresarial deben traducirse en indicadores de desempeño en el nivel empresarial, como lo muestra la figura 10.1. El énfasis debe ponerse en los datos o la información que han de aparecer en los "tableros de control" y mostrar el estado de salud y el desempeño de las compañías combinadas luego de la fusión. El planeamiento corporativo y empresarial da como resultado, entonces, un cuadro de mando o un conjunto de objetivos e indicadores de desempeño del nivel empresarial que puedan utilizarse para efectuar el seguimiento al éxito de la ejecución. Si no se instituyen tales indicadores de seguimiento, la ejecución de la estrategia de fusión y adquisición puede verse afectada negativamente.

Todo esto supone, desde luego, que existe una estrategia corporativa clara y coherente con la cual la empresa se encuentre en sintonía y que ayude a ejecutar. Los grandes problemas se presentan cuando la estrategia corporativa y sus suposiciones de portafolio no son claras o no existen para ayudar a guiar y dar forma al desarrollo de la estrategia y los objetivos empresariales. En tales casos, la ejecución evidentemente se perjudica. El presente análisis también supone que la estrategia empresarial es coherente con la estrategia corporativa (ver capítulo 3). Si las estrategias corporativa y empresarial chocan o están en conflicto, es claro que la estrategia corporativa de quien adquiere debe prevalecer. El perro debe menear la cola y no al contrario.

Objetivos estratégicos y de corto plazo

Luego de que las estrategias corporativa y empresarial se hayan desarrollado, comunicado e integrado plenamente, es tiempo de concentrarse en ejecutar la estrategia empresarial, en este caso la de la compañía adquirida.

El método del cuadro de mando entra de nuevo en juego. Ahora la necesidad es traducir los objetivos estratégicos en indicadores operativos de corto plazo en el nivel empresarial (ver figura 10.1). Los objetivos estratégicos de la empresa adquirida se han examinado y existe compromiso hacia ellos, como subrayó el análisis anterior. Lo que debe suceder en seguida es el descenso en cascada y la traducción de los objetivos estratégicos en objetivos operativos mensurables y de corto plazo dentro de la empresa adquirida.

Como se señaló en el capítulo 3, los métodos formales, como la administración por objetivos y el cuadro de mando integral, pueden ayudar en este proceso de traducción. Si entre los objetivos de la fusión o adquisición al nivel empresarial se encuentra la generación de efectivo o el aumento de la satisfacción de los clientes, por ejemplo, tal necesidad debe generar indicadores operativos para todo el resto de la organización, coherentes con los objetivos de la fusión o adquisición. Las metas de alto nivel deben traducirse en metas de menor nivel para que la ejecución sea exitosa.

Este aspecto de la ejecución —integración de los objetivos estratégicos y de corto plazo de una empresa o unidad operativa— es capital e importante en todos los intentos de hacer que la estrategia empresarial funcione. El papel del líder empresarial consiste en asegurar la coherencia interna de los objetivos y esfuerzos, y la búsqueda del cumplimiento de la función prevista para la nueva empresa en el portafolio corporativo.

ESTRUCTURA E INTEGRACIÓN EMPRESARIALES

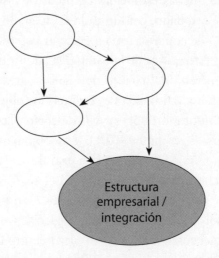

Nuestro enfoque sobre ejecución (ver capítulo 2) pone luego énfasis en que la estrategia y los objetivos de corto plazo nuevamente impulsan la estructura, ahora al nivel empresarial. Es trabajo del equipo de gerencia empresarial crear y administrar una estructura organizacional que sea coherente con la estructura empresarial (ver capítulo 4). También debe atenderse a la integración y el intercambio de información en el interior de la nueva empresa, en correspondencia con los argumentos sobre interdependencia y coordinación destacados en el capítulo 5. El análisis precedente argumentó que la estrategia corporativa afecta la elección de la estructura; el argumento en este momento es que la estrategia empresarial también afecta la elección de la estructura y los métodos de integración.

Aspecto adicional importante de la integración es la posible integración estructural requerida entre los niveles corporativo y empresarial. La existencia de funciones o centros de excelencia corporativos define las pericias o capacidades centralizadas que la unidad empresarial adquirida puede tener que aprovechar y emplear para ejecutar su estrategia empresarial. El intercambio de información entre la función de investigación y desarrollo de la corporación y las unidades de ingeniería o desarrollo de productos de la empresa recién adquirida, por ejemplo, pueden ser decisivos para la capacidad de la adquisición de desarrollar y entregar nuevos productos o nuevas tecnologías.

Entre los pasos o métodos que facilitan tal integración e intercambio de información se encuentra el uso de métodos informales y formales (ver capítulo 5). La rotación de personal técnico, las reuniones conjuntas y los simposios científicos, o los equipos que integran miembros de ambos grupos pueden facilitar la integración. Lo mismo pueden lograr las relaciones de autoridad "duales" o matriciales, en las cuales los empleados de investigación y desarrollo del nivel empresarial responden ante un líder empresarial, y simultáneamente responden, en línea continua o discontinua, ante un grupo centralizado de investigación y desarrollo. La necesidad que satisfacen métodos como éstos es la integración eficaz luego de la adquisición.

INCENTIVOS Y CONTROLES

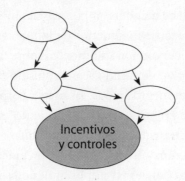

El papel desempeñado por los incentivos (ver capítulo 6) entra de nuevo en juego. Si Investigación y Desarrollo de la corporación e Ingeniería del nivel empresarial son unidades que tienen que trabajar juntas para lograr importantes objetivos de desarrollo de productos, debe existir el incentivo para hacerlo y ser positivo. Los incentivos deben apoyar importantes estrategias y metas de fusión y adquisición. La percepción de inequidad en los incentivos ciertamente puede afectar el desempeño de los equipos de integración que comprenden miembros de las dos partes de la fusión.

Los incentivos deben también apoyar y reforzar importantes objetivos de corto plazo *dentro* de la empresa recién adquirida. Debe reforzarse la traducción de la estrategia empresarial en objetivos operativos de corto plazo, y los incentivos son importantes para dicho refuerzo. Son vitales para la ejecución y el logro de los objetivos de corto plazo que el proceso de administración por objetivos o el cuadro de mando integral identificaron en un paso previo de la ejecución.

Los controles son también importantes, especialmente en las primeras etapas posteriores a la adquisición en las actividades de fusión y adquisición. Se han establecido los objetivos estratégicos y el papel que la organización recién adquirida desempeña en el portafolio corporativo. Ha comenzado y se encuentra en proceso la integración estructural y cultural al comenzar a desempeñarse la nueva empresa en su nueva función. Enseguida es importante que la corporación evalúe el desempeño de la nueva unidad para asegurar la coherencia con las necesidades corporativas y proporcionar retroalimentación a la adquisición en cuanto al modo como está desempeñando su papel acordado en el portafolio corporativo.

La revisión de la estrategia

La importancia de la revisión de la estrategia se anotó en los capítulos 3 y 6 como significativo aspecto del control y la evaluación del desempeño. Dicho proceso de revisión y sus resultados son también importantes para la ejecución de las estrategias de fusión y adquisición, especialmente en las primeras etapas del proceso de integración posterior a la fusión. La esencia de la revisión de la estrategia, como se recuerda, es algo así como esto:

Planeamiento ⟶ Objetivos de ⟶ Desempeño ⟶ Análisis de ⟶ Cambio y
(corporativo y   desempeño   real   desviaciones   adaptación
empresarial)   (aprendizaje)

La etapa de planeamiento de las fusiones y adquisiciones supone tanto el planeamiento previo a la adquisición al nivel corporativo como el planeamiento posterior a la fusión entre la corporación y su adquisición empresarial. Ya se ha anotado la importancia de la etapa de planeamiento al examinarse la integración de las estrategias corporativa y empresarial en el proceso de fusión y adquisición.

Antes e inmediatamente después de la fusión del Chemical Bank y el Chase Manhattan Bank se planifico bien, lo cual facilitó la estrategia de fusión y adquisición.

Se analizaron los temas usuales de estrategia, estructura y operaciones, pero también se efectuaron análisis y procesos con referencia a aspectos más blandos como la cultura. Un consejo de política, por ejemplo, comprendía 22 individuos de ambos bancos para ayudar a dar unidad al monstruo recién creado[11]. Este consejo examinó cuestiones obvias como la definición de empresas y quién las iba a dirigir, así como la futura competencia y los tipos de estrategia que funcionarían en un sector bancario cada vez más competitivo. El equipo de integración armonizaba las preocupaciones empresariales y culturales y al mismo tiempo planificaba y comunicaba las necesidades empresariales. Se negociaron los objetivos de desempeño, con base en la manera como cada una de las dos compañías entendía la cultura y las operaciones de su contraparte.

La fase crítica del proceso de revisión de la estrategia tiene lugar cuando se evalúa y analiza el desempeño real de la nueva unidad.

El análisis del desempeño de la empresa adquirida con respecto a los objetivos acordados es importante para hacer que la estrategia de adquisición funcione. Suponga por un momento que el desempeño de la compañía adquirida *no* responde a las expectativas, es decir, que hay una significativa desviación entre los resultados deseados o los objetivos y el desempeño real.

Una de las metas de la revisión de la estrategia como mecanismo de control es analizar y explicar qué estuvo mal. Aprender es el fin deseado aquí. Afrontar los hechos crueles es esencial. ¿Hubo suficiente concentración en el plan estratégico? ¿Se subestimaron las capacidades de los competidores? ¿La firma adquirida contó con las personas, los productos, la distribución y otras capacidades necesarias para lograr sus metas? ¿Cambiaron las fuerzas sectoriales, se presentaron desafíos imprevistos y un aumento de la intensidad de la competencia en el sector, y por tanto se afectaron negativamente las utilidades? ¿El plan corporativo o empresarial fue demasiado vigoroso, dando como resultado expectativas poco realistas en cuanto a la nueva firma del portafolio corporativo?

El propósito de la revisión de la estrategia, entonces, es explicar y hacer explícito el desempeño pasado. Esto, sin embargo, es importante pero insuficiente. La revisión de la estrategia tiene dos propósitos o funciones más. La primera función caracteriza a todas las revisiones de este tipo; la segunda es aplicable primordialmente a la compañía recién adquirida y, por consiguiente, es importante para el éxito de la fusión o adquisición.

El primer propósito o función de la revisión de la estrategia, más allá de explicar el desempeño pasado, es mirar hacia adelante para tratar de entender y dar forma al desempeño futuro.

Si bien el término "revisión" claramente denota una visión del pasado, también debe incluir el aprendizaje, una mirada hacia adelante y la potencial modificación de la estrategia y los esfuerzos de ejecución en el futuro. El pasado debe tenerse en cuenta, pero los escenarios y el pensamiento estratégico futuros deben ser también la regla. Entre los aspectos o asuntos típicos de una revisión orientada hacia el futuro se encuentran los siguientes:

- ¿Cómo respondieron los competidores y los clientes a nuestros productos y servicios en el pasado? ¿Cómo responderán en el futuro? ¿Qué datos apoyan las predicciones?

- ¿Están haciendo cambios los competidores como respuesta a nuestra consolidación, que nos afecten en el futuro? La construcción de nuevas y grandes instalaciones puede indicar un futuro énfasis puesto en el volumen, la reducción de costos o una nueva estrategia de costos bajos con una enérgica competencia de precios. La contratación de altos ejecutivos procedentes de la competencia puede también apuntar a un cambio en la estrategia.

■ ¿Los competidores van a incorporar nuevas capacidades para compensar deficiencias anteriores o igualar nuestras fortalezas? La adición de nuevos vendedores o canales de distribución puede indicar competencia en nuevos frentes o en nuevos segmentos del mercado.

■ ¿Están cambiando las necesidades o exigencias de los clientes? Una mayor competencia, especialmente por precios, puede dar a los clientes mayor poder de hacer exigencias, incluso con respecto a cambios o ampliaciones de productos costosos, lo cual representa un desafío para la estructura de costos de una compañía.

■ ¿Están subiendo a bordo nuevos directores ejecutivos en el sector, anunciando un remezón en el mismo y nuevas formas de competencia, como respuesta a la consolidación sectorial?

■ ¿Se encuentra alguien del sector cerca a un gran avance tecnológico que pueda hacer obsoletas las tecnologías o los métodos de fabricación existentes?

Estas preguntas y otras similares obligan a los participantes en la revisión estratégica a mirar hacia adelante y prever las necesidades, las oportunidades y los problemas futuros. Esto es cierto y valioso en toda organización. La revisión no puede limitarse a ser sólo un análisis del pasado o una rumia de datos que pueden no ser significativos en futuros escenarios competitivos.

La revisión de la estrategia en la que figura una compañía recién adquirida tiene una función adicional importante. Su propósito es la integración continua de la adquisición y el desarrollo de un mejor ajuste estratégico entre la nueva compañía y su madre corporativa.

Planificar para la ejecución se centra en datos tanto duros como blandos. Se estudian las fuerzas sectoriales y competitivas y se sopesa cuidadosamente el papel que la adquisición desempeña en el portafolio corporativo. Se fijan criterios de desempeño y se hacen asignaciones de recursos. También se examinan aspectos como la integración cultural, el desarrollo de los gerentes para su nueva función en la compañía fusionada, y las habilidades de liderazgo y comunicación necesarias para hacer que la estrategia de fusión y adquisición funcionen. Estos últimos aspectos deben también evaluarse, debatirse y posiblemente cambiarse, para contribuir a la integración de la nueva compañía.

La revisión de la estrategia proporciona una oportunidad de ver dónde pueden desarrollarse nuevos procesos o métodos adicionales para facilitar la comunicación, reducir la incertidumbre y asimilar los nuevos empleados. La mayoría de estos aspectos de la integración, si no todos, ya se han abordado en el portafolio de compañías más antiguas y establecidas. Poco después de una adquisición, sin embargo, siempre existen problemas de integración que no se tuvieron en cuenta en la etapa de planeamiento de la adquisición. La revisión de la estrategia permite a los participantes ver qué aspectos siguen causando problemas y necesitan atención, aumentando así la utilidad de la revisión para hacer que la estrategia de fusión y adquisición funcione.

Como siempre, es necesario concentrarse en indicadores de desempeño claros y mensurables. He sido parte de evaluaciones posteriores a adquisiciones, en las cuales los gerentes se quejaban de la baja moral, la incertidumbre, los conflictos, la falta de compromiso en la compañía adquirida, y de cómo tales problemas afectaban la integración y el desempeño posteriores a la fusión En mi respuesta siempre he incluido, entre otras cosas, la exigencia de una mayor especificidad:

■ ¿Cuáles son los indicadores de la baja moral? ¿Ha aumentado la salida de empleados? ¿Las entrevistas de salida han revelado problemas?

■ ¿Qué indicadores de desempeño están bajos, como señal de problemas? ¿Qué otros factores podrían estar afectando el desempeño, aparte de los problemas de integración posteriores a la fusión? ¿Cómo se puede decir si la coordinación es mala y afecta negativamente la toma de decisiones y resultados, como la satisfacción del cliente?

■ ¿Cómo se sabe que los conflictos son reales y producen debilitamiento? ¿Cómo puede identificarse, medirse y corregirse sus efectos?

■ ¿Cuáles son los indicadores de la comunicación baja o insuficiente que supuestamente están obstaculizando la integración después de la fusión? ¿Qué nuevos métodos o procesos de comunicación debe haber y por qué?

Estas preguntas y otras semejantes tienen el propósito de aumentar el valor de la revisión de la estrategia posterior a la adquisición. Las revisiones no deben parecerse o degenerar en sesiones de lamentaciones. Pueden cumplir una función útil en el proceso de integración posterior a la fusión, siempre y cuando se concentren en indicadores de desempeño importantes y en los factores que producen impacto sobre ellos.

El análisis de los datos de la revisión de la estrategia produce aprendizaje. También identifica aspectos del cambio que se necesitan para refinar el proceso de ejecución y facilitar el logro de las metas de fusión y adquisición.

EL MANEJO DEL CAMBIO

Ejecutar una estrategia de adquisición siempre supone cambio, y manejar bien el cambio es evidentemente importante para el éxito de la fusión o adquisición. El capítulo 7 examinó las tácticas y los pasos que una compañía puede seguir para llevar a cabo el cambio en diversos intervalos de tiempo. El capítulo 8 dio una mirada a los temas "blandos" relacionados con el manejo de la cultura y el cambio cultural. Ambos capítulos contienen consejos importantes para hacer que las fusiones y adquisiciones funcionen. Pensemos primero en los aspectos que plantea el capítulo 7.

Ejecutar el cambio de las estrategias de fusión y adquisición es una tarea enorme. La primera decisión crucial es establecer cuánto tiempo tiene la compañía que adquiere para ejecutar su estrategia de adquisición. El tiempo disponible ——período de implementación— determinará la manera de manejar y controlar el gran cambio y los problemas que probablemente se presenten. Entre las preguntas a este respecto se incluyen:

- ¿Cuál es el tiempo disponible para el cambio? ¿Es importante moverse con rapidez para cosechar los beneficios de la consolidación? ¿Por qué?

- ¿Contamos con el lujo del tiempo? ¿Pueden llevarse a cabo de manera lógica grandes cambios después de la adquisición en un período de, digamos, uno a tres años?

- ¿Es posible atacar primero los cambios fáciles, las "frutas de las ramas bajas" y luego acometer los cambios más difíciles de una manera más acompasada y planificada?

Las decisiones sobre el tiempo disponible para el cambio determinan si es posible un enfoque de cambio secuencial al integrar la nueva adquisición y manejar el proceso de fusión y adquisición, o si es necesaria una intervención más rápida y compleja. Lo primero es más lógico y lento: se dividen los grandes cambios en partes más pequeñas y manejables y se ejecutan los cambios de modo secuencial, con mayor atención al detalle y con el logro de éxitos por el camino. Lo segundo, por el contrario, supone hacer todo a la vez, y cambiar simultáneamente muchas cosas dentro de las limitaciones que impone la percepción del tiempo corto y que definen la intervención compleja.

En el capítulo 7 se puso énfasis en que tanto el enfoque de cambio secuencial como del complejo tienen fortalezas y debilidades. El cambio secuencial hace posibles inversiones escalonadas, el aprendizaje y la celebración del éxito a lo largo de la senda del manejo del cambio. Toma, sin embargo, más tiempo, lo cual permite que surjan aspectos controversiales que ponen en tela de juicio el proceso de cambio.

El cambio complejo, en el cual cambian muchas cosas de manera simultánea, es veloz, pero la coordinación es problemática, el aprendizaje difícil, si no imposible, y el pronóstico de éxito suele ser bajo. Si el cambio complejo es absolutamente esencial, el único modo de hacerlo funcionar, como lo subrayé en el capítulo 7, es suavizar o eliminar muchos de los criterios de desempeño concurrentes en relación con los cuales se hace normalmente responsables a las personas que tienen que ver con el cambio. El cambio complejo pone a prueba los recursos organizacionales y no debe tomarse a la ligera.

Algunos cambios en las estrategias de fusión y adquisición usualmente pueden hacerse con rapidez. Con frecuencia son los cambios pequeños, las "frutas de las ramas bajas", que pueden asirse con facilidad en las primeras etapas de la integración posterior a la adquisición. La eliminación de redundancias funcionales obvias o el intercambio inmediato de capacidades establecidas son ejemplos de aspectos con respecto a los cuales la compañía fusionada puede estar de acuerdo y actuar rápidamente.

Los grandes cambios producidos por la adquisición toman más tiempo, planeamiento y cuidado en la ejecución. Unir equipos de ventas enteros o canales de distribución y cambiar los procedimientos de facturación de la noche a la mañana puede afectar a los clientes de manera negativa y exigir por esta razón más tiempo y reflexión. La eliminación de unidades de investigación y desarrollo tiene importantes implicaciones para la innovación, y no deben descartarse capacidades científicas o técnicas sin cuidadoso análisis. La introducción de un sistema de informática completamente nuevo para eliminar los sistemas heredados discrepantes y lograr la unidad de la información y el procesamiento adecuado de la misma es una enorme tarea que, si se lleva a cabo de manera acelerada y deficiente, puede perjudicar gravemente las operaciones, la toma de decisiones y la satisfacción de los clientes.

Cuando los accionistas del Bank of America y del Fleet Boston Bank aprobaron la fusión de sus compañías en marzo del 2004, la gerencia del primero se dedicó al día siguiente "a tranquilizar a los empleados y los clientes, y a asegurarles que los cambios iban a ser lentos en el Fleet Boston Bank, y para mejorar"[12]. El nuevo tercer banco de los Estados Unidos anunció algunos cambios rápidos, pero también subrayó que otros cambios que podían afectar negativamente las operaciones internas o el servicio al cliente se ejecutarían de manera gradual. La integración de los complejos sistemas de cómputo de los bancos se manejaría con cuidado y sin precipitarse. También se manejarían con cautela los cortes definitivos de sucursales y de personal. La gerencia recalcó que el Bank of America se tomaría su tiempo para evitar los problemas que se habían visto en otros bancos en sus recientes fusiones, como los que experimentó Wachovia al hacer grandes recortes en la Core States Financial Corporation en 1998, que generaron grandes problemas de servicio al cliente. El banco, entonces, estaba hablando de cambios lentos y deliberados en áreas significativas. Sólo el tiempo dirá qué tanto se mantendrá fiel a esta línea de acción.

Cuidado con el exceso de velocidad. Un extendido mantra entre los analistas de las fusiones y adquisiciones es que "en la integración la velocidad es buena". No obstante, los datos señalados antes con respecto al elevado número de fusiones y adquisiciones que zozobran o fracasan indican que definitivamente algo sale mal. La culpa puede estar en que el exceso de velocidad, que da como resultado el cambio complejo, hace gran daño.

Ya se han anotado en el capítulo 7 los problemas del cambio complejo, entre ellos las dificultades en la coordinación y el aprendizaje, y el bajo pronóstico de éxito del cambio. Quienes ponen énfasis en la velocidad en el proceso de integración posterior a la fusión realmente están defendiendo el cambio complejo y las dificultades que le son inherentes. Esto puede obviamente afectar la integración y la ejecución de las estrategias de fusión y adquisición.

El exceso de velocidad en las estrategias complejas de fusión y adquisición puede hacer más daño que bien. La velocidad aumenta la complejidad y la aceleración del cambio, lo cual puede ir definitivamente contra el éxito de la fusión o adquisición.

Si la fusión experimenta grandes problemas o se considera un fracaso, aprender de los errores y explicar el fracaso son cosas virtualmente imposibles bajo las condiciones del cambio complejo. No podrán evitarse los futuros errores en las fusiones o las adquisiciones; en realidad, éstos estarán garantizados.

Nuevamente vienen a la mente las decisiones estratégicas de C. Michael Armstrong como director ejecutivo de AT&T[13]. En 1998, Armstrong anunció planes para la compra del gigante de las comunicaciones por cable TCI, en la esperanza de integrar los servicios de telefonía por cable. En 1999, AT&T superó a Comcast en la oferta por MediaOne. En el 2000, Armstrong reestructuró la compañía y la dividió en tres entidades distintas. Mientras todo esto sucedía, el paisaje competitivo de los sectores a los cuales pertenece AT&T se hacía cada vez más complejo y competitivo.

¿Pueden integrarse eficazmente las nuevas adquisiciones en medio de semejante agitación? ¿Puede desarrollarse una estrategia corporativa coherente y ejecutarse con rapidez bajo condiciones competitivas tan turbulentas? ¿Puede hacerse que las adquisiciones se ajusten al portafolio corporativo con las presiones de tiempo que Armstrong y los analistas de Wall Street impusieron sobre la compañía? ¿Puede también ejecutarse un importante cambio estructural en medio de todos estos otros cambios? Probablemente no. Muy posiblemente, Armstrong trataba de hacer demasiado, con excesiva celeridad, y los resultados fueron menos que favorables.

Depender de la velocidad en la ejecución de estrategias complejas como las de fusión y adquisición puede ser causa de otros problemas más. La intensa concentración de tiempo gerencial y la atención que se dedica a hacer que la estrategia funcione puede distraer a la gerencia de otras tareas, entre ellas el seguimiento y la reacción ante las acciones de los competidores y los cambios en las condiciones competitivas.

Boeing experimentó un año fatal en 1998, cuando anunció sus primeras pérdidas en 50 años y declaró 4 000 millones de dólares como incobrables. Fácilmente pudo haberse distraído excesivamente por la ejecución de su fusión con McDonnell Douglas. De modo similar, la fusión de Citicorp y Travelers, con sus gigantescos problemas de implementación, si bien éstos se manejaron bastante bien, pudo haber desviado la atención del mercado y perjudicado el desarrollo de programas que fomentaran las ventas cruzadas y la satisfacción de complejas necesidades de consumo.

La concentración en la integración rápida en las fusiones y adquisiciones puede ocultar la incapacidad de planificar el cambio cuidadosamente y pensar las cosas como es debido. Peor aún, si la velocidad está asociada con la contundencia y la acción "machista", y al mismo tiempo se ve en cierta medida el cambio más lento y planificado como una debilidad, la ejecución de las estrategias de fusión y adquisición está con seguridad en peligro. La velocidad no necesariamente supone ser rudo o ser capaz de "morder la bala" y hacer las cosas. Enfrentar el cambio complejo no indica un estilo de gerencia positivo como tampoco optar por un proceso más lento y secuencial indica un estilo en exceso cauteloso y tímido.

Es indispensable sopesar cuidadosamente los efectos de la velocidad y el cambio complejo al ejecutar estrategias de fusión y adquisición. Los costos y los beneficios del cambio complejo deben compararse con los de un proceso de cambio más lento y secuencial. La conclusión de fondo es que la velocidad es buena para "las frutas de las ramas bajas" y otros problemas de ejecución relativamente fáciles y visibles, mientras que la menor velocidad y la mayor meticulosidad son mejores para los cambios más significativos, de mayor impacto y más difíciles relacionados con la ejecución.

EL MANEJO DE LA CULTURA Y EL CAMBIO CULTURAL

La ejecución de estrategias de fusión y adquisición también exige la capacidad de manejar con mayor eficacia la cultura y el cambio cultural (ver capítulo 8). Southwest Airlines invirtió dos meses en explorar la compatibilidad cultural con Morris Air antes de adquirirla. Trató lo mejor posible de establecer si los empleados y el estilo de Morris se ajustaban a su actitud positiva y su *esprit de corps*, y el esfuerzo se pagó con creces. Por el contrario, el matrimonio entre Price y Costco sólo duró diez meses debido a la incapacidad de crear una sola cultura unificada, lo cual señaló un intento deficiente de debida diligencia cultural, manejo del cambio e integración en esta fusión.

Las diferencias culturales son abundantes al ejecutarse las fusiones y adquisiciones. Tales diferencias se ven en muchos campos, entre ellos los siguientes:

- Estilo de gerencia
- Toma de decisiones centralizada o descentralizada
- Énfasis puesto hacia arriba o hacia abajo en la cadena de valor
- Incentivos y paquetes salariales
- Sistemas de control (compañías que sienten aversión por los riesgos o los aceptan, distintos métodos de evaluación del desempeño)
- Competencia funcional o cooperación
- Clima de toma de decisiones sobre autoridad y control de tipo empresarial o de tipo vertical

- Orientación profesional o burocrática (dependencia de normas, procedimientos estandarizados)
- Orientación interna (producción) o externa (cliente)

El manejo eficaz de la cultura exige que se tome nota de tales diferencias y que las que sean cruciales se sometan a cambio. La incapacidad de resolver las diferencias culturales ciertamente se presentará como factor de desconcierto y perjuicio en la ejecución de una estrategia de fusión y adquisición.

Un aspecto decisivo sobre el cual se puso énfasis en el capítulo 8 es que, al cambiar la cultura, no es aconsejable concentrarse directamente en cambiar la cultura en sí misma. Cambiar la cultura apelando a los gerentes para que piensen y actúen de manera distinta es una propuesta perdedora. Se proporcionaron ejemplos que muestran que el cambio cultural es más exitoso si se centra la atención en cambiar a las personas, la estructura organizacional, los incentivos y los controles.

Para cambiar el "estilo de decisión" de la gerencia corporativa luego de una nueva adquisición, se puede apelar a ella para que cambie. Por ejemplo, puede solicitarse al personal corporativo que asuma un estilo más empresarial o descentralizado en la toma de decisiones, que haga posible a la adquisición hacer frente a sus propios problemas sectoriales. ¿Funcionará tal solicitud de cambio, teniendo en cuenta que la norma durante años ha sido una estructura centralizada o vertical? Es improbable. Tales pedidos suenan bien, pero por sí solos rara vez producen resultados.

Para cambiar el "estilo de decisión" corporativo como elemento de la cultura deseada para el manejo de la nueva adquisición, el capítulo 8 puso énfasis en que cambiar a las personas, la estructura, los incentivos y los controles tiene una mayor probabilidad de éxito. Aumentar la envergadura del control, por ejemplo, obliga al cambio en el comportamiento por cuanto es más difícil ejercer control vertical cuando los ámbitos de su cobertura son grandes. Una amplia cobertura del control fomentan un estilo de liderazgo de no intervención. Incluso si un gerente desea microgerenciar, sencillamente es más difícil hacerlo, dado el mayor número de unidades organizacionales o de subalternos. Es probable que ocurran cambios en el comportamiento, y se defina un nuevo estilo gerencial. Cambiar la estructura corporativa o redefinir las responsabilidades de los gerentes corporativos puede ayudar a eliminar el estrecho control de las actividades de una empresa adquirida.

Traer nuevos empleados puede así mismo hacer que se efectúen cambios en el comportamiento, conducentes al cambio cultural. Los nuevos individuos aportan nuevas ideas, motivaciones y capacidades, que pueden afectar el estilo de decisión y el modo como se hacen las cosas. Trasladar internamente a los gerentes luego de haberse efectuado una adquisición también puede dar como resultado el cambio cultural. Los nuevos empleados pueden responder de manera firme y positiva a los distintos incentivos desarrollados para fomentar la integración y motivar un nuevo comportamiento, coherente con las metas de la fusión o adquisición. Poner empleados de Kraft a cargo de operaciones de General Foods y a empleados de General Foods a cargo de operaciones de Kraft en las primeras etapas de su fusión hizo mucho para señalar la importancia de la integración y el impacto que pueden tener los nuevos empleados sobre el cambio cultural.

Cambiar la estructura de poder puede también ser ingrediente necesario para el manejo exitoso de la cultura y el cambio cultural en la organización posterior a la adquisición. Luego de la adquisición deben abordarse las diferencias de poder en las organizaciones anteriores a la fusión. Deben primero entenderse las raíces del poder y las dependencias que lo apoyan (ver capítulo 9). Si se necesitan cambios en el poder, el director ejecutivo o un equipo de reacción inmediata de alta gerencia pueden alterar la estructura y la asignación de recursos, de lo cual resultan cambios en las dependencias y el poder en la nueva organización posterior a la adquisición. Los cambios en el poder y la influencia pueden ser decisivos para el cambio cultural y para hacer que la estrategia de fusión y adquisición funcione.

Esto señala otro problema en la fusión de Daimler-Chrysler. Se dedicó tanto tiempo y atención a las dos compañías como socias de una "fusión entre iguales", que se pasaron por alto las diferencias reales de poder en la relación entre la compañía que adquirió y la adquirida. Rara vez sucede que dos empresas aporten el mismo valor o tengan el mismo poder en una combinación de compañías. Deben confrontarse y examinarse la influencia y las contribuciones de cada una para integrar eficazmente a las dos organizaciones. No es sensato hacer caso omiso de la estructura de poder en las actividades de fusión y adquisición.

Finalmente, es absolutamente imperativo reducir la resistencia a los cambios resultantes de la actividad de fusión y adquisición y de la nueva compañía y la nueva cultura en cuestión. El consejo anterior sobre integración cultural es aplicable evidentemente a la tarea de reducir la resistencia al cambio. A este respecto, el énfasis puesto en la orientación hacia el personal, la definición de la cultura, la difusión de las enormes oportunidades que proporciona una gran firma fusionada así como las dosis masivas de comunicación pueden ser de clara ayuda. Los análisis adicionales sobre el cambio cultural y las relaciones de poder de los capítulos 8 y 9, respectivamente, proporcionan sugerencias complementarias para ayudar a reducir la resistencia a los cambios generados por las actividades de fusión y adquisición.

LA FUNCIÓN CRUCIAL DEL LIDERAZGO

La importancia de un liderazgo sólido es vital en todas las etapas o acciones necesarias para hacer que las estrategias de fusión y adquisición funcionen. Las actividades cruciales que acaban de anotarse sólo pueden funcionar si los gerentes desempeñan un papel orientado hacia la ejecución. Entre los aspectos de tan activa y exigente función en las fusiones y adquisiciones se encuentran los siguientes:

- Capacidad de analizar, entender y "vender" las necesidades y decisiones de la ejecución.

- Necesidad de "arriar la manada" con respecto a la integración de la compañía adquirida, para asegurar que se den los pasos necesarios para la integración estructural y cultural.

- Capacidad de desarrollar y utilizar incentivos positivos para el cambio.

- Capacidad de atemperar la fuerte inclinación hacia las "cifras" y el desempeño pasado mediante el pensamiento estratégico y una visión dirigida al aprendizaje y al desempeño futuro.

- Comprensión del poder, la cultura, la resistencia al cambio y la manera de superar los obstáculos en estos campos.

- Conocimiento del manejo eficaz del cambio, incluso del momento de utilizar la "velocidad" o las intervenciones complejas, o de proceder de modo escalonado, en una intervención secuencial y pausada.

■ Apertura mental y alta tolerancia hacia la ambigüedad y la incertidumbre.

Un liderazgo deficiente puede matar o lesionar gravemente los esfuerzos de ejecución. El buen liderazgo exige tanto habilidades analíticas como entendimiento y capacidad para manejar los problemas que surgen en las actividades posteriores a la fusión o la adquisición. Se necesita una suerte de equilibrio y la capacidad de combinar los aspectos "duros" y "blandos" cruciales para el éxito de la ejecución. Éstos, debe reconocerse, son prerrequisitos exigentes de liderazgo, pero son necesarios al tratar de hacer que las estrategias de fusión y adquisición funcionen.

RESUMEN

Hacer que las estrategias de fusión y adquisición funcionen es tarea difícil. Hay mucho en juego y el éxito depende en gran medida del manejo de un complejo conjunto de actividades o acciones. En este capítulo se han aplicado aspectos del enfoque de este libro a la ejecución exitosa de las estrategias de fusión y adquisición, con énfasis puesto en los pasos, las acciones y las decisiones clave que propugna.

Los aspectos más destacados de este enfoque se muestran en la figura 10.2. El proceso de ejecución comienza con un planeamiento y una estrategia corporativa sólidos y luego emprende un viaje lógico e integrado por la estructura organizacional, la integración estructural y cultural, la estrategia empresarial y su integración con el planeamiento corporativo, la estructura empresarial, el acuerdo sobre los indicadores de desempeño, las revisiones de la estrategia y la ineludible necesidad de manejar eficazmente el cambio y la cultura. La premisa básica es que, para hacerlas exito-

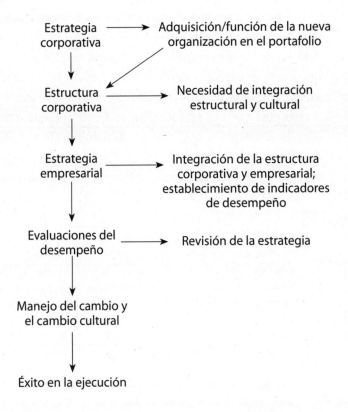

Figura 10.2 Aspectos destacados del proceso orientado a hacer que las estrategias de fusión y adquisición funcionen

sas, se necesita un enfoque práctico y unificado en torno a la ejecución de las estrategias de fusión y adquisición, junto con las necesarias capacidades de liderazgo, y este capítulo ha proporcionado tal enfoque.

Los resultados de la actividad de fusión y adquisición en las últimas décadas han sido deficientes. Pocas fusiones han cumplido con su promesa de lograr sinergias y aumentar el valor para el accionista. Pocas han justificado sus enormes precios. Pocas han conseguido integrar firmas dispares o culturalmente divergentes para producir resultados positivos. Las colisiones culturales con resultados negativos han sido la regla, antes que la excepción.

Este capítulo ha mostrado qué puede hacerse para lograr que las estrategias de fusión y adquisición funcionen. Aunque se ha concentrado en el desafío de la fusión o adquisición, el capítulo también ha señalado la utilidad de estos materiales para liderar eficazmente la ejecución y el manejo del cambio en todos los sectores, las organizaciones, las estrategias y los retos de ejecución. El lector puede elegir y emplear aspectos de este enfoque para ayudar a hacer que la estrategia funcione en su propia organización.

NOTAS

1. Las "fusiones de iguales" puras son relativamente escasas en el escenario de las fusiones y las adquisiciones. La mayoría de las transacciones son por dinero, acciones o ambos. Incluso las fusiones puras deben seguir los pasos señalados en este capítulo para lograr el éxito —integración, diligencia debida cultural, manejo del cambio, etc.—, de manera que no es necesario hacer mayores diferenciaciones entre las fusiones y las adquisiciones en este análisis.

2. Ver, por ejemplo, el informe especial "The Case Against Mergers", *Business Week*, 30 de octubre de 1995.

3. Ver los resultados del estudio y los análisis relacionados en "The Case Against Mergers", Ibíd.; ver también "When Disparate Firms Merge, Cultures Often Collide", *The Wall Street Journal*, 14 de febrero de 1997.

4. "Investment Banks Arranged $ 1.2 Trillion in Mergers in '03", *The Philadelphia Inquirer*, 30 de diciembre del 2003.

5. Ibíd.

6. "The Case Against Mergers", op. cit.; ver también "How to Merge", *The Economist*, 9 de enero de 1999.

7. Los datos sobre ganancia, rentabilidad y tiempo para recuperar los gastos de una inversión de adquisición provienen de un estudio de Mark Sirower, según figuran en "The Case Against Mergers", op. cit.

8. "How to Merge", op. cit.

9. Ibíd.

10. Robert Kaplan y David Norton, *The Balanced Scorecard*, Harvard Business School Press, 1996.

11. "When Disparate Firms Merge", op. cit.

12. "Bank of America Vows Slow Post-Merger Change", *The Philadelphia Inquirer*, 2 de abril del 2004.

13. "Former Chief Tries to Redeem the Calls He Made at AT&T", *The Wall Street Journal*, 26 de mayo del 2004.

APÉNDICE

Cuestionario para el panel ejecutivo empresarial
GartnerG2 y The Wharton School

LA ESTRATEGIA LLEVADA A LA PRÁCTICA

INTRODUCCIÓN

Bienvenidos a nuestra encuesta sobre ejecución de estrategias. La Escuela Wharton de la Universidad de Pennsylvania y GartnerG2, servicio de investigación para estrategas empresariales, buscan comprender los desafíos que enfrentan los gerentes al tomar decisiones y llevar a cabo acciones para ejecutar planes estratégicos orientados a mejorar la ventaja competitiva de sus compañías.

Responder la encuesta tomará alrededor de cinco minutos (las respuestas a las preguntas abiertas pueden tardar un poco más). Usted forma parte de un grupo cuidadosamente seleccionado, al cual se le ha pedido participar en esta encuesta; agradecemos su colaboración. Como en todas las encuestas que llevamos a cabo, sus respuestas son confidenciales. Si tiene alguna dificultad al responder, por favor comuníquese con nosotros a websupport3@gar.com, o llame a nuestra línea de apoyo al panel, 1-800-xxx-xxxx.

Para comenzar, presione el botón "Comenzar Cuestionario". ¡Gracias por su participación!

Cuestionario para el panel ejecutivo empresarial
GartnerG2 y The Wharton School

CUESTIONARIO

P01) Hemos identificado 12 obstáculos para la ejecución exitosa de las estrategias. En su experiencia, ¿qué tan grande es para su compañía cada uno de los siguientes problemas de ejecución? Utilice una escala de 7 puntos, en la cual 1 significa que *no es problema en absoluto*, y 7 significa que *es un gran problema*.

		No es problema en absoluto					Es un gran problema	No sé
1.	La estrategia es mala o vaga	1	2	3	4	5	6	7	NS
2.	No hay directrices o un modelo que guíe los esfuerzos de ejecución de la estrategia	1	2	3	4	5	6	7	NS
3.	Los recursos financieros son insuficientes para ejecutar la estrategia	1	2	3	4	5	6	7	NS
4.	Se tratan de ejecutar estrategias que están en conflicto con la estructura de poder existente	1	2	3	4	5	6	7	NS
5.	Incapacidad de generar aceptación o acuerdo sobre pasos o acciones cruciales de la ejecución	1	2	3	4	5	6	7	NS
6.	Falta de apoyo de la alta gerencia en la ejecución de la estrategia	1	2	3	4	5	6	7	NS
7.	Falta de sentido de "apropiación" de la estrategia o de los planes de ejecución por parte de empleados clave	1	2	3	4	5	6	7	NS
8.	Falta de incentivos o incentivos inadecuados que apoyen los objetivos de ejecución	1	2	3	4	5	6	7	NS

		No es problema en absoluto						Es un gran problema	No sé
9.	Intercambio de información insuficiente o inadecuado entre los individuos o unidades empresariales responsables de la ejecución de la estrategia	1	2	3	4	5	6	7	NS
10.	Falta de claridad en la comunicación de la responsabilidad y/o la rendición de cuentas en cuanto a decisiones o acciones de ejecución	1	2	3	4	5	6	7	NS
11.	Falta de comprensión del papel desempeñado por la estructura y el diseño organizacionales en el proceso de ejecución	1	2	3	4	5	6	7	NS
12.	Incapacidad de manejar el cambio de manera eficaz o de superar la resistencia interna al cambio	1	2	3	4	5	6	7	NS

Cuestionario para el panel ejecutivo empresarial
GartnerG2 y The Wharton School

P02)   La ejecución de estrategias exige que la información se comparta y que haya coordinación. Por favor califique la eficacia de los siguientes métodos de coordinación para la ejecución estratégica entre funciones, unidades empresariales y personal clave de su compañía. Utilice una escala de 7 puntos, en la cual 1 significa *muy ineficaz* y 7 significa *muy eficaz*.

		Muy ineficaz						Muy eficaz	No aplica	No sé
1.	Uso de equipos o grupos interdisciplinarios	1	2	3	4	5	6	7	NA	NS
2.	Uso de comunicación informal (esto es, contacto persona a persona)	1	2	3	4	5	6	7	NA	NS
3.	Uso de integradores formales (por ejemplo, una organización de administración de proyectos o de garantía de calidad)	1	2	3	4	5	6	7	NA	NS
4.	Uso de una matriz organizativa o estructura de "parrilla" para compartir recursos o conocimientos	1	2	3	4	5	6	7	NA	NS

Cuestionario para el panel ejecutivo empresarial
GartnerG2 y The Wharton School

P03) Basado en sus percepciones sobre el intercambio de información en su compañía durante la ejecución de las estrategias, por favor indique hasta qué punto está de acuerdo o en desacuerdo con las siguientes afirmaciones. Utilice una escala de 7 puntos, en la cual 1 significa *en total desacuerdo* y 7 significa *en total acuerdo.*

		En total desacuerdo						En total acuerdo	No aplica	No sé
1.	Los empleados son renuentes a compartir información o conocimiento importante con otros	1	2	3	4	5	6	7	NA	NS
2.	Algunas fuentes de información no son confiables	1	2	3	4	5	6	7	NA	NS
3.	Los gerentes son renuentes a confiar en información generada por fuentes ajenas a sus propios departamentos	1	2	3	4	5	6	7	NA	NS
4.	La información no llega a las personas que la necesitan	1	2	3	4	5	6	7	NA	NS
5.	Los empleados no entienden o no evalúan la utilidad de la información disponible	1	2	3	4	5	6	7	NA	NS

Cuestionario para el panel ejecutivo empresarial
GartnerG2 y The Wharton School

P04) Sé que hay problemas con la ejecución de las estrategias en mi compañía cuando…

		En total desacuerdo						En total acuerdo	No aplica	No sé
1.	Las decisiones sobre ejecución toman demasiado tiempo	1	2	3	4	5	6	7	NA	NS
2.	Los empleados no entienden cómo contribuye su trabajo a la obtención de resultados importantes de la ejecución	1	2	3	4	5	6	7	NA	NS
3.	Las respuestas a los problemas o las quejas de los clientes tardan demasiado en ejecutarse	1	2	3	4	5	6	7	NA	NS
4.	La compañía reacciona con lentitud o de modo inadecuado a las presiones competitivas al ejecutar la estrategia	1	2	3	4	5	6	7	NA	NS
5.	Se desperdicia tiempo o dinero debido a la ineficiencia o la burocracia en el proceso de ejecución	1	2	3	4	5	6	7	NA	NS
6.	El juego político es más importante que el rendimiento frente a las metas de ejecución de la estrategia, para ganar reconocimiento individual	1	2	3	4	5	6	7	NA	NS

		En total desacuerdo						En total acuerdo	No aplica	No sé
7.	Durante la ejecución "se pierde por las grietas" información importante y no se actúa al respecto	1	2	3	4	5	6	7	NA	NS
8.	Empleamos gran cantidad de tiempo reorganizando o reestructurando, pero no parecemos saber por qué esto es importante para la ejecución de la estrategia	1	2	3	4	5	6	7	NA	NS
9.	No estamos seguros de si la estrategia que ejecutamos vale la pena, si es eficaz o lógica, teniendo en cuenta las fuerzas competitivas que enfrentamos en nuestro sector	1	2	3	4	5	6	7	NA	NS

Cuestionario para el panel ejecutivo empresarial
GartnerG2 y The Wharton School

P05)   Los gerentes nos dicen que *ejecutar* las estrategias es más difícil que *formularlas*.
Por favor díganos si está de acuerdo con este punto de vista y explique brevemente su respuesta

P06)   Finalmente, ¿qué otros factores que no se mencionan en esta encuesta hacen que el proceso de ejecución sea desafiante o difícil en su compañía?